网络心理与行为译丛

周宗奎　雷　雳　主编

媒体与青少年

发展的视角

MEDIA AND YOUTH

A DEVELOPMENTAL PERSPECTIVE

（美）史蒂文·凯尔士（Steven J. Kirsh）◎著

王福兴　谢　员　温芳芳◎译

中国出版集团

世界图书出版公司

广州·上海·西安·北京

WILEY

本书中文简体字版通过 John Wiley & Sons Limited 授权世界图书出版广东有限公司在中国大陆地区出版并独家发行。未经出版者书面许可，本书的任何部分不得以任何方式抄袭、节录或翻印。

图书在版编目（CIP）数据

媒体与青少年：发展的视角 /（美）凯尔士(Kirsh,S.J.) 著；王福兴，谢员，温芳芳译. -- 广州：世界图书出版广东有限公司，2014.9（2025.1重印）

（网络心理与行为译丛 / 周宗奎，雷雳主编）

书名原文：Media and youth : A developmental perspective

ISBN 978-7-5100-8026-5

Ⅰ.①媒… Ⅱ.①凯…②王…③谢…④温… Ⅲ.①传播媒介－影响－青少年－研究Ⅳ.① G206.2 ② C913.5

中国版本图书馆 CIP 数据核字 (2014) 第 202536 号

版权登记号图字：19-2012-099

All rights reserved. Authorized translation from the English language edition entitled *Media and youth:A developmental perspective,*ISBN 9781405179485,by Kirsh,S.J. Published by John Wiley & Sons. Responsibility for the accuracy of the translation rests solely with World Publishing Guangdong Corporation and is not the responsibility of Blackwell Publishing Limited. No part of this book may be reproduced in any form without the written permission of the original copyrights holder.

媒体与青少年：发展的视角

责任编辑 翁 晗

出版发行 世界图书出版广东有限公司

地 址 广州市新港西路大江冲 25 号

电 话 020-84459702

印 刷 悦读天下（山东）印务有限公司

规 格 787mm×1092mm 1/16

印 张 18.5

字 数 278 千

版 次 2014 年 9 月第 1 版 2025 年 1 月第 5 次印刷

ISBN 978-7-5100-8026-5/B·0087

定 价 88.00 元

如发现印装质量问题影响阅读，请与承印厂联系退换。

《网络心理与行为译丛》

组织翻译

青少年网络心理与行为教育部重点实验室（华中师范大学）

协作单位

国家数字化学习工程技术研究中心

中国基础教育质量监测协同创新中心

华中师范大学心理学院

社交网络及其信息服务协同创新中心

教育信息化协同创新中心

编委会

主　　任　周宗奎　雷　雳

主任助理　刘勤学

编委（按姓氏笔画）　王伟军　马红宇　白学军　刘华山　江光荣

李　红　何炎祥　何婷婷　佐　斌　沈模卫　罗跃嘉　周晓林

洪建中　胡祥恩　莫　雷　郭永玉　董　奇

总序

一

工具的使用对于人类进化的作用从来都是哲学家和进化研究者们在探讨人类文明进步的动力时最重要的主题。互联网可以说是人类历史上影响最复杂前景最广阔的工具，互联网的普及已经深深地影响了人类的生活方式。它对人类文明进化的影响已经让每个网民都有了亲身感受，但是这种影响还在不断地深化和蔓延中，就像我们认识石器、青铜器、印刷术的作用一样，我们需要巨大的想象力和以世纪计的时距，才有可能全面地认识人类发明的高度技术化的工具——互联网对人类发展的影响。

互联网全面超越了人类传统的工具，表现在其共享性、智能性和渗透性。互联网的本质作用体现在个人思想和群体智慧的交流与共享；互联网对人类行为效能影响的根本基础在于其智能属性，它能部分地替代人类完成甚为复杂的信息加工功能；互联网对人类行为之所以产生如此广泛的影响，在于其发挥作用的方式能够在人类活动的各个领域无所不在地渗透。

法国当代哲学家贝尔纳·斯蒂格勒在其名著《技术与时间》中，从技术进化论的角度提出了一个假说："在物理学的无机物和生物学的有机物之间有第三类存在者，即属于技术物体一类的有机化的无机物。这些有机化的无机物贯穿着特有的动力，它既和物理动力相关又和生物动力相关，但不能被归结为二者的'总和'或'产物'。"在我看来，互联网正是这样一种"第三类存在者"。互联网当然首先依存于计算机和网络硬件，但是其支撑控制软件与信息内容的生成和运作又构成自成一体的系统，有其自身的动力演化机制。我们所谓的"网络空间"，也可以被看作是介于物理空间和精神空间之间的"第三空间"。

与物理空间相映射，人类可以在自己的大脑里创造一个充满意义的精神空间，并且还可以根据物理世界来塑造这个精神空间。而网络是一个独特的虚拟空间，网络中的很多元素，包括个体存在与社会关系，都与个体在自己大脑内创造的精神空间相似。但是这个虚拟空间不是存在于人的大脑，而是寄存于一个庞大而复杂的物理系统。唯其如此，网络空间才成为独特的第三空间。

二

网络心理学正是要探索这个第三空间中人的心理与行为规律。随着互联网技术和应用的迅猛发展，网络心理学正处在迅速的孕育和形成过程中，并且必将成为心理科学发展的一个创意无限的重要领域。

技术的发展已经使得网络空间从文本环境转变为多媒体环境，从人机互动转变为社会互动，使它成为一个更加丰富多彩的虚拟世界。这个世界对个人和社会都洋溢着意义，并将人们不同的思想与意图交织在一起，充满了创造的机会，使网络空间成为了一个社会空间。在网络这个新的社会环境和心理环境中，一定会衍生出反映人类行为方式和内心经验的新的规律，包括相关的生理反应、行为表现、认知过程和情感体验。

进入移动互联网时代之后，手机、平板电脑等个人终端和网络覆盖的普及带来了时间和空间上的便利性，人们在深层的心理层面上很容易将网络空间看作是自己的思想与人格的延伸。伴随着网络互动产生的放大效应，人们甚至会感到自己的思想与他人的思想可以轻易相通，甚至可以混合重构为一体。个人思想之间的界线模糊了，融合智慧正在成为人类思想史上新的存在和表现形式，也正在改写人类的思想史。

伴随着作为人类智慧结晶的网络本身的进化，在人类众多生产生活领域中发生的人的行为模式的改变将会是持续不断的，这种改变会将人类引向何处？从人类行为规律的层面探索这种改变及其效果，这样的问题就像网络本身一样令人兴奋和充满挑战。

网络心理学是关于人在网络环境中的行为和体验的一般规律的科学研究。作为心理学的一个新兴研究领域，网络心理学大致发端于上个世纪九十年代中期。随着互联网的发展，网络心理学也吸引了越来越多的学者开始研究，越来越多的文章发表在心理学和相关学科期刊上，越来越多的相关著作在出版。近两三年来，一些主要的英文学术期刊数据库（如 Elsevier Science Direct Online）中社会科学和心理学门类下的热点论文排行中甚至有一半以上是研究网络心理与网络行为的。同时，越来越多的网民也开始寻求对人类行为中这一相对未知、充满挑战的领域获得专业可信的心理学解释。

在网络空间中，基于物理环境的面对面的活动逐渐被越来越逼真的数字化表征所取代，这个过程影响着人的心理，也同时影响着心理学。一方面，已有的心理科学知识运用于网络环境时需要经过检验和改造，传统的心理学知识和技术可以得到加强和改进；另一方面，人们的网络行为表现出一些不同于现实行为的新的现象，需要提出全新的心理学概念与原理来解释，形成新的理论和技术体系。这两方面的需要就使得当前的网络心理学研究充满了活力。

在心理学范畴内，网络心理研究涉及传统心理学的各个分支学科，认知、实验、发展、社会、教育、组织、人格、临床心理学等都在与网络行为的结合中发现了或者正在发现新的富有潜力的研究主题。传统心理学的所有主题都可以在网络空间得到拓展和更新，如感知觉、注意、记忆、学习、动机、人格理论、人际关系、年龄特征、心理健康、群体行为、文化与跨文化比较等等。甚至可以说，网络心理学可以对等地建构一套与传统心理学体系相互映射的研究主题和内容体系，将所有重要的心理学问题在网络背景下重演。实际上当前一部分的研究工作正是如此努力的。

但是，随着网络心理学研究的深入，一些学科基础性的问题突显出来：传统的心理学概念和理论体系能够满足复杂的网络心理与行为研究的需要吗？心理学的经典理论能够在网络背景下得到适当的修改吗？有足够的网络行为研究能帮助我们提出新的网络心理学理论吗？

在过去的20年中，网络空间的日益发展，关于网络心理的研究也在不断扩展。早期的网络心理学研究大多集中于网络成瘾，这反映了心理学对社会问题产生关注的方式，也折射出人类对网络技术改变行为的焦虑。当然，网络心理学不仅要关注网络带来的消极影响，更要探究网络带来的积极方面。近期的网络心理学研究开始更多地关注网络与健康、学习、个人发展、人际关系、团队组织、亲社会行为、自我实现等更加积极和普遍的主题。

网络心理学不仅仅只是简单地诠释和理解网络空间，作为一门应用性很强的学科，网络心理学在实际生活中的应用也有着广阔的前景。例如，如何有效地预测和引导网络舆论？如何提高网络广告的效益？如何高效地进行网络学习？如何利用网络资源促进教育？如何使团体和组织更有效地发挥作用？如何利用网络服务改进与提高心理健康和社会福利？如何有效地开展网络心理咨询与治疗？如何避免网络游戏对儿童青少年的消极影响？网络心理学的研究还需要对在线行为与线下生活之间的相互渗透关系进行深入的探索。在线行为与线下行为是如何相互影响的？个人和社会如何平衡和整合线上线下的生活方式？网络涵盖了大量的心理学主题资源，如心理自助、心理测验、互动游戏、儿童教育、网络营销等，网络心理学的应用可以在帮助个人行为和社会活动中发挥非常重要的作用。对这些问题的探讨不仅会加深我们对网络的理解，也会提升我们对人类心理与行为的完整的理解。

三

网络心理与行为研究是涉及多个学科，不仅需要社会科学领域的研究者参与，也需要信息科学、网络技术、人机交互领域的研究者的参与。在过去的起步阶段，心理学、传播学、计算机科学、管理学、社会学、教育学、医学等学科的研究者，从不同的角度对网络心理与行为进行了探索。网络心理学的未来更需要依靠不同学科的协同创新。心理学家应该看到不同学科领域的视角和方法对网络心理研究的不可替代的价值。要理解和调控人的网络心理与行为，并有效地应用于网络生活实际，如网络教育、网络购物、网络治疗、在线学习等，仅仅依靠传统心理学的知识远远不够，甚至容易误导。为了探索网络心理与行为领域新的概念和理论，来自心理学和相关领域的学者密切合作、共同开展网络心理学的研究，更有利于理论创新、技术创新和产品创新，更有利于建立一门科学的网络心理学。

根据研究者看待网络的不同视角，网络心理学的研究可以分为三种类型：基于网络的研究、源于网络的研究和融于网络的研究。"基于网络的研究"是指将网络作为研究人心理和行为的工具和方法，作为收集数据和测试模型的平台，如网上调查、网络测评等；"源于网络的研究"是指将网络看作是影响人的心理和行为的因素，是依据传统心理学的视角考察网络使用对人的心理和行为产生了什么影响，如网络成瘾领域的研究、网络使用的认知与情感效应之类的研究，"记忆的谷歌效应"这样的研究是其典型代表；"融于网络的研究"是指将网络看作是一个能够寄存和展示人的心理活动和行为表现的独立的空间，来探讨网络空间中个人和群体的独特的心理与行为规律，以及网络内外心理与行为的相互作用，这类研究内容包括社交网站中的人际关系、体现网络自我表露风格的"网络人格"等等。这三类研究对网络的理解有着不同的出发点，但也可以是有交叉的。

更富意味的是，互联网恰恰是人类当代最有活力的技术领域。社交网站、云计算、大数据方法、物联网、可视化、虚拟现实、增强现实、大规模在线课程、可穿戴设备、智慧家居、智能家教等等，新的技术形态和应用每天都在改变着人的网络行为方式。这就使得网络心理学必须面对一种动态的研究对象，计算机与网络技术的快速发展使得人们的网络行为更加难以预测。网络心理学不同于心理学的其他分支学科，它必须与计算机网络的应用技术相同步，必须跟上技术形态变革的步伐。基于某种技术形态的发现与应用是有时间限制与技术条件支撑的。很可能在一个时期内发现的结论，过一个时期就完全不同了。这种由技术决定的研究对象的不断演进增加了网络心理研究的难度，但同时也增加了网络心理学的发展机会，提升了网络心理学对人类活动的重要性。

我们不妨大胆预测一下网络心理与行为研究领域未来的发展走向。在网络与人的关系方面，两者的联系将全面深入、泛化，网络逐渐成为人类生活的核心要素，相关的研究数量和质量都会大幅度提升。在学科发展方面，多学科的交叉和渗透成为必然，越来越多的研究者采用系统科学的方法对网络与人的关系开展心理领域、教育领域、社会领域和信息工程领域等多视角的整合研究。在应用研究方面，伴随新的技术、新的虚拟环境的产生，将不断导致新的问题的产生，如何保持人与网络的和谐关系与共同发展，将成为现实、迫切的重大问题。在网络发展方向上，人类共有的核心价值观将进一步引领网络技术的发展，技术的应用（包括技术、产品、服务等）方向将更多地体现人文价值。这就需要在网络世界提倡人文关怀先行，摒弃盲目的先乱后治，网络技术、虚拟世界的组织规则将更好地反映、联结人类社会的伦理要求。

四

青少年是网络生活的主体，是最活跃的网络群体，也是最容易受网络影响、最具有网络创造活力的群体。互联网的发展全面地改变了当代人的生活，也改变了青少年的成长环境和行为方式。传统的青少年心理学研究主要探讨青少年心理发展的年龄阶段、特点和规律，在互联网高速发展的时代，与青少年相关的心理学等学科必须深入探索网络时代青少年新的成长规律和特点，探索网络和信息技术对青少年个体和群体的社会行为、生活方式和文化传承的影响。

对于青少年网民来说，网络行为具备的平等、互动、隐蔽、便利和趣味都更加令人着迷。探索外界和排解压力的需要能够部分地在诙谐幽默的网络语言中得到满足。而网络环境所具有的匿名性、继时性、超越时空性（可存档性和可弥补性）等技术优势，提供了一个相对安全的人际交往环境，使其对自我展示和表达拥有了最大限度的掌控权。

不断进化的技术形式本身就迎合了青少年对新颖的追求，如电子邮件（E-mail）、文件传送（FTP）、电子公告牌（BBS）、即时通信（IM，如 QQ、MSN）、博客（Blog）、社交网站（SNS）、多人交谈系统（IRC）、多人游戏（MUD）、网络群组（online-group）、微信传播等都在不断地维持和增加对青少年的吸引力。

网络交往能够为资源有限的青少年个体提供必要的社会互动链接，促进个体的心理和社会适应。有研究表明，网络友谊质量也可以像现实友谊质量一样亲密和有意义；网络交往能促进个体的社会适应和幸福水平；即时通信对青少年既有的现实友谊质量也有长期的正向效应；网络交往在扩展远距离的社会交往圈子的同时，也维持、强化了近距离的社会交往，社交网站等交往平台的使用能增加个体的社会资本，从而提升个体的社会适应和幸福感水平。

同时，网络也给青少年提供了一个进行自我探索的崭新空间，在网络中青少年可以进行社会性比较，可以呈现他们心目中的理想自我，并对自我进行探索和尝试，这对于正在建立自我同一性的青少年来说是极为重要的。如个人在社交网站发表日志、心情等表达，都可以长期保留和轻易回顾，给个体反思自我提供了机会。社交网站中的自我呈现让个人能够以多种形式塑造和扮演自我，并通过与他人的互动反馈来进行反思和重塑，从而探索自我同一性的实现。

处于成长中的青少年是网络生活的积极参与者和推动者，能够迅速接受和利用网络的便利和优势，同时，也更容易受到网络的消极影响。互联网的迅猛发展正加速向低龄人群渗透。与网络相伴随的欺骗、攻击、暴力、犯罪、群体事件等也屡见不鲜。青少年的网络心理问题已成为一个引发社会各界高度重视的焦点问题，它不仅影响青少年的成长，也直接影响到家庭、学校和社会的稳定。

同时，网络环境下的学习方式和教学方式的变革、教育活动方式的变化、学生行为的变化和应对，真正将网络与教育实践中的突出问题结合，发挥网络在高等教育、中小学教育、社会教育和家庭教育中的作用，是网络时代教育发展的内在要求。更好地满足教育实践的需求是研究青少年网络心理与行为的现实意义所在。

五

开展青少年网络心理与行为研究是青少年教育和培养的长远需求。互联网为青少年教育和整个社会的人才培养工作提供了新的资源和途径，也提出了新的挑战。顺应时代发展对与青少年成长相关学科提出的客观要求，探讨青少年的网络心理和行为规律，研究网络对青少年健康成长的作用机制，探索对青少年积极和消极网络行为的促进和干预方法，探讨优化网络环境的行为原理、治理措施和管理建议，引导全面健康使用和适应网络，为促进青少年健康成长、推动网络环境和网络内容的优化提供科学研究依据。这些正是“青少年网络心理与行为教育部重点实验室”的努力方向。

青少年网络环境建设与管理包括消极防御和积极建设两方面的内容。目前的网络管理主要停留在防御性管理的层面，在预防和清除网络消极内容对青少年的负面影响的同时，应着力于健康积极的网络内容的建设和积极的网络活动方式的引导。如何全面正确发挥网络在青少年教育中的积极作用，在避免不良网络内容和不良使用方式对青少年危害的同时，使网络科技更好地服务于青少年的健康成长，是当前教育实践中面临的突出问题，也是对网络科技工作和青少年教育工作的迫切要求。基于对青少年网络活动和行为的基本规律的研究，探索青少年网络活动的基本需要，才能更好地提供积极导向和丰富有趣的内容和活动方式。

为了全面探索网络与青少年发展的关系，推动国内网络心理与行为研究的进步，青少年网络心理与行为教育部重点实验室组织出版了两套丛书，一是研究性的成果集，一是翻译介绍国外研究成果的译丛。

《青少年网络心理研究丛书》是实验室研究人员和所培养博士生的原创性研究成果，这一批研究的内容涉及青少年网络行为一般特点、网络道德心理、网络成瘾机制、网络社会交往、网络使用与学习、网络社会支持、网络文化安全等不同的专题，是实验室研究工作的一个侧面，也是部分领域研究工作的一个阶段性小结。

《网络心理与行为译丛》是我们组织引进的近年来国外同行的研究成果，内容涉及互联网与心理学的基本原理、网络空间的心理学分析、数字化对青少年的影响、媒体与青少年发展的关系、青少年的网络社交行为、网络行为的心理观和教育观的进展等。

丛书和译丛是青少年网络心理与行为教育部重点实验室组织完成研究的成果，整个工作得到了国家数字化学习工程技术研究中心、中国基础教育质量监测协同创新中心、华中师范大学心理学院、社交网络及其信息服务协同创新中心、教育信息化协同创新中心的指导与支持，特此致谢！

丛书和译丛是作者和译者们辛勤耕耘的学术结晶。各位作者和译者以严谨的学术态度付出了大量辛劳，唯望能对网络与行为领域的研究有所贡献。

周宗奎

2014 年 5 月

译者序

媒体在我们的生活中扮演着特别重要的角色，本书的译者回忆起小时候的经历时，那些有关电影、电视的记忆总是历历在目。印象最深刻的是小学时每天下午放学后，等着电视机播放《聪明的一休》。虽然过去了近 20 年，当听到《聪明的一休》中那熟悉的旋律时，总是能够唤起很多美好的回忆。作为一个心理学研究者，译者一直关注媒体与青少年认知发展的关系，而 Steven J. Kirsh 的这本《媒体与青少年》丰富了译者很多有关媒体的知识，同时也在研究想法和理论观点上得到了很多启发。虽然这本书的主要定位是学术著作或学术性科普著作，但是作者在写作中力求语言简洁易懂，利用大量实例来阐述枯燥的研究结果和各种理论观点，对于普通读者而言，肯定能够从书中发现你所感兴趣的问题，解答你关于媒体的各种疑惑。

《媒体与青少年》从美国文化视角，引用了大量的心理学、社会学、传播学实证研究，分十二章节系统地介绍了有关媒体与青少年发展的关系。在本书一开始，作者就为我们描述了媒体对青少年日常生活的影响，从卧室中媒体到青少年为何使用媒体，利用生动的事例和系统的研究阐述了媒体在个体发展中扮演的重要角色；第二章作者自上而下地系统介绍了社会化、皮下注射理论、启动等 8 个有关媒体影响的理论，让读者从理论视角理解媒体如何影响青少年以及通过什么方式影响青少年发展；第三章和第四章介绍了媒体在青少年学习、辅助医疗、亲社会性等方面的作用；第五章介绍了媒体如何影响青少年的消费行为，并且用大量实证资料和案例阐述了广告对青少年的影响；第六章和第九章介绍了各类媒体中的刻板化，以及媒体对青少年性别化和性别社会化的影响；第七章和第八章介绍了媒体在青少年肥胖、身体意象、饮食失调、饮酒、吸烟和毒品滥用中的作用；第十章和第十一章分别从较为流行的漫画书、音乐、视频游戏到传统屏幕媒体，讨论了暴力媒体问题；本书最后一章又把读者带入一个新的思考领域：媒体对青少年的影响究竟有多大？媒体在青少年发展中有几重身份？以及我们该如何从小培养孩子的媒体素养？

本书的作者为纽约州立大学杰纳苏分校 (The State University of New York at Geneseo) 教授，此书的主要文化背景基于美国文化，所以书中涉及了大量的美国电影、电视、歌曲、游戏、书籍等名称，给翻译工作带来了巨大挑战。虽然译者们都了解基本的心理学研究事实，其中部分译者也有相关的美国生活经验或经历。但是在翻译过程中，还是不能保证所有的翻译都准确到位。所以，本书在翻译过程中为了保证准确性，在译著中加注了大量注解，注解中保留了所译关键词的英文原文并且给出了解释，以方便读者理解书中内容。最后，我们又对全书的翻译名称和译法进行了统一和校对，力求准确表达原文意思。相信这本书对心理学、社会学、传播学、教育学研究能够带来新的启发；能够为家长和父母带去新的知识和理念，能够为媒体工作者思考媒体对人的影响作用提供参照。

本书翻译工作由华中师范大学的三位老师和几位研究生共同完成，他们的翻译工作如下：第一章由段朝辉、王福兴负责翻译，第二章和第六章由孙山负责翻译，第三章由王福兴、段朝辉负责翻译，第四章由侯秀娟、王福兴负责翻译，第五章、第八章、第九章由谢员负责翻译，第七章、第十章、第十一章由温芳芳负责翻译完成，第十二章由王福兴、侯秀娟负责翻译。全书的翻译、协调工作、书稿全部章节校对和统一审核工作由王福兴负责完成。感谢各位译者辛苦的工作，以及华中师范大学心理学院给我们提供的良好工作环境。此外，特别感谢心理学院 2012 级硕士生侯秀娟，她负责整个书稿的联络工作，并且在后期的文字校对和格式修改上付出了大量时间和精力！

由于前面提到的文化背景关系和能力所限，书稿在翻译过程中难免有不当之处，恳请读者批评指正，以帮助我们进一步完善这本译著，任何文字翻译斧正，请联系我们 fxwang@mail.ccnu.edu.cn。

本书稿翻译得到了“青少年网络心理与行为教育部重点实验室”的资助，在此表示特别感谢！

王福兴

2013 年 12 月

英文版前言

《媒体与青少年：发展的视角》为媒体对婴幼儿、儿童与青少年的影响研究提供了一个综合性的回顾与评价。青少年在认知、情感、身体及社会性上呈现出发展的多样性。同样，本书从头至尾也是从发展的视角来评价所有的理论与研究的。这样做使媒体对青少年的效应就像年龄对发展状况的作用一样显得清晰明了。发展性的分析也使文献中与年龄相关的差距得以区分开来。为了强调发展在媒体效应研究中的重要性，每一章在结尾都安排了一个以“发展的视角”为标题的小版块，呈现实证发现、基础理论以及对在发展背景下的未来研究的建议。最后，本书提出了媒体效应发展视角研究的五个重要问题：（1）青少年接触了多少媒体？他们为什么要看？（2）哪些理论性的基本原理解释了媒体接触对婴幼儿、儿童和青少年的影响？（3）在个体发展中，不同类型媒体有哪些特殊的积极影响和消极影响？（4）媒体对青少年的生活产生的影响有多大？（5）可以采用哪些技术来减少媒体使用的负面影响？

致 谢

致我的父亲，马文·凯尔士 (Marvin Kirsh) 博士，正是有了您无条件的爱和支持，更不必说您每天对我写作进展的关切，我才得以完成此书。还有我的妻子萨德哈 (Sudha) 和我的孩子米歇尔 (Michelle) 与丹尼尔 (Daniel)，正是你们对媒体无止境的热爱，才使我买了三台高清电视机、一个蓝光 DVD 播放机和世界上每一款视频游戏系统。

感谢凯罗琳·艾默特 (Carolyn Emmert)、亚力克西斯·艾弗森 (Alexix Everson) 和托马斯·马切哈特 (Thomas Marchhart) 对本书初稿的反馈意见。我尤其要感谢贾尼斯 (Janice) 与戴维·札沃克 (David Zalk) 为我带来的三个可爱的侄子：乔舒亚 (Joshua)、雅各布 (Jacob) 和杰西 (Jesse)。

目录

1 青少年生活中的媒体

1.1 媒体影响的历史介绍 …………（2）
1.2 从发展的角度探讨媒体效应 …………（4）
1.3 媒体与人的发展 …………（5）
1.3.1 家庭中的媒体 …………（5）
1.3.2 卧室中的媒体 …………（5）
1.4 媒体消费与个体发展 …………（8）
1.4.1 媒体使用的测量 …………（8）
1.4.2 婴儿期、学步期和童年早期的媒体使用 …………（11）
1.5 青少年为什么进行媒体消费 …………（13）
1.5.1 媒体消费的使用与满足方式 …………（14）
1.5.2 自我决定理论 …………（17）
1.5.3 媒体消费的其它原因 …………（19）
1.6 发展的视角 …………（21）

2 媒体影响理论

2.1 社会化及相关理论 …………（23）
2.2 皮下注射理论或魔弹理论 …………（25）
2.3 激发转移 …………（25）
2.4 教养观 …………（26）
2.5 启动 …………（28）
2.6 社会学习和社会认知理论 …………（29）
2.6.1 社会学习理论 …………（29）
2.6.2 社会认知理论 …………（31）
2.7 脚本理论 …………（31）
2.8 通用媒体模型 …………（33）
2.9 发展的视角 …………（35）

3 媒体对学习的影响

3.1 媒体使用对学业成绩有不利影响吗？……………………（38）
3.1.1 衰减假说背后的机制 ……………………（38）
3.1.2 媒体使用与学业成绩的相关研究 ……………………（40）
3.1.3 衰减假说和刺激假设的相关评估研究 ……………………（41）
3.2 教育媒体的益处 ……………………（42）
3.2.1 教育类电视媒体 ……………………（42）
3.2.2 计算机辅助教学 ……………………（49）
3.3 音乐与学业成绩：神话还是现实？……………………（53）
3.4 发展的视角 ……………………（55）

4 媒体使用的医疗和社会效应

4.1 媒体可减少疼痛 ……………………（57）
4.1.1 婴儿有关的研究 ……………………（58）
4.1.2 学步儿童和学龄前儿童的研究 ……………………（58）
4.1.3 童年中期和青春期的研究 ……………………（59）
4.1.4 通过全神贯注和心流分散注意 ……………………（59）
4.1.5 疼痛和视频游戏：一条成功之路？……………………（60）
4.2 视频游戏和虚拟现实的其它医疗效应 ……………………（60）
4.3 亲社会媒体的行为益处 ……………………（62）
4.3.1 亲社会学习所需要的认知需求 ……………………（63）
4.3.2 婴儿期和学步期儿童的研究 ……………………（64）
4.3.3 学龄前儿童的研究 ……………………（64）
4.3.4 童年中期和青春期的研究 ……………………（65）
4.4 互联网的心理效应 ……………………（66）
4.4.1 友谊 ……………………（66）
4.4.2 幸福和社会自尊 ……………………（67）
4.4.3 同一性探究 ……………………（68）
4.5 发展的视角 ……………………（69）

5 广告、消费行为和青少年

5.1 消费行为与个体发展 ……………………（73）
5.1.1 对需求与偏好的感知 ……………………（73）
5.1.2 挑剔和议价 ……………………（74）

5.1.3 尝试和首次购买行为 ……………………………………………………（75）
5.1.4 从众和苛求 ……………………………………………………………（76）
5.1.5 青春期的消费者行为 ………………………………………………（77）
5.1.6 物质主义对消费者行为的调节效应 ……………………………（78）
5.2 针对年轻人的广告 ……………………………………………………（79）
5.2.1 针对年轻人的广告的特征 …………………………………………（80）
5.3 针对成年人的广告却影响了青少年 …………………………………（84）
5.3.1 认知的研究 …………………………………………………………（85）
5.3.2 情绪的研究 …………………………………………………………（87）
5.3.3 行为的研究 …………………………………………………………（87）
5.4 发展的视角 ………………………………………………………………（89）

6 媒体与刻板化

6.1 刻板印象的本质 …………………………………………………………（91）
6.1.1 青少年所接触的媒体中的刻板印象 ………………………………（93）
6.1.2 文学中的刻板印象 …………………………………………………（94）
6.1.3 报纸漫画中的刻板印象 ……………………………………………（99）
6.1.4 卡通动画中的刻板印象 ……………………………………………（100）
6.1.5 教育电视和电脑软件中的刻板印象 ………………………………（101）
6.1.6 电视广告中的刻板印象 ……………………………………………（102）
6.1.7 实景真人秀中的刻板印象 …………………………………………（103）
6.1.8 视频游戏中的刻板印象 ……………………………………………（105）
6.1.9 互联网上的刻板印象 ………………………………………………（105）
6.2 媒体中刻板印象对青少年的影响 ……………………………………（106）
6.2.1 刻板媒体和性别 ……………………………………………………（106）
6.2.2 种族刻板印象 ………………………………………………………（108）
6.3 发展的视角 ………………………………………………………………（108）

7 媒体对肥胖、身体意象和饮食失调的影响

7.1 媒体消费与体重 …………………………………………………………（112）
7.1.1 为什么媒体能使人增肥 ……………………………………………（113）
7.1.2 家长、媒体与肥胖 …………………………………………………（117）
7.1.3 媒体与肥胖污名 ……………………………………………………（117）
7.2 身体意象与媒体 …………………………………………………………（119）

7.2.1 媒体中身体意象的描绘 …………………………………………（120）
7.2.2 身体意象的研究 ……………………………………………………（123）
7.3 纤瘦 - 理想媒体与女性的饮食障碍 ……………………………………（127）
7.4 男性的瘦型肌肉发达与肌肉畸形 ………………………………………（129）
7.5 发展的视角 ……………………………………………………………（129）

8 酒精、烟草与毒品滥用中媒体的作用

8.1 青少年成长过程中的 CAD ……………………………………………（131）
8.2 青少年滥用烟酒毒的后果 ……………………………………………（133）
8.2.1 健康风险 ……………………………………………………………（133）
8.2.2 毒品使用的先导假设 ………………………………………………（134）
8.2.3 成瘾 …………………………………………………………………（135）
8.3 CAD 使用的知觉 ………………………………………………………（135）
8.4 媒体中物质使用的流行 ………………………………………………（136）
8.4.1 广告 …………………………………………………………………（136）
8.4.2 电影、电视中的剧情 ………………………………………………（139）
8.4.3 音乐 …………………………………………………………………（142）
8.4.4 视频游戏 ……………………………………………………………（143）
8.4.5 网站 …………………………………………………………………（144）
8.5 大众媒体中物质使用的后果 …………………………………………（145）
8.5.1 童年早期的研究 ……………………………………………………（145）
8.5.2 童年中期的研究 ……………………………………………………（146）
8.5.3 青春期的研究 ………………………………………………………（149）
8.6 发展的视角 ……………………………………………………………（152）

9 媒体与青少年的性别化和性别社会化

9.1 性别化和性别社会化 …………………………………………………（154）
9.2 性媒体 …………………………………………………………………（156）
9.2.1 儿童和青少年所看的性内容 ………………………………………（157）
9.2.2 媒体上青少年的性别化 ……………………………………………（162）
9.3 在青春期接触性媒体的影响 …………………………………………（164）
9.3.1 性态度 ………………………………………………………………（164）
9.3.2 性预期和归因 ………………………………………………………（165）
9.3.3 性行为 ………………………………………………………………（165）

9.4 发展的视角 …………………………………………………………… (167)

10 暴力媒体(上)——漫画书、音乐和视频游戏

10.1 攻击性的简短介绍 ……………………………………………… (169)
10.2 暴力漫画书 ……………………………………………………… (171)
10.3 音乐暴力 ………………………………………………………… (172)
10.3.1 暴力歌词 ………………………………………………………… (172)
10.3.2 词碎大道? …………………………………………………… (174)
10.3.3 暴力音乐和攻击行为 ………………………………………… (175)
10.3.4 暴力音乐视频 ………………………………………………… (176)
10.3.5 暴力音乐与自杀 ……………………………………………… (177)
10.4 暴力视频游戏 …………………………………………………… (178)
10.4.1 暴力视频游戏与日俱增的真实性 …………………………… (178)
10.4.2 暴力视频游戏和青少年:时代、年龄和研究设计 ……… (180)
10.4.3 在线暴力游戏 ………………………………………………… (184)
10.5 发展的视角 ……………………………………………………… (186)

11 暴力媒体(下)——传统屏幕媒体

11.1 传统屏幕媒体中的暴力 ………………………………………… (188)
11.2 暴力感知的影响因素 …………………………………………… (190)
11.2.1 卫生处理以及后果 …………………………………………… (190)
11.2.2 喜剧性 ………………………………………………………… (191)
11.2.3 合理化及合法化 ……………………………………………… (191)
11.2.4 真实性感知 …………………………………………………… (191)
11.2.5 画面 …………………………………………………………… (192)
11.2.6 渲染 …………………………………………………………… (193)
11.2.7 媒体中暴力行为感知的影响因素研究 ……………………… (193)
11.3 屏幕暴力对青少年的影响 ……………………………………… (193)
11.3.1 去抑制性攻击 ………………………………………………… (194)
11.3.2 与攻击相关的构念变化 ……………………………………… (198)
11.3.3 脱敏 …………………………………………………………… (200)
11.3.4 暴力恐惧 ……………………………………………………… (201)
11.4 发展的视角 ……………………………………………………… (203)

12 媒体影响：程度、风险和媒体素养

12.1 元分析 …………………………………………………………………… (207)
12.1.1 媒体影响研究的元分析结果 ………………………………………… (208)
12.2 媒体的三重身份——风险因素、保护因素与有益因素 …… (211)
12.3 通过培养媒体素养减少媒体的消极影响 ……………………… (212)
12.3.1 联合介入 …………………………………………………………… (213)
12.3.2 限制性介入 ………………………………………………………… (213)
12.3.3 主动介入 …………………………………………………………… (215)
12.3.4 反媒体 ……………………………………………………………… (216)
12.4 发展的视角 ……………………………………………………………… (220)
参考文献 …………………………………………………………………… (222)

1 青少年生活中的媒体

当我朝书房走去的时候，我听到一阵规律地敲打键盘的声音。我走近一看，原来是我13岁的女儿——米歇尔（Michelle），她正在用电脑飞快地打字。我看了看表，发现还只是下午3点半，我顿生欣慰。因为她不仅打字准确、速度飞快，而且她已经在没有我的督促下开始写家庭作业了。但是让我印象更深刻的是，她不仅可以一边在iPod上听《油脂》，一边在电脑上做作业，而且还可以时不时的和她的朋友在网上聊聊天，查看一下她的邮箱，并成功地在电脑游戏中保持模拟马的平衡。和许多青少年一样，米歇尔已经深深地沉溺于媒体中了。然而对媒体的沉溺不仅仅发生在青春期，它实际上贯穿了儿童性格形成的整个时期。我把以下所列青少年的媒体消费情况仅仅看做是巨大媒体馅饼上一块小小的薄片，比如：让婴儿听莫扎特（Mozart）的钢琴曲来提高他们的智力；让学步儿童观看无攻击性的紫色恐龙的视频，希望他们可以学习对颜色的鉴别和一些社会技能；学龄前儿童则通过玩电脑游戏，来加深他们对字母的认识；学龄儿童则在网络上养电子宠物，在战争游戏中惩恶扬善；青少年则经常在网上通过互相发送即时消息来聊天，在博客上记录自己每天的生活，更新自己的脸谱网（Facebook）。当然这些媒体上丰富的消费信息，已经成为了家长、研究人员和政策制定者的主要关注对象。但是这些担心并非首例，因为自从媒体出现后，它们就一直存在。

1.1 媒体影响的历史介绍

几千年以来，人们都认为媒体能影响那些使用它们的人群，并且这种影响更多地被认为是消极的。在古希腊，新生的理念和价值观都会成为口头语言的牺牲品，似乎苏格拉底的审判和执行就是为了说明这种现象的存在。在 18 世纪，文字被教会当作邪恶的城堡而被禁止，并且这种教义固守了几百年。在 19 世纪后期，学者们认为阅读小说会夸大人们的想象力，使神经系统过于激动，从而使人们对现实的认识扭曲。类似地，报纸也被认为会使阅读者产生非自然的、快速的注意转换，从而最终破坏阅读者的心理健康。在 20 世纪初，类似于报纸中连环画的形式，这种带图片的文字已经被看成是一种社会威胁，尤其是对青少年的道德、礼仪和健康发展而言。在 20 世纪四五十年代，漫画书（其设计和内容类似于报纸上出现的连环画）也曾被认为是宣扬暴力、鼓励同性恋、激发与性有关的不健康的思想、褒扬行为不良和教导人们目无法纪的罪魁祸首。简而言之，纵观历史，语言和文字都是被诬蔑为会对青年人产生坏影响的“邪气” (Starker, 1989)。然而在这个世界上蒙受迫害的媒体，却不仅仅局限于语音、报纸、小说和漫画书。

在 20 世纪初，以前备受指责的报纸刊出大量的社会评论，来痛斥当时的新媒体——电影。电影曾被认为是会使人们道德败坏而堕落的罪犯，电影院也成为了罪犯的训练场。并且对电影潜在的负面影响的关注，在未来的 20 年里也在持续增长。事实上，第一次进行大规模的实证研究来探讨媒体对青少年影响的时间，大约是在 1930 年。研究者通过调查儿童和青少年在观看电影后的冲击，来探讨电影对他们身体健康、行为和认知的影响。研究结果发现，电影对观看者的影响大多是负面的。因为观看电影可能会使人产生负面的刻板印象、养成不良的睡眠习惯、形成低水平的合作倾向和渐增的焦虑水平 (Jowett, Jarvie, & Fuller, 1996)。然而并不是每一个新型媒介的引入都会有“邪气”的绰号，“邪气”主要是针对当时最流行的、最易被大家所接触的媒体 (Starker, 1989)。例如，收音机一开始并没有被认为会威胁到青少年的健康，直到美国将近 90% 的家庭都有了收音机，但是那距离广播向公众推行已经过去有大约 40 年了。当时有很多人都谴责时下最流行的收音机收听代价太大，例如《影子》(The Shadow) 和《山姆铲》(Sam Spade)[1]，它们赞美犯罪，给青少年灌输非常危险的思想。

[1] The Shadow 和 Sam Spade 都是美国历史上很流行的电台节目，讲述侦探类的小说，译者注。

Starker（1989）的观点认为，一个媒体随着它受欢迎的程度增加，它对青少年的负面影响和可感知的力量也会越大。这在过去 75 年里已经得到了证明。从 20 世纪 50 年代到 80 年代，媒体对青少年的负面影响被认为主要集中在电视，特别是暴力电视节目上（U. S. Surgeon General' s Scientific Advisory Committee, 1972）。在 20 世纪 90 年代和 21 世纪初，视频游戏取代电视成为了青少年良好行为规范和心理健康的主要威胁。2000 年美国参议院小组委员会 (U.S. Senate subcommittee) 召开了听证会，针对暴力视频游戏中鼓吹人身攻击的现象，讨论其对青少年所造成的影响 (Anderson, 2000)。然而今天，互联网成为了青少年面临的最大威胁之一，因为在青少年的聊天室里潜伏着性侵犯者，色情信息也只要简单点击就可获得。其实，"媒体"本身是不存在好坏之分的，是媒体的内容影响了媒体的使用者。当然，媒体除了产生负面影响，对青少年也有着潜在的积极影响。例如，漫画故事已经被用于教育青少年有关艾滋病的知识，在医疗过程中玩视频游戏也可以减少病人对疼痛的知觉。

从历史上看，媒体对儿童和青少年的潜在威胁，主要是基于猜测和传闻。也就是说，那些关于因为阅读报纸和观看电影而对青少年产生危害的报告，都是基于对青少年不当行为的猜测，缺乏相关证明。虽然这种类似的旁观者言论缺乏数量优势，但是有时也会变得非常有说服力。比如，如果我有一个邻居，他跟你说我的储藏室里装满了草坪人偶、死去的"海猴子"[1] 和未使用过的 Bedazzler[2] 的插图说明，我想你也不会怀疑这是否是事实。同样地，在广告中使用传闻轶事也是有一定道理的，因为零售商试图卖掉自己的产品，他可不管传闻是否真实，毕竟买者自负。但是如果传闻证据是如此的有缺陷，为什么几百年来还要地反复使用它，来丑化媒体的各种形式？因为趣闻轶事有很强的情绪感染力，它们的通用性和生动性，可以使一个争论变得可信，尽管这个所谓的证据缺乏科学性。不仅如此，趣闻轶事往往也很容易在人们的家中互相传颂。千百年来，关于媒体的传闻都非常的简单，那就是：媒体是强大的，但是对青少年有害。而多年的实践表明，媒体对信息传播的历史意义，比媒体相关的轶闻研究重要多了。

但是，如今社会的信息却着实需要通过不同的方式来对其可靠性进行证实。

[1] "海猴子"（seamonkeys）是一种盐水虾的品牌，外形酷似猴子，经常作为新奇水族宠物出售，译者注。

[2] Bedazzler，一种水晶钉扣器，可以用来固定水钻、螺栓、补丁等在衣服、手机或配件上，译者注。

因为只有当观测中出现偏见和错误的可能性被显著减少时，才能说明一个现象已经被有效地证实。目前，证明媒体对青少年有影响的实证研究比比皆是。事实上，一些最近的研究发现媒体对青少年的影响是负面的，而另一些研究却发现是正面的。但是无论结论好坏，基于这些研究，我们可以做出一个结论：媒体使用确实会影响婴幼儿、儿童和青少年。这就是媒体已经被大家认同的、真正的力量。

1.2 从发展的角度探讨媒体效应

在深入研究之前，了解科学家们使用的与年龄有关的个体发展时期是非常重要的。婴儿期（infancy）是指出生后至 12 个月这一年龄阶段；学步期（toddlerhood）通常标志着走路不用支撑，发生在12个月至3岁之间；童年早期（early childhood），通常也叫学龄前儿童，处于 3 岁至 5 岁；小学适龄儿童在 6 至 10 岁之间，也归类为童年中期（middle childhood）；青春期早期（early adolescence）是指 11 至 13 岁之间的青年；青春期中期（middle adolescence）是指 14 至 16 岁之间的年轻人；而青春期晚期（late adolescence）是指个体年龄在 17 至 19 岁。值得注意的是，在研究中研究者也通过年龄划分幼年期（childhood）（学步期至童年中期）、过渡期（tweens）（8 岁到 14 岁）和青春期（adolescence）（青春期早期至青春期晚期）。

在研究儿童时，如果根据这些发现就推断媒体对成人和青年的影响，或者结合年龄较大儿童和年龄较小儿童的研究发现来进行推断，都会导致不正确的、误导性的结论。例如，根据脑功能核磁共振成像（fMRI）技术，在处理涉及数字的单词加工和基本判断时，成人和儿童的神经解剖图是不一样的 (Ansari & Dhital, 2006; Schlaggar et al., 2002)。此外，已经有研究证明，年轻人对信息处理的速度几乎是青春期早期青少年和幼儿期的 2 倍 (Hale, 1990)。这些结果和其它研究的结果共同得出了以下结论：成年人与儿童之间，或者大龄青年与年幼青年之间，年龄差距越大，他们在身体发育、认知、社会化程度以及情感上的差距就可能越大。因此，始终保持发展的观点来探讨媒体对婴幼儿、儿童和青少年的影响是非常重要的。

那么媒体消费产生的正面和负面影响在不同的发展阶段又会如何呢？青少年会比其它年龄阶段的人群更容易受媒体的影响吗？媒体对青少年行为、思想和情感上的影响又将会有多大呢？这些都只是我们接下来将要解决的诸多问题中的一小部分。那么，我们从哪里开始探索媒体对青少年的影响呢？就让我们从媒体对婴幼儿、儿童和青少年的实际消费程度的影响上开始我们的探索历程吧。

1.3 媒体与人的发展

1.3.1 家庭中的媒体

在美国，几乎每一个家庭中都有电视、VCR、DVD 播放机、收音机和 CD 播放机。实际上，在有青少年的家庭中，想要找到一个没有这些媒体的家庭都非常的困难。几乎 99% 的家庭都至少拥有上述提及媒体中的一项。对于有 0 至 10 岁孩子的家庭而言，家里拥有的电视、收音机的数量与家庭里所拥有青少年孩子的数量几乎是相同的。但是，由于一些未知的原因，对于那些 10 岁以下小孩的家庭，拥有 DVD 或者 VCR 播放器的比例要小于 5%。

又因为互联网已经变得非常普遍，所以对于 2/3 的 10 岁以下儿童和 3/4 的 11 岁及以上的青少年来说，他们都能够在家中上网。并且事实是，在 8 岁至 18 岁的青少年中，已经有大约 80% 的人拥有至少一台视频游戏机。但是，在有年幼孩子的家庭中拥有视频游戏机的比例只有 50%。考虑到购买电脑、网费和游戏系统下载的成本在不断地下降，预期这些媒介会越来越多地出现在美国家庭中，即使那些有更小孩子的美国家庭也会一样。最新的研究发现，在最近的两年间，小于 7 岁的孩子在自己家中上网的比例已经超过了 6%。此外，在同一时期，接入高速互联网家庭的比例也从 20% 上升到 42%，超过了以往的 1 倍多 (Rideout & Hamel, 2006; Roberts, Foehr, & Rideout, 2005)。

1.3.2 卧室中的媒体

众所周知，绝大部分的儿童和青少年都希望自己的卧室中有电视、电脑和视频游戏机。事实上，在我开始写这章节之前，我 10 岁的儿子还请求过我把一台视频游戏机放在他的卧室里，但是我没有同意。我 13 岁的女儿则采用了一个更加委婉的方式。首先，她要求我把一匹马放在她卧室，我没有同意。后来她就要求我放一台电视在她卧室，我也没有同意。然而事实上，我的孩子已经是他们同龄人中少数几个卧室中没有电视和视频游戏机的人了。

在婴儿期、学步期和童年早期中，只有少数小于 4 岁的幼儿（5% 左右）在他们的卧室中有视频游戏机。然而，在 4 岁和 6 岁之间的孩子中，这个比例却已经增长了 3 倍多（18% 左右）。并且当孩子 8 岁的时候，大约有 50% 的孩子会在卧室中打视频游戏，即使这个年龄再大一些，这个比例也一样（见图 1.1）。在男孩子的卧室中有将近 2/3 的卧室里都装有视频游戏机。而对于 8 岁至 18 岁的孩子来说，卧室中有电视机的可能性会更高，这个比例大概稳定在 70% 左右。但是在小于 6 岁的幼儿中，只有 33% 的孩子在卧室中有电视机。但是让人吃惊的是，在婴儿中却有 1/5 的孩子在卧室中有电视机。在儿童和青少年的卧室中，联网的计算机是最不可能被发现的媒体类型。事实上，在 15 至 18 岁的青少年中可以在自己的卧室中私自上网的比例不超过 30%。并且毋庸置疑的是，孩子在卧室中上网的比例也会随着孩子年龄的变小而减少。举例来说，小于 6 岁的孩子在卧室中上网的可能性就非常小了，这个比例大概是 2%。从发展的整体角度而言，性别差异是非常普遍的。男孩相对于女孩来说，在卧室中拥有私人媒体（如：电视机、DVD 播放器和联网的电脑）的数量也会更多 (Rideout & Hamel, 2006; Roberts et al., 2005)。

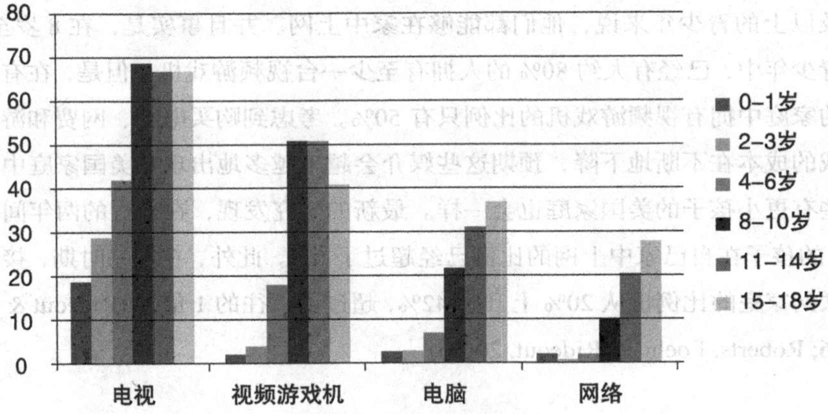

图 1.1 不同年龄孩子卧室媒体的数量

资料来源于：Rideout and Hamel (2006), and Roberts et al. (2005)

注：由于数据收集的问题，7 岁孩子的数据有缺失。

卧室中的媒体有助于睡眠？一个需要澄清的神话

在卧室中有电视机的儿童和青少年，他们相对于其他年轻人而言，会睡得更晚，睡得更少，存在着更多的睡眠问题（如：在午夜醒来），并且第二天起来时会觉得很累。研究显示，类似的睡眠问题也会出现在睡前玩电脑游戏、上网和听音乐的青年人身上。而唯一一个与媒体有关的、但是对睡眠没有负面影响的睡前活动就是阅读 (Eggermont & Van den Bulck, 2006；Paavonen, Pennonen, Roine, Valkonen, & Lahikainen, 2006)。此外，对于 8 至 18 岁的年轻人而言，如果在他们的卧室中放置媒体设备，那么他们花在媒体上的时间每天就会增加 2 个小时 (Roberts et al., 2005)。

为什么父母会允许媒体在卧室中呢？

你认为会有哪个父母，会允许一个自己从来没有见过的或者从来没有和自己 13 岁的女儿说过话的邻居与孩子谈论有关性的话题，或者给孩子提供有色情内容的图片？你认为会有哪个父母会允许某个邻居向自己易受影响的 4 岁儿子展示美化暴力的图像，或者给孩子观看有关令人不安的死亡影像？显然，这些都是不可能的。那么，为什么家长会允许大部分的媒体，在他们孩子的卧室中做出上述提及的那些事呢？

Rideout 和 Hamel（2006）最近调查了 6 岁及其以下儿童的家长关于这个问题的回答。最常见的回答（大概 55% 的比例）认为把电视机放在孩子卧室中可以释放客厅中同时放置 2 台电视机的空间。这样一来，其他家庭成员就可以看他们喜欢的节目了。这也可以减少家庭成员间由于遥控器选台而产生的矛盾。事实上，23% 的家长报告在孩子卧室放置电视机可以减少兄弟姐妹之间因为看电视而产生的冲突。而家庭成员间更少的矛盾和冲突就意味着父母处理的麻烦将会更少。

第二个更加常见的观点（大概 39%）认为，在孩子卧室里放一台电视机，孩子就会去看电视，不会来烦家长。这样一来父母就有时间去做家务了或者可以休息一下。简单地说，电视已经成为了一个现成的保姆。最后，将近 20% 的家长在孩子卧室里放一台电视机的理由是，电视作为一个非药物可以帮助孩子们入睡。这样一来，父母只要向孩子说一声晚安就好，而不用再返回来哄一个烦躁的、不想睡觉的孩子睡觉。家长们的最常见回答说明：在孩子卧室里放置电视机，可以使父母的生活更方便、更轻松。

事实上，尽管父母允许在孩子卧室里使用无人监督的媒体，但是仍然有 2/3 的孩子家长表示，对于一些青少年在使用媒体过程中经常接触到的不合适内容，他们还是很重视的。比如，超过半数的家长认为，媒体对于青少年的性行为表现要负责任。并且 43% 的受访者认为，媒体对青少年的攻击性行为也要负责。虽然大部分的家长都表示自己关心媒体对青少年的影响，但是他们对媒体在自己孩子身上造成的影响却很少关注。事实上，只有 20% 的家长，担心自己的孩子接触了太多对青少年发展不利的媒体内容 (Rideout & Hamel, 2006)。

通过监管电视节目的内容、视频游戏、音乐菜单、即时消息、电子邮件和好友列表之类的媒体，父母们相信他们可以有效地保护自己的孩子免受不合适媒体内容的侵害。父母们相信，通过对媒体内容的控制，自己的孩子将不会受危险媒体的伤害。然而，随着孩子的长大和父母对媒体内容控制的增加，他们的孩子接触媒体的时间也减少了。但是父母们认为他们后代已经接触了不合适媒体内容，父母担心的比例也翻了 1 番（其中 14% 的父母担心儿童，30% 的父母担心青少年）（Rideout & Hamel, 2006）。尽管存在这些担心，但是电视机和视频游戏机之类的媒体却仍然留在孩子们的卧室中，并继续打扰孩子们的休息。

1.4 媒体消费与个体发展

1.4.1 媒体使用的测量

在从发展的角度探讨媒体消费（Media consumption）类型之间的传承之前，了解这些数据收集的方法也是非常重要的。对于一个重要的消费类研究人员来说，明白任何研究评估过程既有缺点又有优点，这一点是非常重要的。

总体时间评估

当采用总体时间评估方法（Global time estimate，简称 GTE）时，受访者（孩子或家长）在回答“花在媒体消费上的时间”问题上，会倾向于回答在过去的一天或者一周内花费在某种特定的媒体相关活动上的时间量。例如，一个典型的 GTE 式问题：“这周看电视你花了多少时间？”这是一种很容易操作的典型测量方法，对于受访者来说也不会太费力。虽然它容易实施，但是它的数据却是不准确的。在不到 30 秒的时间内，受访者需要回忆起所有与媒体相关的经历，并对每一项活动花费的时间量做出主观估计，还要进行符合要求的总结性的报告 (Board on Children, Youth & Families, 2006)。

此外，这种评估也容易出现社会赞许性心理（Social desirability）（社会赞许性是指受访者倾向于提供社会所接受的答案，而不是他自己真正所想的、真正认为的或者知道的答案）。因为大多数的家长都希望自己的孩子有人关怀，有周到的社会福利保障。而周围环境关于媒体使用使人具有攻击性、肥胖等的负面新闻却太多了，所以许多父母都会用符合社会期望的方式来回答媒体相关的问题，当然这也是合情合理的。所以最后的结果是，父母会尽可能少地报告孩子真正花费在媒体上的时间。但是对于青少年来说，可能会出现截然不同的情况。一些青少年可能会用反社会期望的方式而多报自己在媒体上花费的时间，而不是响应社会的期望。在数据中反社会期望的例子大概包括以下两类：随机反应和不论真实感受如何都做相反的回答。目前，在儿童发展领域的文献中还未出现关于儿童反社会期望行为的研究。

时间使用日记

与简单易操作的 GTE 不同，时间使用日记（Time use diaries, 简称 TUDs）可以更加准确而全面地了解个体每天在媒体活动中的消费内容。在超过 24 小时内，受访者录下了他们一天内的所有活动，即使那些非媒体消费相关的活动（如：打棒球）也包括在内。时间使用日记的妙处在于，它可以如书籍般展示个体每天的具体活动。而用这个劳动密集型的方式，受访者需要记住自己每天的主要活动（如：看电视）、该项活动的持续时间（如：5 点至 5 点半）、在该活动中在场的人（如：妈妈）以及在该项主要活动中发生的其它事项（如：讲话）。尽管时间使用日记在采集日程信息和日常活动中非常有用，但是受访者却经常拒绝报告一些他们认为属于个人隐私（如：在网上浏览色情信息）的活动。此外，时间使用日记只记录首要和次要的活动，三级活动及其以下的活动都不会被记录。最终，不遵从任务的要求（如：在日记中不记录某项活动）使得持续时间很短的活动记录会受到损害，特别是当该项活动经常发生时。例如，受访者觉得记录下他们每次查看电子邮箱的时间是一件非常繁琐的事情，所以他们拒绝记录该项活动。除此之外，类似于 GTEs，时间使用日记也不能提供媒体消费的具体内容。考虑到获取数据的难度，时间使用日记在青少年媒体消费的研究中很少使用。取而代之，研究者采用改良后的时间使用日记——媒体日记，来对青少年的媒体消费进行研究。

媒体日记

从本质上讲，媒体日记（Media Diaries）是聚焦媒体使用时间的日记。因为已经针对性地指向媒体使用，所以记录者可以通过复制友好用户网格（Grid）计算上的答案，来记录他们的媒体消费时间。例如，凯撒家庭基金会（Kaiser Family

Foundation）[1] 的最佳研究之一就是关于青年媒体消费习惯的调查（Roberts et al., 2005）。而他们就是使用以半小时作为一个时间段进行计量的，如 6 点半至 7 点和 7 点至 7 点半。网格的左下角是一系列问题，如：你主要的媒体活动是什么？期间你还会做其它什么事？由问题和时间段组成的截面参数是一个包涵一系列可能答案的函数。例如，关于主要媒体活动问题函数的解，是一系列类似于听音乐和看电视的回答。而所有受访者需要做的就是在恰当的时间段圈出一个合适的答案。

让儿童和青少年填写媒体日记，阅读能力是一个需要考虑的重要因素。如果他们不能明白问题是什么，他们就填不对正确的答案。而且重要的不仅仅是阅读理解的能力，阅读的速度也同等重要。孩子们需要在还没有晕头转向时，把媒体日记填写完整。对于这个问题，在上述所提到凯撒家庭基金会的研究中，3 年级的儿童只能填写一本媒体日记中的少量问题，而青少年却可以完成整本媒体日记 (Roberts et al., 2005)。当媒体日记的使用者是 8 岁以下孩子的时候，通常由他们的父母在网格中填充数据。这样一来，就会出现与总体时间估计一样的结果，对父母在为孩子的整体媒体使用情况进行说明时社会期望会产生很大的影响。媒体使用日记的另一个弊端是，研究使用者需要制定一个触发装置来记录媒体使用量。例如，凯撒媒体网格就要求青少年在 30 分钟的时间段内，每 15 分钟就在网格上进行记录。这样一来，如果使用媒体只有 10 分钟的话就不会被记录了。但是也存在这样一个可能性，那就是如果在一个小时内的前 30 分钟和后 30 分钟内，各花费 10 分钟，这样的媒体消费也将不会被记录下来。最后，与之前提到的所有媒体消费记录方法一样，媒体日记也会缺失媒体消费的具体内容。

电子监控

电子监控系统（Electronic Monitoring Systems，简称 EMSs）会自动收集数据，而不是依靠父母或者孩子来填写网格或记录媒体消费。EMS 是通过使用一个联接到电视机的固定设备，或者是一个通过个人携带的便携式测量仪来进行数据的收集。这两种仪器的功能都类似于媒体消费日记，记录下每天媒体消费的时间和具体时间使用量。

显然，电子监控系统要比总体时间估计、时间使用日记和媒体日记都要好，因为它还可以记录下媒体消费的具体内容（如：某种游戏类型）。这是相对于其他方法的一个很明显的优势。因为从发展的角度来讲，媒体消费的具体内容和媒体

[1] 凯撒家庭基金会（Kaiser Family Foundation），美国一个非盈利、非党派的私人组织，主要对政策、卫生健康、媒体等进行现实披露和分析，译者注。

消费的总量是同样重要的。但是同样地，电子监控系统也有缺陷。为了识别主要媒体消费的类型和具体时间量，使用者需要在测量仪上通过打卡来激活或者终止记录。这是电子监控系统致命的弱点。因为，如果没有及时登录或者注销，仪器就会产生错误的数据。此外，电子监控系统的使用受媒体类型的限制。

EMS 与电脑、视频游戏机、掌上电子设备、CD 播放机都不能兼容。从以往来看，电子监控系统主要用于评估广播和电视的商业价值，很少被用于学术研究中。然而，未来对媒体消费的研究将最有可能使用这些设备，因为它们容易操作，恰当使用的话也可以提供准确无误的数据，并且可以最大限度地减弱社会赞许性的影响（Vandewater & Lee, 2006）。

媒体使用评估

实际上 EMS 在关于评估媒体使用的准确性上鲜为人知。然而，当把媒体日记与总体时间估计进行比较时，媒体日记可以轻易地胜出。因为媒体日记是主观记录与家庭电视使用相关性最高的媒体消费条目。虽然如此，但在对媒体使用的估计上（至少在电视机的使用上），EMS、总体时间估计和媒体日记这三者却是明显一致的。Vandewater 和 Lee（2006）的研究发现，在估计青少年在电视上平均消耗的时间量上，各种测量方法的差别不会超过 1 个小时。尽管用来评估媒体使用的测量技术看起来并不是很重要，但是当要根据媒体使用的数据对某一具体变量做出预测时，媒体测量技术就显得非常重要了。因此，Vandewater 和 Lee 建议，如果研究者想从媒体消费数据中找出个体相关的行为或态度情况，就应该采用媒体使用日记或电子监控系统，而不是总体时间估计。

1.4.2 婴儿期、学步期和童年早期的媒体使用

最近由凯撒家庭基金会资助的一项研究表明，即使是非常年幼的孩子，他们每天在媒体上的基本消费量都是非常多的 (Roberts et al., 2005)。年龄在 6 个月以上的婴儿中，平均每天有大约 88% 的人会听音乐，56% 的会看电视，24% 的人会通过 DVD 来娱乐，2% 的人会玩电脑，还有 1% 的人会玩游戏机。一至两年后，每天音乐的消费量将保持不变，仍然有 84% 的学步期儿童会听音乐。然而，在学步期，媒体消费却是大有增长。81% 的孩子会看电视，41% 的孩子会看 DVD，12% 的孩子玩电脑，还有 8% 的孩子会玩游戏机。学龄前儿童每天在听音乐和看电视上消费的水平与学步期儿童的比例大致一致，分别为 78% 和 79%。但是，学龄前儿童使用电脑的比例却是呈上升趋势，大约有 26% 的人会玩电脑，18% 的人会玩

视频游戏。由于儿童在这两项上的增长，导致了学步期孩子看 DVD 进行娱乐的比例从 32% 下降到 10%。

值得一提的是，有 39% 的 2 岁以下的儿童，12% 的学步期儿童和 10% 的学龄前期儿童，不使用任何屏幕媒体（例如：电视、DVD 播放器、电脑和视频游戏机）。对于那些消费媒体的青少年来说，以下的数据可以简要地说明他们成长中媒体的消费情况。在婴幼儿时，每天花在屏幕媒体上的消费时间大约为 1 个小时。当 2 岁至 6 岁时，每天花在屏幕媒体上的消费时间会翻一倍，略高于 2 个小时。此外，在整个婴儿期和幼儿期，每天会听大概 1 个小时的音乐，在听的过程中会边听边唱大概 45 至 50 分钟。也许你会对 6 岁以下孩子在户外活动的时间只有将近 1 个小时这件事情感到很疑惑，但这就是事实。虽然有近 20% 的孩子不愿意进行户外活动，但是如果他们出门的话，这个时间就只有 1 小时左右 (Rideout & Hamel, 2006)。

学龄前儿童和青少年生活中的媒体消费

一般情况下，在孩子学龄前早期媒体的消费量会先增加然后再趋于稳定。研究发现，8 岁至 18 岁的青少年在媒体上花费的时间大约是 8.5 小时，是 8 岁以下儿童花在相同媒体活动时间的 2 倍以上。对于 8 岁以下的儿童，每天花在屏幕媒体（即电视、DVD 和电影）上的时间将近 4.5 小时，另外在音频媒体、纸质媒体、视频游戏和电脑上会有额外的 1 个小时。有趣的是，在青年人中，每天的屏幕媒体消费的比例却是和几年前一样的。即 85% 的人会听音乐，81% 的人会看电视，42% 的人会使用 DVD 进行娱乐活动。几乎所有的青年人，大约总人数的 97% 会在电脑或视频游戏设备上玩视频游戏。

有两个值得一提的开创性发现。首先，从学龄前期到青春期晚期，玩视频游戏的比例下降了。其次，使用电脑和听音乐的人却大量上升。在高中的后期，青少年花在听音乐的时间比花在看电视的时间只多不少。实际上，在青年人从事非媒体相关活动的时候，他们就会选择听音乐，比如说在做家务、上学途中或坐公交车时 (Foehr, 2006)。许多研究者认为，听音乐是被青少年认为最重要的一项活动。为了解释这一观点，他们举了一个例子：如果青少年被困于一个荒岛上，问他们会选择携带哪一种媒体，当然他们的头号选择是音乐 (Roberts, Christenson, & Gentile, 2003)。

然而，电脑却正在蚕食音乐的圣地。随着年龄的增长，青少年花在电脑和网上的时间越来越多，这也正好解释了为什么他们花在单机游戏和手持视频游戏机上的时间会减少。无论是写电子邮件、发即时信息或者写博客，在电脑上进行的活动已经随着青少年的发展而变得越来越重要。事实上，电脑的使用人数比例从学龄前期儿童到青春期晚期，已经翻了一倍以上，这大大地说明了电脑在青少年生活中的重要性。然而，除了同时在网上冲浪，语音聊天和发送即时消息以外，青少年还可以在电脑上从事他们喜欢的活动，比如听音乐。他们怎样能一次性处理这么多的任务呢？这是因为媒体具有多任务同时处理的功能。

多任务化的媒体

使用媒体进行多重任务处理（即同时使用超过两种媒体相关的活动）的青年人越来越多。实际上，在 1999 到 2005 年间，花在媒体多任务处理上的时间比例，已经从占总体的 10% 增加到 26%。根据 Foehr（2006）的研究，最不可能被年轻人多任务化的媒体活动是看电视和玩视频游戏，而玩电脑却是最可能被多任务化的媒体活动。然而，在 8 至 18 岁的青少年中，只有 20% 的人报告他们不进行媒体多任务处理的行为。总体来看，进行媒体多任务处理的青少年至少具有以下特点：（1）他 / 她们的媒体消耗水平很高；（2）可以边玩电脑边看电视；（3）在家里的大部分时间电视机都是开着的；（4）她们通过寻求感官刺激来塑造自己的个性特征；（5）她们都是女性。前 3 个特点中的每一个似乎都能够使青少年进行媒体的多任务化操作，并且看起来都非常的合理。 由于进行多任务化的媒体操作会加深感官印象，因而寻求感官刺激的年轻人比其它年龄层次的人群更易进行多任务化的媒体操作，这也就非常能够让人理解了。但是，为什么女孩会比男孩更有可能进行多任务化的媒体操作呢？针对这一问题，Foehr 给出了两个主要的解释。首先，由于在狩猎——采集时代，女性是作为采集者而存在的，因而在进化方面的压力使得女孩在遗传上更倾向于多任务处理。其次，理由更加简单，不需要在进化过程中进行任何假设，在现代生活中就能进行解释。具体来说，因为女孩会比男孩消费更多的媒体类型，因而进行多任务化的媒体活动就自然而然地出现了。虽然男孩会比女孩看更多的电视，玩更多的视频游戏，但是在这些活动中进行多任务化的媒体活动的可能性却是非常小的 (Roberts, Henriksen, & Christenson, 1999)。

1.5 青少年为什么进行媒体消费

儿童和青少年在学校以外的活动中，把绝大部分的时间都花在了媒体上。但是为什么使用媒体会对年轻人产生心理吸引力呢？为了回答这个问题，两个主要的理论已经对其进行了解释。第一个是从使用与满足的角度（The uses and gratifications perspective）;第二个是从自我决定理论（Self-determination theory）的角度。

1.5.1 媒体消费的使用与满足方式

根据使用与满足的观点，享受是进行媒体消费的关键。尽管年轻人的需求是多种多样的，但是媒体消费的用途和相关满足功能却是已经确定的。依据使用和满足的观点，最经常提到的需求是寻求刺激、友谊、逃避、习惯、学习、消磨时间和放松 (Sparks, 2001)。

友谊

对年轻人来说，进行媒体消费可以促进友谊并保持良好的人际关系。例如，青少年可以和他们的朋友们一起看电视、玩视频游戏和听音乐。此外，互联网可以使年轻人和他们认识的人在网上互相发即时信息、网上聊天或者和亲朋好友一起玩游戏，使得跨地域的朋友和家人之间保持良好的关系。在媒体上（包括真实和虚构的媒体）和媒体人物之间的虚拟关系可以使他们有被陪伴的感觉，这种现象被称为准社会关系 (Rubin & McHugh, 1987)。

准社会关系是单向互动的，其中个体通过与一个基于媒体的人物联系而产生某种情绪，这种情绪甚至可以是非常亲密的情感连结。除此之外，在准社会关系中的人们对于自己的朋友都非常的了解，他们甚至知道准社会关系中朋友的思想、感觉和行为。随着时间和媒体发展的推移，准社会关系的强度也变得更加巩固。对于真实个体来说，如果被迫与自己准社会关系网的朋友决裂时（例如：一个节目的取消或者一个人物的死亡），他们也会觉得焦虑和抑郁（Eyal & Cohen, 2006)。不幸的是，在儿童和青少年中准社会关系的本质却鲜为人知。但是，最近一个由青少年参加的研究发现，一个拥有中等强度的准社会关系的青少年，他们会认为自己与父母的关系不佳，但是与朋友们的关系却非常好。由此看来，准社会关系可以给青少年提供一个不用考虑任何现实世界的影响而和朋友随便闲聊的可能。但是，如果一个青少年信奉过于“强大”的准社会关系，他在现实生活中往往会缺乏朋友，并且会感到非常的孤独。对于这些青少年，准社会关系取代了他们现实社会中所缺乏的人际关系 (Giles & Maltby, 2004)。但是，有一点必须指出，那就是现实社会关系可以给个体带来的身心健康和人生幸福，准社会关系是无论如何也提供不了的。

逃避

做家务、完成家庭作业和与烦人的兄弟姐妹打交道是青少年每天生活中所必不可少的。为了从繁重的日常生活中解脱一下，青少年选择了进行媒体活动。儿童和青少年躲避在虚拟的网络世界中，沉浸在自己喜爱乐队的歌词中，或者是以其它方式迷失在自己使用的媒体中。使用媒体真的能使青少年逃离现实吗？尽管目前还没有足够的研究来检验这个观点，但是朝着这个方向已经有所发现了。例如，Johnston（1995）发现很多青少年报告自己看恐怖电影是为了逃避处理现实世界的问题。然而这些青少年也会选择吸毒来逃避令自己困扰的人际关系。这样看来，尽管使用媒体是为了逃避现实，但是这样做却可以保护年轻媒体使用者的身心健康。事实上，如果经常使用媒体来逃避现实问题，就会逐渐形成一种习惯。

习惯

有时候青少年看电视、玩视频游戏和查看电子邮箱是因为这样使自己参与到某一活动中，可以使自己不觉得那么空虚，从而保持情绪上的舒适，这是一种无意识的行为。这种行为表明一种媒体习惯已经形成，当这种习惯随着时间不断地加强，青少年就会显示出成瘾的症状 (McIlwraith, Jacobvitz, Kubey, & Alexander, 1991)。媒体成瘾 (media addiction) 是一个具有争议的话题，与酗酒和药物成瘾不同。当使用电视和视频游戏机时，是没有外来药物被注射进入人的身体中的。因此，类似于赌博成瘾，媒体成瘾是一种心理疾病。

这些被称作是媒体成瘾的人，具有以下一些特点：（1）他们过度使用媒体；（2）他们并不按计划来使用媒体；（3）尝试减少对媒体的使用，但是没有成功；（4）在媒体上花费的时间使得他们不能从事其它活动（如：做功课）；（5）一旦不使用媒体，他们就会有心理上的戒断症状（如：烦躁不安和不高兴）。但是，美国精神病学学会（American Psychiatric Association）却不把媒体成瘾作为一个真正的精神机能障碍 (S. Bakshi, July 2008, personal communication)。相反，他们认为把媒体成瘾当作是一种精神障碍，还需要更多的研究来进行证明 (sciencedaily.com, 2007)。无论如何，对于一些青少年来说，使用媒体会使他们在真实世界的生活受到干扰和破坏。

学习

有时候，儿童和青少年会以获得知识为理由而寻求媒体帮助。例如，只需点击一下鼠标，网络就会给青少年提供大量信息丰富的网站。这些网站（如：维基百科）在许多家庭里已经取代了从前印刷版的百科全书。然而，并不是所有的基于媒体的学习都是对青少年有益的。例如：研究者已经发现，观看暴力电视将会使学习者认为世界是一个卑鄙的地方，到处都存在潜在的威胁，这就是卑鄙世界效应（The mean world effect）(Gerbner, Gross, Morgan, & Signorielli, 1994)。尽管青少年并不是带着学习电视里内容的目的来搜索暴力电视的，但是卑鄙世界效应是媒体消费所带来的意想不到的附属品。这样一来，在使用媒体的过程中尽管不是以学习为目的，学习活动也会有可能发生。

消磨时间

在 Henry Van Dyke 所写的《时间》（Time Is）这首诗中,时间的感知变化随着个人的情绪状态而变化。对于那些高兴者时间总是过得太快；而对于悲伤者时间总是过得太慢。近来的一项研究支持了 Henry Van Dyke 诗中的观点，发现情绪会影响人们对时间的感知。具体来说，是 Campbell 和 Bryant（2007）发现，对于新跳伞选手而言，惧怕第一次跳伞的人下落时感觉时间过得很慢；而期待跳伞的人却觉得下落非常快。类似于积极期待自己第一次跳伞的人，使用媒体能使人觉得时间飞逝（对于媒体使用者而言，额外的好处是不用担心自己的降落伞是否已经打开）(Rau, Peng, & Yang, 2006)。事实上，最近的一项研究发现，将近 99% 的青少年和成人在玩视频游戏时都感觉时间过得飞快 (Wood, Griffiths, & Parke, 2007)。我们不必对结果感到惊讶，因为对于在网上等待的、无活动参与的或者因为其他原因感到无聊的年轻人来说，媒体是他们最好的伙伴。除了消磨时间以外，使用媒体还可以帮助缓解与无聊相关的沮丧、愤怒和敌意等负面情绪 (Zillmann, 1998)。

放松

当我的孩子们围着我转、烦我的时候，我会把他们赶回房间里去好好冷静一下。为了使自己死心，我女儿就会去听音乐或者看看书；而我儿子就会一边玩乐高（Legos）玩具,一边听磁带里的课文。尽管关于儿童和青少年的研究很少发现他们使用媒体来进行自我放松，但是为了放松而使用媒体的事情，在个体发展历程上却是经常发生的。注意，基于媒体来进行放松的关键是选择有令人放松的媒体内容，如：古典音乐。而高度振奋人心的视频游戏和令人兴奋的电视秀，都不会使媒体消费者产生放松的心理状态。但是有一点我们必须谨记，那就是：那些令人放松的媒体虽然可以使孩子在夜晚不吵闹，但是他们也可能会做出不看完电视剧不睡觉的行为。

寻求刺激

在2007年的夏天，当美国家庭电影院（HBO）播出《黑道家族》（The Sopranos）[1]系列的最后一集的时候，公众愤怒了。难道观众对纽约黑帮老大--Phil Leotardo开枪杀死、并随后开着SUV越野车压扁受害者的头所表现出来的无端暴力行为感到心烦吗？没有！难道会有观众因为AJ Soprano为了克服自己的抑郁症而和未成年少女约会，并试图成为电影制片人助理等类似的行为而感到失望，并取消他们HBO的订阅吗？虽然AJ Soprano确实是一个唠叨、烦人的家伙，但是还是没有人那么干。可是，当故事经过一段时期的铺垫和设置悬念，朝着Tony Soprano被杀害的方向发展，于是公众被彻底地激怒了，最终电视剧也被停播，该系列片也结束了。这是由于Tony Soprano一死，该电影就会缺少刺激，因而激起了群众的愤怒，而不是由于该系列电影的存在所引起的。因为媒体使用者就是喜欢让他们心跳加快、血脉扩张和手心冒汗的东西。当然，使用媒体也可以达到使人兴奋和刺激的效果。基于这一点，媒体被儿童和青少年给挖掘出来了(Zukerman, 1994)。

1.5.2 自我决定理论

自我决定理论（Self-Determination Theory，简称SDT）（Deci & Ryan, 1985）侧重于研究影响人们动机的因素。最近Ryan及其同事(2006)应用自我决定理论的相关原则对媒体消费的动机进行了解释，也就是说对于为什么这么多的个体会沉溺于媒体的原因进行了澄清。特别令人感兴趣的是SDT的争论，即媒体消费可以帮助人们满足3个基本心理需求，并且这样也可以提高使用者的幸福感（如：自尊、积极的情绪和活力）。这3个心理需求是自主权（autonomy）、能力（competence）和人际关系（relatedness）。

自主权是指个体在从事某项事情的时候产生的控制感。自我控制感在青少年从事自己选择的活动中时，体现得最明显；而在做自己被迫从事的活动时，最难体现。产生自主权的媒体相关活动包括：使用电视遥控器、在iPod上选择播放的歌曲、通过翻阅决定动画书故事情节的发展和为一个虚拟世界的人物进行导航。虽然没有实证研究可以表明自我控制感是媒体使用的产物，但是还是有研究可以表明自主的世界观（即自我控制）对于儿童和青少年的身心健康都是非常有益的。例

[1] 《黑道家族》（The Sopranos）是美国HBO一部描写意大利黑手党生活的电视剧，共有6季，里面有大量的暴力场景，译者注。

如，自我控制感与青少年的更高的学业成就和更好的问题解决能力相关 (Halloran, Doumas, John, & Margolin, 1999)。

能力是指能够成功地完成某项任务，特别是那些具有挑战性的任务时体现出来的心理特性。基于媒体的相关例子，包括成功地完成某视频游戏的通关、在线完成数独解谜游戏（如：九宫格猜谜）、了解《星际迷航》（Star Trek）[1]的每一个细节和在 Youtube 网站上创建一个属于自己的视频。正如这些例子所说明的一样，某些基于媒体的经验（如：游戏通关）可以使人产生一种自信，觉得自己具有解决该任务的能力。相反，其他一些基于媒体的经验，却只有在长久的媒体活动结束以后才有可能使人产生这种能力感。例如，在知道《星际迷航 2》的微小细节后，只有在一个星际迷航公约年以后才能产生这种能力感。

自我效能感（Self-efficacy）和能力的发展性概念非常类似，它是指个体可以独立地完成多种任务的自我感觉。儿童和青少年的研究表明，对某项能力的精通可以使青少年相信只要经过艰苦地努力和实践，他们也能成功地完成未来的任务。具有高度自我效能感的其它好处，还包括更好的同伴关系、更小概率的毒品使用和更高的学术成就 (Ausbrooks, Thomas, & Williams, 1995)。这样看来，能力确实是青少年未来幸福的一个重要因素。然而问题却依然存在，媒体消费是否也可以给青少年的能力带来积极的影响呢？目前，数据表明，由媒体消费产生的能力感，只对在媒体相关的活动上有用，而对于整体的能力感却没有影响。

早在十几年前，Funk 和 Buchman（1996）已经发现，报告自己在视频游戏上花费时间最多的女孩，她们在学术、体育和社会事务中的表现最差。为什么会这样呢？难道在视频游戏上所表现出来的高能力，不是会导致整体能力的提升吗？我看未必。Harter（1987）认为，在某些表现不佳的传统领域（如：学术和体育），年轻人倾向于在认知上对这些领域能力的重要性人为地打个折扣。同时，在青少年所擅长的非传统领域上的能力，他们又倾向于对其进行相应的高估。例如，当谈及能力对其未来发展的重要性时，一个较差的田径运动员可能会低估运动能力对他未来的重要性，因为他同时也是一个混合音乐的高手。青少年都认为必须在其他的某一领域进行相应的增加，以便保持对自己正面的看法。然而，如果传统能力都被认为是社会所不能接受的，那么对非传统能力（如：玩视频游戏）的重

[1]《星际迷航》（Star Trek）是一部科幻电视系列剧及电影系列，讲述一艘太空飞船探索银河系的故事，译者注。

视，也不能使他们的自我感觉良好。实际上，如 Funk 和 Buchman（1996）的数据显示，这样反而会使自我感觉更差。

根据 SDT 理论，人际关系是人们最后的心理需求，对人们的幸福来讲也是非常重要的。人际关系是指一种感觉与他人连在一起的状态。很多基于媒体的活动都可以使人产生人际关系的感觉，如：可以进行语音或文字交流的在线视频游戏、发电子邮件、发即时信息、似写信一般地更新博客和进行视频聊天。对儿童和青少年的研究表明，青少年通过媒体进行的人际关系互动使得现实生活中和朋友之间的双向互动关系也得到了提升（Valkenburg & Peter, 2007a）。然而和之前讨论准社会关系时一样，人际互动也可能是通过一种非直接的方式，可能是从媒体消费者到媒体娱乐者之间间接发生的。

1.5.3 媒体消费的其它原因

除了 SDT 理论和使用与满足视角以外，还有其它 3 个原因可以解释媒体对心理产生的吸引力。它们是同一性形成、社会地位和情绪管理。下面将依次进行讲解。

同一性形成

儿童和青少年使用媒体，可能是帮助他们建立或者保持他们的个体认同和社会认同。个体认同（Individual identity）是指个体如何形容自己的特质和特性，如：美丽、聪明和外向。从另一个方面而言，社会认同（Social identity）是指个体认识到他属于特定的社会群体及其与该群体重要的情感连结。这样一来，一旦让青少年回答“我是谁”这种问题，个体认同就会起作用；而一旦让青少年回答“我适合什么”这种问题，社会认同就会起作用。例如，听死亡金属音乐也许会帮助青少年知晓自己不是一个墨守成规的人（个体认同），并且也知道自己是哥特式社区里的成员（社会认同）。许多的研究已经证明，媒体使用可以影响青少年认同的形成，特别是在青春期早期的时候这种影响最明显 (Huntemann & Morgan, 2001)。

社会地位

在学龄前期，儿童在各个领域里开始把自己和他们的朋友们进行评估和比较，如：学术实力、运动能力和身体长相，这种现象被称为社会性比较。社会性比较通常被用来帮助青少年确定他们的身份和在大组群中找到自己的位置（如：最好的棒球运动员）。当我儿子 9 岁的时候，他一再求我给他买一种宣称对未过 17 岁青少年而言不合适的暴力视频游戏（如：M 评级[1]）。为了使自己的理由充足，他特意跟我说他许多的朋友们都已经在玩 M 级别的视频游戏了【如：《毁灭战士 3》(Doom 3) 和《最后一战》(Halo)[2]】。显然在社会性比较的过程中，我儿子的朋友们吹嘘了自己视频游戏的经验并试图提高他们在自己同伴群体中的社会地位。这个故事正好证明了 Zillmann（1998）的观点，即为了提高在同伴中的地位，男孩相对于女孩而言会更多地使用媒体。然而，关于这方面的研究却非常的稀少，特别是从发展的角度来进行解释的几乎为零。

情绪管理

当我上大学的时候，我有一个朋友，他向自己迷恋的女孩表白但遭到了拒绝。此后不久，我发现他一直反复地听齐柏林飞船（Led Zeppelin，一支英国的摇滚乐队）的经典情歌——《天国的阶梯》(Stairway to Heaven)[3]。这个例子说明了使用媒体可以作为调控情绪的方法之一，特别是在人很悲伤的时候。而这种调控情绪的现象通常被称为情绪管理。然而，上述例子在青春期男孩中，却不是一个典型的情绪管理的例子，因为他们经常在愤怒的时候才用音乐来调控自己的情绪 (Roberts & Christenson, 2001)。尽管在这个领域的大部分研究都涉及到音乐对情绪的影响，但是几乎所有形式的媒体都是可以用来创建或者调节自己的情绪状态的 (Zillmann, 1998)。但是这些研究只有少许是以青少年为研究对象，而在其他年龄阶段的孩子身上使用媒体来进行情绪调节的研究就更少了。

情绪管理之宣泄

媒体研究者对情绪管理中的一个独特的领域——减少愤怒，特别感兴趣。根据弗洛伊德的观点，愤怒和攻击性情绪是长期积累而成的，如果得不到合理宣泄就会通过暴力来释放。宣泄是指把被压抑的愤怒和攻击性情绪通过合理的方式把他们释放出来，从而阻止可能的暴力行为。人们普遍认为玩暴力视频游戏和看暴力电视节目可以使青少年压抑的情绪得到释放，从而减少愤怒情绪和攻击性行为。不幸的是，在过去的 60 年的研究中，很少有实证研究可以证明上述观点 (Bushman, 2002)。

---

[1] 根据娱乐软件分级委员会（ESRB）为互动娱乐软件产品制定的一套标准定级系统。不同的年龄阶段对应不同的级别，共 7 级，其中 M 级为成熟级，仅限于 17 岁及其以上的人消费，译者注。

[2] 《毁灭战士 3》(Doom 3) 和《最后一战》(Halo) 都是 M 级的网络游戏，包含强烈的暴力和血腥场面，译者注。

[3] 《天国的阶梯》（Stairway to Heaven）是 Led Zeppelin 的巅峰之作，被称为世界摇滚史上的神作，音色亮丽而又不失哀伤，译者注。

1.6 发展的视角

青少年在成长的过程中消费了大量的媒体产品，无论这些媒体产品的类型是什么。但是对婴幼儿、儿童和青少年来说，其中的每一个都能给他们提供潜在的有价值的成长经验 (Palmgreen, Wenner, & Rayburn, 1980)。当然这些益处和青少年的特殊需求是连在一起的。例如，一些青少年玩视频游戏可能是因为他们要缓解无聊；而其他的一些可能是因为自己需要朋友的陪伴。一般来说，从使用和满足的角度来进行解释则更侧重于媒体使用过程中积极正面的情感经历。但是，每一个使用者的需求都是千变万化的，它缺乏一个可以进行全局性概括的理论对其进行解释。事实上，研究者已经从发展的角度，开展了对媒体使用和满足是如何变化的研究。更进一步说，许多研究者认为，进行媒体消费不仅仅是为了即时的满足，而且并不是所有基于媒体的经历都是积极正面的。例如，当在视频游戏中无法过关时，玩家就会感到沮丧和生气；恐怖电影会让观看者害怕而难以入睡；观看由 Spike Lee 导演的纪录片《决堤之时》(When the Levees Broke)[1]会让观众感觉非常的绝望。由此可见，消费媒体除了可以供人娱乐以外，还可以为消费者提供强大的动机激励，就如自我决定理论所认为的一样。具体而言，媒体吸引个体是因为媒体可以使人感觉有自主决定权、有能力和良好的人际关系。

尽管自我决定理论可以帮助我们更好地理解青少年消费媒体的动机，但是还有几个问题尚待解决。第一，随着青少年年龄的变化，他们对自主权、能力和人际关系的感觉又会如何变化呢？第二，从发展的角度而言，视频游戏机和电视等媒体，哪一个最大程度地满足了青少年基本的心理需求呢？第三，在自主权、能力和人际关系三者中，哪一个最有可能被媒体所影响呢？第四，媒体对人类的益处只局限于与媒体经历相关的背景环境下（如：玩视频游戏会让人产生自尊感），还是这种效应会对人类产生更普遍的影响（如：整体的自尊提升）？第五，对人类而言，到底需要多少的媒体经历才能使这种短期的益处转化为长期的益处呢？最后，自我决定理论只看重普通的媒体使用，而对其内容却不重视。难道假定有益于青少年身心健康的媒体内容，也包括吸毒、色情和暴力吗？

[1]《决堤之时》(When the Levees Broke) 是斯派克·李导演的一部记录片，记录“卡特里娜”飓风席卷新奥尔良市时的场景，译者注。

我们有许多的理由来解释为什么青少年会使用媒体。在发展过程中，如果之前提到的每一个视角都能对儿童和青少年使用媒体的行为进行合理的解释，这也并不奇怪。此外，我们必须接受这一事实：从婴儿期到青少年媒体对其产生的心理吸引力是存在差异的。这对于我们从发展的角度来深入探讨媒体消费本质的变化也是有帮助的。例如，尽管对学龄前期的孩子，主要是从学习动机来解释其进行媒体消费；但是对青少年而言，被同伴认同却是解释媒体吸引力的主要方面。并且，不同的媒体类型是以不同的方式来服务青少年的，如：青少年可能是通过看教育电视节目来加强学习，通过听叛逆的音乐来进行自我认同或是通过玩暴力视频游戏来进行自我能力感知。正如这些例子所说明的一样，媒体消费的内容（如：性、毒品和摇滚乐）就如媒体本身一样，对于理解媒体产生的心理吸引力有着同样的重要作用。

总的来说，媒体消费对青少年的潜在影响，随着个体使用媒体的原因而异。为了支撑这个观点，Johnston（1995）发现，在观看完恐怖电影以后，相对于观看完这类电影以后尝试调整情绪的青少年，那些寻求感官刺激的孩子会报告更多积极的情绪。因此，相比媒体使用，寻求满足感不仅能够解释某些特定媒体产生心理吸引力的原因，而且也能够解释该媒体对个体产生潜在影响的原因。然而，在发展心理学领域对这个问题上的研究却非常的稀少。

2 媒体影响理论

"快交房租"那个满嘴脏话、手拿啤酒、唧唧歪歪、人称珍珠（Pearl）的房主叫嚣着，该场景出现在由Funnyordie.com网站提供的短剧《房东》（The Landlord）视频中，剧中人物珍珠由导演两岁的女儿出演，其中有许多台词都不适合一个蹒跚学步的孩童，比如"我要抽你大嘴巴子"、"我没钱买酒了"、"你是个混蛋"、"我要我的钱，骚货"等等。毫无疑问，这段2分45秒的视频内容十分滑稽，但也激起了全国人民的公愤。许多电视访谈节目主持人甚至觉得这个小不点已经被这次经历给"毁了"（Zumbrun, 2007）。那么，该视频是否如访谈节目中嘉宾所说的那样"做得太过分了"？珍珠到底受到了什么样的伤害呢？她是否注定要过上一种脏话连篇、道德低下的生活？幸运的是，社会化（Socialization）这一发展性的概念，能够帮助我们解答上述三个问题。

2.1 社会化及相关理论

社会化是青少年获得某种文化规范、标准和价值体系的过程。除非一些特别痛苦的经历，社会化的过程通常需要长时间地不断重复接触社会规范、标准和价值观，直至它们被内化 (DeHart, Sroufe & Cooper, 2004)。想到这一点，我们实在没有必要一开始就担心珍珠。因为反复说一些她自己都不懂的话一点也不会令她痛苦。即使她可能通过这种方式学会了一些脏话，但是我们不太相信她会在学前班里对老师说"把那杯该死的果汁给我"。事实上，她的父亲说，在现实生活中珍珠没有使用任何一句来自视频上的粗言秽语 (Jones et al., 2007)。尽管低频率的使用脏话对两岁小孩所产生的影响是有限的，但是围绕视频《房东》的争论却引发了对另外三个更宽泛的心理问题的思考。第一，使婴幼儿、儿童和青少年社会化的环境因素是什么？第二，与媒体相关的社会化经历产生了怎样的影响？第三，媒体影响青少年社会化的机制是什么？

第一个问题的答案很简单，几乎任何人（或任何事）都能成为一种社会化媒介。无论在学校、操场或是餐馆，青少年都会接触到各种规则、期望和价值观，从而形成自己的想法、态度和行为。尽管存在许多潜在的社会化媒介，但是青少年最常见的社会化力量来自父母、兄弟姐妹和同伴，当然还有媒体。第二个问题主要针对媒体消费对青少年的行为、情感和思想上的社会化影响，这个问题的答案将在后面的章节揭晓。值得注意的是，第一个和第二个问题从本质上来说都是经验式的，它们的答案要通过数据来阐明。相比之下，第三个问题，即本章的重点，就是去解释为什么媒体接触会影响儿童和青少年。这个问题的答案超出了单纯的事实，它已经进入到一种构想、原理和推测的领域。换句话说，解释了为什么媒体使青少年社会化会需要理论的支持。

媒体理论是由相互关联的若干观点组成，当把它们联系在一起，就能完成以下任务：（1）解释为什么与媒体接触会产生特定结果；（2）预测媒体使用对青少年思想、情感和行为造成的影响；（3）详述能够控制媒体使用的典型结果的方法（即增加或减少）。在过去的 100 年间，研究者们已经提出了许多理论，希望能够解释媒体对青少年的社会化过程所造成的影响。其中有些理论侧重于媒体对青少年思想上的影响，还有一些则关注情感或行为上的影响。下面，我们将用发展的眼光阐明和讨论这些理论中最实质的内容（见表 2.1 媒体影响理论）。

表 2.1 媒体影响理论

·皮下注射理论或魔弹理论 （Hypodermic needle or magic bullet theory）	·社会学习理论 （Social learning theory）
·激发迁移理论 （Excitation transfer theory）	·社会认知理论 （Social cognitive theory）
·教养观（Cultivation perspective）	·脚本理论 （Script theory）
·启动 （Priming）	·通用媒体模型 （Universal media model）

2.2 皮下注射理论或魔弹理论

20世纪上半叶，几乎没有正式的媒体影响理论，人们只是用一种非常简单和常规的理论来解释媒体对消费者的影响，即：媒体消费影响每一个人，每一个人几乎都以相同的方式受到媒体的影响 (Sparks, 2001)。如今，这种观点通常被称为魔弹理论或皮下注射理论。按照这个理论，媒体就像是一个皮下注射器，将信息注入消费者体内，或像一颗魔术子弹，一旦击中目标就会产生一致的思想和行动。魔弹理论在恐怖电影《午夜凶铃（美版）》（The Ring）[1] 中得到证实。在这部电影中，所有观看了那部受诅咒录像带的人都将在整整7天后死去（当然，除非这部录像带再被其他人复制并观看）。今天，魔弹理论被认为太过简化媒体对婴幼儿、儿童和青少年的影响方式 (Sparks)。而且，大量的研究表明媒体不是用完全相同的方式来影响每一个人 (Kirsh, 2006)。因此，这一理论不再被认为是一个有效的媒体效应理论。

2.3 激发转移

起初，我无法辨别那是什么气味。我所知道的是，它很难闻，真的很臭。我是正在观看科幻动作片《变形金刚》时注意到这个“气味”的，当时，我正和我的家人坐在电影院里。我朝我的右边看去，发现我儿子那双没穿袜子的脚放在了我们前方空位子的椅背上。现在我终于清楚那种气味和它的源头了，我很不高兴。事实上，我是真的生气了，而且比我通常遇到这种情况时更加生气。但是为什么当我闻到这种很熟悉的气味（尽管很糟糕）时会有这样一个明显的消极反应呢？答案是激发转移。

激发转移理论认为，因为生理唤醒消失的过程相对缓慢，所以一个事件产生的唤醒会被添加到随后的事件所产生的唤醒上（只要这两个事件在时间上很接近）。因此，激发转移理论的最终结果是加强第二个事件所产生的唤醒程度 (Zillmann,

[1]《午夜凶铃（美版）》（The Ring）是2002年在美国上映的悬疑恐怖片，它翻拍自日本的一系列悬疑恐怖电影《午夜凶铃》，该系列目前已有5部，译者注。

1983)。在以上提到的消极观影体验中，欣赏一部动作电影所产生的唤醒被添加到闻臭脚所产生的唤醒上，结果是加强了闻臭脚产生的消极情绪状态。激发转移理论最大的妙处是它适用于所有类型的情感体验和所有来源的生理唤醒，激发转移可以在两种情感体验之间发生，不管这些情感体验是积极的还是消极的。即使是与运动、挫折、性别等相关的唤醒之间也同样可以互相转移。因此，激发转移理论提供了一种生物机制，用来解释为什么在媒体关掉之后，媒体消费仍然能对青少年的情感体验和行为产生影响。

2.4 教养观

没有艺术家的想象，一块粘土就仅仅是一块粘土。但是经过一系列精确的手指运动，修掉多余的泥土后，一个新的、更复杂的形象会得以呈现。就像一个艺术家能使泥塑成型一样，媒体也可以改变那些消费者的现实心理。至少，教养观是这么认为的 (Gerbner, Gross, Morgan, & Signorielli, 1994)。依照这个观点，电视拥有无所不在的力量，就像一颗魔弹，能使所有的观众认同电视上倡导的主张和态度。但是，与魔弹理论所提出的直接和强烈的影响相比，教养观则认为观点的形成是需要时间的，那些观看电视最多的人受到电视的影响最大。因此，与很少观看电视的人相比，经常观看电视的人所持的信念和态度与电视里所主张的更加吻合。事实上，已有多项研究支持这种观点。例如，观看了含有大量色情内容电视节目的青少年最有可能：（1）赞同滥交 (Bryant & Rockwell, 1994)；（2）把不正常的性行为认为是正常的（例如：口交派对；Greenberg & Smith, 2002)；（3）对自己是处女感到最不满 (Courtright & Baran, 1980)。

从一开始，主流化和共振的概念就被教养观所涵盖。这两个概念都反映出一个事实，即电视和现实生活经验相互作用，共同影响人们的信念和态度。在主流化看来，经常看电视的人会形成一种趋同性观点，且该观点在较小程度上受到现实生活经验的影响。例如，不论收入水平高低，经常看电视的人对发生在他们周边的犯罪率问题持相似观点 (Gerbner et al., 1994)。与之相反，对那些很少观看电视的观众而言，现实生活经验会对个人信仰和态度产生最大的影响。

当然，主流化形式也会有例外，因为现实生活经验有时会增强教养效应，这种现象称为共振（Resonance）。然而，共振发生的条件是个人的现实生活经验与电视呈现的经验十分相似。比如，想想看，长期观看露骨的电视节目对青少年的性态度会产生什么影响？共振观点推断教养效应（例如：电视呈现的观点和个人观点信仰具有一致性）对那些（1）性行为最活跃的；(2）最爱观看性刺激节目的人最明显。

在之前的段落中，Gerbner 教养观的讨论是就观看电视这个领域而不是一般媒体消费而言的。这是为什么？因为教养观需要大量的观众观看相似的内容，而电视要比其它媒体形式更能做到这一点。请记住，当上个世纪 70 年代 Gerbner 提出他的理论时，很多家庭还没有有线电视或卫星电视。在当时的那个年代，既没有供大众访问的互联网，也没有一个能够带来数 10 亿收入的视频游戏产业。由于现在大量的观众可以接触到电视以外的媒体形式，因此教养观现在已经被推广到各种各样的媒体形式，比如视频游戏、音乐和互联网。例如，Van Mierlo 和 Van den Bulck（2004）发现了中学生玩暴力视频游戏与教养效应相关联的证据。确切地说，他们发现暴力视频游戏与暴力犯罪的明显盛行之间存在正相关。有趣的是，同一项研究表明，最强的教养效应来自于观看暴力电视节目。所以，也许 Gerbner 是对的：电视可能是对青少年教养效应的主要来源。然而，作为媒体消费类型的功能，教养效应的重要性还有待更多的研究来评估。

教养观已经成为过去的 30 年中最流行的媒体效应理论之一 (Bryant & Miron, 2004)。但是，直到最近，隐藏在这种效应背后的机制才得以阐释。用于证实教养观的研究在很大程度上依赖于被试对事件发生的可能性的评估，比如受迫害的可能性或在某住宅区吸食毒品是否盛行等。因此，影响评估的因素也会影响教养效应。Shrum 和 Bischak（2001）依照 Gerbner 的教养观提出 3 个信息处理的启发式：可得性启发式、模拟启发式和代表性启发式。

可得性启发主张评估是以从记忆中检索到的信息的难易度为基础，容易记住的事件会被认为比很难记住的事件更常见。例如，研究表明人们倾向于高估谋杀案和抢劫案的发生率，部分原因在于他们能够从记忆中毫不费力地检索出广为人知的犯罪行为。而且，在电视观众的脑海里，电视节目中经常遇到的事件变得很突显（比如：很重要），从而更容易记住这类事件。相比之下，代表性启发主张某个事件与记忆中某个样本事件（例如：某一类别事件中最好的例子）之间的特征相似度会影响评估结果。如果该事件与该样本事件之间越相似，那么发生该事件的可能性就越大。最后，根据模拟启发的观点，很容易想象的事件被认为最有可能发生 (Tversky & Kahneman, 2005)。教养效应之所以能起作用，是因为来自媒体的内容会生成记忆，进而强化根深蒂固的记忆，并使现有的记忆更容易被使用。反过来，通过上面提到的启发式，人们对现实世界中事件的发生及其可能性的评估往往与那些“胶片世界”所描绘的内容一致。

2.5 启动

除了触发启发式，媒体也能启动与情感、思想和观念相关的网络。如果把启动看作一种“准备过程”，在这个过程中很难获得的信息马上变得可用起来。因此，当一个人的情感、想法或观念被启动，类似的情感、想法和观念也会被触发。而且，一个激活的网络有助于信息的处理和解读。例如，想象下面每一个词：cowboy（牛仔）、horse（马）、barrel（枪管）和 saddle（马鞍）。现在，请填入单词“r_pe”中所缺的字母。我打赌你们大多数人填了“o”组成单词“rope”（绳索）。为什么会这样呢？由于你们的思路被前面所提及的与牛仔竞技表演相关的单词启动了，因此单词“rope”就很容易被想到。现在，与一个朋友再做一次这个练习，但不使用与牛仔竞技表演相关的单词刺激，而是让他想象下面的单词：peach（桃子）、pear（梨）、banana（香蕉）和 cantaloupe（香瓜）。由于水果是启动源，你的朋友很可能会在空缺处填上“i”组成单词“ripe”（成熟的）。

正如与水果有关的单词启动人们组成单词“ripe”，与牛仔竞技表演相关的单词启动组成单词“rope”，不同类型的媒体也可以启动并激活不同类型的网络。与性有关的媒体可以启动与性相关的想法和感受，与毒品有关的媒体可以启动与毒品相关的想法、情感和观念，暴力媒体可以激活攻击性的网络。可是，启动并不仅限于一个单一的网络，因为同一个内容可以激活多个网络。例如，当人们在电影《警察》（Cops）[1]中看见警方人员追捕并擒拿一个打着赤膊、留着鲻鱼发型的毒贩时，与毒品有关的网络、具有攻击性的网络以及有关糟糕发型的网络都被启动了。但是，启动并不仅仅通过接触媒体展示的内容引起，媒体本身也能充当启动器。比如，看到一台电视可以启动与你所喜爱的电视节目有关的思考，这反过来又可以激活一个更为广泛的思想和观念的网络（比如：攻击性网络或亲社会性网络）。

相关联的网络可以通过内部认知过程（比如：思考一些事情）激活，或者通过环境经验（包括媒体曝光）进行外部启动。此外，一个网络被使用得越多，它

[1]《警察》(Cops) 是美国于 1922 年上映的喜剧幽默片，译者注。

将来被激活的可能性就越大。事实上，通过多次使用网络就会被长期激活，从而影响一个人持有的想法、情感和概念观念。例如，如果青少年强烈的攻击性网络被长期地激活，他们就会容易产生与攻击有关的情感、思想和观念。因此，当另一个人的意图的好坏还处在一种无法分辨的情况时，有攻击性的青少年往往认定那是有敌意的意图，尽管他们本来也可以同样轻易地认为那是友善的意图 (Dodge, 1986)。

2.6 社会学习和社会认知理论

社会学习理论和社会认知理论都是班杜拉 (1965,1986) 提出的。前者已成为近代被引用最多的媒体效应理论之一，因为它的“学习”定位能有效地解释媒体对大多数行为获得的影响 (Bryant & Miron, 2004)。简单地说，社会学习理论认为行为是一种源于对世界的观察而产生的习得反应。相比之下，社会认知理论则是对班杜拉早期研究的理论扩充，这反映了以下事实：行为与其说是对环境的一种“反应”，还不如说是对环境的一种“选择”，行为受到认知、情感和动机等三方面的影响。

2.6.1 社会学习理论

如果你十分不幸地遇见了一具僵尸，千万不要跑进农舍。尽管你会安全地在那儿呆上几个小时，但是第二天你将被僵尸所包围。还有，当你在屋里时，不要站在靠近用木头封住的窗户，僵尸会感觉得到你在那里，并会很快地打破木条，把你拉出去，然后挖掉你的内脏。千万当心不要让陌生人走进房子，因为他们中有一个人隐瞒了已经被僵尸咬过的事实，当他死后，被恶魔附身而复活，他会试图吃掉你的脑子。最后，千万不要相信任何一个穿军装的人，因为他们很难区分僵尸和人，他们很有可能会开枪打爆你的头。说明一下，事实上我从来都没有真正遇见过一个现实版的僵尸。那么，我是怎么知道这么多关于僵尸与人的故事的呢？我是通过观看无数部恐怖电影而了解到的，没有亲身经历某种结果而完成的学习被归为社会学习理论范畴。

班杜拉(1973)的社会学习理论认为儿童和青少年是通过观察其他人的行为来学习的，这个过程称之为观察学习。例如，研究表明，当小学生观看了一部充满武术暴力的动作冒险电视节目之后（如《恐龙战队》（Power Rangers）[1]），他们就模仿那些刚刚从电视上看到的飞踢、挥拳和拦截动作 (Boyatzis, Matillo, & Nesbitt, 1995)。然而，对一些孩子来说，模仿空手道意味着学会了新的行为，而对另一些儿童来说，操场活动中就有之前所学的动作。根据社会学习理论，榜样行为产生的结果会影响某种观察到的行为是否会被模仿。确切地说，相比榜样的行为受到惩罚，当榜样的动作受到推崇时，与榜样相似的行为更可能在现实生活中被模仿。值得注意的是，当榜样的行为没有产生受罚的结果时，观察者就会认为这个行为是被默许的。例如，班杜拉（1965）发现，当学龄前儿童观看了一部有关一位成年人对一个充气玩偶“Bobo”又打又踢又叫的短片后，他们在两种情况下会去模仿这些行为：（1）榜样好斗的行为被强化；（2）对榜样的行为没有重罚。相反，当榜样的行为受到重罚时，学龄前儿童很少去模仿观察到的行为。

视频游戏、电视节目、漫画书、互联网等等所有这些都为青少年提供了足够多的观察学习的机会。不论消费的媒体类型是什么，儿童和青少年总会看到媒体推介的人物或被强化，或被惩罚，或其行为没有什么后果。例如，电视上近 70% 的由“英雄”所犯下的非法暴力行为都未受到法律的惩罚，其中 32% 的这种行为还得到了嘉奖 (Wilson et al., 2002)。当然，榜样的特征以及榜样行为的特征也会影响观察到的行为被模仿的可能性。比如，儿童和青少年更有可能去模仿那些被媒体展示的且已被渲染的行为（使其看起来很“酷”或获褒奖的）。此外，当榜样行为由青少年所喜爱的人（比如：年龄相仿的或年龄稍大点的人；Bandura, 1986; Hoffner & Cantor, 1991)）完成时，观察学习效果明显。

社会学习理论除了解释如何习得这些行为，还阐释如何在一段时间内保持住已经学到的行为。首先，当行为能够成功地满足个人需要时就会被保持，进而进行自我强化。例如，如果青少年认为“个性”是自身的一个重要方面，那么他们可能去做些能强化“个性”的行为（比如：听 80 年代的朋克摇滚乐）。其次，当行为得到同伴的社会认可或得到同伴的外在奖励时会被保持。同样地，当青少年在媒体消费时，他们观察特定方式下的行为结果，正因如此，他们会相应地调整自己的行为。最后，由于媒体能提供直接的经验，既有强化的也有遭罚的，从而可以保持习得行为。例如，视频游戏中“好行为”通过奖励积分而被强化，“坏行为”通过损失积分或失去生命而被惩罚。

[1] 《恐龙战队》（Power Rangers）分为日版和美版，美版战队是由美国 SABAN 公司 1993 年向日本东映公司买下该公司的《超级战队系列》的海外改编版权后而来，战斗场面大多剪辑自日版。它是一部科幻动作片，讲述维持和平保护地球的恐龙战队，他们面对的是邪恶的怪物和一心征服全人类的大魔头，译者注。

2.6.2 社会认知理论

传统上，社会认知学习理论是与基于行为的“学习”理论、操作性条件反射和经典条件反射一同出现的。但是，班杜拉认为社会学习理论更接近认知理论而非行为理论。为反映这种认知导向，班杜拉修正了他的原始理论并重命名为社会认知理论（Social cognition theory）（Bandura, 1986）。在修正版本中，他用行为、个体和环境三个关键影响因素来解释行为。

行为因素（Behavioral Factors）指的是个体可利用的先前获得的行为，例如，一个儿童当前的亲社会行为指令库（如：帮助和分享）。个人因素（Personal Factors）包括个体的期望、信念、目标、自我认知、欲望和意向，换言之，也就是内部动机。环境因素（Environmental Factors）是通过直接经验或观察学习获得的影响个体的外源性因素（如：媒体、朋友和家庭成员）。在社会认知理论的原则下，行为、个人及环境因素交互作用，对人类的行为、思想和感受产生影响，这种现象被称为交互决定论（Reciprocal Determinism）。因此，不同于社会学习理论提出的单向效应（如：从环境到行为），社会认知理论假定行为、内部动机与环境间存在双向交互作用。

总之，社会认知理论假定人类的适应和变化是自我组织、主动前瞻、自我反思和自我调节的结果，而非对环境经验或内部驱力做出的简单反应。在修正的理论中，人的能动性（被定义为控制思维、动机、情感和目标实现的努力）驱动着行为的获得和保持。此外，当主观能动的自我与环境传达的信息相匹配时，环境对个体的影响被认为是达到最大化。因此，当个体的内部动机与屏幕上模范行为的内容相似度很高时，媒体将在一个更大的背景下影响青少年的行为；当这些因素不一致时，也会存在相关性。

2.7 脚本理论

电影、电视节目、漫画书以及视频游戏都是以把故事从头到尾协调结合起来的剧本、脚本或情节串联图板为基础编制。在真实生活中，儿童与青少年也使用脚本。在此，尽管脚本是有关人际互动（如：去赴约）、事件（如：参加一场足球赛）或情况（如：点一个披萨）的开端、中间和结尾发生的典型事件的一种认知性解释，认知脚本为事件的顺序（如：在吃之前为披萨外卖付账）和特定情境中行为的得体性提供了详细的相关信息（如：若是披萨送晚了，可以选择性的给司机小费；Huesmann, 1986）。

青少年有许多脚本可供选择，但不是所有脚本都适合于情境。比如说，在操场内玩棒球游戏的脚本是合适的，但在房间内这个脚本并不适合。因此，当选择一个脚本进行扮演时，儿童和青少年会进行一个两步的过程：首先，青少年必须评估当前情境与所有可使用的脚本内容的相似性与差异性。其次，青少年需要考虑使用这个脚本的潜在后果，以及脚本是否与社会可接纳的行为相一致（如：一种社会规范）。一般说来，多数儿童与青少年以可知觉到的积极后果以及社会期望的一致性来选择脚本。但是，青少年可选择的种类不多，他们表现出攻击、毒品滥用和犯罪等几种行为。根据脚本理论的观点，正常青少年与异常青少年在4个与脚本相关的领域中存在差异：（1）脚本内容；（2）有关脚本适用性的决策；（3）参与行为的后果；（4）服从社会规范的渴望（Huesmann, 1986）。

认知脚本的发展是直接经验和观察学习的结果。因此，媒体可以改变、甚至创造儿童和青少年在与世界进行相互作用时使用的脚本。例如，在《疤面煞星》（Scarface）[1]中，反英雄的主角 Tony Montana 为找到一个女伴提供了一个脚本：在这个国家，你首先要赚钱，当你有钱后，你就有了权力。当你手握权力，就能得到女人。好吧，这也许不是给所有人的最好的约会建议，但似乎在比尔·盖茨（Bill Gates）身上效果良好。一旦脚本生成并被使用，它们会有抵御变化的趋势。换句话说，一旦青少年开始使用脚本，他们会持续的使用它。此外，新的经验对已经建立的脚本内容只会造成微乎其微的改变。脚本的非灵活性对亲社会的青少年来说并不是一个问题，但抵抗脚本变化是青少年违法犯罪的一个主要原因。

因为脚本是认知性的存在，它们像概念一样，聚集在相关的网络中。脚本网络建立在强调相似动作的社会行为基础上。举个例子，教室和学校餐厅的设置包含了不同的脚本（如：以纪律为基础的教室和以喧闹为基础的餐厅）。但是，因为每个脚本都属于学校的设置，都属于同样的认知网络。就其本身而言，一个脚本的激活（如：谈论痛苦的餐厅经历）将使另一个以学校为基础的脚本（如：糟糕的教室经历）得到激活。

脚本理论详细阐述了青少年所做出的行为决策，并强调在脚本选择和扮演时社会规范在决策当中的重要性。因此，影响社会规范的因素将间接地影响青少年

[1]《疤面煞星》（Scarface）是美国一部经典的黑帮电影，于1931年上映，译者注。

的行为。这是媒体的影响力渗透进来的途径。在反复暴露于媒体后，脚本将被形成或保持。此外，脚本的确立将导致儿童和青少年寻找与他们已有的脚本相关的信念相一致的环境。因此，青少年会得到机会以使用获得的脚本，并且得以验证。媒体就提供了大量验证脚本的机会。举例来说，有性需求的青少年会寻找有性内容的付费频道，有攻击性的儿童会寻找充满暴力的媒体节目（Bryant & Rockwell, 1994; Kirsh, 2006）。尽管传统媒体（如：电视、音乐和电影）并不提供扮演脚本的机会，但是这一情况在视频游戏和很多在线活动中都会出现。

2.8 通用媒体模型

除了社会认知理论，上述所有理论的适用范围都受到限制：激发转移理论聚焦于引发相关的情绪；启动理论、脚本理论和教养观都聚焦于认知；而社会学习理论主要关注行为习得中观察的作用。尽管社会认知理论主张行为是由多种因素影响的，但它并没有对认知、情感、行为和动机是如何影响决策制定过程以及对行为进行详细解释。这正是通用媒体模型（Universal Media Model, 简称为 UMM）出现的缘由。

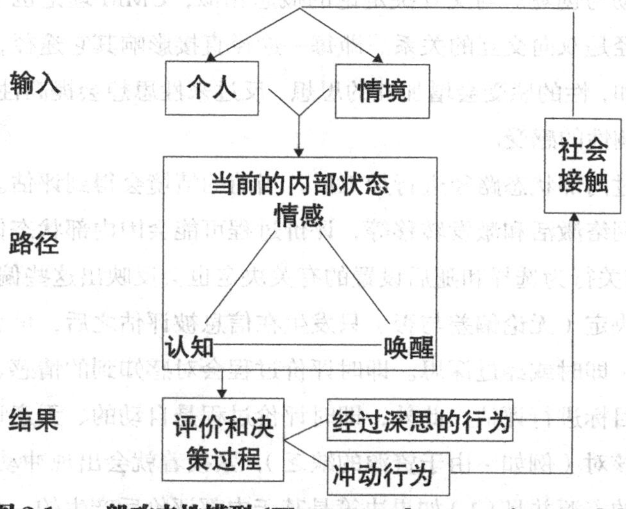

图 2.1　一般攻击性模型 (The general aggression model)

来源：Anderson and Bushman(2002) 经允许重印

为解释媒体对思维、感觉、唤醒和行为的影响，UMM 把先前理论（魔弹理论除外）的一些元素进行了合并，形成了一个单一模型。首先，荣誉应当属于有功之人：UMM 是 Anderson 和 Bushman（2002）的一般攻击模型（General Aggression Model, 简称为 GAM）的一个应用版本。根据 GAM，输入变量、路径和输出的不断循环交互作用于攻击。若你此刻用“攻击”替代“行为”，就可以解释 UMM。事实上，无论怎么改变，在解释 UMM 流程的原始图示中都能发现 GAM 的细节。记住这一点后，让我们一起更详细地来评判 UMM。

输入变量由个人变量和情境变量组成。个人变量由那些以人为基础的特质组成，这些特质会影响个体在某种特殊行为方式（如：亲社会、两性、攻击）上的准备。这些变量包含了稳定的或先前存在的生物因素（如：遗传倾向和激素水平）、态度、信念、人格特质和脚本。情境因素是依附于背景的，是以环境为基础的与当前经历相关的互动，以及环境中的普遍因素（如：一个高温的房间）。若一个儿童或青少年改变了设置，个人变量将保持一致，情境变量也会随设置而改变。

依据 UMM（及 GAM），个人与情境变量通过调控个体当前的内部状态，间接对行为产生影响。这其中包含了 3 种方式：情感、唤醒和认知。情感路径详述了由输入变量唤起的心境和情感因素。唤醒路径指当前生理唤起的水平，以及由个人和情境变量唤起的相关激发转移。认知途径包括与输入变量相关的思维、脚本和网络的启动与创建。与交互决定论的概念相似，UMM 理论也主张情感、唤醒和认知的途径是双向交互的关系。即每一途径直接影响其它途径，并被其它途径所影响。例如，性的感受会增加性的思想，反过来性思想会提高性唤起的水平，这随后又会影响性的感受。

在信息经过内部状态路径进行加工后，当前的情境会得到评估。考虑到已经发生了启动、网络激活和激发转移等，评价过程可能会因内部状态偏好而发生偏差。基于此，有关行为选择和随后设置的有关决定也会反映出这些偏差。但是，实施一种行为的决定（无论偏差与否）只发生在信息被评估之后，信息要通过二择一的评价过程：即时或经过深思。即时评价过程会对感知到的情感、意图和当前情境中团体的目标进行评估。此外，即时评价过程是自动的、无意识的，如果评价的结果未经核对（例如：由于资源的缺乏），紧接着就会出现冲动行为。但是，如果提供充足的资源并且（1）如果决策是基于内部评价后产生的一个不满意的结果，或（2）如果情境包括重要的决策，会有一个重复评价过程。在当下有意识的重复评估过程中，新信息会被搜索出，潜在行为进程将被重新评估，过去的决策重回脑海。经过重复评估过程的行为被称作经过深思的行动。最后，UMM 以其周期循环性利用反馈环路发生作用。特别是，在冲动或经过深思的行动发生后，当前的社会遭遇会在事实上成为一个输入变量，对正在进行的互动产生影响。这样就形成了行为的循环周期，因为当前互动不仅影响着个人变量，还影响着情境变量，所以循环周而复始。

我们下面来看一下 UMM 是如何处理下述情况的。苏西（Suzy）是一个非常乐于助人的孩子，她观看了《芝麻街》（Sesame Street）[1] 节目中大鸟（Big Bird）帮助饼干怪物（Cookie Monster）寻找失去的饼干那集。当时很放松的苏西注意到波比（Bobby）正在寻找丢失的鞋子。根据 UMM，苏西的输入变量包括一个充满了亲社会脚本和积极助人态度的个人变量，电视节目作为情景变量，在这个案例强调了助人行为。个人与情境变量间的一致性将激活与亲社会行为相关的认知、情感和唤醒路径。因此十有八九，苏西会帮助波比寻找他的鞋子，因为即时评价和重复评价过程都会引发助人行为。反过来说，苏西的助人行为将通过强化她已经建立的助人脚本和她的个人变量表现出来。

2.9 发展的视角

基于其定义，发展性理论不仅解释了发展的进程，还解释了发展性转变是如何发生的。之前评论过的任何一个传统媒体影响理论与发展性理论的准则有交集吗？没有。前面提到的每个理论都没能贯穿发展的原理，从生理、认知、社会和情感变化的背景上讨论媒体影响。尽管上述理论不是发展性的，但目前发展性的研究结果可以融入那些原理以使基于媒体影响的预测模型能适用于不同年龄的青少年。

为澄清这些问题，让我们想想青春期早期，这一时期青少年处于对媒体的影响非常敏感的发展阶段。青春期早期是一个显著变化的时期，青少年必须适应身体上的生理变化、性感受的增加、学校里学业和社会心理的挑战以及他们与父母和同伴关系的转变。尽管多数青少年较好地处理了这些挑战，青春期早期仍是一

[1]《芝麻街》（Sesame Street）于 1969 年 10 月 10 日在美国的国家教育电视台上首次播出，并于当年底转到公共电视台。它综合运用了木偶、动画和真人表演等各种表现手法向儿童教授基础阅读、算术、颜色的名称、字母和数字等基本知识，有时还教一些基本的生活常识，译者注。

个负性情绪和抑郁增加的时期（Steinberg, 2001）。其它研究表明，青少年早期体验到的生理唤起水平比年幼的儿童和年长的青年都要高（Spear, 2000）。此外，在青春期，青少年会失去他们青春期前已有的大脑神经突触的一半，最终在成年期形成一个更高效的大脑。但是，青春期早期的大脑会经历一定的突触修剪，因此降低了他们做出正确决断的能力（Brownlee, 1999）。根据 Yurgelun Todd（1998）的脑成像研究，青春期早期对充满情感性情境的反应比年长的个体运用的认知活动更少，导致了潜在的直觉和冲动反应。

现在，基于现有的这些信息，让我们审视一下青春期早期媒体暴露对 UMM 过程的潜在影响。青春期早期经历导致的生理唤起与媒体引起的内部状态唤起产生交互作用，其形成的内部心理唤起的水平累积起来与其它发展阶段相比，水平更高。尽管媒体可以制定脚本、创建认知网络、启动思维，青春期早期的认知缺陷将会限制认知性的内部状态途径对其后的 UMM 过程的影响。相反，UMM 的情感途径在青少年早期是非常强有力的，就其本身而言，媒体会在这个发展阶段创建最强烈的情感回应。因为受限的认知资源和加重的生理与情感反应，与其它时期相比，青春期的重复评价会更少。最终，相对于其它发展阶段，这些变化将导致青少年在青春期早期做出更多的冲动行为而非经过深思的行为。

请记住，媒体理论适用于对行为进行解释、预测和控制。正如上面例子说明的，当一种理论把发展性问题考虑在内时，它更有能力达到上述目标。此外，未纳入发展性概念的理论帮助社会学家分辨出那些还没有被充分探索的研究途径。

3 媒体对学习的影响

儿童通常认为小学老师不仅在教室里上课，还在教室里生活。毕竟，老师总是比孩子们先来到学校，并且学生放学回家后老师还要在学校呆很长时间。当小孩子得知老师有自己的生活，实际上并不住在学校的时候，一定会感到很震惊。正如阿米莉亚（Amelia）在一个专门刊登儿童趣闻的网站（www.iusedtobelieve.com）上所写："与许多孩子一样，我曾以为老师一直生活在学校里，认为他们在夏天的时候会在自己的书桌上露营。直到有一天，我在商场看见我5年级的老师在维多利亚的秘密（Victoria's Secret）[1]里买内衣的时候，才发现自己错了，这是我以前从没有想到过的。"如同儿童会逐渐得知事实上并不存在圣诞老人（Santa Claus），复活节的兔子（Easter Bunny）也只不过是个传说一样，他们也会逐渐认识到老师也有自己的家庭，放学后也要回家。然而，确实还存在另外一种教育者，他们要么住在学校，要么住在孩子的家里，他很少会穿梭于这两点之间。而且，你也不必担心他们买内衣时会被人碰到而尴尬。可能你已经猜到了，这些教育者们用不着内衣，因为他们不是血肉之躯，而是由塑料、玻璃、电线和电子芯片组成的——它们是教育媒体（educational media）。

望子成龙，望女成凤。父母们常常把孩子放在电视机前，希望他们聪明的、已经做好学习准备的宝贝儿们能从公共广播电视台（PBS）[2]、尼克少儿频道（Nickerlodeon）[3]或者任何一个播放着所谓"教育"内容的节目中学到些什么。除此以外，父母们也会竞相购买教育类的书籍和

[1] "维多利亚的秘密"（Victoria's Secret），一家专门卖女士内衣的服装店和服装品牌，译者注。

[2] 公共广播电视台（Public Broadcast Station，简称PBS），美国教育电视类节目的最大生产商之一，译者注。

[3] 尼克少儿频道（Nickelodeon），于1979年4月1日开播，是美国有线电视里一个主要给儿童和少年观看的频道，译者注。

音像制品。事实上，教育媒体业发展迅猛，累计销售量达数十亿美元。例如，《爱探险的朵拉》(Dora the Explorer)[1] 自 2000 年上市以来，单是其 DVD 及相关互动游戏的销售总额就已近 40 亿美元(www.commercialfreechildhood. org)。但是，儿童和青少年真的能从电子教师那里学到东西吗？我们将在下面对这一问题进行探讨。当然，并不是所有的媒体都具有教育意义，所以我们也有必要了解大众媒体消费对学业的潜在危害。

3.1 媒体使用对学业成绩有不利影响吗?

在过去的 30 年，已经有大量的研究探索了使用大众媒体与学业成绩（如：学校表现以及标准化成就测验中的得分）之间的关系。一些有代表性的研究提出了衰减假说（reduction hypothesis），即认为过度使用媒体会导致不良学业表现（Valkenburg & van der Vort, 1994）。最近，Shin（2004）提出了衰减假说成立的 3 种潜在机制：时间替代（time displacement），认知努力和被动性（mental effort and passivity）以及冲动性（impulsivity）。假设这些机制可能会抑制儿童的智力活动过程或者阻碍学业成就，那么这些机制仅仅被用来解释看电视对于学业成绩的影响就毫无意义了。下面，我将把衰减假说扩展到所有形式的媒体使用中。

3.1.1 衰减假说背后的机制

时间替代假设认为使用媒体占用了智力活动或学习活动的时间（比如：写家庭作业或复习备考的时间）。青少年认为看电视、听音乐以及玩视频游戏比进行学习相关的脑力活动有趣多了。因为学习活动通常是繁杂的、困难的、令人厌烦的。这样一来，媒体的使用取代了学习相关的认知活动，学生的认知发展受到了损害，进而影响当前乃至未来的学业成绩。正如古训所言“刀不用则钝”（use it or lose it.）。虽然“媒体使用会取代促进学业成绩发展的相关认知活动”的假设看似合理，但是仍然缺乏实证数据的支持。相反，一种形式的媒体使用（如：玩视频游戏）却很有可能取代另一种形式的媒体使用（如：看电视）或者其它形式的

[1]《爱探险的朵拉》（Dora the Explorer）是美国的一部少儿英语教育片，它通过主人公朵拉的每一次探险，教给小朋友们简单的单词和词组，译者注。

娱乐活动（如：散步、跟朋友逛街）（Schmidt & Anderson, 2006）。尽管缺乏证据，但人们还是坚持认为媒体使用会取代一些促进智力发展的活动。甚至儿童和青少年自身也相信媒体具有这种神力（Ballard, 2003）。

认知努力被动性假设认为使用媒体会导致认知惰性（Mental Laziness）。该假设认为，媒体使用者只要付出极少量的认知努力就可以将大量的信息填鸭式地灌入大脑。这种面无表情、呆呆地盯着电视的样子被认为是被动认知的表现。长此以往，被动认知变成了一种习惯，进而就降低了努力认知的欲望。因而，当遇到具有挑战性的认知活动时（比如：阅读或者解决数学问题），青少年就不会再努力了，甚至会放弃。就这样，这种长期的被动认知导致了认知发展受损。

与之前在假说部分所说的一样，目前并没有实证数据支持：媒体使用会影响儿童在学校或家里解决系列问题的认知努力。而且，也少有证据表明媒体使用会导致被动认知。事实上，最近的研究表明，儿童使用屏幕媒体的时候，认知活动是活跃的。例如，我处于青春期前期的儿子看《变形金刚》（Transformers）这部电影的时候，由于对电影中谈论的有关青少年的话题感到困惑，而在电影院随口大声问道“什么是手淫”。除了这种趣事，实证研究也表明，儿童在使用媒体的时候，经常会对荧屏内容频繁地提问或者发起讨论（Alexander, 1990）。值得注意的是，这种提问和讨论说明了儿童的认知是主动而不是被动的。因而，认知努力和被动性假设也只是媒体神话的一个传说而已。

根据冲动性假设，媒体具备高唤醒性和快速呈现信息的特质，因而会降低注意的广度、缩减注意持续时间，并阻碍任务定向行为的实施。同时，该假设也认为媒体刺激会诱发多动，并激发冲动行为。这样一来，按照冲动性假设，媒体使用之所以会降低学业成绩，是因为一方面它使学生很难在教室这种低唤醒的环境下持续注意，另一方面还会引发妨碍学习的冲动行为。即使是像《芝麻街》这样的教育性电视节目，也一度被批评会影响学前儿童的注意广度（Hartmann, 1996）。然而，这种冲动性假设也只不过是一种关于媒体的迷信。因为纵观历史发展过程，尚未有研究支持“媒体使用会对活动水平及注意广度产生负面影响”这一观点（Schmidt & Anderson, 2006）。

媒体使用会导致 ADHD 吗？

注意缺陷 / 多动症（Attention deficit/hyperactivity disorder，简称 ADHD）的典型特点是无法长时间集中注意力，多动和容易冲动。最近的相关研究指出如果某人曾经频繁地观看电视，那么其童年早期、中期以及青春期发生 ADHD 的可能性将会显著增加（Chan & Rabinowitz, 2006; Christakis, Zimmerman, Digiuseppe, & McCarty, 2004; Miller et al., 2007）。然而，正如 Stevens 和 Mulsow（2006）指出的，当经济地位和亲子活动等重要的环境因素被控制以后，使用电视媒体来预测 ADHD 的发生就没有作用了。而且，唯一一项发现视频游戏对青少年 ADHD 行为有显著影响的研究却没有评估环境因素的作用（Chan & Rabinowitz, 2006）。因而，这些结果的有效性还有待于评估。

ADHD 的诊断是一个复杂的过程，涉及包括家长、教师和儿童共同参与的临床评估（McGough & McCracken, 2000）。但是由于时间与经济成本的限制，此领域内的研究聚焦于 ADHD 的症状表现而非实际的诊断。但是，即便儿童表现出 ADHD 的症状，也不一定会被诊断为 ADHD。而且，大部分有关媒体影响的研究并没有报告观察到的 ADHD 症状表现数量是否达到了诊断标准（比如：被诊断为 ADHD 的人所表现出的典型症状水平）。此外，这些研究倾向于仅仅指出媒体使用是否与更高水平的 ADHD 症状水平相关。很有可能有些儿童的 ADHD 症状表现增加，但是其行为仍在发展的"正常范围"之内。因此，将 ADHD 症状表现增多等同于患有 ADHD 是不明智的。

3.1.2 媒体使用与学业成绩的相关研究

尽管衰减假说背后的机制有待于大量实证研究的验证，但是即使机制未明，媒体使用有损于学业成绩的论点还是经常被人提及。那就让我们借助衰减假说，在实证领域探讨一番吧。我们认为有关媒体使用与学业成绩之间关系的研究是存在争议的。因为有些研究指出看电视与学业成绩显著负相关，而另一些研究结果却没有发现这种显著相关。但是仍然有大部分研究倾向于支持衰减假说（Thompson & Austin, 2003）。例如，Ennemoser 和 Schnieder（2007）通过 4 年的纵向研究发现，观看娱乐节目特别多的被试阅读成绩进步最少。一项研究甚至发现童年期和青春期的电视使用情况与成年早期（或 20 年后）的学业成绩负相关（Hancox, Miline, & Poulton, 2005）。总之，这些研究表明，儿童和青春期的媒体使用情况除了可以负向预测不久以后的学业成绩，并且还可能持续影响之后的几十年，这可真是令人忧心的结论啊。

Williams 及其同事（1982）认为，衰减假说之所以会出现不一致的研究结果，是因为电视使用情况与学习成就间的关系呈曲线状。尤其要指出的是，只要每周看电视的时间不超过 10 小时，那么学业成绩就会随看电视时间的增加而提高。然而，一旦超过 10 小时，学业成绩就会随看电视时间的增加而下降。有趣的是，儿童的发展阶段似乎并不影响这种曲线关系，因为这种关系同时也适用于儿童和青少年。值得注意的是，曲线的前半段表明，学业成绩确实会因为媒体使用的增多而提高。这些数据支持了刺激假设（Stimulation Hypothesis），该假设认为使用媒体能够充实大脑，进而提高学业成绩。有关网络使用的研究同样支持刺激假设。最近一项研究表明，使用网络的时间与学业成绩呈正相关（Jackson et al., 2006）。那么事实到底如何呢？媒体使用与学业成绩之间的关系到底是如衰减假说所认为的那样呈负相关，还是符合刺激假设呈正相关呢？

3.1.3 衰减假说和刺激假设的相关评估研究

在前面提到的媒体研究中，媒体是信息，这意味着所观察到的媒体使用影响是由媒体使用量而非媒体使用本身所决定的。按照这种影响模型，只要媒体使用的时间量一致，不论看什么内容的电视节目，不论是节目《MTV 吹风机》（MTV cribs）还是节目《60 分钟》（60 Minutes）[1]，二者对学业成绩造成的影响都应该是同质的。同样，玩暴力视频游戏（如：《毁灭战士 3》）和看教育类电视节目（如：《3-2-1 联接》（3-2-1 Contact））[2] 对学业成绩的影响也应该是一样的了。你认为媒体内容与学业成绩有关系吗？我认为有关，而且目前大部分进行媒体影响研究的人们也这么认为（Schmidt & Anderson, 2006）。

事实上，有证据表明缺乏教育价值的媒体的确会损害学业成绩，对学龄前儿童尤其如此（Wright et al., 2001）。甚至可以说，童年期和青春期大量接触、使用非教育性的媒体（即娱乐性质的媒体），可能反映出父母在对孩子的教育方面投入不够。因而，与其说是媒体内容，还不如说是父母在重视、鼓励和支持孩子认知发展方面的失败，导致了儿童学业成绩不良（Zhang, 2006）。许多研究发现，在控制了父母对孩子学业成绩的期望时，媒体使用对学业成绩将不再有预测作用（Schmidt & Anderson, 2006）。然而，在考虑影响学业成绩的家庭因素以及儿童的发展阶段时，还需要更多的研究来探索娱乐性媒体使用与学业成绩之间的关系。

[1] 《MTV 吹风机》（MTV cribs）是美国一款电视真人秀节目，专门采访各业界的名人，并参观其住所。《60 分钟》（60 Minutes）是美国的一个电视新闻节目，擅长调查各类新闻。两者播放的内容风马牛不相及，译者注。

[2] 《3-2-1 联接》(3-2-1Contact) 是美国一个科普教育类电视节目，译者注。

3.2 教育媒体的益处

一方面需要说明的是，娱乐性媒体不一定会对学业成绩产生消极影响；另一方面，在发展过程中，教育媒体会对学习产生积极的影响，并且这些益处是可测量的。电视节目，像《芝麻街》、《蓝色斑点狗》(Blue's Clues)[1]为幼儿和学龄前期儿童提供了学习机会。这些电视节目真的有益于幼儿吗？再大一点的孩子真的能够通过观看讲述科学事实及理论的节目，像《变焦》(Zoom)[2]和《比尔教科学》(Bill Nye the Science Guy)[3]，获得知识和技能吗？青少年可以从探索与发现频道(Discovery Channel) 和学习频道 (Learning Channel) 播出的教育性节目中受益吗？接下来本章将着重探讨教育媒体使用所带来的在认知和教育方面的进步，所以每一个问题的答案都可以从下述的部分中找到。

3.2.1 教育类电视媒体

在 20 世纪 80 年代，人们认识到以牺牲教育媒体为代价的娱乐媒体产生了消极的影响，随后美国针对这一影响制定了政策，以确保儿童和青少年能够接触到电视播出的教育类节目（即《儿童电视法》, The Children's Television Act，简称 CTA, 1990)。《儿童电视法》提出，为儿童设计的教育和信息类节目 (educational and informational, 简称 E/I)[4]应该由广播电视网来播放。不幸的是,《儿童电视法》并没有明确规定教育信息类节目的内容和播出时间。不出人们所料，广播电视网把那些内容模糊的电视节目，像《骑自行车的火星老鼠》(Biker Mice From Mars)、《电力别动队》(The Power Rangers)，甚至是重播的《把它留给比乌》(Leave It to

[1] 《蓝色斑点狗》(Blue' s Clues) 是美国的少儿节目，主要收视对象为学前儿童，可以教给儿童一些基本知识，译者注。

[2] 《变焦》(Zoom) 是美国 PBS 电视台制作的系列儿童教育节目，从 1972 年开始共播出 13 季，译者注。

[3] 《比尔教科学》(Bill Nye the science Guy) 是美国迪斯尼公司制作的科学教育节目，于 1993 年播出，译者注。

[4] 教育信息类节目 (educational and informational programs)，简称 EI，专门为儿童设计的电视节目，此分类根据美国《儿童电视法》划分，译者注。

Beaver）[1]也被划为了教育类节目。与此相对的是，很多真正有教育价值的节目却在大多数儿童都已经睡着的时候才得以播放。正因如此，联邦通讯委员会（Federal Communications Commission，简称 FCC, 1996）建立了“三小时规则”，要求广播电视网每周至少播放 3 小时的教育信息类节目。更重要的是，这些节目必须在大多数儿童都可以收看到的时间段播放（例如：早上 7 点到晚上 10 点之间）。此外，FCC 计划建立教育信息类节目的分类标准，并且规定教育信息类节目必须长达 30 分钟及以上。也明确了两种主要的教育信息类节目类别：学习型和亲社会型。学习型教育信息类节目主要关注的是科学、自然、历史、英语和社会学科，即一般学习内容。而亲社会型教育信息类节目侧重于（注：将在下一章详述）描述亲社会行为的内容（例如；分享、帮助以及接受多样性）。表 3.1 列出了教育信息类节目的一些例子。

提到教育信息类节目，人们很容易想起那些针对学前儿童的节目，如：《芝麻街》、《罗杰斯先生的邻居》（Mr. Rogers' Neighborhood）。然而，这些节目在教育信息类节目中仅占很小的比例（<10%）。实际上，几乎 60% 的教育信息类节目都是为小学年龄的儿童设计的，剩下的节目则是针对青少年的（Jordan, 2000）。有趣的是，小学阶段儿童对教育信息类节目的兴趣开始下降。在童年中期之前，儿童既喜爱看学习型节目，又喜爱看亲社会型节目。与之相对，在童年中期，比起学习型教育节目，女孩更偏爱观看亲社会型教育节目；男孩则更偏爱观看一般娱乐节目；但对学习型和亲社会型教育信息类节目都极少观看（Calvert & Kotler, 2003）。可以说，绝大多数的教育信息类节目都是为那些已经开始对电视教育内容失去兴趣的儿童准备的。

[1] 《骑自行车的火星老鼠》（Biker Mice From Mars）、《电力别动队》（The Power Rangers）和《把它留给比乌》（Leave It to Beaver）都包涵有频繁的打斗场面，作者认为不适合儿童观看，译者注。

表 3.1　按不同年龄阶段划分的教育类信息节目清单

年龄组	节目名称
学步期	《天线宝宝》（Teletubbies）
童年早期	《布哈哈》（Boohhah） 《芝麻街》（Sesame Street） 《小熊维尼历险记》(New Adventures of Winnie the Pooh) 《爱探险的朵拉》（Dora The Explorer）
童年中期	《比尔教科学》(Bill Nye the Science Guy) 《阿德日记》（Doug） 《时间错位三重奏》（Time Warp Trio） 《图坦斯泰恩》（Tutenstein）
青春期	《紧急关头：新班级》(Saved by the Bell: The New Class) 《户外美国》(Young America Outdoors) 《杰克汉娜动物历险记》(Jack Hanna's Animal Adventures) 《NBA 灌篮》(NBA inside Stuff)

学习型教育信息类节目对儿童发展的影响

当评价教育信息类节目对儿童的影响时，重要的是要区分技能型学习和知识型学习。前者是指复杂的认知过程，例如：阅读、问题解决、数学推理等。后者则是指词汇记忆和保存信息，例如：世界上最高的山峰，水的沸点等。

婴儿期和学步期

要想让婴儿和学步期孩子学习电视中的内容，首先需要让他们注意到正在播出的节目。最初的研究显示，即使电视屏幕上播放的是《芝麻街》，婴儿和学步期儿童也难以对电视节目加以注意。事实上，根据这些早期研究，直到 30 个月大时，学步期儿童才能在电视前坐着不动（Anderson & Levin, 1976）。然而最新的研究发现，从大约 12 个月开始，那些专门为年龄很小的观众设计的节目可以很容易地吸引婴儿的注意（Anderson & Pempek, 2005）。一般而言，儿童会将注意力集中在那些他们容易理解的内容上，并且这个现象贯穿童年早期。例如，婴儿偏爱有着轻快音乐和明亮颜色的节目；学步期儿童更喜欢简单的主题；学龄前儿童则更喜爱稍微复杂的内容（例如：情节浅显易懂、生动有趣的故事）。所以我们对幼儿很少注意成人类主题节目的这个事实并不感到意外（Valkenburg & Vroone, 2004）。

教育媒体对婴幼儿影响的研究主要评价了知识型学习有关的内容。例如：词汇获得、行为模仿、对隐藏物体的搜寻等（Troseth, Saylor, & Archer, 2006）。尽管这一领域的研究有限，但是婴儿和学步期儿童（如：年龄小于16个月的婴幼儿）却没有显示出可以从教育视频中受益的迹象。当前的研究甚至表明，年龄很小孩子的言语发展可能会受到该视频的损害。例如，Zimmerman和Christakis在2007年发现，在8至16个月大的婴幼儿中，每天观看教育视频的婴幼儿的词汇接受能力（例如：词汇理解）要比不观看的婴幼儿低。事实上，每天花费1小时观看教育视频的婴儿所能理解的词汇量为6到8个，这少于同年龄不看教育视频的婴幼儿。

尽管教育视频可能对小于16个月的婴幼儿有着消极影响，但没有研究显示它对17至24个月的学步期儿童有着相同的影响（Zimmerman & Christakis, 2007）。事实上，一些研究显示，学步期儿童可以通过看教育视频提高他们的词汇水平。除词汇发展外，另一些研究表明，早在12个月大的时候婴幼儿就能够开始从教育电视中学习。例如，12至15个月大的婴儿在观看电视24小时后，就可以模仿简单的行为（如：脱手套）（Barr & Hayne, 1999）。到2岁的时候，学步期儿童看完视频中物体的位置后，可以在房间中找到物体隐藏的位置（Anderson & Pempek, 2005）。

对学步期儿童而言，与通过看电视来进行学习这种方式相比，跟父母、老师等人进行面对面互动更容易学到知识。例如，同样是学步期儿童学习物品分类，在生活中与人面对面学习的成绩要好于跟着视频学习的成绩，哪怕视频中的人与面对面学习中的人是同一人（Krcmar, Grela, & Lin, 2007）。进一步研究显示，当通过人来告诉学步期儿童玩具的隐藏地时，77%的2岁学步期儿童能够成功地找到玩具。相反，当学步期儿童通过视频获得相同的信息时，只有27%的儿童能够找到玩具（Troserh et al., 2006）。总之，这些研究结果表明，在婴儿期和学步期，教育视频并不是真实生活中父母、祖父母、日常照料者或兄弟姐妹们有效交流的代替者。

对婴幼儿而言，从等价的电视经验中学习的效果比在真实生活中学习差的现象，被称为视频局限效应（video deficit effect）（Anderson & Pempek, 2005）。视频局限效应困扰了研究者很多年。不管信息是通过电视还是通过人传递给学步期儿童，这些信息的内容都是一样的，只是呈现方式不同。但为什么婴儿和学步期儿童的学习是如此依赖于现实世界中的人呢？维果斯基（1978）认为，所有的学习都发生在社会互动的环境下。并且 Troseth 等人（2006）也认为婴儿和学步期儿童的学习主要是通过协调和理解社会相关信息而发生。社会相关信息是指由一个社会伙伴提供的、伴随着合适的社会线索的信息，这种社会线索集中在一个相互共享的刺激环境之中。社会线索的例子包括：应变反馈（contingent responding）、眼睛注视（eye gaze）和指示信息（pointing）。

尽管为学步期儿童准备的电视节目是通过一种准社会化的呈现方式来传递信息（例如：屏幕上的角色就像他们在房间里一样与观众进行交谈），但这些信息的传播是没有合适的社会线索的。换言之，儿童和电视角色之间没有信息交换。Troseth 及其同事认为，随着时间的推移，学步期儿童逐渐认识到电视角色的行为与他们当前的行为是无关的（例如：非应变反馈），并且电视角色也不能满足他们的生理需求。同样地，婴儿也认为电视信息是相对不重要的，所以阻碍了学习。

甚至包含了一些合适社会线索（例如：针对一个特定物体提问题）的节目（例如：《蓝色斑点狗》（Blue's Clues）），也没能给儿童提供提问、引导信息发展方向的机会，而这恰恰又是甚至年龄很小的学步期儿童都非常习惯了的事。因此对于学步期儿童而言，这种双向信息交换的缺乏似乎损害了他们的学习。然而，通过反复观看视频，学步期儿童确实也可以得到学习上的提高（Anderson & Pempek, 2005）。因此，即便是非常小的学步期儿童也是可以在缺乏相关社会线索的情境下增长知识的。并且由于学步期儿童的认知能力受到限制，所以社会相关线索能够提高其学习的效率。

童年早期

教育视频对童年早期的影响已经被研究了超过 35 年。在此期间，绝大多数的实证研究都集中在一个教育节目的影响上——《芝麻街》。《芝麻街》通过关注学习成绩和社交技能的发展（统称为入学准备），为学龄前儿童上小学做准备。其它教育节目有着与之相同的模式，如：《蓝色斑点狗》（Blue's Clues）、《巴尼与他的朋友们》(Barney & Friends)、《阿莱格拉的窗口》(Allegra's Window) 和《嘎勒嘎勒岛》(Gullah, Gullah Island)[1]。总体上看，这些教育节目似乎可以让很多低龄的观众在相关学业上获益。

[1]《巴尼与他的朋友们》(Barney & Friends)、《阿莱格拉的窗口》(Allegra's Window) 和《嘎勒嘎勒岛》(Gullah, Gullah Island) 都是美国的少儿节目，主要收视对象为学前儿童，可以教给儿童一些基本知识，译者注。

教育媒体可以教会幼儿一些常识知识。无论是学习身体的部位、从 1 加到 40、识别颜色和形状，还是学习字母表，观看大量教育视频的幼儿都比不观看以及少量观看的幼儿更有优势。教育视频能够增加儿童对先前学习词汇的理解，甚至可以教他们认识新的词汇。更重要的是，在考虑了父母的教育水平以及幼儿园的出勤率后，这种有利影响仍然存在。此外，就入学准备而言，家庭环境不好的儿童从教育视频中受益往往最大（Fisch, 2002）。

在童年早期观看教育媒体有利于孩子之后的发展。举例来说，与那些没有观看《芝麻街》的学前儿童相比，观看《大鸟看世界》（Big Bird）、《饼干小怪物》（Cookie Monster）之类节目的儿童在小学的前几年中有更多的词汇量，有更强的阅读能力，并且需要进行学业辅导的可能性更小（Wright et al. 2001; Zill, Davies, & Daly, 1994）。对那些在 2 至 3 岁的儿童来说，看教育媒体所获得的益处最多（Wright et al. 2001）。需要指出的是，Anderson 及其同事们（2011）发现，除去父母的教育、出生的顺序、学校位置变量的影响，学生在高中的学业成绩与其在 5 岁时观看教育性的电视节目在统计水平上存在着正相关（Anderson et al., 2001）。

尽管有关研究都一致性地显示教育类媒体能够提高知识性学习，但是基于技能性学习的数据结果却要更复杂一些。教育类媒体确实可以帮助年幼的观众灵活地思考（如：采择别人的观点）、发展解决问题的能力（如：尝试不同的方法）、理解相关联的概念和猜谜语（Fisch, 2002）。然而，很多的研究已经表明教育媒体对年幼儿童的语法没有帮助（Naigles & Mayeux, 2001）。要知道，电视节目中是缺乏社会性相关线索的。即使学前儿童可能在缺乏双向信息交流的情境下也能发展其认知能力，并习得很多的知识和技能，但还是无法帮助语法知识的获得。毕竟从婴儿期到童年中期，积极的沟通对语言的获得和发展是非常重要的（Dehart, Sroufe, & Cooper, 2004）。

童年中期

在童年中期，教育媒体对小学生技能性学习和知识性学习的影响已经成为评估媒体的最主要内容。在这些研究中，被评估的教育领域主要包括：阅读的流畅性、阅读的理解性、字词命名、算数能力、问题解决能力和对学习与科学性思考的态度（Wright et al., 2001）。虽然领域不同，但是研究结果却是一致的：教育信息类媒体促进学生的学业表现。在一项 8000 名被试参与的研究中，Ball 和 Bogatz（1973）采用前 - 后测的方式评估了 1 至 4 年级的小学生观看《怪物电力公司》（The Electric Company）对阅读能力的影响。这项至今为止被试规模最大的教育性研究发现：所有的小学生，尤其是1年级和2年级学生的阅读能力（如：阅读协调性和阅读理解）都得到了很大程度的提高。总体而言，这些研究都显示，通过增加一个标准化的教学课程，教育信息类媒体可以提高童年中期儿童的学习成绩。然而，以上提到的研究都没有评价视频局限假说。如果教师在课程中播放教育性内容的视频（不包括他们的常规课程），且学生表现出更大的学业进步，那就很有可能是教育视频的贡献。因此，未来研究需要关注：是否需要借助教育类媒体来扩充教学内容，或者增加额外的教学指导来达到同等的教学效果。

但是教学信息类媒体的益处是有限的。举例来说，Linebarger及其同事(2004)发现，那些有阅读障碍的幼儿园孩子并没有从教育媒体紧急推出的扫盲节目（如：《我们一家都是狮》(Between the Lions)[1]）中获益。同时，与一些以学前儿童为研究对象的结果不同，那些即将入学的幼儿园孩子们并未因为观看了《芝麻街》而表现出学业上的进步（Fisch, 2002）。因此，对于有学业问题的学生和那些学习能力已经得到良好发展的学生来说，教育视频的益处是有限的（Ball & Bogatz, 1973）。

最后，对童年中期儿童来说，已有的一些研究显示，比起技能性学习，教育电视节目对知识性学习的影响程度更深。这个结论显得非常合理，因为技能相关的学习要求手工操作，而传统的教育媒体（如：电视）是无法提供这些动手练习的。单单就技能学习本身来说就已经很难了，如果要将它们运用在想象的情境中就更加困难了。因此，不难想象，要将从教育视频中所学的技能运用到新的情境中是多么的困难（Peel, Rockwell, Esty, & Gonzer, 1987）。

与技能性学习相反，知识性学习更容易被教育视频所强化。为什么？因为重复观看加强了对知识的记忆，同时上述研究也提到，儿童会经常性地反复观看教育视频。一项近期研究也证实了这个说法，那就是重复练习可以促进知识性学习。Michel及其同事（2007）发现，与只看过一次科学类电影的幼儿相比，观看了两次的幼儿和已经在学校上过与该电影内容相关课程的幼儿（即重复练习了两次），在相关知识测试（包括对事实细节的记忆）中得分更高。

青春期

大约在电视商业广告盛行的10年之前，很多的研究都评估了电影的教育性意义。很典型的是，初中和高中的青少年们在学校上课期间观看了一些教育性电影，并在随后的几天或者几个月后，对其进行相关教育主题内容的系列测试。在一些情

[1]《我们一家都是狮》(Between the Lions)是美国的少儿节目，主要收视对象为学龄前儿童，可以教会儿童一些基本的语音知识，译者注。

境下，老师会放映一些电影（如：《餐具》（Tableware））并接下来上与该电影主题相关的课程；而有时候教师仅仅只是放电影。但是无论是哪一种实验条件，最后都得到一致的结果，即比起那些没有观看影片的学生来说，那些观看了影片的学生能够获得某一主题更多的信息。而且，当放映电影和辅助性的课程相结合时知识性学习效果最好（Hansen, 1933）。大约 65 年后，类似的研究又发现，那些在学校上课期间观看了一个 10 分钟新闻节目的学生（如：《第一频道》（Channel One）[1]）比那些没有观看这些节目的学生了解更多时事（Anderman & Johnston, 1998）。

3.2.2 计算机辅助教学

作为一个教学工具，电视教育媒体最大的局限就是永远是单向互动（如：从媒体到孩子），从而使观众很难控制这个学习过程。因此结果就是技能性学习无法得到很好的提高。而这个问题可以通过计算机辅助教学（Computer-Assisted Instruction，简称 CAI）得到解决。使用计算机辅助教学不仅能够控制儿童和青少年观看的教育内容，同时儿童也能够回答问题，并且电脑会根据他们的回答进行反馈。实际上，计算机辅助教学的目标在于磨练儿童的学习潜力，也就是维果斯基（1978）提出的儿童的最近发展区。计算机辅助教学的复杂性就在于其变化范围广，不论是简单的知识学习还是涉及模拟的指导性学习（如：解剖一只猪）都被涵盖其中。而且，计算机辅助教学允许学生们在之前学过的内容基础上进行比较难的问题解决活动。计算机辅助教学也经常发生于游戏环境中。如：在计算机游戏“死亡输入”（Typing of the dead）中，玩家们需要输入呈现在僵尸身上的字，然后将它们打死。你输入得越正确越快，那一大群各种各样试图攻击你的僵尸就死得越快。

最初有关计算机辅助教学是否会提高学业成绩的研究结果却不一致。虽然一些研究发现计算机辅助教学有助于学习，而其它一些研究却发现它其实是阻碍学习的。例如，对童年中期的孩子来说，如果总是在计算机上进行重复的数学计算训练，那么他们在数学测验上的成绩将会比在计算机上进行教学模拟和游戏的学生差（Wenglinsky, 1998）。从发展的角度来说，无论研究的中心是阅读、数学还是自然科学，传统的教学方法（如：一个活生生的老师）总是能够取得比起计算机辅助教学更好的效果（Christmann, Badgett, & Lucking, 1997）。但是以下文献却

[1] 第一频道（Channel One）是美国的一个新闻节目频道，主要收视人群为初中生和高中生，译者注。

不这么认为，相反地，最近的研究清楚地显现：计算机辅助教学对学业成就有积极的影响。

婴儿期和童年早期

婴儿、学龄步儿童和学龄前儿童都能通过电脑和掌上电子设备轻易地接触到教育类软件，如伟易达游戏机（V-Tech Leapster）。虽然在很多为学龄儿童设计的程序中可以找到教育类软件，但是对不常出门的婴儿和学步儿童来说，他们都是在家里接触这些软件。与教育类 DVD 市场相类似，商业性教育软件声称能够提升幼儿的各种认知能力，包括阅读准备（如：字母识别）、数学（如：数数和加法）、语言（如：词汇）和模式识别。一个软件程序甚至宣称能够教学步儿童 50 多种技能，还有一款软件声称"为了保证孩子在入学前掌握必需技能"，所有 3 至 5 岁的幼儿都应该使用这个软件（Garrison & Christakis, 2005）。从这些广告词中可以很容易地推断：如果父母想要使自己的孩子（哪怕离入小学还有几年的时间）在小学获得成功，就必须让他们的孩子使用这个软件。

那么，有关从婴儿期到学龄前孩子使用教育类软件有什么益处和害处，目前的已经有研究告诉我们了吗？不幸的是，迄今为止有关婴儿期和学步期儿童的研究中并没有涉及此类主题的实证发现。然而，计算机辅助教学确实能够通过互相问答来进行反馈，如：计算机问问题，儿童提供答案，然后计算机辅助教学系统判断该回答是否正确。而且，通过不断尝试，计算机和儿童之间的互动已经接近现实生活中的互动，并包含相关的社会性信息。如果一直像这样发展，那么计算机辅助教学，即使不能够超越使用教育电视媒体和 DVD 的学习效果，至少也能和它们一样影响幼儿的发展。

这些以婴儿和幼儿为目标群体而开发的教育类软件，其商家们所做的声明虽然没有直接相关的研究可以对其进行检验，但是还是有很多研究表明计算机辅助教学对童年早期的发展是有好处的。在为儿童进行入学准备这个方面来看，计算机辅助教学与电视媒体相类似，都是非常重要的。例如，与控制组相比，那些使用计算机辅助教学的儿童在两项影响阅读能力的关键因素上得到了更大的提高，如：对音节的敏感性（即察觉和操控语音的能力）和音节的组合上（即创造和认识词语的能力）（Lonigan et al., 2003; Reitsma & Wesseling, 1998）。相似地，Din 和 Calao（2001）发现运用计算机辅助教学的儿童在词语发音和阅读理解量表上的得分高于那些没有使用计算机学习的儿童。然而计算机辅助教学是否可以影响儿童对语法结构的理解还并不清楚。就目前来说，计算机辅助教学还不能为童年期孩子提供现实社会获得语法所必需的社会性线索。计算机辅助教学包含虚拟的现实，它也可以为幼儿提供高度现实化的“教师”来与孩子们进行可能的社会性互动。但是在虚拟的现实环境中，由计算机生成的教育家真的可以起到与现实教师在语法教学上一样的效果吗？当然，这还需要我们花费更多的时间，进行更多的研究才能知道这个结果。

虽然一些研究已经发现计算机辅助教学可以提高孩子的数学能力（如：Elliot & Hall, 1997），但是另外一些研究却没有得到相同的结论。这些在数学能力上不一致的研究结果，已经使得很多人认为：童年早期儿童是因为在认知能力上的不成熟，从而使得其在计算机辅助教学中获益甚微（Vernadakis, Averrinos, Tsitskari, & Zachopoulou, 2005）。然而，Fletcher Flinn 和 Gravatt（1995）发现，计算机辅助教学比传统的教学方法能够更好地提高孩子的数学能力。因此，与其说是孩子认知不成熟，还不如说是研究者采用的教学软件的差异性导致各研究结果上的不一致。例如，Luik（2006）发现计算机辅助教学是否有效与其给予儿童的不同反馈方式有关。计算机进行即时和简单的反馈（如：标记或者擦除答案）是促进学习的，而竞答和将题目根据难度分组却阻碍了学习。

童年中期

如前所述，计算机辅助教学是可以帮助幼儿进行阅读准备的。即使对童年中期的孩子而言，计算机辅助教学仍然有益于这个年龄阶段的初学者。例如：Bauserman 及其同事（2005）发现，与没有使用计算机软件系统的学生相比，使用计算机软件系统的幼儿园小朋友的语音意识（如：对电话声音的混合和分解）、对印刷的概念理解（如：理解打印机是如何工作的）和听力理解能力都发展得更好。

而与数学相关的研究结果却显示了不一致性。对那些 4 年级以上的学生来说，更高的学业成绩可能与使用计算机辅助教学进行包含数学模拟和应用（包含一部分数学游戏）的活动有关。然而，那些一味进行数字训练的计算机软件却与较低的数学学业成绩相关（Wenglinsky，1998）。但是，除去这些研究，却很少有其它研究关注计算机辅助教学在阅读、数学和科学领域上的影响。

很有意思的是，对童年中期有阅读障碍或者学业成绩低于年级平均水平的孩子，关于计算机辅助教学对其影响的研究却有很多。以往研究也已证明，计算机辅助教学有利于阅读分析和阅读理解（Hall, Hughes, & Filbert, 2000）。那些有阅读障碍的学生比起他们“阅读正常”的同伴们来说需要在基础阅读技能上做更多额外的练习，而计算机辅助教学正好能提供这样的练习——这也是计算机辅助教学最大的优点。而且，计算机辅助教学可以提供指导性的信息，能够帮助儿童在已有能力的基础上学习新的技能。与之类似，有关数学学习障碍的研究也表明，比起控制组来说，那些使用计算机辅助教学的小学生，在整个童年中期的数学测试成绩上表现出更大的进步（Hasselbring, Goin, & Bransford, 1998）。然而，最近一项研究通过衡量 1 年级孩子某项特定的数学能力发现，计算机辅助教学可以促进其学习的进步，但是在减法运算或者基于故事的算法问题上却没有体现出这种促进作用（Fuchs et al., 2006）。

根据上述提到的研究，以学习障碍儿童为研究对象所得到的结果可以推广至正常儿童中去吗？答案显然是否定的，因为缺少确凿的证据。尽管计算机辅助教学在“问题”儿童上能够行得通，但并不代表在正常儿童身上也会有相同的结果。如：Macaruso（2006）发现，计算机辅助教学可以使学业成绩差的 1 年级学生阅读能力得到提高，但对那些阅读能力正常的学生却不尽然。这可能是由于现今的计算机辅助教学水平有限，只能帮助儿童“矫正”至正常水平，但是很难使正常学生超越其年级的平均水平。

青春期

关于计算机辅助教学能够促进青少年阅读或者拼写能力发展这个论点，很少有研究支持。事实上，Brooks 及其同事（2006）发现：在 11 至 12 岁的学生中，使用计算机辅助教学进行学习的孩子比起没有使用该系统的同学在阅读测验的得分上更差。英国和以色列的研究者都一致地认为计算机辅助教学对青少年的阅读能力和拼写能力毫无帮助（Angrist & Lavy, 2002）。但是在数学领域，已经有少量的研究表明：对青少年而言，计算机辅助教学可以提高其问题解决能力（Chang, Sung, &Lin, 2006；Harskamp & Suhre, 2006）。最近一项研究发现，在数学问题解决测验得分上，对于那些在青少年初期有数学学习问题的学生来说，使用专为个人设计的（Personalized）计算机辅助教学（根据青少年的兴趣设置问题）比使用一般的（nonpersonalized）计算机辅助教学得分更高（Ku, Harter, Liu, Thompson, & Cheng, 2007）。

在科学学习领域的研究结果也非常一致，即认为使用计算机辅助教学能够促进学生在很多领域的学习，比如：生物、物理和化学。值得一提的是，计算机辅助教学可以同时提高知识性学习和技能性学习，如：材料的使用和问题解决（Cepni, Tas, & Kose, 2006; Ozmen, 2007）。在一项有关动物爱好者和动物保护的活动中，在虚拟环境中对猪进行虚拟解剖的女孩，比现实环境中对猪进行实体解剖的女孩，在实体解剖测验和相关记忆测验中的得分数更高（注：男孩没有参与这项研究）（Maloney, 2005）。但是，评估计算机辅助教学对科学知识学习方面影响的研究有一个局限，那就是大多数研究都是以青春期晚期的孩子为研究对象（如：初中生和高中生）。这样一来，有关计算机辅助教学是否对早期和中期的青少年仍然有效还不能确定。

3.3 音乐与学业成绩：神话还是现实?

美国联邦政府的基金一般都是和学生的学业成绩挂钩的，而且随着公立学校财政预算越来越紧张，学校里的音乐课程（和一般的艺术课程）要么被剪掉，要么比例被缩减。为了保持与艺术相关的课程继续进行，支持者们采取了效果定向（Effects Orientation）措施，即人们使用科学性研究来证明参与学校的音乐课程对孩子们的社会化、心理和学：上能带来益处（www.schoolmusicmatters.com）。但是证据呢？而且，对于那些缺乏音乐天分的人来说，只是简简单单地听音乐真的和学业成绩的提高有关吗？音乐会影响年轻人一生的发展吗？带着这些问题，让我们来看看以下的系列研究。

就具体的学业成绩而言，主要从以下三个方面来进行研究，进而揭示音乐对认知和学业成绩发展的潜在影响：（1）沉浸于音乐对任务表现的影响；（2）进行音乐指导的好处；（3）一边听音乐一边做作业的影响。有关第一个方面的一系列研究重点探讨在进行一项任务前（如：测验前），听音乐是否可以提高该任务的表现，即人们通常说的莫扎特效应（Mozart effect）。基于成人被试进行的实证研究发现，听古典音乐提高了他们的空间能力（Rauscher, Shaw, & Ky, 1993）。之前也有研究认为给婴儿播放莫扎特的音乐会增进他们的智力。事实上，该研究结果影响极大。不仅仅古典音乐的 CD 和 DVD 销售市场直接地转向了婴儿的母亲（如：《婴儿莫扎特》（Baby Mozart）和《婴儿爱因斯坦》（Baby Einstein），就连乔治亚州也出现了，每一个从医院回到家里的新生儿都要有一张莫扎特 CD。但是，在婴儿中莫扎特效应却还未被证明。尽管那些听了莫扎特音乐的学前儿童在认知任务中表现得更好，但是学龄儿童在听任何他们喜欢的音乐后，测验成绩都得到了提高，即使是流行歌曲（Schellenberg, 2005）。而当年轻人不喜欢听古典音乐时候，接下来就出现以下观点：比起听莫扎特音乐，也许听 Justin Timberlake[1] 的歌会更有可能利于他们认知发展。甚至有研究发现，听莫扎特音乐和听莫扎特音乐库故事对儿童认知方面的益处是相同的（Schellenberg, 2005）。由于不同的年龄阶段的莫扎特效应不能被同时证明，这样一来，莫扎特效应就更加扑朔迷离。到目前为止，直接以幼儿或者青少年为样本来评估古典音乐对事后任务影响的研究只有 3 个。但是可惜的是三者中却没有一个研究是支持莫扎特效应的（Crucec, Wilson, & Prior, 2006）。

在"音乐保卫战"运动中，其核心是认为教授音乐能够提高学业表现。毕竟，很多相关研究已经证明了这两者存在正相关。举例来说，阅读水平、时空推理能力（如：对物体进行心理旋转、知觉和识别空间的物体）以及智力都与音乐教学存在正相关。一项准实验设计中甚至发现，相对于那些没有上过这些音乐课程的小学生和初中生，那些上过高质量音乐课程的小学生和初中生在标准化的英语和数学学业测验中得分更高（Johonson & Memmott, 2006）。不管怎样，在没有评估其它变量（如：父母教育水平和社会经济地位）可能给学业表现带来影响的情况下，我们还不能妄下结论。到目前为止，还很少有实证研究发现童年期和青春期的音乐课程会促进传统学业的发展（如：英语和数学）。但是有研究确实发现，在童年期和童年早期的音乐课程确实可以促进时空推理技能。不幸的是，这种优势在 2 年后将会消失（Herland, 2000）。

20 世纪 40 年代后，有关音乐背景使用对学业成绩具有潜在促进作用的研究开始出现了。将近 60 年的研究结果显示，在标准化教室背景下，音乐背景对学业成绩并无明显影响。相反的是，对于那些接受特殊教育项目辅导的儿童来说，背景音乐的使用却会提高他们数学和在整体注意水平上的学业表现。Crncec 及其同事（2006）认为，轻柔的音乐背景可以降低那些有特殊需要的、高唤醒水平的幼儿的唤醒基线，并提高他们的学业表现，至少就短期来说是这样的。这样一来，恰当的音乐可以帮助幼儿进入到最有利于学习的理想唤醒水平。而对于正常儿童来说，由于他们的唤醒水平基线已经足够低，能够保证有效学习的进行。所以，他们从背景音乐中得不到任何益处，这一点也不稀奇。

[1] Justin Timberlake 是美国的著名歌星，2003 年曾被滚石杂志评为新流行之王，译者注。

3.4 发展的视角

0至2岁的婴儿会经常接触到电视、DVD和电脑软件等教育媒体。现在的父母也会给孩子买不同类型的教育媒体资料。事实上，商业性教育DVD市场已经将近100亿美元，这一定程度上是受“婴儿视频”产业所提出来的教育性标语的影响。这些标语开始出现在为婴儿和幼儿设计的DVDs包装上。一些标语提出了明确、具体的教育目标，例如：“培养孩子的语言能力和地理能力”；一些则模糊地宣称：“可以促进认知发展”，不幸的是很少有证据支持这些信誓旦旦的宣传语（具体见表3.2，一些教育类软件的广告宣传语）。

表3.2　一些教育视频（DVD/家用录像系统（VHS））的广告宣传语

系列	年龄范围	教育宣传语：“这个DVD可以教……”
《婴儿尼克：好奇的朋友》（Baby Nick Jr: Curious Buddies）	3–18个月	因果联系、颜色和配对等
《婴儿爱因斯坦：婴儿莎士比亚》（Baby Einstein: Baby Shakespeare）	12个月以上	从美丽的诗歌、音乐和自然中学习词汇
《婴儿爱因斯坦：左脑》（Baby Einstein: Left Brain）	6–36个月	语言、逻辑、图案、顺序等
《双语宝宝》（Bilingual Baby）	1–5岁	第二语言
《跳蛙：圆圈配对》（Leap Frog: Match Circus）	3–6岁	数目、数数、加减法等

虽然看起来学龄前儿童可以从教育媒体中获益，但是对于哪些童年早期儿童可以从这些项目中获益的认识还是非常有限的。但是与跟随老师和父母学习比较起来，学龄前儿童从观看教育媒体中的相对获益仍不清晰。事实上，对年长于学步期的儿童，有关视频局限性的研究还很鲜见。因此，教育媒体很可能对该儿童群体是存在促进作用的，只是我们还未发现而已。认为年幼儿童可以从教育类媒体中获益是一回事；而认为这些益处可以和真实的经历是等同的，甚至超越真实

经历，这又是另外一回事。尽管超过 90% 的教育类媒体项目是为 6 岁以上儿童而设计，但是有关教育类媒体和童年中期学业成绩的影响的研究相对来说还是比较少。很多研究都显示，就知识性学习和技能性学习来说，教育类电视节目对学业成就是有贡献的。有关教育类软件的研究也证实了这些发现。

目前来说，很少有人研究电视或者电影教育媒体对童年中期或者高中生的技能性学习的影响。因此，我们几乎不知道教育类媒体对整个青春期有无有效的影响。对于知识性学习来说，考虑到认知提高和发展的关系，因此随着年龄的增长，教育类媒体也会变得更加有效。毕竟随着年龄的增大，儿童也更愿意去理解电视里的内容（Huston & Wright, 1998）。但是，这些在教育媒体中展现出来的技能真的可以转换到现实生活中吗？因为没有关于该主题的研究，所以仍需进一步研究来进行验证。

4 媒体使用的医疗和社会效应

啪！当脸上的刺痛感开始消失，我竭尽全力才能克制住使用一年特权的冲动，我客气地问我当时读一年级的儿子，他刚才为什么打我。他回答，“爸爸，电视上就是这么演的，当看到他人行为失控，就是要这样做来使他摆脱这种失控状态”。很显然，与我的期望相反，我对他作出的这个古怪的表情远非我想象的那么有趣。反而，我的儿子把它们视为令人担心的重大理由，并据此采取了行动。这个小意外发生之后，电视上播出了2004凌志（Lexus）RX330的广告，我坐在那里盯着电视看，觉得脸上也没有那么痛了。基于这件事，我们可以得出两个结论：第一：电视教给了我儿子当他人有心理需要时，采取亲社会性的行动是很重要的。谢谢你，《三个臭皮匠》（Three Stooges）[1]；第二，媒体消费可以影响个体对疼痛的知觉。这则轶事很有趣，但是不能代替研究。考虑到这一点，让我们看看真正的研究是如何讲媒体消费的医疗和社会效应的。

4.1 媒体可减少疼痛

对所有人类群体来说，疼痛管理是医疗中的一个重要的组成部分。疼痛和在治疗过程中对随后疼痛的预期，可以引发儿童和青少年的焦虑和恐惧。例如，种痘以后婴儿就显示出在护士和疼痛之间建立连结，后来他们一看见穿护士制服的人就开始哭。从打针到牙科治疗，在这些过程中的疼痛可以使成人逃避治疗或在治疗过程中挣扎，这为他们目前和将来的健康带来风险。此外，这些引发疼痛的

[1]《三个臭皮匠》（Three Stooges）是一系列短篇电影，具有短剧、舞台戏的风格，是一部经典的美国喜剧片，译者注。

治疗过程是令人恐惧的，它可以诱发焦虑，有时候还会引起心理创伤。因此，减少医疗过程中体验到的疼痛程度已经成为医疗护理的常规化工作。而且，因为麻醉药具有副作用，所以近几十年一直在研究可影响疼痛知觉的非药物技术。

疼痛知觉是一个主观加工过程，个体对疼痛这一感觉输入所投入的注意水平调节所体验到的疼痛程度 (Gold, Kim, Kant, Joseph, & Rizzo, 2006)。在痛苦的医疗过程中，像那些可以吸引人们的注意以减少他们关注疼痛的活动，有可能降低对治疗过程的不愉快感。深呼吸、吹气、与心爱的人交谈，都是可以成功转移儿童和青少年的注意，从而减轻他们疼痛的技术 (Noguchi, 2006)。最近，研究者又转向了视频游戏、电视和音乐对青少年在痛苦疗程中分散其注意力的作用。

4.1.1 婴儿有关的研究

与儿童和青少年不同，婴儿不能表达、发泄或是与他人交流他们目前正在经历的疼痛。如此，压力的心理和行为指标，增快的心律、降低的氧饱和度以及面部表情就被用来识别疼痛出现与否 (Bo & Callaghan, 2000)。迄今为止，只有少数有关婴儿群体的实验，但它们有一个共同点是都包含音乐干预。尽管这些实验所使用的音乐类型各不相同，有古典音乐、无伴奏清唱和含有子宫内声音的音乐（比如：血液通过脐带的节奏），但是无论演奏的是何种音乐，结果都具有显著的一致性：婴儿在痛苦中听音乐降低了与疼痛相关的压力反应。并且，当配合使用其它的非药物治疗时，比如：非营养性吸吮（也就是，使用仿真奶嘴；Cignacco et al., 2007)，音乐减轻疼痛的效果大大提高。基于以上发现，未来的研究应当考查其它通过声音和图像结合起来的电子媒体是否比单纯使用音乐能更有效地吸引婴儿的注意力以减轻疼痛。

4.1.2 学步儿童和学龄前儿童的研究

目前为止，还没有针对学步儿童的镇痛效果研究。此外，对学龄前儿童的研究没能证明单一的媒体干预在牙科治疗和免疫接种中可以有效地降低疼痛知觉 (Atkin, Smith, Roberto, Fediuk, & Wagner, 2002; Noguchi, 2006)。然而，证明了媒体缓和效应存在于童年早期的研究几乎都包含了年龄跨度较大的样本（比如：1 至 7 岁；MacLaren & Cohen, 2005)。而且，所有这些研究中的被试，都是年龄大的孩子数量远远多于年龄小的孩子。因为以前的研究都显示较小的儿童比较大的儿童在痛苦的治疗过程中体验了更多的压力 (MacLaren & Cohen)，所以这种缓和效应可能是由年龄较大的儿童造成的。事实上，似乎是学龄前儿童在治疗过程中只顾感受所体验到的疼痛以至于他们缺少将注意转移到媒体上面去的必要资源。为支持这个论点，Cohen 和同事发现在医疗过程中观看卡通动画的确能降低学龄前儿童的疼痛知觉，但这需要有成人不断地提醒他们把注意力放在眼前的电视节目内容上（Cohen et al., 1997）。总的来说，这些发现表明媒体干预和指导结合能够降低学龄前儿童对疼痛的知觉。

4.1.3 童年中期和青春期的研究

已经有大量研究证明在童年期和青春期看电视、听音乐以及玩视频游戏对观察到的和自我报告的疼痛知觉有降低作用。例如，在 8 至 12 岁期间，由静脉注射所引起的疼痛知觉会因为玩虚拟视频游戏而降低(Gold et al., 2006)。值得一提的是，不同于传统的视频游戏，虚拟现实可让他们身临其境，在一个高度可视的，三维立体的环境里与游戏角色互动。这样，在虚拟现实里，玩家在虚拟情境中亲身体验、亲自参与，而不是“观看”一个计算机化的角色表演。另外一个研究显示当观看卡通动画时，7 至 12 岁的儿童减少了对疼痛的主观体验 (Bellieni et al., 2006)。在静脉穿刺和接种疫苗时媒体似乎对减轻打针给儿童带来的疼痛和焦虑特别有用。然而，在疼痛特别厉害或者持续时间较长的治疗（比如：伤口清创）中，媒体似乎就没那么有效了 (Landold, Marti, Widmer, & Meuli, 2002)。为了使媒体在此种情况下能有效发挥干预作用，有必要让青少年进入一个媒体诱导的特殊意识状态。

4.1.4 通过全神贯注和心流分散注意

根据定义，特殊意识状态是一种可以由催眠、沉思、药物使用和睡眠引起的不同于正常清醒状态的意识状态。一般来说，当一个人处于特殊意识状态时，类似于疼痛这样的意识体验可以被有效地忽视。媒体使用，特别是视频游戏可以诱发两种不同类型的意识状态：全神贯注和心流（Flow）。当个体处于全神贯注的状态时，会有一种情绪、认知和体验集成整合的悬浮感。换句话说，此时，个体不再以正常的方式加工、思考和体验真实的世界，实际上，真实世界在很大程度上未被注意到。此外，当个体全神贯注于一个任务时，他（她）很少会意识到自己目前的情绪状态（包括那些与焦虑有关的），也意识不到时间的流逝。心流和全神贯注类似，在这种意识状态下，个体也是深深的被当前任务吸引，对时间的认识也是扭曲的（比如：时光飞逝）。但是，不同于全神贯注（像挫折感之类的消极情绪在这种状态中可以渗入到意识中），在完成任务时，心流中的个体可以强烈地感受到巨大的愉悦感和无比的成功感。这种心流状态通常被称为“处于巅峰状态”。此时，个体的身体和认知技能都被最大化，再困难的挑战也变得相对轻松了

(Funk, Chan, Brouwer, & Curtiss, 2006)。通常，人们认为全神贯注状态比心流状态更常见。这样，在青少年接受特别疼痛的治疗时，使之有充裕的时间沉浸于视频游戏可能是一个利用媒体降低疼痛知觉的最有效方式。

4.1.5 疼痛和视频游戏：一条成功之路?

如上所述，不同类型的媒体都可以成功地降低青少年在治疗过程中的疼痛知觉。存在某种效果最佳的特殊媒体吗？医生和牙医需要买进 DVD、CD 和视频游戏吗？当前还没有研究可以回答这些问题。但是，在目前已有的媒体中，大量研究认为视频游戏，尤其是含有虚拟现实（因为其身临其境的品质）的视频游戏，可能对疼痛知觉的影响最大。早在 20 世纪 80 年代末，研究者就开始力捧玩视频游戏对疼痛所起的改善性作用。Redd 与其同事（1987）认为玩视频游戏所启动的认知和运动活动需要注意来维系，所以分配到疼痛上的注意资源就比较少了。此外，视频游戏的个性化设置可以最大程度地吸引玩家的兴趣和注意力。例如，新手和有经验的玩家可以选择视频游戏的不同难度级别。除此以外，视频游戏吸引了大部分的儿童和青少年，这就为媒体干预可以有效地减轻疼痛这一说法增添了说服力。最后，视频游戏给玩家提供了一个进入特殊意识状态的机会，处在全神贯注和心流这两种特殊意识状态中的玩家不再将注意的焦点放在疼痛上了（见表 4.1）。

表 4.1　对玩视频游戏可以降低疼痛知觉的解释

玩游戏时的认知和运动活动需要注意的参与
游戏的难度可以个性化设置，最大能够程度的契合玩家的兴趣
视频游戏能吸引很多的儿童和青少年
游戏可能引发特殊的意识状态

4.2 视频游戏和虚拟现实的其它医疗效应

Griffiths（2003）描述了大量采用视频游戏来帮助儿童和青少年应对医学与心理上的各种情况的研究。比如，玩视频游戏被当作一种物理疗法来帮助一个 13 岁的青少年做手臂康复训练。另外的研究证明在玩了 1 个月视频游戏之后，4 名青少年的冲动性有了改进。此外，使用掌上型视频游戏系统（比如：任天堂 Ds（Nintendo Ds）[1]）可以将一个男孩子从舔上嘴唇的嗜好中解救出来 (Griffiths, 2003)。在心理治疗中使用视频游戏可以改善儿童与治疗师之间的关系，并帮助治疗师深入了解儿童的问题解决策略 (Gardner, 1991)。视频游戏还帮助过一个学龄前哮喘儿童学会如何正确地使用肺活量计（一种测量肺功能的装置，Vilozni et al., 2005）。近来，Parsons 及其同事（2006）证明了虚拟现实对两个泛自闭性障碍（Autism Spectrum Disorders, 简称 ASD）青少年的有效帮助。

ASD 指的是各种各样的精神障碍，如：孤独症，Rett 综合征（Rett syndrome）[2] 和阿斯伯格综合症 (Asperger's syndrome, 简称 AS)[3]，其特征是在社会互动和交流中有明显缺陷，常伴随有高度重复的行为（比如：拍打和旋转手）。ASD 患者开展和维持特定社会情境中的人际互动都有困难。另外，他们经常不能理解情绪表现、社会线索和社会规则，而这些是获得社交成功所必需的技能。这种失败可以导致社会孤立和社交焦虑。一些 ASD 研究者认为通过重复性训练，那些与 ASD 相联系的缺失性社会技能确实可以得到提高，这也是虚拟现实的用处所在。虚拟现实可让 ASD 患者在模拟现实社会情境的三维环境里与虚拟他人进行互动。例如，他们可以尝试在午餐或者排队等公交时参加会话。在真实生活中此类情境通常会引发 ASD 患者的恐惧心理。然而，虚拟情境可以使他们重复练习一些社交技能，而且不用承担像在现实生活中那样遭到拒绝的风险。此外，当 ASD 患者在虚拟世界中行动时，治疗师可以陪在他们身边与之讨论与潜在行为有关的选择和由这种选择引发的结果 (Parsons et al., 2006)。

很显然，在医学治疗和心理治疗中，视频游戏和虚拟现实给治疗提供的独特机会超越了现实世界过提供的机会。随着技术的进步，视频游戏和虚拟现实在医学和心理环境中的应用也会增多。但是，在目前的状况下，只有有限的研究支持这种基于视频游戏的干预。与上文发现同样有趣的是，除了呼吸量测量法的研究，

[1] 任天堂 Ds(Nintendo Ds) 是一款由日本电玩游戏生产商任天堂公司开发的便携式掌上游戏机，译者注。

[2] Rett 综合征（Rett syndrome）是一种由 X 染色体上的 MECP2 基因调控缺陷所导致的神经障碍性疾病，临床特征为进行性智力下降、孤独症行为、手的失用、刻板动作及共济失调，译者注。

[3] 阿斯伯格综合症（Asperger's syndrome, 简称 AS）是 20 世纪 40 年代发现的一种症状，这种症候群在社交和沟通上与自闭症的孩子有相似的问题。然而，他们跟一般孩子一样聪明，甚至更聪明，并且具有很好的语言技能，译者注。

其它数据都来源于个案研究。虽然个案研究提供了研究对象大量的资料，但是这些发现缺少足以保证它可以广泛应用于所有群体的普适性。举例来说，虚拟现实可能只能够帮助数量有限的自闭症患者，比如那些机能较完全并且已经拥有一些基本社交技能的人。此外，没有任何一个研究在评估中考虑了其发展状态。这可能是不同视频游戏和虚拟现实存在技术差异，在不同的时代，其有效性会有所不同。

4.3 亲社会媒体的行为益处

1999 年哥伦拜中学（Columbine High school）[1] 12 名学生被射杀后，全国的报纸都报道了造成这一无法形容的悲剧的可能原因。暴力视频游戏被当做了罪魁祸首。但是，当校车司机心脏病发作后，两名高中生临危不乱，制停车辆；当公车司机昏迷后，一名小学生也如出一辙，及时停住了车。之后，不止一则新闻报道阐述了媒体对这些英雄行为的积极贡献（如果有的话）。有没有可能是像《跑车浪漫旅 4》（Grand Tourismo 4）[2] 这样的模拟驾驶类视频游戏帮助青少年学会了处理紧急驾驶情况？关于媒体对亲社会行为影响的新闻报道是一回事，通过研究来证明又是另外一回事。

回顾以前的章节，青少年通过 E/I 节目接触亲社会行为，在这类节目中，有关分享、自尊和帮助的主题都被模式化了。例如，在卡通电视网提供的《超级狗英雄》（Krypto the Superdog）[3] 中，合作和帮助朋友的重要性是通过一只拥有超能力的狗所经历的考验和苦难表现出来的。其它节目，像《图坦斯泰恩》（Tutenstein）[4]

[1] 哥伦拜中学（Columbine High school）是美国科罗拉多州的一所学校，1999 年 4 月 20 日，两名学生持枪闯入该校，在校园内疯狂开枪，杀死 12 名学生和 1 名老师后畏罪自杀。该案震惊整个美国，这所学校也因此出名，译者注。

[2] 《跑车浪漫旅 4》（Grand Tourismo 4）是一款系列游戏，现在已经推出了 Grand Tourismo 5。这款游戏是 Playstation 上最为真实的赛车游戏，译者注。

[3] 《超级狗英雄》（Krypto the Superdog）是美国华纳兄弟公司发行的超人动画系列中的一部。该片于 2005 年开始播演，讲的是 Krypto 及其助手猎犬蝙蝠狗、超级猫小花猫打击银河系犯罪的冒险经历，译者注。

[4] 《图坦斯泰恩》（Tutenstein）是一部在欧洲盛行的系列动画片。片中描述的是古埃及 18 岁死去的法老图坦斯泰恩在现代复活后的故事。现已改编为一款手机动作游戏，译者注。

和《未来少年菲尔》(Phil of the Future)[1]，描绘了儿童和青少年(在《图坦斯泰恩》中是木乃伊)面临的日常困难和困境，以及他们处理和解决问题的行为。但是在考虑亲社会媒体的发展性影响之前，了解从电视(或者其它媒体)模型中能够学习亲社会行为所需要的认知需求是非常重要的。

4.3.1 亲社会学习所需要的认知需求

从发展的角度来说，从亲社会媒体中学习比从教育类媒体学习要困难的多。教育类节目，像《芝麻街》和《比尔教科学》，采用杂志开页的形式一帧一帧地呈现学习材料，并配以非连续性的简易插图。学习内容的呈现直接明了：只要你愿意学，我就教。相反，大多数亲社会媒体是以叙述的方式传递它善行的信息，这种亲社会信息的传播需要时间来酝酿，其集成性的"关键信息"多出现在一集收尾的时候。这样，为了解码和理解这些信息，儿童必须有能力做到：(1)识别与故事主题有关的情节信息(比如：为了成为班长而去破坏你朋友的名声这一做法是错误的)，同时忽略偶然的外围的细节(比如：竞选平台)；(2)把相关的中心主题信息组织成脚本(比如：详述事件的顺序)；(3)明确角色的感受和动机—其中一些需要从行动中加以推测(比如：低头象征羞愧)；(4)把相关但不连续的故事元素整合成一个有因果关系的序列事件(比如：主角无耻的自我推销使最好的朋友疏离了她)。

五六岁的儿童可以成功地识别、明确地描述适合该年龄段儿童观看的节目的中心思想。举例来说，Rosenkoetter(1999)发现，大多数1和3年级的学生可以理解《考斯比一家》(The Cosby Show)[2]某个片段所描述的大部分道德主题，包括搏斗、偷窃、宽恕和共享。但是，同一批中的1年级学生在对《快乐家庭》(Full House)[3]片段中描述的单个道德主题的理解远没有3年级学生成功。这可能是因为童年中期的孩子还没有发展起足够复杂的媒体理解技能，故未能连贯地理解所有的情节主线，即便故事中只有一根情节主线时也是如此。其它的研究显示，准确发现中心主题的能力在2至5年级间有了显著提高(Collins, Wellman, Keniston,

[1]《未来少年菲尔》(Phil of the Future)是在美国迪斯尼频道播放的一部电视剧，也是该频道收视率最高的节目之一，译者注。

[2]《考斯比一家》(The Cosby Show)是一部美国早期的以家庭为题材的电视情景喜剧。1984年9月首度播出，共播制了8季。是美国80后最熟悉的电视剧之一，译者注。

[3]《快乐家庭》(Full House)美国80年代的一部电视系列剧，主要讲述的是男主人公丹尼在妻子过世后抚养三个女儿的故事，非常爆笑，是美国当时的畅销剧集，译者注。

& Westby, 1978)。基于这些发现，前述研究的不一致性也就变得不那么令人意外了。为故事的中心主题正确排序的提高发生在 1 至 3 年级（在其后的童年中期一直保持稳定）。但是，识别像情绪和动机等暗示性内容（比如：推测与中心故事情节相关但是没有明确说明的内容），直到 10 岁时才会出现。这样，随着个体的发展，从暗示或明示的内容中推测情绪和动机的能力、理解更复杂情节主线的能力都有了提高 (Calvert & Kotler, 2003)。

如果儿童和青少年的行为受亲社会电视节目的影响，那么，如上所述，他们必须能理解并记住亲社会电视节目的内容。然而，尽管具备这些能力是影响行为的必要条件，但是能力的具备并不足以影响行为偏好或是引起行为改变，因为当机会出现，青少年仍然需要受到激发才能表现出亲社会行为 (Bandura, 1986)。换句话说，"如何"表现出亲社会行为并不必然导致青少年以亲社会行为的方式"行动"。此外，当决定是否进行亲社会行为时，他们需要考虑帮助、分享等行为的代价。例如，与其他孩子分享饼干的代价是自己的食物会变少。重要的是，表率行为的奖赏和惩罚被认为是直接影响儿童亲社会行为动机的主要因素 (Smith et al., 2006)。这样，当使用媒体时，儿童不仅要考虑模式化的亲社会行为，还会考虑它们的后果（包括好与坏两方面）。

4.3.2 婴儿期和学步期儿童的研究

真正的亲社会行为到生命的第二年才出现。例如，学步期儿童会对玩伴的苦恼作出关心和亲社会行为的反应，比如：拥抱或者让老师帮忙安抚这个孩子。但是，像 Eisenberg 和同事 (2006) 指出的那样，对婴儿和学步期儿童的亲社会行为研究相当少。因此，关于在这两个年龄段电视或其它媒体对亲社会行为的影响没有得到研究重视也就不足为奇。考虑到婴儿和学步期儿童可接触到的亲社会媒体的数量，这个主题的研究的空白又是令人惊讶的。

4.3.3 学龄前儿童的研究

在过去的 30 年间，将近 20 个研究评估了亲社会电视节目对 3 至 5 岁儿童的亲社会行为的影响。这些研究的典型实验设计是：首先，儿童观看一个亲社会电视节目，接着有一段非结构化的时间"自由玩耍"，儿童在这期间的行为会被观察记录。有时，亲社会媒体的影响被拿来和中立内容或无内容（比如：控制组）的影响做对比。其它时候，出于截然相反的目的，暴力媒体会被用来做对比。撇开对比不谈，这些研究的结果是非常相似的：相对于观看的其它内容，亲社会媒体一般会导致青少年积极的互动、分享和利他行为的增加 (Mares & Woodard, 2007)。比如，Zielinska 和 Chambers（1995）发现，相比于观看同一个节目中的中立片段，观看了《芝麻街》中亲社会行为的视频剪辑的学龄前儿童更倾向于分享、有序、帮助、安慰和与玩伴合作。

很显然，观看亲社会媒体能立即对学龄前儿童的行为产生影响。但是这并不意味着在童年早期亲社会媒体的影响是没有局限的。举例来说，虽然年幼儿童可以准确地模仿从电视上看到的亲社会行为（比如：帮助朋友摆脱困境），但是媒体影响并不能推广到其它（没有观察到的）的亲社会行为类型上去（比如：给慈善捐款；Friedrich & Stein, 1973）。此外，亲社会媒体对儿童行为的影响研究中，媒体接触和成果评估间的时间间隔还不到一天 (Mares & Woodard, 2007)。这样，由于亲社会媒体接触对年幼儿童的短期影响可能随着时间的推移而消失，上述亲社会影响的持续时间是未知的。另外，也还没有观看亲社会媒体对儿童的长期影响的研究。

值得注意的是，不是所有的亲社会媒体信息都对年幼儿童有益。实际上，虽然我们期待观看亲社会媒体会令儿童产生亲社会的行为，但是媒体中有关合作和冲突的描述、亲社会—攻击性的行动却可能产生相反的后果。亲社会攻击（prosocial aggression）指的是通过攻击行为完成的帮助、分享。超级英雄通常表现出这种类型的行为。比如说，蝙蝠侠不断地把高谭市的居民从阿卡姆疯人院逃出的罪犯手中救出。有研究指出，在童年早期，观看含有亲社会攻击行为的场景导致后来攻击行为的增加或亲社会行为的减少。比如，观看《芝麻街》中冲突和解决的片段导致在随后弹球游戏中被观察到的合作行为减少了 (Silverman & Sprafkin, 1980)。类似地，看完超级英雄通过亲社会攻击拯救世界卡通片的年幼儿童比那些观看有亲社会行为但没有攻击性行为节目的儿童表现出了更多攻击性与更少亲社会性。

4.3.4 童年中期和青春期的研究

随着参与者年龄的增长，研究者在评估亲社会行为时越来越少地依赖“自由玩耍”的方式而更多地采用实验者控制的方式。在“自由玩耍”范式中，研究者受制于自然发生的玩耍事件，它可能是合作的、竞争的或者是其它性质的。结果，作用于亲社会行为的各种可能性随玩耍内容的不同而变化。如果给予一定的机会，那些被认为没有表现出亲社会的孩子，是可以表现出亲社会行为的。但是，孩子们之间的玩耍没有提供那样一个机会。要求所有的孩子以特定的方式行动（或不行动）是把亲社会问题强加给孩子。如果孩子认可那种行为方式，则这种要求孩子帮助或者阻挠其他人的行为表现的实验类型就可以保证亲社会行为一定会出现。这种评估使用了像“帮助—伤害”机器那样的设备，它表面上允许孩子通过按按钮来增加或降低另一个孩子正在进行的任务难度 (Collins & Getz, 1976)。

通过使用自由玩耍和实验研究者的自创设备，研究显示，比起接触中立媒体、暴力媒体和不接触媒体的孩子来说，那些接触了亲社会媒体的童年中期儿童或青少年表现出了更多的亲社会行为。例如，Collins 和 Getz（1976）发现，相比于观看野生动植物纪录片，观看强调亲社会内容成人节目的 4 年级、7 年级和 10 年级学生在看到另一个孩子试图完成任务时更多的是按“帮助”按钮。但是，这些对发展后期阶段进行研究的实验性结论与学龄前期的研究结论并不一致，有相当比例的研究没能验证媒体对青少年的亲社会行为有所影响。与这些混淆的实验结果相似，使用这些年龄段的相关研究发现测量到的亲社会行为（比如：老师和同伴提名）与亲社会电视节目的观看只有很微弱的联系 (Mares & Woodard, 2007)。对童年中期及青春期的研究屈指可数，那么很显然，真正的发展性评估之前还需要做更多的研究。

4.4 互联网的心理效应

青少年比成人要花费更多的时间网上冲浪、即时通讯（instant messaging，简称 IM）和网上聊天 (Lenhart, Madden, & Hitlin, 2005)。这种类型的相互作用（缺少面对面的接触）会对青少年的友谊、幸福、自尊和同一性的形成造成影响吗？另外，互联网的心理效应是否会因发展阶段的不同而呈现出多样化？要知道答案，就请阅读下面的内容。

4.4.1 友谊

不单单是出于信息搜索和娱乐的目的，青少年还可以使用互联网进行人际沟通。例如，将近 75% 的青少年在网上使用即时通讯，而将近 8 成的即时通讯用于学校朋友之间的沟通 (Gross, 2004; Lenhart et al., 2005)。但是这种与他人广泛的交流是促进还是阻碍了现实生活中的朋友关系？按照友谊减少假说（friendship reduction hypothesis），互联网的使用导致对自己与现实生活中朋友的亲密感的感知程度降低。会出现这种结果是因为互联网鼓励个体与陌生人之间泛泛而交，这样就减少了投入到现实生活友谊的时间。相反，友谊刺激假说（friendship stimulation hypothesis）认为使用互联网加强了现实生活现存的友谊，因为它为青少年提供了培养友谊的机会，比如：暴露个人情感和分享私人信息 (Valkenburg & Peter, 2007a)。

那么，友谊减少假说，与友谊刺激假说，到底哪一个是正确的呢？答案在某种程度上依赖于 10 年来所进行的研究。Valkenburg 和 Peter 报告说 20 世纪 90 年代（只采用成人样本）的实证研究指向减少假说。相反，如果同时采用成人和青少年样本，2005 年以后的研究都指向了刺激假说。有趣的是，出现这种同辈效应的原因似乎是互联网的使用。10 年前，青少年家里很少有互联网，这样，在网上与现实生活中的朋友联络就没有那么频繁。因此，青少年在网上与朋友联络的时间越多，他们与线下朋友（Offline Friends）联络的时间就越少。但是今天，家庭网络是如此的普遍，大部分网上朋友也是线下朋友。

Valkenburg 和 Peter 报告说，61% 的青春期之前的儿童（10 至 11 岁）和 88% 的青少年（12 至 16 岁）使用互联网的主要意图是维持现有的线下友谊。此外，对于这些人来说，与他们的校园朋友在网上即时通讯可使他们之间有更多的亲密感。这种刺激作用似乎在有社会焦虑（其结果是，当面分享私人信息更加困难）的青少年身上更加强烈。在网上，社会线索和情绪线索少的多，使得有社会焦虑的青少年能够在感知到更少威胁的环境中表达自己的感受。然而，网络通信似乎没能帮助到那些自我描述为“孤独”的青少年改进他们现有且有限的友谊。当孤独的青少年参与聊天时，他们往往是和陌生人进行交流。结果，与认识的人沟通的时间就减少了。此外，无论孤独与否，公共聊天似乎并不能让青少年提高现有友谊的质量。这个发现可能是因为大多数在公共聊天室里的交谈是发生在陌生人不是朋友之间 (Valkenburg & Peter, 2007a)。这样，网上交流的益处似乎仅限于朋友之间。

4.4.2 幸福和社会自尊

觉得生活很美好（比如：对当前事件的走向通常感到快乐和满意）的青少年被认为是有幸福感 (Diener, 1984)。社会自尊是幸福感的组成部分之一，它是指个体对社会自我（包括同伴和其他关系）的评估。拥有高社会自尊的个体对他们的社会关系感受良好，而低社会自尊的人对其感觉不良。最近的一些研究结果显示，与朋友之间的即时通讯似乎可以通过增强友谊而提高整体的幸福感。相反，与陌生人的即时通讯和聊天看起来对青少年的幸福感有消极作用 (Valkenburg & Peter, 2007a, 2007b)。与已经具有一定数量朋友的青少年相比，那些需要朋友的青少年更倾向在网上与陌生人频繁联系。这种网上交际降低了与认识的人在线下交流的机会（或是建立友谊，或是增强友谊）。反过来，现实朋友的缺乏又导致了更低水平的幸福感。值得重视的是，目前还没有即时通讯和聊天对社会自尊影响的研究。但是，假定青少年可以接收到他们个人信息的积极反馈与消极反馈，那么这种反馈的性质会加强或伤害他们的社会自我。

除了研究即时通讯和聊天对上述构念的影响，最近的研究仍是关注社交网站，像“聚友网”（Myspace）[1] 和“脸谱网”（Facebook）。参与到这种网站的人发布他们的网上个人状态，然后邀请其他人评论他的帖子。其状态可以包括图片，自我描述（比如：喜欢、不喜欢、最喜欢的东西），音乐，视频短片和与朋友的网络链接。这些信息可以对大众开放，也可以只限制在一定的网络朋友间。在他们网站发布的评论既有积极的赞扬又有消极的回复。最近的研究表明大部分的青少年（78%）在他们的网络状态上收到的是积极评论。当青少年在他们的帖子中收到积极的信息，他们的自尊和幸福感都会提高，这也不足为奇。相反，消极的反馈是与低水平的自尊和幸福感相联系的。值得注意的是在一个社交站点的网友数量与社会自尊似乎没有关系。这样，不是数量影响青少年如何评价社会自我的而是这种联系的质量（用反馈方式来测量）(Valkenburg, Peter, & Schouten, 2006)。

4.4.3 同一性探究

同一性探究是青春期的主要任务之一。同一性是指在与环境的相互作用中设定好自我的各具体方面 (DeHart, Sroufe, & Cooper, 2004)。这样，同一性就提供了对“我是谁”这一问题的答案，这个答案取决于提出这一问题的场景。例如，一个女生可以把自己定位于：学校里活泼外向的啦啦队长，在家里关怀亲人的姐姐，工作中认真负责的员工。在青春期，同一性探究是青少年通过与不同场景的他人

[1] 聚友网（Myspace）是全球最大的社区交友网站，提供人际互动、使用者自定的朋友网路、个人档案页面、部落格、群组、照片、音乐和视讯硬盘的分享与播放。它也提供内部的搜索引擎和内部的电子邮件系统，译者注。

相互作用而形成多方面整合的自我。网络允许青少年以现实生活中不具备的方式探究同一性。在网络中，人可老可幼，可男可女，可富可穷，可美可庸，可无私可自私，可机智可笨拙等等，换句话说，几乎可以尝试任何身份（还可以同时尝试多个身份）。此外，网络的相对匿名性（如：在公共聊天室里）可使人们不用担心是否会对真实生活造成负面的社会影响，从而可以尽情尝试各种身份。这种探究的方式包括即时通讯、聊天、社交网站和博客。

4.5 发展的视角

当前，对媒体干预可以降低学步期儿童疼痛的研究还很少。后来虽然有了相关的实证性研究，但是他们通常被划归到学龄前儿童中，而且这些研究也通常是非发展性的（比如，MacLaren & Cohen, 2005）。但是，发展是影响知觉和经验疼痛的一个关键因素。从学步期到学龄前期，甚至是最年幼的孩子集中和注意刺激的能力也有了显著提升 (DeHart et al., 2004)。这样，媒体干预对年龄越大的孩子可能越有效，因为将注意力集中和保持在媒体上的能力随年龄增长而提高。随着参与者年龄的增大，对疼痛的心理和行为评估加入了对疼痛知觉的自我报告测量。这种评估很重要，因为它们为个体主观的、认知性的疼痛体验提供了详细的信息。例如，可能在接种疫苗时两个孩子表现出了类似的面部痛苦表情（因此被观察者记录为体验到了相同水平的疼痛），但是他们报告的知觉到的疼痛水平是不同的。此外，对疼痛的主观体验也随着成长而不同。但是，这种成长所带来的不同还没有得到实证性的验证。

对任何一个孩子来说，分散痛苦的最好事物是最能吸引他们注意力的东西。对婴儿和年幼儿童，还有那些视频游戏技能有限的孩子，偏爱的电视节目和音乐可能是作为干扰物的最好选择。但是如果他们偏爱的是暴力视频游戏或是暴力电视节目呢？这不是像一个罪恶（疼痛）和另一个罪恶（暴力行为）的交易么？简单来说，不是。对大多数人来说，与疼痛的医疗过程相联系的创伤性后果比接触暴力媒体的潜在伤害更大。无论是暴力还是非暴力，未来的研究应该更彻底地调查个体偏爱的媒体和非偏爱的媒体干预在发展过程中对疼痛减少的影响。

相比于有关童年早期的研究，对 6 至 16 岁亲社会媒体对亲社会行为影响的研究更加稀少(<10),只有几个研究使用了青少年样本。与呈现给学龄前儿童呈现的

教育和信息类刺激不一样，以儿童和青少年为样本的研究使用网络程序（network programs）来描述亲社会行为。值得重视的是，在这种研究中使用的电视节目包括喜剧（例如 :《我爱露西》(I Love Lucy）[1] 和《盖里甘的岛》Gilligan's Island））[2] 和戏剧（比如 :《扫荡三人组》(The Mod Squad）[3] 和《灵犬莱西》(Lassie））[4]。喜剧或戏剧中亲社会行为的呈现是否对人们有影响尚未可知，因为研究（使用儿童和近似的年龄被试）较少而不能做有效的对比。此外，用于年幼儿童的电视节目每一个片段都特别针对亲社会主题，而用于年龄较大儿童的电视节目主要目的是娱乐。这样，较小年龄和较大年龄的儿童可能从每一个亲社会行为的节目中得到不同的"剂量"。所以，要比较亲社会媒体在发展过程中的相对有效性就变得困难了。

几十年来，亲社会媒体对个体潜在影响的研究一直受到冷落。实际上，自从20世纪80年代末期以来，就再没有关于这这方面的包含电视、视频游戏的实验研究，任何年龄阶段的都没有。还有，唯一一个包含玩亲社会视频游戏和亲社会行为关系的实验研究也是没有什么大的影响。很显然，帮助性质的视频游戏《蓝色小精灵奇缘》(Smurfs）[5] 没有转化成帮同学削铅笔或捐款数量的增加 (Chambers & Ascione, 1987)。同样，很少有研究从相关的视角评估亲社会媒体对人们的影响 (Ostrov, Gentile, & Crick, 2006; Rosenkoetter, 1999)。

如你所料，在这个领域的发展性研究如此之少，还有很多问题悬而未决。除了上述问题，我们还要考虑以下内容：首先，媒体对亲社会信息是否有影响？虽然亲社会电视节目可以影响行为，但是以往的研究没有验证玩视频游戏对人们的益处。但是更新、更逼真的视频游戏和虚拟现实对行为的影响呢？是不是真实性增加，影响也随之增加呢？其次，亲社会模型的物理特征起作用吗？即人们是更加喜欢模仿和学习与自己同年龄、同种族和同性别的亲社会行为还是不同年龄、种族和性别的行为呢？另外，研究需要关注这些类型的媒体特征在青少年发展过程中的变化性影响。最后，经常做出亲社会行为的儿童和青少年受亲社会媒体影响

[1] 《我爱露西》（I Love Lucy）是在20世纪50年代在美国热播的一部电视情景喜剧，是美国最经典的情景喜剧之一，译者注。

[2] 《盖里甘的岛》(Gilligan's Island)是20世纪60年代在美国播出的一部电视喜剧片，译者注。

[3] 《扫荡三人组》(The Mod Squad)是美国1968年首播的电视连续剧，是一部犯罪片，译者注。

[4] 《灵犬莱西》(Lassie)又译作《莱西回家了》，1938年发表后成为全世界家喻户晓的儿童读本。此为改编成的同名电视剧，首播于1989年，也是经典美剧之一，译者注。

[5] 《蓝色小精灵奇缘》（Smurfs）是根据著名动漫小说《蓝精灵》改变的社交游戏，译者注。

的程度比其他人是多还是少呢？虽然有理论可以提供上述每个问题的可能答案，但是理论回答并不能代替实证研究。当然，还有其它问题需要回答，而且只有研究者更系统地关注亲社会媒体对青少年的效应，这些问题才能得到解答。

目前，还没有关于互联网对童年中期和更小儿童时期友谊、幸福、自尊和同一性探究的影响研究。但是，在童年中期的后半段，将近 61% 的儿童经常使用互联网与朋友联络 (Valkenburg & Peter, 2007a)。因此，低于 10 岁的儿童极有可能也在网上与朋友和陌生人联系。毕竟，迎合更小年龄儿童的娱乐网站，比如：企鹅俱乐部(Club Penguin)[1] 和江湖(Runescape)[2]，可以让用户在玩游戏期间聊天。不幸的是，网上交流对这些低龄儿童的线下友谊、幸福等的影响还没有得到研究。

在同一性探究的过程中，青少年或是以更成熟，更有大男子气概，更漂亮的形象展示自己，或是性别反串，以他们认识的某个人甚至是臆想中的人的面貌来表现自己。相比于青春期中期（53%）和青春期晚期（28%）来说 (Valkenburg, Schouten, & Peter, 2005)，青少年通过网络从事身份探索多是发生在青春期早期（72%）。这种结果不足为奇，因为如果从发展的视角来说，同一性探究在青春期早期就开始了。当从儿童期进入青春期，新生成的认知技能使青少年能够更容易地进行自我反省和抽象思考，从而可以让他们从一个更深层次思索“我是谁”。伴随青春期身体的、情绪的和社会的变化，他们以从未有过的方式定义“自我”。经过几年的探究，青少年已经建立起一系列核心身份，因而他们就不需要在互联网或者其他地方体验自己的身份。但是，物极必反。青少年在网上使用虚假身份越频繁，他们就越有可能自尊水平低下、社会技能不佳和社会焦虑 (Harman, Hansen, Cochran, & Lindsey, 2005)。Harman 和同事指出，过度使用虚假身份的青少年往往是沉溺于理想化的自我——一个在现实中永远不能实现的自我，而不是正视“我是谁”或“我将成为谁”的问题。其结果就是这样的青少年对在现实世界中的自我感到沮丧和挫败。

[1] 企鹅俱乐部（Club Penguin）是美国最大的儿童社交网站站点，众多美国小朋友都经常在上面玩互动游戏或者进行天马行空的聊天。在此俱乐部，用户可以控制一个虚拟的形象企鹅，然后在这个世界里你所有的行为都是通过这个企鹅来完成，译者注。

[2] 江湖（Runescape）是游戏公司杰格克斯游戏工作室（Jagex Games Studio）制作的大型多人在线角色扮演游戏。该游戏在世界上规模仅次于“魔兽世界”，向来以丰富的剧情、庞大的交易系统和可玩性、灵活性著称，译者注。

5 广告、消费行为和青少年

孩子们每年都会收到生日礼物、节日礼物，以及各种各样表达祝福（比如：我爱你）的小玩意儿。亚马逊网（Amazon.com）[1] 上有超过 50 万种玩具、游戏、书和视频游戏可供选择，可选项简直是无穷的。面对如此之多选择，父母、祖父母怎样才能找到既适合于孩子也让他们自己喜欢的礼物？就我的孩子而言，我会直接问他们想要什么，或者从贴在冰箱上的“可接受礼品清单（acceptable gifts list），或随赠品”，以及发到电子邮箱的各种广告清单中进行选择。孩子们怎么才能确切地知道他们最想要的是什么？这里广告就起作用了。广告如果做得好，会对年轻人购买需求（所想、所渴求）和最终的购买行为产生巨大影响。

开始时电视广告的目标人群并不是儿童和青少年。上世纪 50 年代，绝大多数广告针对有购买力的成年人，但是，从 60 年代开始，情况就发生了变化。当时广告商意识到儿童和青少年能够影响到家庭的消费，于是他们开始针对孩子们做电视广告了。广告商认为年轻人既可以作为一个独立的消费者来花自己的钱，也能够影响到家庭的购买行为（Johnson & Young, 2003）。广告商将目标定位在青少年有充分的理由：品牌忠实度从童年早期就开始建立起来，并会一直持续到成人阶段 (Moschis & Moore, 1982)。考虑到将来的购买行为，广告商们希望孩子们认识特定品牌产品（例如：品牌意识），哪怕当时因为年龄太小还不能真正购买，也会影响到他们将来的购买行为。例如，在 2003 年，福特汽车公司给学龄前儿童免费发放写有安全贴士的宣传单，许多其它的学龄前机构也从企业得到类似的赞助。例如：爱心熊的活页练习题（Care Bear worksheets）和必胜客的阅读计划（Pizza Hut reading

[1] 亚马逊网（Amazon.com）简称亚马逊，美国最大的一家网络电子商务公司，成立于 1995 年，是网络上最早开始经营电子商务的公司之一，经营范围相当广，包括 DVD、音乐光碟、电脑、软件、电视游戏、电子产品、衣服、家具等等。译者注。

program）[1] (Mayer, 2003)。现如今儿童和青少年的购买力十分惊人，每一年，12 岁以下的孩子自己消费就达 400 亿美元，十几岁的孩子这个数字大概是 300 亿美元，年轻人 1600 亿美元。除了这些独立的消费，年轻人影响了 6000 亿美元的额外家庭消费 (Chang, 2007)。这可不只是影响家庭购买零食、薯片和玩具这些东西，青少年也影响到家庭购买一些高价商品，例如：电子产品、旅游目的地、交通工具等 (Valkenburg & Cantor, 2001)。

5.1 消费行为与个体发展

和成人不同，婴儿对消费没什么概念，例如：打折商品、买一送一、货比三家等等。换句话说，人并不是生来就是一个好的消费者，通过消费者社会化的过程，儿童学会了一个有效消费者所需要的那些知识、技能和态度。根据 Valkenburg 与 Cantor（2001）的研究，随着人的成长，以下几方面的消费行为会发生变化：（1）对商品的欲望和偏好；（2）搜索满足欲望和偏好的商品；（3）最后决策及购买行为；（4）产品评价。根据对这些任务的掌握情况，作者提出了消费者行为的四个发展阶段，每个阶段分别以上述任务为特征：对需求与偏好的感知，挑剔和议价，冒险和首次购买，从众和苛求（见表 5.1）。

表 5.1　消费者行为的阶段

对需求和偏好的感知
挑剔和议价
尝试和首次购买
从众和苛求

5.1.1 对需求与偏好的感知

消费者行为的这一阶段，发生在婴幼期和学步期。显然，由于认知发展水平和语言表达水平有限，孩子们在这个发展阶段的消费行为局限在第一个消费任务

[1] 爱心熊的活页练习题（Care Bear worksheets）、必胜客的阅读计划（Pizza Hut reading program）均为企业为儿童所提供的赞助项目，译者注。

上。在生命的头几个月里，婴儿显示出对某类事物的需要和偏好，例如：甜的味道、好闻的气味、高对比度的形象、明亮的颜色和人类的声音等等。为满足这些偏好，商家务必要提供相当多的可供选择的食物、玩具和游戏。但是除了依依呀呀或伸手去拿旁边架子上的物件，婴儿还没有发展出必要的沟通技能来传达他们对某一物品的渴望。

随着孩子长大，情况很快就变化了，大概有 40% 的 18 个月到 24 个月的幼儿不仅能指名索要某一商品，而且能在商店里认出他们曾在电视上看到的商品。曾有研究发现,2 岁的孩子在短短 25 分钟购物时间里平均索要了 18 种商品 (Holdren, 2003)。不过，婴幼儿常常只是在看到眼前的商品时才会条件反射式地索要，如果看不到商品，他们不会有意识和有目标地索要该商品。尽管如此，孩子的索要行为对父母做出购买的决定也有着很大的影响。许多父母通过给孩子购买他们索要的东西，强化了孩子的索要行为。

5.1.2 挑剔和议价

这一阶段发生在儿童入学前。在这个年龄段，儿童不但发展出了一般意义上的喜欢和不喜欢的感觉，也显示出了对特定品牌商品的偏好。这些偏好强大到，会影响到学龄前儿童对相关刺激的评估。例如 Robinson 和其同事（2007）的研究显示，孩子们会觉得如果健康食品（比如：胡萝卜和牛奶）放在麦当劳的食品袋里会比不放入其中显得味道更好。学龄前儿童不仅知道自己想要什么，而且他们已经开始积极尝试得到这些东西。孩子们会使尽一切手段来获得想要的东西，这些手段包括抱怨、发脾气、哭闹、唠叨和讨价还价。

事实上，父母和孩子在商场里的冲突在这个年龄段达到顶点，5 岁孩子的家长有 70% 报告说购物时和孩子发生了争执，而 2 岁孩子和 8 岁孩子的相应数字分别只有 41% 和 58%。产生这些冲突的部分原因是因为儿童已经完成这个阶段的第一个重要事件：完成“伪独立购买”（Pseudo-independent Purchase）。在有一个父母在场的情况下，一半以上的 4 龄儿童在商场或超市购买了商品 (Valkenburg & Cantor, 2001)。这样就完成了消费行为中的第三个任务：做出购买决定和实际购买。

学龄前儿童在沟通能力和记忆上都有显著进步（85% 的 4 岁儿童能够认得商店里的货品）。但是儿童在认知和情绪上仍有局限性，所以他们以喧闹的方式来满足自己的购买需求（Valkenbury & Cantor，2008）。

首先，学龄前儿童以为广告是消遣性的短节目，或者以为广告提供了玩具、食品等物品的有用信息。这些年幼的孩子们忽略了广告的购买诱导性。在学龄前儿童的眼中，草坪娃娃（Chia Pets）[1] 和星球大战人物公仔（Star Wars action figures）[2] 这样的商品一定会让人快乐和开心，这就是广告所要传递的信息。学龄前儿童没有意识到，广告可没把他们利益摆在首位（Kunkel, 2001）。事实上，只有不到 1/3 的学龄前儿童能理解广告就是试图让他们购买商品 (Wilson & Weiss, 1992)。

其次，做为一个消费者，学龄前儿童的成熟度由于向心性（Centration）而被局限了，这让他们没有能力适当地评估商品或对商品进行比较。向心性是指某人的注意力被物品的某个主要特征所吸引，而忽视了其它特征的倾向性 (DeHart, Sroufe, & Cooper, 2004)。例如，Acuff（1997）发现如果让儿童在 3 个玩具娃娃中选择一个，学龄前女孩会根据某一明显的特征来做选择（如：一个较大的亮闪闪的心）而忽略了玩偶的其它重要特征（比方说：价格、漂亮程度和做工等）。对学龄前儿童而言，样式比材质更重要，他们对父母关于玩具质量的提醒充耳不闻。因此，这个阶段充满父母 – 儿童冲突（Parent-child Conflict）。

孩子们对冲动缺乏自制力，同时他们的延迟满足能力（Delay of gratification，指为了追求更大的目标、获得更大的享受，可以克制自己的欲望，放弃眼前诱惑的能力）也不足，孩子们的这些特点，让他们的父母害怕听到自己的孩子说："我要这个，我要那个"。孩子们可抵制不了摆在眼前的诱人玩具、零食或图书。他们会马上冲动行动，尽最大努力去得到这些东西。父母们会许诺更大的后续奖励（如：冰激凌）来鼓励孩子们当前的良好行为（如：停止哭闹），不过这往往并不奏效。学龄前儿童极少想办法来帮助自己延迟满足。因此，当面对来自父母的阻挠时，学龄前儿童会冲动地予以反击。

5.1.3 尝试和首次购买行为

小学低阶段儿童（5 至 8 岁）发生了尝试和第一次购买行为。在向心性、冲动控制、延迟满足等方面，这个年龄段的孩子们仍然表现得和小时候一样。虽然情况稍有改善，但这个年龄段阶段的孩子们仍然难以理解广告其实是劝说人购买商品的。例如，有 3/4 的青年知道广告实际上是劝说工具，诱导人们购买商品，这

[1] 草坪娃娃（Chia Pets），美式陶瓦雕刻工艺品，译者注。

[2] 星球大战人物公仔（Star Wars action figures），玩具公司推出的电影《星球大战》中角色的人形公仔，包括韩素罗、丘百卡和 R2-D2 机械人等，译者注。

个数字是 5 岁到 8 岁的孩子的 2 倍多 (Wilson & Weiss, 1992)。在这个阶段，孩子们喜欢看的节目也有变化，从慢节奏节目，如《恐龙巴尼》(Barney) [1] 变成了有着更快节奏和更复杂剧情的节目，如《史酷比狗》(Scooby Doo) [2] 。因此，针对 5 到 8 岁儿童的广告节奏也随之加快就不足为奇了 (Jennings & Wartella, 2007)。

在这个阶段，儿童有了自己真正的第一次独立购物。根据 Valkenburg 与 Cantor (2001) 的研究，21% 的 5 岁儿童曾经独自到商店购买一到两件商品。8 岁时，这一比例上升到近 50%。当然，父母的唠叨仍很有力，尤其在购买食品时最管用。发展在这里仍扮演着自己的角色。5 岁儿童为了买到自己想要的东西会更多地纠缠父母，7 岁以上的孩子则会设法让自己的要求得到满足 (Bridges & Briesch, 2006)。把独立购买、父母唠叨的效果、了解广告的劝说意图等因素综合考虑到一起，可以发现这个阶段的年幼儿童特别容易受商品促销的影响。Buijzen 与 Valkenburg (2000) 指出，广告对 8 岁以下儿童的影响力大于对 8 岁以上的孩子和青少年。

5.1.4 从众和苛求

根据 Valkenburg 和 Cantor (2001) 的消费者行为发展理论，从众和苛求是发展的最后阶段。8 至 12 岁之间的孩子开始考虑他们购买的商品价值。向心性倾向急剧下降，他们开始考虑商品的多个细节，对产品的质量也有所评估。另外，他们对细节的关注使得他们像一个真正的收集者那样把多种商品放在一起比较，然后根据商品的某一特征来购买，例如：终极收藏——游戏王之混沌力量 (Yu-Gi-Oh battles) [3] 。相反，年龄更小的儿童喜欢积攒商品，为了囤积而囤积。我儿子 5 岁时，他就决心积攒商品。8 到 12 岁的孩子认知能力提高了，因而他们能够比较不同商品的质量。这样，他们就完成了消费者发展最后的任务。

尽管人们认为有娱乐消遣性，但是对这个发展阶段的孩子，广告对它们有负面消极影响 (John, 1999)。和年龄较小的儿童相比，8 至 12 岁的少年知道广告试图劝说人们购买商品。但知识并不总是力量，就算知道广告的用意，孩子们仍容易被广告说服。研究表明广告提高了 8 至 12 岁少年对商品的购买欲，通过反复看广告，

[1] 《恐龙巴尼》(Barney)，一个出生于美国、深受各国儿童喜爱的英语儿童节目。节目的内容是孩子们在恐龙叔叔 Barney 的带领下，以唱歌跳舞的方式来学习，译者注。

[2] 《史酷比狗》(Scooby Doo)，一只会说话的大丹狗，美国热门卡通系列剧主角，译者注。

[3] 《游戏王之混沌力量》(Yu-Gi-Oh battles)，《游戏王》是日本漫画家高桥和希所创作的漫画，后被改编成电视动漫和游戏。游戏王之混沌力量是一款游戏王卡片游戏，为 2004 年《游戏王》中卡片的集合，译者注。

少年的购买欲会进一步提高 (Gorn & Goldberg, 1978)。另外，观看广告最多的儿童和青少年想让父母购买广告商品的欲望高于其他年轻人 (Buijzen & Valkenburg, 2003)。

同伴的角色

小学高年级阶段，同伴的重要性变得越来越重要，为了被同伴接纳和保持与同伴一致，大多数儿童努力去遵守同伴群体的规则 (norms of peer group; DeHart et al., 2004)。当我女儿 9 岁时，她的一个外地朋友在电邮里宣称自己为所有 4 年级女孩都穿胸罩的"愚蠢"行为而惋惜。尽管这个朋友反感穿胸罩，但是她说她自己也穿，原因是其他所有人都穿。所以在这个阶段，如果同伴认为某些服饰、商品很酷或很时髦，年轻人就会尽量与同伴保持一致。孩子们在他们同伴面前炫耀这样的酷或时髦东西的行为并不罕见 (Lindstrom, 2003)，广告商也因此试图根据这些青少年的需求来提供合适的商品。青少年对那些描述比自己大的孩子的电视节目和广告特别感兴趣。描写高中生活的《歌舞青春》（Disney's High School Musical）[1] 和《汉娜蒙塔娜》（Hannah Montana）[2] 偶像剧在孩子们中日渐流行就是一个例证。这个阶段的孩子们也开始避免看那些适合更小年龄观众的节目，显然，如果你看《巴布工程师》（Bob the Builder）[3]，那么你那 10 岁左右的同伴可一点都不会觉得你很酷。

5.1.5 青春期的消费者行为

尽管 Valkenburg 和 Cantor（2001）的消费者发展阶段理论到 12 岁就终止了，但青春期的消费者行为仍在发展。在上述提及的 4 个阶段青少年都显示了很大的发展。近期研究发现，认知能力（例如：内省和形式逻辑）能够让青少年有效审视自己的需求和偏好，购买时进行更有效地讨价还价，以及学会评估他们欲购买的产品的质量。孩子们在交通和金钱上更少依赖父母（如：他们可以自己赚钱），

---

[1] 《歌舞青春》（Disney's High School Musical）是美国一部 2006 年发行的获得艾美奖的电视电影。是迪斯尼频道最成功的原创电影。影片讲述了 Troy 及 Gabriella 克服困难追寻梦想的故事，译者注。

[2] 《汉娜蒙塔娜》（Hannah Montana），又译作《双面孟汉娜》、《田纳西女孩》，迪斯尼频道热播的超搞笑青春期喜剧，讲述了女孩 Miley Stewart 在平凡的日常生活以外作为出名少女歌星 Hannah Montana 的秘密生活，译者注。

[3] 《巴布工程师》(Bob the Builder)，也译作《砌屋叔叔》是英国的一个儿童图书和动画片系列，译者注。

他们越发地成为了独立的消费者。同时，他们也给自己现有的消费技能里添加上了一些有益的怀疑态度 (Jennings & Wartella, 2007)。John（1999）指出青少年不单单会对广告的真实性提出质疑，他们也会识别广告商用来欺骗消费者的某些特别策略，例如：夸张和免责声明。不仅仅广告，青少年个人的购物经验同样对消费行为的影响越来越大。另外，在商品购买决策中，同伴继续扮演着重要角色，广告成了青少年和他们的朋友谈论目前时尚趋势、流行音乐的信息来源 (Gunter, Oates, & Blades, 2005)。

5.1.6 物质主义对消费者行为的调节效应

在儿童期和青春期，影响消费行为的不只是同伴和广告。实际上，能够调节广告对消费行为影响力的因素之一是物质主义（Materialism）。物质主义指人们在自我丰富或标榜自己时表现出来的对财产的重视程度 (Chaplin & John, 2007)。研究表明，高物质主义价值观的年轻人认为玩具比朋友重要 (Goldberg & Gorn, 1978)。高物质主义的年轻人是广告商的梦想。他们不但买得更多，也对商品促销更买账 (Chaplin & John)。

除了影响消费行为，物质主义也被认为是广告带来的非预期效果。广告的预期效果包括提高品牌知名度、建立积极的品牌态度、影响购买需求和行为（后文详述）。广告的非预期效果指上述三种效果之外的广告的其它效果（通常是负面的），例如，看了电视广告之后，父母和孩子的冲突 (parent-child conflict) 确实有小幅增加 (Buijzen & Valkenburg, 2003)，这是广告的一个非预期效果。

许多研究都表明年轻人看广告越多，就变得更为物质至上。例如，Greenberg 和 Brand（1993）发现学校里观看第一频道的学生比其他学生表现出更高的物质主义。第一频道播放针对年轻人的视频和新闻节目，其中包括广告。学校通常因为可以免费得到电视、DVD 机以及视频图书馆的准入权限而播出这一频道。

即使控制了其它重要的调节变量，如社会经济地位、父母同伴关于消费的交流，广告对物质主义的影响仍然存在。经常看广告确实增加了儿童和青少年追求原本并不需求的物质的可能性，容易使他们认为拥有物质对自我极端重要。

从发展的视角看，物质主义在 6 岁孩子身上开始出现 (Atkin, 1975)，然后在童年中期逐渐增加，12 至 13 岁达到高峰。尽管从那时起物质主义开始下降，但在青春期中期和晚期，其水平仍高于 10 岁儿童 (Chaplin & John, 2007)。一个懂得分享与关爱的学龄前儿童是如何变成了物质主义、以商品为中心的孩子的？和不那么物质的青年相比，物质至上的儿童和青少年通常其父母是物质主义，有着不良的亲子沟通，以及和同伴有更多的交流，花在看电视上的时间更多，比不那么物质的同伴接触更多的广告 (Chaplin & John)。

广告、物质主义和自尊

有趣的是，Chaplin 和 John（2007）的研究显示青春期早期是物质主义的发展最高点，而自尊发展则处于最低点。很多研究者认为，青少年借购买物质商品来弥补自己的不安全感和低自我评价。青少年通过拥有物质这样一种掩饰性的举动来努力获得自我价值感，这就好比说："我的外套、包和鞋子很值钱，所以我是有价值的。"

商品要影响到自尊，儿童需要做到以下几点：

（1）了解某种商品的社会影响；

（2）把这件物品纳入其自我意识；

（3）识别出这些商品怎样影响同伴对自己的看法以及自己给别人留下的印象。

尽管前两条在童年中期会有所发展，但第三条到青春期早期才会出现。物质主义的顶点在这个年龄段出现一点都不奇怪。因为孩子们在这个发展阶段最早发现了物质商品对其自尊的重要性。当孩子们逐渐进入青春期中期和晚期时，他们的自我提升意识，以及使用物质策略来提升自尊的应对行为减少了。相对于依赖"购物疗法"(retail therapy) 来提升自尊，年长些的青少年已经学会使用更为有效的方法来应对与自我有关的主题，例如，采取有价值的行动，取得成就，以及来自目前的朋友圈 (Chaplin & John)。综合来看，这些研究结果暗示了低自尊的青少年的早期阶段可能更容易受广告的影响。

5.2 针对年轻人的广告

每年针对儿童和青少年的广告费用达 10 亿美元。例如，2006 年仅食品和饮料一项上的促销广告花费就达 16 亿美元（见表 5.1）。青少年看到的全部广告中，有接近一半是电视广告（Federal Trade Commission, 2008）。很难准确估计这些数字，大多数估计数字是基于简单的乘法计算出来的，即每小时平均的广告数量乘以年轻人每周平均看电视时数（Jennings & Wartella, 2007）。不过播出一个广告并不能保证它的目标观众能够看到。电视播放广告时，年轻人会换台、和朋友聊天、吃点零食、上洗手间等等。不过考虑到以下数据时，请记住这个提醒。儿童看的节目中大约有 30% 是无广告的（如：美国公共广播频道 PBS），2 至 7 岁的儿童每年大约观看 14000 个广告。随着儿童慢慢长大，他们看的无广告电视节目被有广告节目所代替。因此，8 至 12 岁和 13 至 17 岁的孩子每年看到的广告分别是 28655 个和 30155 个，是 8 岁以下孩子看到的广告数量的 2 倍多。年幼的孩子会观看 17 分钟的广告，而年长些的孩子则会观看 35 到 37 分钟（Desrochers & Holt, 2007; Gantz, Schwartz, Angelini, & Rideout, 2007）。可以预测，面向儿童播放最多的广告产品是垃圾食品（如：糖果、零食、苏打水）、玩具、游戏和快餐（Jennings & Wartella，2007）。相反，针对青少年播放最多的广告产品则是音乐、视频和其它电子媒体 (Buijzen & Valkenburg, 2002)。

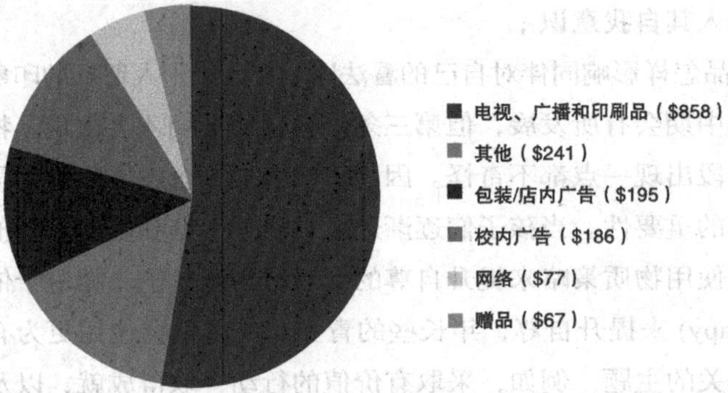

图 5.1　针对青少年的食品和饮料广告花费（单位：百万美元）

数据来源：美国联邦贸易委员会（Federal Trade Commission, 2008）

* 其它包括：货架广告、电影、录相、视频游戏广告；商品或促销许可费；体育赛事赞助费；名人代言费，以及其它五花八门的费用。

5.2.1 针对年轻人的广告的特征

为了说服青少年购买产品，广告商使用了一系列策略，包括明星代言、赠品、夸张、包装销售、联合品牌和广告游戏等。

明星代言

影视明星、歌手、音乐家、职业运动员和其他明星经常为某些产品代言广告。卡通角色代言，例如：《摩登原始人》（Fred Flintstone）[1]或《米老鼠》（Mickey Mouse）[2]也属于这一类。广告商相信人们对代言人的正面态度会转移到他们所代言的广告商品上。另外，广告商认为儿童会把产品和代言人联系起来，一旦时机出现，就会增加儿童购买产品的可能性。例如，90年代时广告商使用了“像迈克尔那样”的广告语来推销佳得乐（Gatorade）[3]，迈克尔就是迈克尔.乔丹 (Michael Jordan)，那个时代最伟大的篮球运动员。随着孩子逐渐长大，同一产品由明星代言和非明星代言，明星代言对他们的影响力随之增加 (Ross et al., 1984)。另外，相对于年龄更小或更大的儿童，明星代言广告对年长的儿童和青少年早期影响更大 (Desmond & Carveth, 2007)。

赠品

赠品（Premium Prizes）是你购买了某件商品后免费得到的物品。比如，麦当劳的开心乐园餐 (McDonald' s Happy Meals) 通常会送一件小玩具。在上世纪70年代成长起来的我，总会购买玉米花生糖（Cracker Jacks），因为在包装盒底部有一个赠品，我的亲身经历已经被研究证实。一些研究发现这些赠品增加了孩子对广告产品的渴求 (Atkin, 1975)。有趣的是，许多赠品反映了性别刻板印象，如提供给男孩的玩具有点动作性，经常是红、绿或蓝色，而女孩玩具通常是有着柔和色彩的娃娃。

夸张

还是一个小男孩时，我被海猴子迷住了，广告上说它是一种这样的生物：粉色的、微笑的、长得像海马的头上有皇冠。给点水，它们就会从冬眠状态里苏醒过来，给他们周边足够幸运的人们带来欢乐。甚至于在30年以后，这个广告形象在我的脑海里仍非常清晰，于是我给女儿买了海猴子的一家（a family of Sea-Monkeys）。这真是一次令人极为失望的购物经历，这种海洋怪物既非粉色，也无微笑，在他们小得近乎看不见的脑袋上也没有皇冠。显然，我上了夸张广告的当。通过动画、特技和误导的声明（如：声称是最好的），广告商误导了儿童消费者，

[1] 《摩登原始人》（Fred Flintstone）是60年代美国风靡一时的动画片，后于90年代被翻拍成真人电影。故事以原始人为背景，用非常现代的手段表现原始人幽默趣味的生活方式，译者注。

[2] 《米老鼠》（Mickey Mouse），又称米奇老鼠或米奇，是Walter Elias Disney和Ub Iwerks于1928年创作出的形象，也是迪斯尼公司的代表卡通人物，译者注。

[3] 佳得乐（Gatorade），全球领先的运动型饮料，该品牌曾隶属桂格公司，2001年，桂格公司与百事公司合并，这更进一步巩固了佳得乐世界第一的运动饮料品牌的地位，译者注。

使他们以为广告产品会提供比实际上更多的兴奋、乐趣、玩的方法等等。随着年龄增长，孩子们识别夸张广告的能力也增加了。例如，Wilson 和 Weiss（1992）发现 80% 的学龄前儿童相信广告"说的都是事实"，到了 7 岁，这一比例下降到不足 30%，到了 9 岁时，只有 10% 的孩子相信广告的真实性。为弥补这些夸张，广告使用免责声明 (例如，需要组装，每个零件单独出售等等)。然而，8 岁以下的孩子仍无法明白这些免责声明实际上意味着什么 (Liebert, Sprafkin, Liebert, & Rubinstein, 1977)。令人惊奇的是，几乎没有人研究儿童和青少年在对免责声明的理解上是否存在差异。

包装销售

广告商们动用了他们所知的种种伎俩来进行促销，其中就包括打造一种对儿童有吸引力的外表，这个过程就是包装销售（On-package marketing）。一种看起来有趣、色彩缤纷的包装被认为能够吸引儿童的注意力，这增加了孩子们要求父母购买的可能性。另外，商标特征和象征物，比如：经常出现在包装上的特丽克丝兔子(Trix Rabbit)[1] 就会影响儿童的选择。商家每年在包装上要花费 30 亿美元来直接吸引年轻人 (Palmer & Carpenter, 2006)，显然，广告企业把产品包装视为一种特别重要的营销工具。

联合品牌

除了商标特征和象征物，广告商越来越多地使用联合品牌来促销玩具、食品之类的年轻人商品。联合品牌（Cobranding）是一种广告技术，两个公司联合交叉推广产品或服务。一种流行的联合品牌技术是使用流行卡通和电影人物来作为食品的包装。最近的例子包括使用《蜘蛛侠》(SpiderMan) [2] 包装的馅饼和利用《蔬菜宝贝历险记》(Veggie Tales) [3] 进行包装的水果软糖。这样既可以提高收视率也可以促进商品销售。尼克少儿频道(Nickelodeon)[4] 允许它的卡通角色出现在产品

[1] 特丽克丝兔子（Trix Rabbit），谷物早点食品品牌，译者注。

[2] 《蜘蛛侠》（SpiderMan），是惊奇漫画（Marvel Comics）的超级英雄，由 Stan Lee 和 Steve Ditko 两名作者创造。除了漫画之外，蜘蛛侠也出现在电视、电影、电玩游戏等媒体上。电影《蜘蛛侠》由哥伦比亚公司 (Columbia Tristar, USA) 于 2002 年出品，译者注。

[3] 《蔬菜宝贝历险记》（Veggie Tales），2002 年美国出品的卡通片，译者注。

[4] 尼克少儿频道，见第三章注解。

包装上，例如《海绵宝宝》（Sponge Bob Squarepants）[1]和通心粉奶酪、《爱探险的朵拉》（Dora the Explorer）[2]和薄脆饼干的联合 (Batada & Wootan, 2007)。

广告游戏

广告游戏，介于广告和娱乐之间，是一种基于网络且融合了产品品牌或产品特征的游戏，例如，在卡通电视网上，儿童可以在线玩很多包含了影视角色的游戏。和独立游戏相比，一些网页建立了虚拟的世界让儿童来探索。在 Millsberry.com（由通用磨坊麦片运营）网上，儿童可以阅读书籍、在商店里购物、赚虚拟货币、玩游戏、看视频等，而通用磨坊 (General Mills)[3] 的产品在整个虚拟社区都能看到。广告游戏让儿童和青少年产生了较高水平的兴趣和卷入，这比 30 秒钟的电视广告更能吸引年轻人的注意力。广告游戏利用病毒式广告（Viral advertising）来促销产品。病毒式广告是一种市场技术，广告商利用现存的社会网络（如：博客、e-mail 等），通过用户的网络链接、视频点击、Flash 游戏等形式来进行产品的网络推广，不过年轻人玩广告游戏的程度如何仍是未知，表 5.2 列出了一些广告游戏网址。

表 5.2　广告游戏网址举例

产品	网址
可沛利果汁 (Capri sun)	www.kraftfoods.com/caprisun/
查克奶酪 (Chunk E. Cheese Restaurants)	Chuckecheese.com
凯洛格玉米片 (Kellogg' s Cereals)	Kelloggsfunktown.com
乐高玩具 (Lego Toys)	www.lego.com
旺卡糖果 (Wonka Candy)	Wonka.com

[1] 《海绵宝宝》(Sponge Bob Squarepants)，美国著名卡通电影，于 1999 年开始播出，原名《穿方形裤子的海绵鲍勃》，该片主角名字叫海绵宝宝，译者注。

[2] 《爱探险的朵拉》（Dora the Explorer），美国尼克少儿频道制作的一部风靡全球的美式英语教学片，它通过朵拉每一次探险的故事，教会小朋友有趣实用的英语单词和词组，译者注。

[3] 通用磨坊（General Mills）世界第六大食品公司，主要从事食品制作业务。公司 1866 年开业，总部设于美国明尼苏达州明尼阿波利斯黄金谷。主要品牌包括哈根达斯、贝蒂妙厨 (Betty Crocker)、果然多、绿巨人、湾仔码头 (Wanchai Ferry) 及维邦等，并有多款早餐谷物品牌，译者注。

5.3 针对成年人的广告却影响了青少年

看一看尼克少儿频道（Nickelodeon）、卡通电视网（Cartoon Network）和迪斯尼频道（the Disney Channel），那上面播放的广告看得出来是直接以青少年为受众，所以它们播放适合他们年龄的产品广告。孩子们也会收看成年人的电视频道，这些针对成年受众的广告和孩子不相称，例如，电视上播出的美国家庭人寿保险公司（Aflac）[1]的追加保险，政府雇员保险公司（Geico）[2]的汽车保险，学龄前的孩子根本就不需要这些。但还不如这些学龄前孩子认得美国家庭人寿保险公司的标志性鸭子（Aflac duck）和 Geico 公司的标志蜥蜴（Geico lizard）。一项研究发现，把品商标和商品配对时，2 至 3 岁的儿童认识 8 到 12 种品牌标志，例如麦当劳、奔驰、壳牌石油、耐克和奇多（Cheetos）等。8 岁时，对这些品牌的识别率达到 100%。但是值得注意的是 50% 以上的品牌标志其产品是针对成人的 (Valkenburg & Buijzen, 2005)。

看来，除了吸引成人，许多针对大人的广告也能够吸引较小年龄的受众。值得注意的是，小的时候知道了一些商品品牌，长大后很有可能真的去购买这些商品。有趣的是，啤酒广告（如：会说话的蜥蜴、呱呱叫的青蛙、玩橄榄球的马）能够吸引在合法饮酒年龄之下的 10 至 15 岁的青少年。通过这类广告建立起来的品牌知名度能够持续数周或数月。例如，Lieber（1996）发现 9 至 11 岁的儿童中有 73% 能认出百威啤酒的青蛙，而对托尼老虎 (Tony the Tiger) 的认出率只有 57%。Collins、Ellickson、McCaffrey 和 Hambarsoomians（2005）发现 66% 的 4 年级学生和 92% 的 9 年级学生能够正确识别百威啤酒的白鼬吉祥物。

原本为成年人制作的产品广告却受到年轻人的欢迎，这种现象已经有几十年

[1] AFLAC，英文全称为 American Family Life Assurance Company of Columbus，即美国家庭人寿保险公司，1955 年创立于美国，是国际著名的保险公司，广告宣传中总是有一只鸭子作为标志，译者注。

[2] Geico，英文全称为 Government Employees Insurance Company，是美国第四大汽车保险公司，同时是美国最大的直销保险公司，译者注。

了。例如，上世纪 60 年代，云丝顿 (Winston) 烟草公司[1]不仅赞助拍摄了《摩登原始人》(The Flintstones)，片中主角 Fred 和 Wilma 还在广告中真正抽了云丝顿香烟。Gerbner（1990）声称这种广告表明广告商故意以成年人产品来吸引新顾客，即使这些顾客还没达到法定抽烟年龄。烟草工业再一次印证了这一观点，根据雷诺兹烟草公司（R. J. Reynolds Tobacco Company）的内部记录，大约男性中的一半，女性中的 1/3，在 18 岁以前就开始抽烟，在 18 岁左右就选择了一定的品牌 (Tredennick, 1974)。因此，烟草广告的主要目标之一就是使吸烟者在还未开始吸烟之前就受到广告的吸引。1971 年开始，电视上禁放烟草广告，雷诺兹烟草公司就把他们的广告费花到了杂志和广告牌上，骆驼牌香烟中的骆驼“老乔”(Old Joe Camel）就是其中的代表者。到 1991 年，30% 的 3 岁儿童和 91% 的 6 岁儿童会准确地把骆驼“老乔”和香烟联系起来 (Fischer, Schwart, Richards, Goldstein, & Rojas, 1991)。今天，一半的香烟广告发布在青少年喜欢的杂志上，如《人和体育画报》(People and Sports Illustrated)[2](King, Siegel, Celebucki, & Connolly, 1998)。

广告的预期效果

如上所提，广告的预期效果是提高品牌知名度、建立积极的品牌态度、影响消费者需求和行为。研究者们把 50 余个有关广告效果的实证研究分成 3 大领域：认知、情绪和行为。

5.3.1 认知的研究

广告对认知的影响研究主要关注于品牌意识，尤其是品牌回忆（Brand Recall）和品牌识别（Brand Recognition）。品牌识别包括品牌标志和相应产品的配对（和相关的其它产品一起呈现），品牌回忆指的是在不提供其它线索的前提下看到品牌标志时说出产品的名称或特征。品牌识别接近于儿童和青少年在商店里的真实生活经验，在商店里，目标品牌和其它品牌一个挨一个放在货架上。品牌回忆实验则是要评估在缺乏刺激线索的情况下儿童回忆起一个产品的能力。如，不把玩具

[1] 云丝顿 (Winston)，美国雷诺兹烟草公司（R. J. Reynolds Tobacco Company）生产的一种香烟品牌，是该公司拥有的全国最畅销四大卷烟品牌（Winston, Camel, Salem, Doral 等）中一个，译者注。

[2] 《人和体育画报》（People and Sports Illustrated），是一本颇受美国青少年欢迎的杂志，译者注。

呈现在儿童面前，而要求他们写信给圣诞老人，列出一系列自己想要的玩具。品牌识别和品牌回忆均被认为是消费行为的重要方面 (Valkenburg, 2004)。

品牌识别的能力发展很快，8 岁时儿童就能够准确识别数量较多的商品，即使这些是成年人使用的产品。当然，儿童并不能识别电视广告上所有的品牌标志和特征，而且他们识别的成绩是由呈现的品牌的流行程度决定的。通常，在测验中，呈现给儿童的标志越多，他们的识别成绩就越差。例如，Dubow（1995）发现，在呈现的 80 种产品标志中，18 岁以下的青少年能识别其中的 52%，25 岁左右的成年人能识别 42%，35 岁左右的是 38%，识别的概率随着年龄增加逐渐降低。因此，尽管青少年只能识别其中的一半，他们的成绩依然比成人好得多。

品牌回忆研究比品牌识别要慢一些。品牌回忆的过程有两个步骤，要求青少年首先建立起标志和产品的可能配对单，然后在其中选择正确的配对。尽管品牌回忆能力在童年早期和中期发展起来，但是 Valkenburg 和 Buijzen（2005）发现 8 岁儿童只能回忆起呈现给他们的 42% 的品牌标志和特征，考虑到要求儿童在标志和特征呈现之后立刻进行回忆，他们的成绩可是相当差。其它青少年研究表明，呈现广告之后让青少年立即回忆，他们能够回忆起其中的 70%。如果回忆测验是在第二天进行的，他们对品牌标志和特征的回忆再认率就下降到了只有 34%(Dubow, 1995)。即使如此，青少年对品牌标志和特征的回忆能力仍胜过成年人。

尽管儿童和青少年在第二天并没有显示出惊人的品牌回忆成绩，但我们要知道在此种研究中广告只呈现了一次。在现实中，儿童和青少年在不同的场合反复看到同一个广告，每看一次，他们记住并识别该品牌的可能性就会提高。事实上，大量研究表明，儿童看的电视广告越多，他们的品牌意识就越高，这种情况至少在品牌识别实验中得到了证实 (Valkenburg & Buijzen, 2005)。另外，青少年对他们喜欢的产品的品牌标志和特征很可能记得更好。例如，Valkenburg 和 Buijzen 发现男孩识别奔驰和壳牌石油的标志的成绩好于女孩。这个发现可能反映了不同性别对玩具的偏好不同，男孩的玩具和汽车相关，导致了男孩有着比女孩更好的与汽车有关的品牌认知。品牌认知的研究局限在于，儿童能够识别和回忆起的大量品牌标志和特征并没有在实验中使用。最后，对品牌的认知并没有转化成对相应广告商品的需求。例如，Pine 和 Nash（2002）研究发现，当 3 至 7 岁的孩子给圣诞老人写信要玩具时，他们很少提产品名字。实际上，在电视上为圣诞而做的广告商品中只有 10% 被孩子们在信中提到。

5.3.2 情绪的研究

几年前的一个周六下午，我听到了 5 岁的儿子嚷嚷道："爸爸快来，你快来看……，你可以跳上床，而酒杯却不会动！"当看到电视里美国太空总属（NASA）认证的床垫时，他笑得合不拢嘴。显然他很受用这个广告以及产品和宇航员的关系。除了建立品牌认知度，广告第二个预期的结果是让消费者喜爱品牌。然而，似乎随着人们年龄的增长，要达到这种预期目标的难度越来越大，因为随着孩子逐渐长大，他们对广告的喜爱会越来越少。曾有研究发现，1 年级学生中有 69% 喜欢广告，而 5 年级学生中喜欢广告的只有 25%(Rossiter & Robertson, 1974)。John（1999）认为儿童对广告的正面态度只持续到 7 岁，从那时起他们开始对广告有更多的负面认识，到了 11 岁开始对广告越来越持怀疑态度。实际上，当儿童度过他们的童年中期时，广告会越来越被他们描述为无趣、令人生厌和烦躁的。当然，并不是所有的广告都不招人喜欢。儿童和青少年一般会喜欢带有娱乐性和比较有趣的广告，以及能够体现儿童间社会互动的广告 (Jennings & Wartella, 2007)。重要的是，当儿童，特别是 7 岁以下的儿童，喜欢一个广告时他们也会倾向于喜欢这个品牌 (Valkenburg, 2004)。

尽管儿童和青少年声称他们不喜欢广告，但广告实际上却能够使他们建立起对品牌和产品的积极态度，不过这个影响效果总体上是相当小的（平均相关系数为 0.15；Desmond & Carveth, 2007)）。既然儿童在其生活中看了成千上万的广告，为什么效应却如此之小？这是因为除了广告，还有其它因素影响儿童对商品的喜爱，例如：同伴和家庭的偏好，以及他们自己使用商品的体验。因此，就算是只看过一次广告，也能增加儿童对商品的喜爱 (Gorn & Goldberg, 1978)。无论如何，多数广告并没有让年轻人建立不愿意购买该商品或与该产品有关的负面态度。事实上，儿童和青少年倾向于购买品牌货。如果让学龄前儿童在品牌命名的商品（如：芭比娃娃，Barbie doll）和没有相应品牌的相似的玩具娃娃（如：贝蒂娃娃，Betty doll）中进行选择，他们会始终选择品牌商品（在 68% 的情况下）。儿童看电视越多，他们越倾向于喜欢该品牌的产品。但是这种效应在青春期会减弱，同伴认可的品牌会代替电视中的品牌成为青少年们的最爱 (Jennings & Wartella, 2007)。

5.3.3 行为的研究

尽管品牌识别和对产品的积极态度是广告预期的积极效果，但商业信息的最终目标是产品销售。高的品牌识别和吸引人的广告并不保证能把产品销售给年轻人。对品牌的忠诚度 (Brand Loyalty) 和偏好是广告的根本目标，因为这些有助于保证当前和未来的购买行为。儿童和青少年尽管在经济上日渐独立，但和成人比起来还远远不够。年轻人必需依赖他们的父母和他人来购买他们想要的大多数商品。因此，当评估广告对成长中的消费者行为的影响时，研究者评估了来自父母的购买行为和产品需求（基于父母会为孩子购买他们想要的商品的假设）。

实验研究

在一个典型的实验里，被试观看一个适合其年龄的电视节目，节目中植入了广告。然后，在儿童面前呈现一系列商品，其中一些在广告里出现过，另一些没有出现过，儿童被要求从中拿取一个。通常这样的实验会发现被试更多地选择了广告商品，而不是其它。例如，在一个实验研究中，Gorn 和 Goldberg（1980）发现，在众多品牌的冰激凌中，孩子们选择了在电视广告里出现过的某品牌冰激凌，而没有选择那些并未在广告中出现的其它品牌冰激凌。在以参加夏令营 5 至 8 岁的儿童为被试，以其它食物和饮料为实验材料的研究中出现了同样的结果 (Gorn & Goldberg, 1982)。尽管以青少年为被试的类似研究不多，但仍发现了他们和儿童在发展中的差异性。如果不考虑年龄因素，年轻人倾向于选择广告产品，而不是非广告产品。

根据这些研究，可以得出结论，至少当这些产品是免费时，广告能够促使儿童选择特定产品。然而，如果就此得出结论说广告能让儿童购买某些产品，就不恰当了，因为上述提及的实验没有一个评估了实际的购买行为。所以，这样的实验评估有一定局限性，因为只测量了商品选择而没有测量商品购买。实验结果可能表明儿童和青少年更愿意尝试在实验情景下的免费广告产品，而不是用自己或父母的钱在商店里去真正购买这些产品 (Gunter et al., 2005)。Gunter 研究小组（2005）还找到了对这些实验室研究的其它若干批评，所有的批评都质疑了这些研究的生态效度。首先，实验研究要求儿童在看电视后立即挑选一个产品，而在生活中这种情况极少出现。其次，儿童在家看电视和在实验室看电视是不同的。例如年轻人在家看电视是多任务情境，看电视的同时会和其他人交流，也会做其它一些事情，这和实验情境不同。最后，实验研究把对产品选择的影响因素限定在实验中的广告上。而现实生活中，影响儿童和青少年购买行为的因素非常多，如：父母、同伴、同类产品的广告等。

相关研究

传统上的相关研究，关注广告数量和对广告产品购买需求这两个变量之间的关系（没有评估购买行为），通常以儿童和青少年为被试的研究发现了这两个变量之间存在中等强度的正向相关（得到的相关系数多数为 0.30）。Valkenburg（2004）解释说这些数据意味着看广告多的被试比看广告少的被试对广告产品的需求平均高 30%，前者为 65%，后者为 35%。从发展的角度来看，和年长些的儿童以及青少年相比，广告引起了更年幼儿童的产品需求。当然，这些研究没有以中后期青少年为研究对象。

5.4 发展的视角

尽管相关分析不能确定变量间的因果关系，但是这些研究依然提供了在广告实验中得不到的东西，尤其是在其它环境因素的背景下，广告数量与购买需求两个变量之间的关系。例如，同伴不仅仅只是谈论电视广告，也会讨论广告本身的特征，如什么样的广告是好广告，另外，父母经常会提醒孩子对商业信息保持谨慎 (Gunter et al., 2005)。不幸的是，这个领域的研究太少，无法得出更有说服力的结论。不过，一个由 De Bens 和 Vandenbruane（1992）精心设计的研究发现，儿童在购买玩具时，同伴以及自己的直接使用经验对其偏好和购买的影响要大于观看电视所产生的影响。但仍需要有更多研究来揭示随着儿童的成长，这些因素的影响作用的变化情况。

迄今为止，大多数有关广告的研究关注了电视广告对青少年的影响，然而，最近的广告发展趋势表明网络可能给广告商提供了最好的渠道来提高儿童和青少年的品牌认知，以及建立积极的品牌态度，最终达到影响他们购买需求和行为的目标 (Moore, 2006)。请注意，那些屏幕上令人生厌的弹出式广告或者那些在网页页面上端或边缘的容易被忽略的广告不在我的谈论之列，实际上，我指的是更复杂的广告游戏。

考虑到 15 岁以下的儿童中有 64% 通过网络玩游戏 (U. S. Department of Education, 2003), 广告游戏有着广阔的市场。Moore（2006）报告说在 3 个月之内，有 1200 万 12 岁以下的儿童访问了 107 个与商品有关的网页中的至少一个。尽管很难去计算年轻人看电视广告的数量，而广告商则既能够追踪个体访问某一特定网页的次数，也能够评估每次访问在网页上停留的时间长度。多数广告游戏需要儿童说明自己的性别和年龄，广告商能够轻而易举地确定他们的目标群体是否正在玩游戏（也就是正暴露在产品广告中）。目前，尽管这类研究可能在私有机构（例如：市场调查公司）非常丰富，但有关广告游戏对儿童青少年品牌认知、态度和购买行为影响效果的公众研究仍非常有限。到目前为止，研究仍未能发现广告游戏对儿童的产品购买需求的影响有多大，但有一个研究确实发现了玩广告游戏的 8 岁儿童显示出了对广告商品的购买偏好增加的现象 (Mallinckrodt & Mizerski, 2007)。年轻人越来越多地访问与产品相关的网址和玩广告游戏，今后需要有大量对该领域的相关研究。

6 媒体与刻板化

我成长于20世纪70年代,观看过许多现在被认为是经典的电视广告。在30多年后,温迪("牛排在哪里?")[1],生活麦片("把它给米奇,他不会吃掉,米奇讨厌所有东西")[2]和可口可乐("我想给全世界的人都买一杯可乐…")[3]的商业广告具有标志性的力量。我最喜欢的一条广告,是由一家名叫保持美国美丽(Keep America Beautiful)的非营利组织所拍摄的公益广告(Public Service Announcement,简称PSA)。在这条经典的反污染公益广告中,一位庄严的印第安长者,身着传统服装,在受到污染的湖泊中划着独木舟,呼吸着有毒的空气。公益广告的高潮是这样的一幕,垃圾不断被扔向一位悲伤的印第安人的脚下,寂寞的眼泪挂在他的面颊上。虽然这条被唤作"哭泣的印第安人"的公益广告,其意在减少污染,但是事实上却支持和增进了对印第安人的刻板印象:印第安人被认为生活在自然中,是环境污染的受害者(表6.1中有一些经典广告的链接)。

6.1 刻板印象的本质

刻板印象(stereotype)是对一群个体概括的或是假定的概念化。刻板印象并无积极与消极之分,只是一种对他人简单化的看法,常集中在一些有限的特质之上。

[1] "牛排在哪里?"出自1984年温迪汉堡的广告,暗讽了竞争对手华而不实的宣传手法与产品,译者注。

[2] "把它给米奇,他不会吃掉,米奇讨厌所有东西"是上个世纪80年代的经典广告,广告一经播出后获得了巨大的成功,译者注。

[3] "我想给全世界的人都买一杯可乐…"出自1970年代可口可乐公司的广告,向人们展示出可口可乐在全世界的风靡,译者注。

而且，刻板印象会导致群体中的个体同质化的表象。即群体中的大多数人被感知为具有相同的特质。刻板印象还会造成一种有偏差的期望，即对他人的外表特征，应该如何思考、感受和行为的预期。

表 6.1　1970 至 1980 年间经典广告链接

“牛排在哪里？”（温迪） （Where’s the beef?）(Wendy’s)	http://www.youtube.com/ watch?v=Ug75diEyiA0
“把它给米奇”（生活麦片） (Give it Mikey)(Life cereal)	http://www.youtube.com/ watch?v=vYEXzx-TINc
“我想给全世界的人都买一杯可乐”（可口可乐） (I'd like to buy the world a coke)(Coca-cola)	http://www.youtube.com/ watch?v=Q8H5263jCGg
“吉米是我的犹太朋友”（PSA） (Jimmy is my Jewish friend)（PSA）	http://www.youtube.com/ watch?v=JpwamoXgb3U
哭泣的印第安人（PSA） (Crying Native American)(PSA)	http://www.youtube.com/ watch?v=X3QKvEy0AIk

表 6.2　传统的男性化与女性化特质

男性化	女性化
冒险的	深情的
攻击性的	情绪化的
好争辩的	冲动的
独断的	养育的
竞争的	惊慌失措的
坚定的	被动的
风险承担者	温柔的
自力更生	善解人意的

刻板印象不仅仅影响我们看待和对待他人的方式，同时也影响我们如何看待

和对待自己 (Aronson, Wilson, & Akert, 2004)。为了支持这一论点，试想下面的例子：男孩在数学成绩上要优于女孩，这是一个普遍的与性别有关的刻板印象。持有这种刻板印象的家长相信女儿在数学上不如儿子；接受这种刻板印象的女孩，也会认为自己缺乏数学技能，即使她们并非如此 (Rowley, Kurtz-Costes, Mistry, & Feagans, 2007)。刻板印象一旦形成，就会难以改变。尽管家长、同伴、朋友和兄弟姐妹都能够影响刻板印象的形成，但是本章主要关注媒体的独特贡献，具体包括其在发展过程中对性别和种族有关的刻板印象的影响。表 6.2 中列出一些通常与男性化和女性化相关联的人格特质，表 6.3 指出一些普遍的与种族有关的刻板印象。

表 6.3　一些常见的种族刻板印象

非裔美国人	亚裔	拉丁裔	印第安人
善于运动的	顺从	毒贩	酗酒
犯罪的	谦卑	非法移民	勇敢
贫穷的	模范少数族裔	下等工作	懒惰
节奏和音乐感	聪明	未受正规教育	精神的
无知	富有	非常虔诚	野蛮

6.1.1 青少年所接触的媒体中的刻板印象

儿童和青少年接受的媒体的刻板化程度如何？为了回答这一问题，研究者使用了内容分析 (Content Analysis) 的方法。内容分析是对信息自身进行研究，而非简单罗列媒体内容的意图，或是内容对于观看者的作用 (Kassarjian, 1977)。通过多种维度，内容分析同时从质和量两方面描述了媒体中的词语、形象和声音。例如，Evans 和 Davies（2000）不仅发现小学课本中存在男性化（Masculine Traits）和女性化（Feminine Traits）的各 8 个特质（定性的特征），而且还得出每一特质出现的比例（定量的特征）。通过计算和分类，内容分析将词语、图片和声音整合到特质的共同集合中。但是，如果研究中所包含的媒体不能代表儿童和青少年消费的典型媒体，那么这种劳动密集型调查的发现就没有实际意义。并且，内容分析可能很快就过时，导致研究发现与现今的青年人关联不大。

6.1.2 文学中的刻板印象

婴儿期、学步期和幼儿期图书的内容分析

在婴幼儿能阅读之前，他们就通过图画书（picture books）接触到文学作品，其中的一些图画书经久不衰，被一代代的人阅读。例如，Beatrix Potter 的《彼得兔的故事》(The Tale of Peter Rabbit)[1]，最初出版于 1902 年，至今依然畅销。一百年间，这本书在全世界范围内销售超过 1.5 亿册 (Copyrights Group, 2008)。图画书虽然历经百年，依然可以在书店和学校图书馆中被找到，考虑到图画书持久的性质，将性别和种族表征放置到原来的历史背景中就显得尤为重要。

性别表征

在 20 世纪 70 年代之前，图画书就被严重的刻板化，对男性和女性的描述通常显示出性别特征的行为（攻击的男性和抚育的女性），人格特质（独立的男性和依赖的女性）和职业（男性医生和女性护士）。此外，无论是主角还是配角，男性角色出现的频率都高于女性角色 (Tepper & Cassidy, 1999)。与之相反，当代的图画书将男性和女性的人格特质描绘的非常相似(Oskamp, Kaufman, & Wolterbeek,1996)。例如，Gooden 和 Gooden（2001）发现男性和女性都被同样的描述成合作的、模仿的、竞争的和固执的。与之相似，Tepper 和 Cassidy（1999）发现与男性和女性角色相联系的情绪词语不存在差异（例如：愤怒和害羞）。对 200 余本图画书的调查中（出版在 1995 到 2001 年间），Hamilton 和同事发现男性和女性角色出现自我营救行为，表现出攻击性、顺从和独断的程度相当 (Hamilton, Anderson, Broaddus, & Young, 2006)。

尽管有这些平等之处，但是性别差异依然出现在现代的图画书中。Gooden 和 Gooden（2001）发现在新的剧情中独自描写的男性角色多于女性角色。与之相类似，Hamilton 和同事（2006）证实，插图中的男性角色比女性角色的数量多出 53%，男主角出现的次数几乎是女主角的 2 倍。而且在描写中，男性比女性更独立、更具创造力，同时男性很少处理家务、照看小孩。与此相反，女性表现出更多的依赖与顺从。在图画书中，性别角色职业（Gender-role Occupations）也被高度的刻板化，传统的性别职业是非传统职业的 9 至 10 倍。例如，女性角色常常扮

[1]《彼得兔的故事》(The Tale of Peter Rabbit) 是一本经典儿童读物，作者为英国儿童文学作家 Beatrix Potter，创作灵感来自她的宠物彼得兔，译者注。

演教师、保姆、图书管理员、护士和舞者。此外，与男性相比，更多的女性没有工作 (Gooden & Gooden; Hamilton et al.; Oskamp et al., 1996)。

种族表征

20 世纪 60 年代中期之前，在图画书之中很少有少数族裔的身影，即使出现，他们也被描绘的不如白人积极。例如，白人相对于非裔、亚裔和拉丁裔美国人更多被描述为聪明的。此外，非白人角色通常在剧情中处于从属地位 (Edmonds, 1986)。可是，到了 90 年代早期，在 20% 到 30% 的图画书中，在 30% 到 50% 的有人类角色的图画书中，都至少包括一个非裔美国人的角色；并且有大量的故事以非裔美国人作为主角 (Pescosolido, Grau erholz, & Milkie, 1997)。

虽然，图画书中种族多样性有所增加，但是还有许多的工作要进行。非裔美国人更频繁的出现在图画书之中，但是其他族群，诸如亚裔、拉丁裔和印第安人作为主角的比例则不到 10%(Mosely, 1997)。令人高兴的是，Mosely 发现在当地小学的 140 多份现代图画书中，很少有种族刻板化的内容。当然这并不是说种族刻板印象在图画书中没有出现。例如，Edmonds（1986）发现关于印第安人的故事，常常是包含了刻板地强调主角勇气的民间传说。同样地，亚洲人在图画书中被刻板地描述为缄默冷淡的。这种现象可能是因为学校在购书时，避免为图书馆购买含有这种类型的图画书。

有趣的是，在获奖图书和非获奖图书之间存在着对种族描写的差异。例如，凯迪克奖（Caldecott Award，每年颁发给优秀的图画书）[1] 的获奖作品中，都至少描述了一个非裔角色，而且非裔角色的出现是非获奖图书的 2 倍（例如，小金书 Little Golden Books 系列中的图书）。此外，近 20% 的凯迪克奖图书拥有一个完全由黑人组成的角色表（虽然他们主要描述非洲的黑人）。相同的，凯迪克奖图书中的拉丁裔和亚裔几乎是非获奖图书中的 10 倍 (Nilsson, 2005; Pescosolido et al., 1997)。

有趣的是，图画书中历来很少描述亲密的跨种族关系。相反，这种关系类似于熟人般的亲密接触，常会在操场玩耍和教室学习过程中建立 (Pescosolido et al., 1997)。而且，很少的故事是以成年的非裔美国人作为中心角色。在这些研究之外，对图画中种族刻板印象出现程度的了解还很少。最后，没有关于 2001 年之后出版的图画书中性别或是种族表征的研究。因此，非常有必要了解现在的图画中，性别和种族刻板化的普遍程度。

[1] 凯迪克奖（Caldecott Award）是为了纪念十九世纪英国的图画书画家 Randolph J. Caldecott 而设立，是美国最具权威的图画书奖，得奖作品皆是公认的杰作，译者注。

童年中期儿童书籍的内容分析

当进入到童年中期，章回小说 (Chapter Books) 开始取代图画书。但是，儿童的阅读并不仅限于儿童文学，同时也需要阅读教科书和学校中的基础阅读课程。基础阅读课程包含一些围绕一定主题的短文，有助于教授儿童阅读技能。基础阅读课程附有教师手册，提供与主题有关的话题供以讨论和课堂活动。尽管文献综述的数量有限，仍有一些研究对小学年龄段的阅读材料中的性别和种族刻板化进行了评估。

性别表征

有大量的章回小说可供青少年阅读，故事中男女角色的比例已得到充分的分析。如同图画书一样，通过对市场上大量图书的取样，许多研究都指出章回小说历来呈现的男女都落入一种刻板的样式中 (Kortenhaus & Demarest, 1993)。有时，刻板印象以善意性别歧视（Benevolent Sexism）的方式出现，只要与下列描述中的一条相符，就可被认为是善意性别歧视：（1）传统女性角色中的女性是理想化的；（2）女性被看作是“柔弱的动物”，需要保护；（3）女性被描述为过度浪漫 (Diekman & Murnen, 2004)。善意的性别歧视是许多神话故事中的共同主题，王子和一位美丽的女性陷入爱河，美女快乐的烹饪、清扫、缝纫（传统角色理想化）；王子将她从坏人的手中救出（柔弱的动物需要保护）；经过一个简单而紧张的求爱，从此以后和他的新娘过上幸福的生活（过度浪漫）。这些发现，导致出版商和研究者创造出一系列没有性别歧视的书籍给儿童阅读。《爱丽丝梦游仙境》（Alice in Wonderland）、《百合花盛开之处》（Where the Lilies Bloom）和《小侦探哈里特》（Harriet the Spy）[1] 被推荐为没有性别歧视的流行章回小说 (Diekman & Murnen, 2004)。

正如“通往地狱之路充满善意”，可能在通向性别刻板印象的道路上，也充斥着一些试图在性别上价值中立的书籍。在一项对小学中期的作品进行的调查中，Diekman 和 Murnen（2004）发现“无性别歧视”的图书中，依然使用刻板化的女

[1] 《爱丽丝梦游仙境》（Alice's Adventures in Wonderland）是英国作家 Charles Lutwidge Dodgson 以笔名 Lewis Carroll 于 1865 年出版的儿童文学作品。故事叙述一个名叫爱丽丝的女孩从兔子洞进入一处神奇国度，遇到许多会讲话的生物以及像人一般活动的纸牌，最后发现原来是一场梦，译者注。
《百合花盛开之处》（Where the Lilies Bloom）是 Vera Cleaver 和 Bill Cleaver 于 1989 年出版的文学作品，译者注。
《小侦探哈里特》（Harriet the Spy）是 Louis Fitzhugh 于 1964 年出版的儿童读物。故事的主人公哈莉是六年级的学生，她立志成为一个伟大的间谍，总是不断将观察的周遭人事物，记在自己的笔记本，译者注。

性特质，用参加休闲活动和家务琐事来描绘女性，这些形象同样是刻板化的女性。而且，无性别歧视的图书与被认为存在性别歧视的图书，在刻板化的总量上旗鼓相当。但是，无性别歧视的图书在描述女性角色时更多地采用男性化特质和角色。有趣的是，并不存在对男性性别平等的证据，无论是哪种图书，都未能表现男性角色采用女性的特质和角色。

教科书和基础阅读课程中的性别表征，通过男女角色出现的频次和出现方式两个角度来评估。在对 20 世纪 70 年代到 20 世纪 90 年代的基础读本进行的研究中，一致发现男性角色在数量上超过女性角色，在职业上男性角色更加多样，对于两性的刻板印象非常的普遍。例如，男性被描述为勇敢、聪明、勤勉、主动；女孩则被描述为被动、愚蠢、专注家务 (Hunter & Chick, 2005)。

最近的研究表明，目前的这种情况在接下来的 10 年里基本不会发生改变。在对 700 多个基础阅读课程中的故事进行分析后，Hunter 和 Chick（2005）发现男性更多地出现在插图中，并且在插图中作为故事主角的成年男性角色出现的频次是成年女性的 4 倍。相反，这些性别表征上的差异并不存在于与儿童和动物有关的角色中。在过去 10 年中对性别角色的描述得到了一些额外的改进，在性别角色的描写中，男女拥有许多相同的职业。但是，女性更多是没有薪水的家庭主妇，男性压倒性的表现为牧牛工人、农夫、工人和宇航员。同样地，Evans 和 Davies（2000）发现男性比女性更多具有攻击性、好辩和竞争等特质。实际上，基础阅读课程中出现的男性角色很少表现出女性特质，比如：情绪化、哺育、温柔、善解人意。与之相反，从 20 世纪 90 年代以来，女性被描述为既具有阳刚的男子气概，也具有女性柔美的特质 (Witt, 1996)。

种族表征

以往对章回小说和小学阅读材料中的种族表征的研究非常少。与图画书相似，在小学阶段的文学作品和课本的内容中，主要的故事都是以白人为主角。例如，在 20 世纪 80 年代少于 1% 的儿童图书涉及非裔美国人角色，拉丁美洲人、亚洲人和印第安人的比例更少。在 1990 年，以非裔美国人为主角的图书量增长到 2%(Reimer, 1992)。再一次，获奖图书比非获奖图书，在故事中有更多少数族裔的角色。例如在 1922 至 1994 年间，10% 的纽伯瑞奖（Newbery Medal，授予给杰出儿童图书的作者）[1] 获奖图书中出现了拉丁裔角色。但是，获奖并不能保证对少数族裔角色的

[1] 纽伯瑞奖（Newbery Medal）是世界上第一个儿童图书奖，以“儿童文学之父”纽伯瑞为名，译者注。

描述是积极的。在对1963至1983年间获奖儿童图书的调查中，Gary（1984）发现对于亚裔角色的身体描述、语言和社会地位中，都有消极的刻板印象。

对1990年基础阅读课程中少数族裔表征的研究中，基础阅读课程如同章回小说的镜像，基础读本的主要角色倾向于白人。但是，初级阅读课文中少数族裔的比例远高于章回小说。Reimer（1992）指出在基础读本中近40%的主角为少数族裔。有趣的是，基础读本配套的教师手册，很少提供这种关于种族及文化差异的讨论。当阅读选文涉及种族异化、种族争议或种族偏见时，这种遗漏特别的显眼(McDermott, 1997)。不幸的是，针对近十年间出现的章回小说或基础读本中的种族表征和刻板印象，由于没有新的调查，所以当代的趋势无法获知。

青春期图书的内容分析

性别表征

青少年的文学作品和课本中，性别表征和刻板化被完全忽视了。没有发现对这个主题的研究。但是，对青少年畅销书的快速回顾，揭示了其中存在对青少年男孩和女孩的传统刻板印象。例如，以青少年为目标的图书，《女孩物品大全》（The Big Book of Girl Stuff）[1] (King & Kallis, 2006)，在里面女孩可以学习“如何购物”、“为什么男孩闻起来很糟”和“如何与杀手迷恋者（killer crush）相处”。图书也包括“重要的主题”，例如，“朋友、小团体、秘密和闲话”、“跳舞”、“礼仪”和“美丽”。在《短柄斧》（Hatchet)[2]（Paulsen, 2007) 中，一个13岁的男孩迷失在荒原中54天，必须忍受身体的磨难，身边只有一把短柄斧，同时还得处理父母离婚给他带来的情绪影响。这些刻板印象在青少年文学中很多吗？现在，这个问题还没有答案。

种族表征

仅有少量研究评估了青少年图书中的种族表征。在一项最全面的研究中，Klein（1998）回顾了在1964年和1995年推荐给高中生的600余本图书中的多文化角色。不用惊讶，虽然白人角色的比例从1964年的85%下降到1995年的68%，但是角色中大部分还是白人。在1995年接近17%的推荐图书中含有非裔美国人，这是1964年的4倍多。在两个调查时期，亚裔和印第安人角色在书中出现的比例

[1]《女孩物品大全》（The Big Book of Girl Stuff）由美国作家Bart King创作，主要教授女孩子所应该知道的一切，囊括了才艺、社交、运动、手工、心理学等诸多女孩必修的科目，译者注。

[2]《短柄斧》（Hatchet)是一部美国惊悚恐怖片，于2006年上映，译者注。

都徘徊在6%左右。虽然，这些图书中的少数族裔所扮演的角色（专业人员、运动员、浪漫人物等等）没有很明显的刻板印象，但是在角色的多样性上少数族裔远不如白人。

6.1.3 报纸漫画中的刻板印象

在童年时期，我最喜爱的非电子活动之一就是看日报上刊载的漫画（Newspaper Comics）。《在远方》（The Far Side）[1]、《卡尔文和霍布斯虎》（Calvin & Hobbes）[2]以及不朽的《花生漫画》（Peanuts）[3]都是我所喜爱的漫画。虽然现今的儿童和青少年很少会去看报纸上的漫画，但是毋庸置疑的是，当青少年看报纸漫画时，他们很少会接触到少数族裔，而且经常地受到性别刻板印象的影响。事实上，在过去的20年中，报纸漫画中的种族多样性和性别刻板化问题几乎没有得到改善。

性别表征

在对50余份大众报纸中的1070个漫画角色的调查中，Glascock和Preston-Schreck（2004）发现男性角色的数量是女性角色的6倍。至于刻板印象，女性角色被设定为已婚或与儿童一起出现的情况是男性角色的2倍。相较于男性角色，女性角色更多的被描述为进行照料儿童、做家务以及烹饪食物等活动。女性比男性更多的进行言语攻击，而且相当数量的攻击是针对她们的丈夫（"唠叨的家庭主妇"刻板印象）。与之相反，男性则更多的与工作、修理庭院以及身体攻击联系起来。

种族表征

Glascock和Preston-Schreck（2004）发现在漫画中很少有种族多样性的证据。事实上，漫画中白人的角色占到96%，非裔美国人的角色占2.5%，亚洲人、拉丁美洲人和印第安人角色占余下的1.5%。对于少数族裔而言，虽然在漫画中很少出

[1] 《在远方》（The Far Side）是美国漫画大师盖瑞·拉尔森（Gary Larson）的经典作品，译者注。

[2] 《卡尔文和霍布斯虎》（Calvin & Hobbes）是美国上世纪80至90年代的经典漫画，自1985年开始在报纸连载。漫画中6岁的主角小卡尔文（Calvin）将自己心爱玩偶霍布斯（Hobbes）幻想成一只富有生命、博学多闻的老虎，作者比尔·沃特森透过两人的互动来呈现小孩的异想世界，译者注。

[3] 《花生漫画》（Peanuts）是一部美国漫画，作者是查尔斯·舒尔茨（Charles M. Schulz）。故事的主角们是以查理·布朗（Charlie Brown）为核心的几位美国小学生，经由小狗史努比（Snoopy，又译名史诺比、史洛比、史奴比）的视野，观察这个看似普通的世界。故事主题的设定取用以小孩生活为题材，在漫画发展成史上是首部多角色系列漫画，译者注。

现明显的消极刻板印象，但是与白人相比，他们鲜有从事专业性工作，更多是以蓝领工人的形象出现。

6.1.4 卡通动画中的刻板印象

曾经动画只是在周六早晨和课后时间才能看到，但是现在的青少年一天 24 小时都可以看到（例如：在卡通电视频道）。此外，青少年还能消费“经典动画”，如 20 世纪 60 年代之前在回旋镖频道（Boomerang channel）[1] 上播放的动画，还能观看在 DVD 上播放的动画和动画电影，包括 20 世纪 30 年代的早期动画电影。就这样，动画片和动画电影的观众被暴露在超过 70 年的动画中，接触到其中的性别和种族刻板印象。

性别表征

表面上看，动画中的性别表征在过去的 70 年中没有发生改变。数十年来，大量的研究发现男性角色在数量上远超女性角色。相对于女性角色，男性角色更多被描述为领导者、情感上克制的、英勇的并进行身体攻击。相反，女性更多出演次要角色，被描述为具有善意性别偏见所赋予的特质 (Streicher, 1974; Thompson &Zerbinos,1995; Towbin, Haddock, Zimmerman, Lund, & Tanner, 2003)。但是事实并不总是看起来那样。最近的研究发现不同类型的卡通在性别刻板化上的作用是不同的。

Leaper 及其同事 (2002) 指出，男性在数量上超过女性的这种情况，只在传统的冒险动画（主要是男性主角，如《乔尼历险记》（Johnny Quest）[2] 和戏剧动画中才存在，在教育性、家庭类和非传统冒险类型（至少一个女性主角，如《飞天小女警》（The Power puff Girls）[3] 的漫画中并不存在这一现象。而且，鉴于在传统的冒险动画中男性比女性有更多的肢体攻击，但是在非传统的动画中并不存在这种差异。同样地，Baker 和 Raney（2007）发现男性和女性的卡通超级英雄在 51 种传统的与性别刻板化相联系的变量中有 44 个变量上是一样的。显著的差异包括，在数量上超级英雄中男性是女性的 2 倍，女性超级英雄更多的表现为典型的情绪

[1] 回旋镖频道（Boomerang channel）是由卡通电视网（Cartoon Network）拥有的电视网络的总称，主要播放经典动画卡通，主要是华纳兄弟、米高梅和汉纳的作品，译者注。

[2] 《乔尼历险记》（Johnny Quest）也译作《乔尼大冒险》1996 年由美国华纳兄弟电影公司出品，译者注。

[3] 《飞天小女警》（The Power puff Girls）是由美国时代华纳公司旗下的卡通电视网推出的动画片，1998 年播映了完整的动画片，译者注。

化、有魅力、关注外貌。这些发现与 Leaper 及其同事（2002）的发现一致，无论是哪种类型的动画，女性比男性更多表现出恐惧、浪漫、礼貌和助人的行为。

种族表征

在动画短片中历来（不超过 20 分钟）很少出现少数族裔，无论是主角还是配角 (Klein & Shiffman, 2006)。在 20 世纪 30 年代至 60 年代晚期，卡通短片中少数族裔角色的数量比重从 16% 下降到不足 4%。但是在 30 年间，伴随着民权运动，少数族裔角色的总百分比上升到 20% 至 30%。尽管如此，在 90 年代中期，大多数的少数族裔角色都只是辅助性的角色。总的说来，亚裔（1.7%）、拉丁裔（2.4%）和印第安人（1.5%）的卡通角色在出现率上稍逊于非裔角色（3%）。但是，所有的少数族裔角色（10%）都被描绘成有色人种，而非可识别的种族。

虽然在 1930 年和 1960 年之间，近 10% 的卡通短片中出现明显的种族主义（如：印第安人说“How”），1965 年至 1996 年之间，短片中很少有明显的种族主义。事实上，有色人种在身体、社会和心理维度都被描绘的非常相似。一些积极的与种族有关的特质也被发现。最为显著的是，比起其他种族的成员，非裔美国人表现出更多的亲社会行为，更少的反社会行为。然而，一些刻板印象依然存在。首先，非裔角色比其他种族的角色有更多的唱歌、跳舞或其他形式的娱乐行为。其次，非裔美国人参加休闲活动是其他种族成员的近 2 倍。最后，相较于其他的种族成员，很少有拉丁裔在工作时的画面 (Klein & Shiffman, 2006)。

长篇电影中，诸如迪斯尼（Disney）和梦工厂（DreamWorks）出品的电影，少数族裔的比例还所知甚少。但是，追溯到《白雪公主与七个小矮人》（Snow White and the Seven Dwarfs），在对 26 部迪斯尼电影的评估中，Towbin 和同事（2003）发现，这些电影中主要以消极和刻板的方式来描绘处在社会边缘的种族群体。例如，《狮子王》（The Lion King）中的鬣狗（hyenas）被批评模仿市中心贫民区少数族裔的消极刻板印象，而《小飞象》（Dumbo）中的乌鸦和《森林王子》（The Jungle Book）中的猩猩被认为描述关于非裔的种族主义观点。与早期的迪斯尼动画角色相比，新的电影中，例如《花木兰》（Mulan）和《风中奇缘》（Pocahontas），角色的种族刻板化较少。然而，我们仍需要更多的研究来评价长篇动画电影中的种族表征，因为这些电影是儿童在发展过程中频繁观看的。

6.1.5 教育电视和电脑软件中的刻板印象

目前还很少有研究关注专门为青少年教育而设计的媒体中的刻板印象。但是，已有的研究发现，在教育和信息类节目 (E/I) 中和对全年龄段青少年的教育软件（Educational Software）中，男性在数量上均超过女性 (Calvert, Kotler, Zehnder, &

Shockey, 2003; Sheldon, 2004)。而且，对 E/I 节目的研究发现，男性角色比女性角色说话的机率更大，出现更多样的行为，而且是剧情的中心 (Barner, 1999)。在 E/I 电视节目中，两性都倾向于以刻板的方式呈现，男性展示攻击和支配的特性，女性表现得依赖他人和养育孩子。相似的，这些描述也同样出现在教育性的电脑软件之中。但是，女性比男性更可能出现反性别刻板印象的行为（例如：违反传统对女性期望的行为、态度和情绪）。有一个明显的例外：女性在外貌上比男性更性别刻板化 (Sheldon, 2004)。迄今为止，还没有针对 E/I 节目或教育性软件中的种族表征和刻板化的研究。

6.1.6 电视广告中的刻板印象

性别表征

当商品被推销给儿童时，在 30 多年的时间里，男性始终比女性出现的更频繁。与女性相比，男性不只是更多地担任商业广告中的主要角色，而且男性所扮演的角色地更多样化 (Davis, 2003;Stern & Mastro, 2004)。但是，在向青少年推销商品时，最近男女出现的比例相当 (Stern & Mastro, 2004)。此外，男女出现在不同类型产品的广告中 (Jennings & Wartella, 2007)。例如，男孩始终出现在与独立和竞赛有关的玩具广告中，比如：战争、玩具（玩具枪、剑）。与之相反，女孩更可能出现在与情绪（比如：日记本）、关系（比如：洋娃娃）和家庭背景（比如：厨具）有关的产品广告中。基于这一事实，很自然地，商业广告中的活动和活动的水平也存在着性别差异。Davis 发现女性进行被动的活动（坐着聊天）或家庭活动，男性更积极地参与到周边的环境之中。而且，在为儿童和青少年创作的商业广告中，两性表现出的人格特质都趋于按照性别刻板化的方式来描绘。在商业广告中不仅对男女两性的描述方式有差异，而且根据目标消费者的性别，广告的组成部分也存在差异。推销给男孩的产品包含大声的音乐、精力充沛的活动、从一幕到另一幕的快速切换。与之相比，女性取向的广告，则使用柔和的音乐、舒缓的节奏，非常温和 (Gunter, Oates, & Blades, 2005)。

显然，儿童的游戏行为事实上反映了向他们宣传的产品类型。对性别类型玩具的偏爱在幼儿期开始形成，男孩喜欢车、剑、枪和动作玩偶，女孩喜欢泰迪熊、娃娃和其它能被养育的东西 (Singer & Singer, 1990)。一般而言，童年期男孩倾向于喜欢能允许他们大量积极扮演的玩具和活动，女孩更多选择比较安静的活动。有趣的是，销售给男孩和女孩的玩具，在商业广告中倾向于使用男孩作为演员。这是为什么？虽然女孩会购买由男孩出演的广告中的产品，但是在由女孩出演广告的时候，男孩不会对玩具有同样的表现 (Gunter et al., 2005)。

种族表征

30 多年以来，少数族裔在针对儿童的商业广告中的出现的比率越来越高。实际上，Li-Vollmer（2002）发现在被调查的近 1500 条美国商业广告中，非裔角色出现率达到 19%，超过其在美国人口中的实际比例（13%）(Children Now, 2004)，但是亚裔（2%）、拉丁裔（2.4%）和印第安人（0.2%）在广告中的比例比其在美国人口中占有的实际比例要少（三个种族的人口比例分别为 4%，12.5% 和 1.5%）。正在销售产品的广告中少数族裔出现的数量非常有限，与之相比，65% 的由政府资助的公益广告包含少数族裔角色（45% 非裔和 20% 的其他种族）。

种族的呈现方式比广告（不包括公益广告）中缺乏种族多样性更让人苦恼。例如，在种族综合广告（Racially Integrated Commercials）中，白人（86%）作为主要的发言者，讲话的比例比其他少数族裔加起来还要多，有色人种的角色在一群白人角色中间，主要被当作背景成员。而且白人担任产品代言人的比率是非裔的 55 倍，其他种族的成员没有被当作代言人。除比少数族裔的角色更加多样化之外，白人更有可能被描述成积极肯干的人和问题解决者。与之相反，相对于白人和其他少数族裔，非裔美国人更可能扮演运动员和音乐家。亚裔很少出现在商业广告之中，如果出现的话，更倾向于出现在技术产品的广告中，比如电脑和视频游戏。拉丁裔几乎完全限制在饭店的广告之中；事实上，95% 的拉丁裔都出现在这种类型的商业广告中。而且，非裔和拉丁裔在推广卫生保健产品的商业广告中几乎没有出现。

6.1.7 实景真人秀中的刻板印象

30 年来，没有研究针对包含真人角色（人类，不包含卡通和木偶）的儿童娱乐节目中的性别和种族表征。但是，对“黄金时间”（晚上 8 点至 11 点）中性别和种族表征的研究表明，这一时段正好是儿童习惯上和家人观看实景真人秀的夜间时段。

性别表征

对 2003 年秋季播放的黄金时段电视节目的调查中发现，男性角色（65%）和男性主角（59%）所占的比例要多于女性角色（35%）和女性主角（41%）。这两个发现表明，在过去的20年间女性角色的比例有所增加，因为20年前电视中女性的比例非常低。与早先的研究发现相同，男性角色比女性角色讲话的机会更多，肢体攻击也更多。与以前的研究相比，男性和女性人物的职业更多样。然而，男性更可能是医生、律师、民选官员、消防员、执法人员和CEO。相对于男性，女性人物更多从事地位低下的工作，忙于家庭事务，表现出更多的言语攻击。总之，女性比男性更多出演传统和刻板的角色 (Children Now, 2004; Signorelli, 2001)。

除了黄金时间的电视节目之外，体育节目中常强调男性化特质。一项研究表明，男孩观看体育节目的次数是女孩的5倍。此外，体育节目的消费者接受到的信息比黄金时间电视中描绘的刻板印象更为极端。按照体育节目的规则，一个真正的男人是强壮、坚韧和好斗的。真正的男人会掩藏软弱，忽略疼痛，最重要的是胜利者才是真正的男人 (Children Now, 1999)。

种族表征

除了性别表征，现代儿童（Children Now）[1]（2004）研究了黄金时间电视秀中的种族构成。和早先的研究发现相似，白人（74%）的人数远超其他种族。当涉及少数族裔，非裔美国人（18%）要多于亚裔（1%）、拉丁裔（6%）和其他种族（1%）。但是，在完整的剧情中，白人角色（34%）、非裔角色（33%）和拉丁裔角色（38%）的比例相差不大。与之相反，亚裔出演的小角色（39%）与扮演大角色（11%）的可能性相差将近4倍。

虽然青少年时常熬夜到晚上11点，但是幼儿在黄金时间的中期就会上床睡觉。例如，8岁大的儿童通常在晚上9点左右入睡（National Network for Child Care, 2007）。相较于其它时间段，儿童通常在晚上8点至9点间观看黄金时段节目也就不足为奇了。不幸的是，在这一时间段，历来很少表现出种族多样性。与之相反，晚上10点到11点的节目中越来越多地描述种族多样性的内容 (Children Now, 2004)。总之，在黄金时段对有色人种的描述比白人更消极。例如，非裔美国人身着挑逗性的服装，相较于白人，他们更多涉入刑事审判系统。同样地，拉丁裔常出演和犯罪有关的角色，如：警员、罪犯或者是出演家庭佣工 (Children Now, 2004; Greenberg et al., 2002)。实际上，和其他种族相比，拉丁裔出演地位较高的专业型职业的可能性最小 (Children Now, 2004)。但是，值得注意的是相比于过去的10年，非裔（26%）和亚裔（37%）出演高地位的专业型职业和白人（32%）相当。

[1] 现代儿童（Children Now）是美国加利福尼亚洲一个非政府的研究组织，致力于促进儿童的健康发展和教育实施，以及制定支持孩子发展的法律，译者注。

6.1.8 视频游戏中的刻板印象

性别表征

一些研究评估了视频游戏中的性别和种族表征，但没有考虑视频游戏的年龄适宜性的因素。第一项研究由 Braun 和 Giroux（1989）完成，调查了 80 年代晚期流行的街机游戏的内容。发现男性角色和女性角色的比例达 30 比 1。考虑过评级以后的研究发现相似的结果，无论是主角还是配角，男性角色在数量上都要多于女性角色 (Smith, 2006)。但是值得注意的是自 80 年代以来视频游戏中的女性角色戏剧性的增长。例如，Haninger 和 Thompson（2004）报告 89% 的视频游戏包含可以扮演的男性角色，52% 的视频游戏拥有可以扮演的女性角色。但是，所有的视频游戏扮演中，女性依然是少数，在游戏扮演中所有可体验的角色中，只有 20% 是女性角色 (Beasley &Standley, 2002; Children Now, 2001)。通过研究，女性角色被倾向表现为道具、旁观者、待解救的少女和暴力的受害者 (Smith, 2006)。其它研究表明女性角色分享行为是男性角色的 2 倍，养育行为是男性角色的 4 倍 (Children Now, 2001)。而且，当跨性别行为发生，即女性表现出男性特质而不是女性特质，只有男性角色倾向于使用攻击和暴力 (Smith)。

种族表征

关于种族，视频游戏中的角色压倒性的以白人为主（60% 到 70%)（Children Now, 2001; Jansz & Martis, 2007）。进一步的研究发现，非裔美国人的角色占到 20% 以上，亚裔在 7% 至 9% 之间，拉丁裔占到 2% 到 3%。在视频游戏中，印第安人几乎没有出现。而且，当视频游戏中包含少数族裔，印第安人倾向于被描绘为运动员、街头混混、受害人和罪犯。与之相反，大多数视频游戏中的英雄都是白人 (Children Now, 2001; Jansz & Martis)。

6.1.9 互联网上的刻板印象

虽然儿童和青少年花费了数不尽的时间在访问网页、博客和聊天室，但是青少年对在网络中消费的那些普遍有效的刻板印象还所知甚少。但是，可以知道的是 13 至 18 岁的青少年报告在网络上与他人进行交流时，接触到消极的刻板印象和种族偏见。尽管如此，青少年依然报告在与网络熟人和朋友交流时，能学习到文化实践和信念 (Tynes, 2007)。但是由于 7000 多个非常容易获得的极端主义网站、新闻组（Newsgroup）、博客、聊天室和在线俱乐部（Online Clubs）的存在，青少年在互联网上很容易搜索到性别主义、种族主义或其它的仇恨网站（hatesites）（Simon Wiesenthal Center, 2007)。

6.2 媒体中刻板印象对青少年的影响

如上所述，针对儿童和青少年的媒体，其多样性非常有限，往往充斥着性别刻板印象和种族刻板印象。但是这些信息实际上能影响青少年的刻板印象和态度吗？

6.2.1 刻板媒体和性别

当调查基于媒体的性别刻板化对青少年的影响时，研究者主要评估两个与性别有关的构念：性别刻板化（Gender Stereotyping）和性别角色态度（Gender-role Attitudes）。性别刻板化是指儿童和青少年关于男性和女性的形象、行为、思考、感觉等的期望；性别角色态度是指青少年关于男性和女性刻板印象适当性的信念。高度刻板化的青少年期望男性和女性支持传统的男性化和女性化特质，并且拥有传统性别特定的职业。传统的性别角色态度反映对刻板印象的接纳，这些刻板印象主要关于男性和女性适宜的工作、外貌和行为。例如，具有传统性别角色态度的青少年会认同男性应该养家糊口，女性应该做家务和抚养子女。

性别刻板化

对性别刻板化发展的研究评估了电视消费导致青少年对男性和女性的看法刻板化的程度。针对儿童和青少年的相关研究得到相似的发现，研究均发现大量的观看电视与性别相关的行为、职业和特质的期望有关 (Oppliger, 2007; Ward & Harrison, 2005)。

但是，如果仔细的重读之前的段落，就会发现相关研究只调查了一般电视消费对青少年的影响，并非消费刻板印象内容对青少年的影响。虽然电视节目中呈现对男性和女性刻板化的描述，但是反刻板印象 (Counterstereotype）的描述同样普遍的存在。因为科学家对事实进行操作而不是推测，我们不应该假设大量的电视观看和观看大量的刻板化节目是一样的。考虑到相关研究方向性和第三变量的问题，如果想证明基于媒体的刻板印象对青少年的影响，上述的发现最多能被描述为不充分的证据。例如，观看电视和高水平刻板化之间的相关，可能是由于刻板化了的青少年比没有刻板化了的青少年观看更多的刻板节目（方向性），或是父母在其面前表现了刻板印象（第三变量）。

然而，对儿童和青少年进行的数量有限的实验室实验表明，呈现刻板化的材料能增加性别刻板化 (O' Bryant & Corder-Bolz, 1978)。相反的，观看不符合传统的节目能导致刻板化的减少 (Nathanson, Wilson, McGee, & Sebastian, 2002)。因此，事实上，刻板的媒体内容可能影响青少年的性别刻板化。但是，大部分的研究是 20 多年以前的，只有少量的研究采用实验设计。所以，我们需要更多的研究来验证刻板的媒体内容影响现代的青少年这一论断。

性别角色态度

许多相关研究表明，大量的观看一般电视节目和童年中期 (例如：Frueh & McGhee,1975) 及青春期 (Morgan, 1987) 渐增的传统性别角色态度有关。目前并没有针对学龄前儿童的研究 (Rivadeneyra & Ward, 2005)。但是，因为之前研究评估的是观看一般电视节目，而不是观看刻板节目，可能存在其它不同于刻板内容的因素导致观察到的结果。同样地，对这种类型研究的解释要谨慎。另一方面，近来 Aubrey 和 Harrison（2004）研究了一二年级儿童喜爱的动画片中的刻板内容与性别角色态度之间的关系，但是，研究结果并不令人印象深刻。对男孩而言，观看充满男性刻板印象的动画片与 8 个男性性别角色态度中的两个有关。这两个显著的特质分别为擅长讲笑话和努力工作，而这两个特质很少出现在与刻板化男性相联系的特质清单里。此外，研究没有发现观看充满女性刻板印象的动画片对女孩的显著影响。不幸的是，实验研究没有理清这些混乱的结果，这个领域的少数研究仍然存在争议 (Ward & Harrison, 2005)。

在发展过程中，基于媒体的刻板印象对性别角色态度的影响不仅因为成人取向和儿童取向的行为和特质而有所不同，也因儿童的性别而有所差异。涉及儿童的基于媒体的性别刻板印象，对男孩的性别角色态度的影响可能最大，然而女孩的性别角色态度可能主要受到涉及成人的媒体性别刻板印象的影响。下列发现支持这种观点：非传统的成人形象导致女孩减少对成年女性的刻板态度（但男孩没有，Geis, Brown, Walstedt, & Porter, 1984）；玩玩具的男孩子比女孩子更多，这种关于玩具的刻板印象的广告使更多的人接受这种信念；现实生活中男孩子玩的玩具只能被卖给男孩子 (Pike & Jennings, 2005)。但是，我们需要更多的研究来评价这种儿童性别和成人—儿童属性对刻板印象的交互效应。

6.2.2 种族刻板印象

尽管媒体多样性的缺乏会对儿童和青少年的种族刻板化产生消极影响(Children Now, 2004)，但是绝对没有已有的研究考察过这一主题。然而，这并不能说电视中种族的影响被忽略了，事实远非如此。研究表明少数族裔儿童在观看过具有同族角色的动画和广告之后，通常对自己的种族感觉良好。相同的，在电视节目中对少数族裔积极的描写，例如：《芝麻街》，能够导致白人儿童对少数族裔持积极的看法 (Bogatz & Ball, 1971)。另一些研究指出，当信息由同族的成员传递时，儿童能更好保持来自电视节目的信息 (Graves, 1999)。不过，在发展过程中，基于媒体的种族刻板印象对刻板印象形成和偏见的影响还有待进一步的评估。

6.3 发展的视角

一些人认为，书籍、电视等媒体中少数族裔角色数量的增多表现了那些针对青少年的媒体中种族多样性的真实进展。但是，以下几点理由表明事实并非如此。首先，尽管一些研究者暗示少数族裔角色在媒体中所占的比例应该与总人口相一致 (Children Now, 2004; Li-Vollmer, 2002)，但是结果却是许多少数族裔角色依然是少数媒体的产品，例如：亚裔和印第安人在当代的媒体中分别遇到同族之人的可能性不超过 5% 和 2%。其次，种族多样性不只是相同比率的出现在媒体中。更确切地说，种族多样性应该包括呈现少数族裔角色的多样性。不幸的是，少数族裔所扮演的角色在范围上相当局限。最后，虽然在儿童媒体中出现种族刻板印象的情况已经有所减少，但是许多对少数族裔的描绘还是与他们相关的刻板印象一致。

与七八十年代的儿童相比，当代的青少年更多地暴露在父亲干家务、母亲在职场和其它的反刻板印象例子之中。媒体有能力推翻出生于 2000 年后的儿童和青少年亲自体验到的反刻板印象吗？只有调查才能回答这个问题。此外，对于儿童和青少年而言，并非所有的刻板印象都是等值的。早先的研究表明，相较于同龄人，青少年对与成人有联系的角色和人物表现出更少的刻板印象 (DeHart, Sroufe, & Cooper, 2004)。因此，未来的研究需要理清和区分在发展过程中，基于媒体的刻板印象对儿童和青少年对他人看法的影响。因为，男孩特别容易因跨性别行为[1]被家长和同伴指责，男孩比女孩更容易与刻板印象一致，从而直接影响他们的生活 (Pike & Jennings, 2005)。相反，女孩常被鼓励去从事跨性别行为。同样地，媒体刻板印象可能对男孩的影响大于女孩，但是，这些只针对以儿童为中心的基于性别的特征和行为。此外，媒体对青少年的影响主要限于电视的内容。发展过程中，其它类型的媒体，例如：书籍、视频游戏和互联网对性别刻板印象的影响还知之甚少。

媒体历来以反映当代社会化实践的方式呈现男性和女性所谓的社会化。男孩通过采用工具性角色进行社会化，以自信的、竞争的、支配性的、目标取向的和独立性行为为特征。相反，女孩通过情感性角色进行社会化，在行为上反映为合作的、友善的、养育的、敏感的以及需要他人的 (Parsons, 1955)。这种情况在过去的 50 年基本没有变化，现在的儿童依然在头脑中通过工具性和情感性角色进行社会化 (DeHart et al., 2004)。但是，性别角色行为中发生了一个改变。具体而言，女性越来越多地表现出许多社会化的工具性特质，例如：具有独立的、目标取向的行为 (Eagly & Diekman, 2003)。主流媒体提供现实生活的镜像，如：书籍、视频游戏和电视，这些媒体中提供了大量女性的反刻板印象的情景。但是媒体中几乎没有采用情感性角色特质来描绘男性，这也是对现实生活的真实反映。男孩的社会化主要是表现男性化特质，比女孩更少从事跨性别行为。导致这种现象的原因之一可能是自我保护，对男孩而言，从事传统的女性活动通常会遭到同伴、兄弟姐妹和家长的惩罚 (Leaper & Friedman, 2007)。

E/I 电视节目对性别和种族表征影响的研究被限制在发展的范围内。虽然 E/I 节目的目标观众范围从学步儿童到青少年，但是研究始终未能处理好刻板化与节目的目标观众之间的关系。刻板化很可能表现在适合特定发展阶段的节目中。此外，随着发展，青少年偏爱消费不同类型的媒体产品。例如，在童年中期，教育性节目对青少年变得缺乏吸引力 (Calvert & Kotler, 2003)。因此，媒体刻板印象在儿童消费该类型最多的发展阶段产生的影响最为强大。而且，以前的研究没有区分关注亲社会发展的 E/I 节目和强调学术内容的 E/I 节目。与学术 E/I 节目相比，亲社会 E/I 节目同时强调亲社会行为和对多样性的接纳。像这样，在亲社会 E/I 节目期间的性别和种族表征，可能比学术型 E/I 节目中的相似内容对青少年产生更

[1] 跨性别行为 (cross-gender behavior)，此处是指男孩从事女孩角色的行为，比如：男孩玩布娃娃，译者注。

大的影响。为了评价发展过程中刻板媒体所产生的不同影响，未来的研究需要更仔细地区分不同类型和不同受众的刻板印象。

未来对媒体影响的研究，无论是研究性别或是种族刻板印象，还是研究儿童和青少年的态度，都需要关注以下问题：频繁的观看刻板化的影像（即“水滴、水滴”假设（the“drip, drip”hypothesis）;Reep & Dambrot, 1989）还是感知到的刻板角色的重要性（即“渗透”假设（the“drench”hypothesis）; Reep & Dambrot），哪个对青少年影响更大？根据“水滴、水滴”假设，媒体缓慢地塑造观众的态度和信念。最终，刻板印象通过长时间重复观看基于媒体的刻板印象，使得观看次数越多的观众表现出更高水平的刻板化。与之相反，渗透假设主张刻板描述的数量对刻板印象形成的影响相对不重要。反而，描述的质量显得很重要。角色对观众具有强烈和强有力的影响，角色对青少年刻板化的影响最大。尽管两种假设都能影响青少年，它们的影响在不同的发展阶段是有差异的。例如，同一性形成是青春期早期的关键组成部分，十几岁的青少年（比其它年龄段的青少年尤为突出）会抓住一个或更多的角色来模仿，因此支持渗透假设。也可能是个体差异造成的影响。有些青少年主要受到累积观看刻板印象的影响，另一些可能主要受到媒体中具体角色的影响。当然这些内容都需要进一步的研究。

7 媒体对肥胖、身体意象和饮食失调的影响

当你准备好了，请闭上眼睛，想象完美女性的身体：身高、体重与体型。你能说出一个类似于你心中女神的名字吗？同样地，想象一下完美男性的身体，请认真考虑肌肉的大小和力量。在有些时候，你是否曾经幻想过自己拥有这样理想的身材呢？可能不会，因为绝大多数女性希望体重更轻点，体型更娇小点；同时大多数男性渴望拥有发达的肌肉和更精瘦的体格 (Neighbors & Sobal, 2007)。如果你想象的“完美体形”不是你自己，那么，你想象的是谁呢？很有可能的是，这种“完美”的身材是属于你在电视上、电影中、互联网上或杂志上所看到的某个人。

几个世纪以来，媒体已经影响了女性的“理想体形”。在20世纪50年代，拥有完美曲线的玛丽莲·梦露（Marilyn Monroe），她的14尺码的身形代表着完美体形。10年后，模特特维基（Twiggy）和她单薄瘦弱的身材被认为具有令人心旷神怡的美。但是在杂志、电视和电影问世之前，绘画作品中对于美的诠释（如：鲁本斯 (Rubens)，雷诺阿 (Renoir) 和拉斐尔 (Raphael)[1] 作品）已经影响了人们对最完美体形所设定的评价标准。17至19世纪的女性通常被描绘成丰满的和曲线优美的，而不是身体健康的。现如今，“理想”的女性身体意象，可以采取多种形态，骨感的（如：凯特·摩丝），曲线的（如：杰西卡·辛普森）或运动的（如：洛洛·琼斯[2]）。事实上，对于许多女性而言，曲线美和苗条的结合是最理想的状态：细腰，小臀部，中等胸围。但是有一件事是当代“理想”身体体形所共有的：它们绝对不具有鲁本斯作品中

[1] 鲁本斯(Rubens)，佛兰德斯画家，雷诺阿(Renoir)，法国印象派大师，拉斐尔·圣齐奥(意大利语：Raffaello Sanzio）意大利画家、建筑师，译者注。

[2] 凯特·摩丝，英国超级名模，杰西卡·辛普森，美国流行歌手，洛洛·琼斯，美国女子田径100米栏选手，译者注。

所描绘的女性特征 (Derenne & Beresin, 2006)。

但是，除了影响理想身体的文化标准外，媒体会影响儿童和青少年如何看待自己的身体吗？这种看法会对青少年的心理和身体健康产生影响吗？这些重要问题将在下文中解答。首先，我们来回顾一下媒体消费对肥胖，这一造成世界各地青少年健康危机的影响。

表 7.1　BMI 值百分比和体重类别

BMI 值	百分比范围	体重类别
≤ 18.4	小于 5%	过轻
18.5–24.9	5%–85%	健康
25–29.9	85%–95%	过重
≥ 30	95%–100%	肥胖

7.1 媒体消费与体重

肥胖可以通过很多方式测量，包括皮脂厚度测量、静水称重和双能量 X 射线骨密度。然而，在以下报告的大多数研究中，体重状况采用体质指数 (body mass index, BMI)[1] 的测量方法来评估。对于儿童和青少年，BMI 是基于孩子的身体、体重、性别和年龄来测量的。当青少年的性别和年龄所对应的 BMI 值大于或等于 95% 时被认为是肥胖（见表 7.1）。最近美国在对肥胖症的评估中发现，14% 的 2 至 5 岁儿童，19% 的 6-11 岁和 17% 的 12 至 19 岁的青少年被认为是肥胖的 (Ogden et al., 2006)。在全世界 5 至 17 岁儿童和青少年中，有 1.55 亿肥胖儿童（或 1/10）。在欧盟将近 25% 的儿童的 BMI 超过 95 个百分点。即使是在发展中国家（如：巴西、中国和印度），儿童肥胖率也有上升的趋势。事实上，发展中国家未满 5 岁的儿童中有中 3.3% 出现肥胖 (WorldHeartFederation.org, 2007)。由于明显的身体健康危险（例如：II 型糖尿病、代谢综合征和心血管疾病）和心理健康危险（如：受害、污名和低自尊）与儿童肥胖相关联，科学家们正着手揭示肥胖产生的原因。

[1] 体质指数 (BMI)，评估体重与身高比例的参考指数，它的计算公式为：体重（公斤）除以身高（米）的平方，译者注。

除了饮食和遗传学，媒体消费一直是研究肥胖发展中的一个关注点。但媒体并没有提供热量、不含蛋白质和反式脂肪。那么媒体消费是怎样影响体重的呢？

7.1.1 为什么媒体能使人增肥

已有研究提出三种潜在的机制来解释为什么媒体消费能够影响体重：（1）久坐取代了身体活动；（2）摄入营养含量低的食物主要发生在使用媒体时；（3）食品广告导致儿童和青少年不良的饮食习惯。在下文中我们将对此依次讨论。

久坐取代身体活动

除了跳舞机和各式各样的任天堂视频游戏，尤其是任天堂的健身游戏，其它媒体消费主要是长期的坐着。当电视迷和电脑迷网上冲浪、看电视或玩视频游戏的时候，他们消耗的卡路里很少。有些人认为媒体消费导致身体不活动，从而取代了高能量消耗的运动；而当不能使用媒体的时候，儿童会到户外跑跑跳跳或者参与其他燃烧卡路里的活动。据此推论，因为身体的不活动行为取代了身体活动时能消耗能量的行为，所以体内脂肪增加了 (Gortmaker, Dietz, & Cheung, 1990)。然而，现有的研究未能支持这一观点。比方说，Janz 及其同事（2002）对 4 至 6 岁儿童的研究中发现，剧烈身体运动和电视观看之间没有相关。Jordan 指出在一整天的时间中，青少年有充足的机会在媒体上“闲逛”并参加剧烈活动，这两者并不相互冲突。因此，在发展过程中，媒体消费似乎不会取代身体活动的行为。

尽管花费大量的时间参与剧烈活动，青少年每天仍会花几个小时在媒体中，在这段时间，他们很少活动，卡路里的燃烧也很少。10 年前，Bar-Or 及其同事（1998）表示，久坐的媒体消费，比如：看电视，不只是高肥胖率的一个可能原因，也是临床上显著的因素之一。看电视也产生了大量的直观感觉。毕竟，当你悠闲的躺在休闲椅上收看《超级减肥王》（The biggest loser）[1] 真人秀，又想要拥有完美的腹肌和精瘦的体格，这是不可能的。但是，长期与媒体有关的身体不活动行为是否真正对肥胖的产生有影响呢？ 10 年来有价值的研究表明，直觉并不总是正确的。从童年早期到青春期晚期，大量的研究试图发现肥胖与看电视、使用电脑和玩视频游戏之间的因果关系。虽然一些研究发现媒体使用与身体肥胖之间呈显著相关，但是这些相关较弱 (Jenvey, 2007; Marshall, Biddle, Gorely, Cameron, & Murdey, 2004)。比方说，Wake 及其同事 (2003) 发现，在儿童期中期和青春期早

[1]《超级减肥王》(The biggest loser)，美国全国广播公司热播的一个减肥真人秀节目，译者注。

期，其父母所报告的儿童的电视消费只可以解释BMI得分的1%。其它研究并未发现媒体使用与BMI之间的关联 (Jenvey, 2007)。Marshall及其同事（2004）基于这些复杂的结果得出的结论，与流行的观点相反，媒体使用对肥胖的影响“太小以致没有临床意义”。

摄入营养差的食物主要发生在媒体使用时

随着1954年推出的第一个电视晚餐 (SwansonMeals.com, 2008)，斯旺森食品（Swanson Foods）确认了一种观念，那就是在电视机前吃晚餐是被社会所认可的。几十年后，学者开始关注一边吃东西，一边看电视和玩视频游戏会增加青少年身体肥胖的可能性。问题并不在于儿童在使用媒体时食用健康食品；相反，问题在于媒体使用会导致因食用营养差的食物而摄入更多的热量。Coon及其同事（2001）的研究支持了这一论点，结果表明在电视机前吃两餐或两餐以上的家庭比其他家庭会食用更多的肉类、披萨、零食和苏打饼干等，但更少吃水果和蔬菜。但是并非电视导致了青少年吃得很差，可能仅仅是因为很少食用健康食品的家庭也往往倾向于观看大量的电视节目，包括当他们吃东西的时候。

除了传统的一日三餐，儿童和青少年会定期吃零食，而当吃零食的时候，往往会使用媒体。事实上，吃零食比一日三餐更容易看电视 (Matheson, Killen, Wang, Varady, & Robinson, 2004)。然而，Matheson等人发现，对于3年级到5年级的儿童而言，不论电视打开还是关闭，都不会影响他们所消耗食物的总脂肪含量和热量。同样，在电视机前吃东西并未影响学龄前儿童的总能量的摄入量 (Francis & Birch, 2006)，并且观看食品广告并未导致吃零食的增加 (Carruth, Goldberg, & Skinner, 1991)。因此，在电视机前吃零食，并未出现摄入营养差的食物来取代营养良好食物的情形。此外，这种评估可能是毫无意义的，正如Field及其同事（2004）所发现的，不论媒体消费与否，零食的摄入对于9至14岁青少年儿童的BMI没有产生影响。

儿童和青少年在观看食品广告后导致不良的饮食习惯

最近，英国禁止播出针对未满16岁儿童的“垃圾食品”(junk food)（定义为高脂肪、盐和糖的食物）电视广告 (BBC.com, 2008)。值得关注的是，电视广告造成儿童不良的饮食习惯（观看后）导致这项政策的产生。但是这种类型的广告审查制度能被批准吗？

食品广告的流行率

儿童与青少年每天淹没在食品的广告中。在所有的电视广告中将近50%是针对青少年推广食物（如：零食、谷物和糖果）或与食品有关的事物（如：餐馆和冰淇淋制造商）。Gantz 及其同事 (Gantz, Schwartz, Angelini, & Rideout, 2007) 发现在食品广告的产品中，他们推广的有九成是营养差的食品：其中 34% 的糖果和零食，28% 的谷物，10% 的快餐，4% 的乳制品，1% 的果汁，但没有水果和蔬菜。甚至在专门为儿童设立的有线网络一号台——尼克儿童频道 (Nickelodeon)，88% 与食品有关的广告也是推广缺乏营养的食品 (Batada & Wootan, 2007)。这是特别具有讽刺意味的，因为几个赞助尼克儿童频道的公益广告的目的是解决儿童肥胖，并且促进水果与蔬菜的摄入。

此外，儿童和青少年通过电影、电视节目和视频游戏中所植入的产品接触到不健康的食品。《美国偶像》（American Idol）[1] 评委喝大杯饰有可口可乐标志的饮料，并非仅仅是巧合。产品摆放位置有很重要的影响。例如，在 20 世纪 80 年代初，当里斯（Reese）[2] 的产品出现在大片《外星人》（ET，The Extra-Terrestrial）[3] 中以后，它的销售额增长了 65% (Palmer & Carpenter, 2006)。食品广告无处不在，甚至在学校这一神圣之地。在学校网络第一频道中所广播的广告，70% 是缺乏营养的食品（如：糖果、快餐和苏打饼干；Horgen, Choate, & Brownell, 2001）。这是特别具有讽刺意味的，因为在课堂中教育儿童要选择健康的食品。

在互联网上，上百个与食品有关的网站（例如：家乐氏乐趣 K 小镇（Kellogg's Fun K Town））让儿童与名牌产品（优格斯（Yogos））和角色（例如：托尼虎（Tony the Tiger））[4] 互动。他们同样会在玩广告游戏的过程中，观看食品广告和植入的产品。85% 以上针对儿童知名品牌的电视广告也有互动式的网站来推广食物产品，并且这些网站中的 64% 使用了病毒性的广告，以此来诱导青少年通过电子邮件向他们的朋友发送网站的链接 (Moore, 2006)。有趣的是，一些广告游戏的网站，如

[1] 《美国偶像》（American Idol）是 FOX 广播公司从 2002 年起举办的选秀节目，每年主办一届，目的是发掘新一代的美国歌手，译者注。

[2] 里斯（Reese）是一家糖果公司，该公司生产 Reese 花生酱糖和 Reese 糖果。在 60 年代，被好时公司收购，译者注。

[3] 《外星人》（ET，The Extra-Terrestrial）是斯皮尔伯格 1982 年执导的一部温馨的科幻片影片，描述了一位十岁男孩艾里奥特与一个外星造访者划破时空隔阂建立了纯真友谊的故事，译者注。

[4] 家乐氏乐趣 K 小镇（Kellogg's Fun K Town），专注于营养谷物早餐的家乐氏公司给儿童提供的网站。
优格斯（Yogos），家乐氏公司品牌产品。
托尼虎（Tony the Tiger），家乐氏公司麦片产品的卡通吉祥物，译者注。

家乐氏的乐趣 K 小镇，会有动画消息告诉儿童在访问该网站的互动内容前到户外活动 15 分钟。我不知道是否真的有青少年听从这个建议。

除了电子媒体，青少年在印刷媒体（如：杂志、产品包装）上也会遇到食品广告，并且屡见不鲜。这些广告推广的是不健康的食物。例如，一项研究发现，尼克国际儿童杂志（Nickelodeon Magazine）上刊登的 76% 的食品广告是营养质量差的食物 (Batada & Wootan, 2007)。此外，当尼克国际儿童频道的人物出现在食品的包装上时，里面的食物 60% 是不健康的。儿童还可以在专为青少年读者设计的图书中读到有关食物的产品，如：彩虹糖（Skittles）、果脆圈（Froot Loops）和奥利奥饼干（Oreo Cookies）(Palmer & Carpenter, 2006)。在我儿子小的时候，我给他读一本算术书，在这本书里麦圈的图片被放在每一页的特殊位置。当然，看完这本书后，他吃上了麦圈。

食品广告和肥胖的研究

在过去的 30 年，美国的肥胖率在学龄前的儿童和青少年中翻了一番，在童年中期的儿童中翻了 3 倍 (Desrochers & Holt, 2007)。许多研究人员认为，这种增加是由于接触食品广告（尤其是电视）导致儿童渴求、购买并最终食用这些营养质量差的食物（WHO, 2003）。然而，当前的研究表明在过去的 30 年中，儿童实际接触电视食品广告已经下降，但接触到质量差的食物却一直保持在相同水平 (Desrochers & Holt, 2007)。

然而，这些宏观的研究是有问题的，因为他们需要广泛的概括性，在这种概括中对所有的儿童都同等地对待。但是经常看电视的青少年观众可能接触很多的电视广告，而很少看电视的青少年观众可能接触很少的电视广告。同样可能广告对青少年发展的不同阶段影响也不同。考虑这个问题：虽然学龄前儿童和青少年的肥胖率都翻了一番，但学龄前儿童每天看食品广告大约是青少年的 1/3，童年中期的孩子每天比青少年只多看约 4 条食品广告 (Gantz et al., 2007)，他们的肥胖率增加了 3 倍。这些数据表明发展的不同阶段对食品广告具有不同程度的易感性。

对童年早期和中期的实验研究表明，与他们从未见过的食品相比，儿童更倾向于选择他们在电视广告中见过的食品 (Gorn & Goldberg, 1980, 1982)。虽然大多数这类研究都是在 20 余年前开展的，但当今的研究仍然支持了这一观点，即广告影响食品偏好。比如，Borzekowski 和 Robinson（2001）新近的研究发现，相对于未刊登广告的品牌，学龄前儿童倾向于选择卡通节目广告中播出的花生酱和果汁的品牌。广告对年龄大些的青少年在有关食物的需求或购买方面有怎样的影响，目前还没有相关的研究。

在整个童年早期和中期（没有关于青春期的研究），观看广告后对饮食摄入影响的研究与控制背景（如：实验室或教室）下的实验研究有着一致的结论。比方说，Jeffrey 及其同事（1982）证明与健康食品或玩具的广告相比，关于营养可疑食品的广告会导致 4 到 9 岁儿童摄入更多的能量。22 年后，Halford 等人发现，与看完和食物无关的广告相比，9 至 11 岁儿童在看完与食物有关的广告后会吃更多零食 (Halford, Gillespie, Brown, Pontin, & Dovey, 2004)。此外，与体重正常的儿童相比，这种影响在肥胖和超重儿童身上更明显。Halford 及其同事 (2007) 采用 5 至 7 岁儿童为样本，发现无论是正常儿童还是肥胖儿童观看与食物有关的广告会导致随后看电视时吃零食行为的大幅增加，正常儿童增加 17%，肥胖儿童 14%。重要的是，这项研究中所吃的垃圾食品并非是电视中广告宣传的。因此，与食品有关的广告是刺激一般意义上的吃，并非只是吃电视中看到的食物。此外，食物消费发生在电视关闭之后，表明广告对青少年的食欲有着相对长期的影响。

7.1.2 家长、媒体与肥胖

重要的是要记住，对儿童的饮食模式及食物喜好具有最大影响的是家长，而不是媒体。通常而言，家长对孩子的影响通过以下几下方面来表现：健康或不健康的饮食习惯、购买健康或不健康的食物、正餐或休闲时间提供健康或不健康的食物选择 (Jenvey, 2007)。研究还表明，父母和子女所吃食物的数量和所吸收的营养质量均相似。因此，家长吃大量营养差的食物，导致他们的孩子也这样 (Grier, Mensinger, Huang, Kumanyika, & Stettler, 2007)。与他们的孩子一样，父母也会受到食品广告的影响。反过来，这种影响可能会影响父母购买的食物。比方说，在一项对童年早期和中期的弱势青少年的父母评估中，Grier 及其同事 (2007) 发现接触到快餐广告越多，就会越来越相信吃快餐是正常的行为。家长看麦当劳（McDonald's）、汉堡王（Burger King）[1] 等广告越多，往往越让他们的孩子吃快餐，而这二者之间的相关已达到显著水平。

7.1.3 媒体与肥胖污名

肥胖污名（obesity stigma）是指对超重青少年的消极态度、刻板印象和歧视行为。在发展过程中，青少年认为他们超重的同伴比正常体重者更自私、懒惰、愚蠢、丑陋、邋遢和讨厌。肥胖儿童同样更不可能被选为玩伴，并体验高水平的

[1] 汉堡王（Burger King），是类似于肯德基的全球大型连锁快餐企业，译者注。

社会拒绝、戏弄和欺负。肥胖污名从3岁就已开始，在发展过程中逐渐恶化，直到大学阶段才开始减少。此外，孩子的体重越重，污名以及相关的偏见、刻板印象和偏见行为越糟糕。家长和教师也会传递与肥胖污名一致的表述和行为。已有研究表明，父母不仅表达有关对肥胖儿童的消极刻板印象（如：懒惰），同样取笑他们自己孩子的体重。任课教师认为肥胖青少年比平均体重的青少年更不爱整洁，更不太可能成功，更情绪化。同样，研究表明体育教师对肥胖持有消极态度 (Puhl & Latner, 2007)。除了同伴、家长和教师外，媒体可能也会对肥胖污名的流行产生影响。想想《哈利波特》（Harry Potter）系列中的德利·杜斯利（Dudley Dursley）和《欢乐糖果屋》（Willy Wonka and the Chocolate Factory）[1]的奥古斯塔斯·格鲁普（Augustus Gloop），他们均是媒体所提供的体重偏见的典范。二者都肥胖、贪食，并且不顾成年人对其不合适行为的告诫。研究只评估了一种媒介中体重的状态，即儿童经常观看的动画片。在对动画片超过60年的有价值的研究中，Klein和Shiffman（2005）经过分析发现相对于更苗条的动画片角色，超重的角色通常被展示为更不聪明，更不高兴和不为人所喜爱。此外，相对体重更轻的角色，超重的角色被描绘为吃更多垃圾食品，具有更多的身体和言语攻击行为。与此类似，在对亚马逊网站（Amazon.com）上销售排名前25的儿童视频的评估中（大多数为动画片），Herbozo及其同事 (2004) 发现肥胖在64%的时候与消极特质相联结。

此外，观看面向成人电视节目的青少年经常会遭遇体重偏见。举例来说，与更苗条的女性角色相比，黄金时段的电视节目往往将超重的和肥胖的女性描绘为更不具有吸引力，更不可能卷入浪漫关系中 (Greenberg, Eastin, Hofschire, Lachlan, & Brownell, 2003)。虽然这些节目加强了肥胖污名，但它们真的会对青少年的体重偏见产生影响吗？事实上，有限的研究表明媒体可能会对儿童和青少年的肥胖污名产生影响。比如，随着电视消费的增加，1至3年级的男生认为超重的女生（而不是超重的男生）更贪婪、愚钝、肮脏和不诚实 (Harrison, 2000)。近日，Latner及其同事 (2007) 发现10至13岁青少年观看的媒体越多，就更不喜欢肥胖男孩和女孩，而且对肥胖儿童有更多的消极态度。在这项研究所评估的媒体中（杂志、电视、视频游戏），对体重偏见的最强预测源来自杂志阅读。Latner及其同事（2007）认为这一发现是由于与电视或视频游戏中的人物相比，杂志中所印刷的图像展示

[1]《欢乐糖果屋》(Willy Wonka and the Chocolate Factory)，又译作《威利旺卡和巧克力工厂》，1974年上映的一部美国电影，改编自1964年罗尔德·达尔的同名小说，2005年改编后名为《查理和巧克力工厂》重新上映，译者注。

出更完美的身体。这同样可能由于杂志阅读相对于玩视频游戏和看电视而言更不普遍，关注自己身体意象的青少年比那些不关心的青少年更频繁地去阅读杂志。反过来，重视苗条的青少年同样可能拥护对超重和肥胖儿童的应该持消极看法这一观点 (Davison & Birch, 2004)。

7.2 身体意象与媒体

身体意象（body image）指对一个人的身体外观的态度、情感和想法 (Jung & Peterson, 2007)。青少年可以从体重、体型、身高和肌肉力量几个方面对他们的体型表示满意或不满意。事实证明，相当数量的儿童与青少年对他们的身体不满意，这种不满意的过程从很小时就已经开始。事实上，当儿童发育到五六岁时，对苗条的渴望就会出现，随后变得越来越明显 (Lowes & Tiggemann, 2003)。比如，Collins（1991）发现 6 至 7 岁的孩子中，有 42% 的女孩和 30% 的男孩更偏好比自己更苗条的身材。从童年中期以后，40% 到 50% 青少年都渴望更苗条 (Clark & Tiggemann, 2006; Dohnt & Tiggemann, 2006)。然而，8 岁以前这种对苗条的渴望并不等于对身体的不满意。这种情形将很快被改变，正如 Wood 及其同事 (1996) 所发现的那样，在 8 至 10 岁的孩子中 55% 的女孩和 35% 的男孩对他们的身型不满意。随着青少年从童年中期向青春期的过渡，身体的满意度表现出持续下降的趋势 (Eisenberg, Fabes, & Sprinrad, 2006)。

在一般情况下，女孩对身体不满意（年龄除外）集中在体重上，而青春期男孩对自己身体不满意最常见的原因是缺乏肌肉质量。因此，在整个童年期和青春期阶段，女孩比男孩更可能形成对苗条的渴望。相比之下，男孩更可能致力于增加肌肉的力量和轮廓，也就是说，赞成“力求强壮”这一主旨。然而，在童年时期，超重的男孩希望变得更瘦点，而不一定是更发达的肌肉 (Jung & Peterson, 2007)。经过身体发育，女性对身体的不满似乎源于脂肪的正常增加。然而，对于女孩而言，纵观整个儿童期到青春期，其消极的身体意象不能仅仅用 BMI 的改变来解释。同样，当男孩进入青春期时，他们自然会增加更多肌肉力量。然而，他们也对肌肉的正常增加也有些不愉快。显然，还有其它因素正影响男性和女性的身体意象。

大量研究聚焦在导致儿童和青少年身体不满的众多影响因素。除了生物遗传、同伴、父母和兄弟姐妹，大众媒体的作用经常会被低估。相对于身体积极意象的提升，媒体评论家声称杂志、电视和视频游戏不能促进青少年积极的身体意象，其中所描绘的男性和女性的身体在现实世界中是如此高不可攀，进而导致了青少年对于身体的不满。事实证明，这仅仅是可能的情况。

7.2.1 媒体中身体意象的描绘

玩具娃娃与动作角色

在将近 40 年里，芭比娃娃（Barbie）的曲线尺寸被估计为 39-18-33。如果她是真实的人，那么芭比娃娃将重约 50 公斤，身高在 1.8 至 2.1 米之间。像许多 20 世纪 90 年代的名人一样，芭比娃娃进行了外科整形，其现在的变异尺寸为 33-17-30。除了芭比娃娃，用玩具来作为女性身体的表征还是很少见的。特种部队（G. I. Joe）中美国大兵身体精瘦但是肌肉发达，178cm 的身高、2.16m 的胸围、86cm 的颈围、1.7m 的腰围 (Baghurst, Carlston, Wood, & Wyatt, 2007)。这些数字几乎是男性平均身材的两倍，并且轻松超过了 Issac Nesser——世界最大胸围记录保持者 (187.96cm 的胸部，59.65cm 的颈部，111.76cm 的腰部；TrulyHuge.com, 2008）。除了美国兵以外，其他动作角色，如：超人、蝙蝠侠和绿巨人，在过去的 25 年变得更精瘦，肌肉也更加发达。自 1980 年以来，在上述所提到的动作角色中，他们的胳膊、胸部、脖子、前臂、大腿和小腿的尺寸已经增加了 50% 到 60%(Baghurst et al., 2007)。

杂志

以青春期少女为目标受众的杂志，其展示的女性在身材上接近完美，几乎所有的瑕疵和“问题区域”均被遮掩或改变成理想的形态 (Labre & Walsh-Childers, 2003)。几十年以来，杂志描绘女性的身体又高又瘦，身高有 178cm 而体重 50 公斤。如此瘦弱，事实上，这些杂志模特 BMI 的平均值为 15.8，她们的 BMI 值属于过轻的级别，并且比 98% 的美国女性都瘦 (Levine & Smolak, 1996)。但是，在过去的几年，女性身体的意象已经改变了。Bessenoff 和 Del Priore (2007) 发现，虽然像 Glamour、Seventeen 和 YM[1] 杂志中模特的 BMI（BMI 值为 20.7）的估计值比典型读物（BMI=24.3）更低，但是他们仍然在正常的体重范围内。

[1] Glamour 是英国高端女性时尚周刊，以其独特的编辑理念与视角报道时装、美容、名流及跟女性生活息息相关的一切，译者注。

《十七岁》（Seventeen）创刊于 1994 年，面向 10 至 20 岁少女，内容涉及少女关心的偶像、时尚服饰和情感建议等，译者注。

YM 美国时尚杂志，译者注。

除了图片，杂志上的文章也能传达有关理想女性身体的信息。Davalos 及其同事 (2007) 发现，年轻女性观看的杂志（如 :《十七岁》Seventeen 和 Teen Vogue）头条中，15% 聚焦在饮食和身体意象上。Ballentine 和 Ogle（2005）发现 Seventeen 中描绘的终极身材（如 : 尤伯杯体）要有光滑的皮肤，经过修饰的仪表、优雅的气质和苗条的身材，还要有结实的腹肌和双腿。苗条的身体被吹捧为“便于管理”，反映一个人能控制自己的生活。杂志给读者的建议是减少“讨厌的东西”，即身体内部的脂肪沉淀（这些脂肪对于青春期的少女是很正常的）。在《十七岁》将超级身材理想化的同时，他们也告诉读者抵制“保持理想身材”观念，让读者快乐地做他们自己。顺便说一下，青少年杂志的在线版本包含了以下信息 :（1）女孩的身体会很容易“失去控制”;（2）身体的每一个部位应该是完美的 ;（3）美丽需要身体完美 ;（4）女孩的身材是不完美的 (Labre & Walsh-Childers, 2003)。

以儿童和青少年为读者的杂志中关于男性身体的描绘并不多见。然而，总体而言，在过去的 30 年里男性身体意像变得更加精瘦和更富有肌肉。男士杂志宣扬的理想男性身型具有六块腹肌，完美的胸肌，鼓鼓的肱二头肌和低脂肪比。健康的身体仅限于肌肉发达是很少见的。男性杂志所传递的主要信息是拥有精瘦的、肌肉发达的身体外观是最重要的 (Labre, 2005)。

视频游戏

视频游戏中女性通常被描绘成拥有完美曲线的身材，以夸张的胸部和纤细的腰部为特征。《古墓丽影》(Tomb Raider) 系列中的 Lara Croft 和《吸血莱恩》(Blood Rayne) 系列中的 Rayne 是这种身型的典型例证。Beasley 和 Standley（2002）发现，M 级游戏（推荐给 17 岁及以上的人玩的游戏）中 70% 的女性和 T 级游戏（推荐给 13 岁及以上的人玩的游戏）中将近一半的女性有不合实际的夸大胸部。令人惊讶的是，E 级游戏（推荐给 6 岁及以上的青少年玩的游戏）中将近 1/3 的女性角色的特点是性感。游戏中出现非常瘦弱的女性体型比上述性感的类型稍微少一点，如《吉他英雄 3》(Guitar Hero III)[1] 中衣着暴露的 Casey Lynch。与此相反，男性角色的体型与健康的男性身型更一致。不过，仍然有超过 1/3 的男性角色被描绘成具有超级肌肉的体型 (Children Now, 2001)。

电视和电影

儿童和青少年通常所观看的节目中关于女性身体的表征鲜有调查。从 20 世纪

[1]《吉他英雄 3》(Guitar Hero III)，是一款为吉他爱好者专门设计的音乐游戏，通过模拟的音乐演奏让玩家亲身体验成为摇滚吉他明星的快感和喜悦，译者注。

30 年代年到 20 世纪 90 年代的漫画研究发现，88% 的动画人物体重正常 (Klein & Shiffman, 2005)。然而，一项对 2003 年在亚马逊网站上购买的流行电影的研究结果表明，60% 的电影（卡通和真人）所描绘的女性角色都是纤细的 (Herbozo et al., 2004)。相对而言，在受青少年（10 至 16 岁）欢迎的电视情景喜剧中（如：《老友记》(Friends）和家居装饰（Home Improvement））[1]，只有 33% 的女主角低于平均体重（60% 是平均值；Fouts & Burggraf, 1999）。比较而言，1986 年电视上 69% 的女性角色被评定为"瘦弱的"(Silverstein, Perdue, Peterson, & Kelly, 1986)。以往，电影、黄金时段的电视剧和肥皂剧所呈现的女性角色都比普通人更瘦弱 (Tiggemann & Pickering, 1996)。然而，关于青少年所观看的电视节目和电影的内容分析的最新研究，都是在将近十年所进行的。正如 Fouts 和 Burggraf（1999）的研究所显示的，电视人物的平均体重在 1980 年到 1990 年之间有所增加。这种趋势在新千年能否持续呢？只有进一步研究才能回答这个问题。

在广受欢迎的儿童电影中，被评为有吸引力的男性角色通常被认为是精瘦的和有肌肉的 (Herbozo et al., 2004)。除了这个有限的研究，指向年轻观众的电视或电影中很少涉及关于男性身体的表征。然而，在超过 10 年的时间里，男性演员在广告中或在黄金时间段的电视节目中展现的是精瘦和肌肉发达的身材，这一趋势是保持不变的 (Gunter, Oates, & Blades, 2005; Levine & Smolak, 1996)。这种 V 形的男人有宽阔的肩膀，发达的手臂和肌肉发达的胸部，以及纤细的腰身。这种身材在专业运动（例如：Tom Brady）和非娱乐的职业摔跤（例如：Tripe H) 中表现得最为明显。事实上，男性通过展现精瘦的肌肉来表现其超级男性的身体，并以此作为理想身材，而职业摔跤中的男性已远超出了这一理想范围。这样的理想身体是高大、肌肉发达而且强壮的，顺便说一下，这是一种很少有男人能实现的体型。值得注意的是，在杂志广告和电视广告中，有些减肥产品的模特是体重过轻的女性和肌肉过度发达的男性，儿童和青少年同样也会接触很多这样的广告。为这个年盈利 40 亿的市场推波助澜 (Dolson, 2003) 的是那些骨感的、健康的演员们，他们每个人都迫不及待的宣讲代餐（减肥中心），饮食补充剂 (Hoodia 850)、面霜（人体雕塑消脂霜）、包装（将你自己打扮得苗条）和健身设备（同 Mitch Gaylord 一起将脂肪融化）对于减轻体重的好处。无论广告中的产品如何，几乎总是传达相同

[1]《老友记》（Friends），又名《六人行》，是美国 NBC 电视台从 1994 年开播、连续播出了 10 年的一部幽默情景喜剧，译者注。

《家居装饰》（Home Improvement），20 世纪 90 年代热播的美国情景喜剧，译者注。

的信息：美是纤瘦的。目前，关于儿童和青少年总体暴露在这样的减肥广告中的情况了解还很少。然而，已知的是媒体中对男性和女性身体的描绘确实会对青少年的身体意象产生影响 (Groesz, Levine, & Murnen, 2001)。

7.2.2 身体意象的研究

下面的三种理论用来解释为什么理想化的媒体图像可能导致儿童和青少年对身体的不满：纤瘦理想或肌肉理想的内化（thin- or muscular-ideal internalization），社会比较（social comparison）和可能的自我价值（contingent self-worth）。首先，内化理论假定，女性在认知上将社会对纤瘦的信念进行内化，男性将肌肉发达的标准进行内化，青少年达不到这一标准就会对形体产生较大的不满。媒体被认为帮助青少年建立和加强了对“理想化的身体”的内化。第二，儿童和青少年在参与社会比较过程中，他们会以媒体中所展现的形象作为参照，以此来评估他们自己的体形。青少年无法达到媒体上纤瘦或有肌肉的身型而变得对自己身体不满意。最后，可能的自我价值理论认为，社会对外表的标准表明青少年的价值是由外表决定的。因此，青少年无法满足纤细体形或肌肉的体形而感到自己很糟糕，这反过来又导致他们对身体的不满，并且关心其他人对他们身体的看法 (Strahan et al., 2008)。

童年早期的研究

孩子 3 岁的时候，就已经开始从父母那里接收关于理想身材的信息，母亲会引起女孩对纤瘦的注意，同时也会引起男孩对发达肌肉的重视。许多学龄前的男孩和女孩不仅会注意他们头发和衣着的仪表，还会觉察到他们的身型情况。尽管已有一些调查研究，但在童年早期，还没有研究涉及媒体对以下方面的影响，如：身体满意度、纤瘦理想的内化以及对发达肌肉的追求 (McCabe et al., 2007)。

童年中期的研究

媒体与女孩的身体意象

已有研究表明，媒体接触会对小学生的身体意象产生影响这个结论是有问题的。在过去十年进行的研究中，不只一个研究发现 5 至 12 岁女孩观看电视或杂志中纤瘦的女性会影响她们对当前身体不满意度水平（例如，Clark & Tiggemann, 2006; Dohnt & Tiggemann, 2006; Harrison, 2000, Sands & Wardle, 2003)。有趣的是，一项研究表明电视接触能够预测青春期前期的女孩在他们“长大”以后能成为的

类型 (Harrison & Herner, 2006)。不幸的是，该研究评估的是电视消费的总量而不是观看有纤瘦演员节目的频率。因此，在女孩的报告中希望未来变瘦，我们很难知道这一报告是否真正受到电视上体重过轻女性的影响。在电视和杂志影响儿童期对纤瘦理想的内化方面，在有限的研究中其结果是混乱的。在两个已经进行的研究中，只有一个发现纤瘦理想的内化与观看电视有关 (Clark & Tiggemann, 2006; Harrison, 2000)。

备受指责的芭比娃娃是否真的会影响年轻女孩的身体意象？答案是有保留地肯定。在单独的实验研究中，给 5 至 8 岁的女孩看芭比娃娃或艾蒙娃娃（Emme doll）（有更现实的身形，因为它是基于所喜欢名字的完整的超级名模）的图像。在看完芭比娃娃的图像后，5 至 7 岁女孩报告的身体不满意水平有所增加，并且希望成人后变的更瘦。相对而言，8 岁女孩当前和未来的理想化身形没受到芭比娃娃的影响。与预期相反，观看艾蒙娃娃图像让年长的女孩希望她们长大后变得更瘦（身体不满意度的当前水平没有受影响）。对于较小的女孩而言，Dittmar 及其同事（2006）认为身体意象的改变是由于暴露于环境刺激（如：芭比娃娃）的直接结果，而不是纤瘦理想的内化。研究者还表示到 8 岁时，女孩已经建立了纤瘦理想的概念。因此，对于年龄较大的女孩，艾蒙娃娃会可能引起他们将如何看待自己成年后的形象。换句话说，到 8 岁时，女孩认为在童年期比成人更重（而不是肥胖）要更可以接受一些，所以她们基于这些信念而对图像做出相应的反应。

媒体与男孩的身体意象

只有两项研究探讨了关于媒体对童年中期男孩追求瘦型肌肉发达的影响，这两项研究都没有将健康和健身、时尚和体育杂志的频繁接触与男孩身体意象之间联系起来 (Harrison & Bond, 2007; Murnen, Wright, & Kaluzny, 2002)。然而，Harrison 和 Bond 发现在研究开始时，对视频游戏杂志阅读频繁的白人男孩，在一年后会更想要增加肌肉力量和轮廓，而对非裔美国男孩却没有这样的影响。研究者表明男孩更可能对同种族的人物认同，因为视频游戏中的角色主要是白人，所以非裔美国男孩不会受到游戏杂志中超级肌肉图像的影响。然而，由于作者并未评估其它已被证明的环境因素对身体意象的影响 (Sands & Wardle, 2002)，很可能所报告的相关是由于游戏杂志接触以外的因素所引起的。比方说，白人青少年要比非裔青少年更倾向于负面地看待自己的身体 (Jones, Fries, & Danish, 2007)。因此，与非裔美国男孩相比，白人儿童更多地通过媒体世界来逃避与负面认知有关的不良体验，包括看视频游戏杂志等。

青春期的研究

媒体与女孩的身体意象

从青春期早期到晚期，实验室研究中对杂志和电视中纤瘦女性接触的结果一致地强调其对女孩身体意象的负面影响(Clay, Vignoles, & Dittmar, 2005; Hargreaves & Tiggemann, 2004)。例如，Bell 及其同事(2007)表明在青春期晚期，当女孩看完纤瘦的女性歌唱团体的音乐视频后，如《小野猫和甜心宝贝》(the Pussycat Dolls and Sugarbabes)，对身体不满意度会增加。早在 10 年前，Shaw（1995）记录了超瘦的成人照片和十几岁的时尚模特照片对 14 岁女孩的身体不满意度水平的消极影响。有趣的是，与观看十几岁的时尚模特相比，在看完成人时尚模特的照片后，女孩对身体的不满意度增加的程度更大。这可能因为青少年认为成人时尚模特拥有青春期（增加脂肪的时期）以后理想的身型。他们将目前的身体与未来的理想身型相比较，青少年可能关注其最终的可得性、理想化的成人形态。虽然观看纤瘦的十几岁的模特会对目前的身体满意度产生消极的影响，但是青少年可能也意识到他们自己的身体在不断变化，还没有达到最终形态，从而减轻了（但不是消除）看到相似年龄模特的影响。

实验研究的结果表明，青少年对当前身体的自我评估会受到媒体的影响，至少是短期的。然而，这种影响会持续多久目前尚未确定。为了评估媒体接触中的纤瘦理想对身体意象的长期影响，研究人员参考了许多有纵向设计的相关研究。然而，这些研究试图探讨在家观看电视的频率与身体意象的关系，结果却是混乱的。考察总观看时间（不管内容）与身体满意度水平关系的研究通常没有发现显著的相关(例如，Borzekowski, Thomas, Robinson, & Killen, 2000; McCabe & Ricciardelli, 2003; Tiggemann, 2005)。这并不奇怪，因为观看更多的电视并不一定等同于对理想身型关注的增加。关于身体意象，重要的是观看媒体的内容和青少年观看的动机，而不只是简单地知道在观看电视上花了多少时间。很有可能的是，某一种风格的电视节目较其他的而言，对身体意像有更深程度的影响。例如，观看肥皂剧的频率与少女对纤瘦的驱动力之间呈正相关(例如，Tiggemann, 2005; Tiggemann & Pickering, 1996)。肥皂剧连续的性质和缓慢的情节发展可以让青少年对屏幕中的角色产生情感联结。由于许多少女报告通过电视了解生活，包括某人应该长什么样（Tiggemann），肥皂剧人物角色的痛苦和磨难对身体意象的影响比其它媒体节目更大。此外，少女观看肥皂剧的强度可能影响准社会关系的发展。你还记得第 1 章中所提到的，准社会关系是种单向关系，在此关系中个人会对媒体角色感受到情绪化的、甚至是亲密的联结。最近，Maltby 及其同事 (2005) 发现，与没有关系幻想的女孩相比，经历着强烈明星崇拜的青春期中期女孩有着（她们的准社会关系对朋友保密）更差的身体意象。

与此相反，研究发现观看音乐视频对身体意象的形成有不一致的影响 (Borzekowski et al., 2000; Tiggemann, 2005)，只有一项研究发现了两者之间显著的关联 (Tiggemann & Pickering, 1996)。音乐视频和身体意象之间关联的缺乏可能反映了一个事实，即对总收视时间的测量与女孩观看音乐视频中纤瘦图像并无关联；观看更多的音乐视频并不一定等同于看更多的纤瘦理想图像。

如前所述，电视对身体意象产生负面影响的前提是，纤瘦理想通过电波传递给青少年。但是，以非裔美国人为主的节目（例如，The Bernie Mac Show and Girlfriends)[1] 比以白人角色为主的节目倾向于提供一个更广范围的女性身体类型 (Tirodkar & Jain, 2003)。对大学女性的研究证明了两个与身体意象有关的重要发现：（1）相同种族电视角色对白人和非洲裔女性的影响远远超过了跨种族的媒体模式；（2）观看相同种族的电视角色对于白人和非洲裔女性会产生相反的影响。对于白人女性，观看电视中的白人角色与负面的身体意象有关。相反，对于非裔美国女性，观看非裔节目与健康的身体意象相联结 (Schooler, Ward, Merriwether, & Caruthers, 2004)。需要更多的研究来证明对儿童和青少年是否会产生类似的结果。对于拉丁裔青少年，情况可能会更复杂。在两年内经常观看多种族女性（具有多样的身体类型）的节目具有更高的身体满意度，而经常看以白人为主（以纤瘦身体类型为主）的电视节目，身体意象的满意度下降 (Schooler, 2008)。总的来说，这些研究结果表明，身体意象受到两个因素的影响：个体的内在因素（如：种族和消费媒体的原因）和所消费媒体的特性（如：基于媒体模特的种族和身型）。

媒体与男孩的身体意象

瘦型肌肉发达对青春期男孩的身体意象的影响程度尚不清楚，因为相关和实验研究的结果是不一致的。例如，Farquhar 和 Wasylkiw（2007）发现，体育画报中肌肉发达的男性模特的图片会对 6 至 9 年级男生如何感知他们的身体产生消极的影响。此外，Tiggemann（2005）发现，观看肥皂剧和音乐视频对 14 岁男孩追求肌肉发达的动力具有预测作用。相比之下，塑造了肌肉理想的电视广告对青少

[1]《伯尼·麦克秀》(The Bernie Mac Show)，美国家庭情景喜剧，从 2001 年至 2006 年在美国福克斯电视台热播了 5 季，译者注。

年的身体满意度水平没有产生影响(Hargreaves & Tiggemann, 2004)。另一项研究发现，男性青少年对增强肌肉产品的使用与媒体消费的总量无关 (Field et al., 2005)。

研究者同样考察了青少年感知到的媒体重要性对其身体意象的影响。感知到更多媒体影响的青少年与那些没有这种感知的青少年相比，有更高追求肌肉发达的驱动力；新近的研究支持了这一论点 (Smolak & Stein, 2006)。但是，对于 12 至 14 岁的青春期男孩而言，其感知到的媒体影响对身体满意度或对肌肉尺寸的满意度没有预测作用 (Stanford & McCabe, 2005)。鉴于这些数据，关于媒体对青少年男孩的身体意象的影响尚没有确凿的结论。

7.3 纤瘦 – 理想媒体与女性的饮食障碍

正如先前所证明的，媒体的纤瘦理想的表征对于青少年女性的身体意象具有负面的影响。因为已经一再证明，身体的不满意感是饮食障碍的一个重要危险因素 (Haines & Neumark-Sztainer, 2006)，研究者提出了以下问题：青少年几乎无法满足的媒体欲望是否会影响饮食障碍的形成，如：神经性厌食症（anorexia nervosa）和暴食症（bulimia nervosa）？神经性厌食症是以绝食和体重明显减少为典型特征。维持极其低水平的体脂比的手段包括强迫性的锻炼和使用泻药、利尿剂和灌肠。暴食症的特点是经常暴饮暴食，然后通过自我诱导呕吐、泻药等方式来消除食物。这两种类型饮食障碍的一个共同特征就是存在混乱的身体意象。饮食障碍在人群中是比较少见的，青少年人群中发生率不到 5%，而且需要由医务人员进行大规模评估和诊断。因此，在媒体影响的研究中，研究者探讨的是有关饮食障碍的更广泛的类别，由与饮食障碍分类相一致的行为（如：清洗、使用泻药等）所构成，而不是对某个进食障碍症状的诊断性判断 (Lapinski, 2006)。

大量研究已经证明，对于青春期的女性而言，更多地观看杂志中纤瘦理想的身形与饮食障碍症状的增加相关 (Neumark-Sztainer et al., 2007; Vaughn & Fouts, 2003)。除了之前所描述的情况，许多青少年在杂志中寻找关于如何减肥的“有用”信息。他们越这样做，越有可能从事不健康的体重控制行为，如：服用减肥药、使用泻药和催吐剂 (van den Berg, Neumark-Sztainer, Hannan, & Haines, 2007)。最近的研究表明，虽然一般而言观看电视和青春期少女的饮食障碍之间不相关 (Neumark-Sztainer et al.)，但是展示纤瘦理想的电视节目与这些习惯有关 (Harrison, 2001)。再次，这些研究表明了重要的是青少年具体观看的内容，而不是简单地记录他们观看了多少电视。

进一步的研究表明，与其他青少年相比，想看起来像名人或感受到媒体让他们变瘦的压力的青少年倾向于做更多的运动 (Taveras et al., 2004)，更关心自己的体重 (Field et al., 2001)，更多地从事不健康的体重控制行为 (Peterson, Paulson, & Williams, 2007)。虽然饮食障碍直到青春期才能确诊，但是媒体接触与青春前期的饮食障碍症状相关 (Harrison & Hefner, 2006)。有研究发现，饮食障碍并非在青春期突然出现，也有可能在青春期前期已经有征兆 (Haines & Neumark-Sztainer, 2006)。

首先出现的问题是：媒体中纤瘦 - 理想的观念导致了青少年的饮食障碍吗？或者是那些具有饮食障碍者为了加强他们已经建立的关于饮食和体重控制的病理行为模式，而搜寻纤瘦 - 理想的媒体节目？实际上，两种效应都存在：具有饮食障碍的青少年在寻求纤瘦 - 理想媒体节目的同时也会受到他们的纤瘦 - 理想媒体的影响。反过来，就形成了一个反馈循环（螺旋式下降），其中，纤瘦 - 理想媒体在加剧饮食障碍的同时，饮食障碍也增加了其对纤瘦 - 理想媒体的兴趣。超过 500 个促进饮食障碍网站的繁荣，支持了这一论点 (Wilson, Peebles, & Hardy, 2006)。

支持进食障碍 (pro-eating disorder, pro-ED) 的网站被分为两种类型：赞成厌食的网站，即促进神经性厌食症和赞同暴食的网站，即赞同暴食的生活方式。支持进食障碍网站将饮食障碍和控制体重的作法赞美为一种可以接受的生活方式选择，而不是把饮食障碍作为一种疾病。通过留言板和博客，支持进食障碍网站为用户提供了减肥小贴士（例如：空腹喝大量的水），逃避卫生保健工作者和家庭检测的方法（例如：晚上没有人能看到你时锻炼），并发表“支持性声明”（“变强，你会比别人更好”，Lapinski, 2006，第 250 页）。事实上，90% 的赞成进食障碍网站都有激励内容，其中最挑衅的被称为“励瘦”（thinspiration），描绘了超纤瘦女性的图像。纤瘦激励图像包括露出肋骨的女演员和模特照片，如：Angelina Jolie, Mary-Kate Olsen, Kate Moss 和 Mischa Barton[1]，以及赞成进食障碍网站在线社区成员 (Harper, Sperry, & Thompson, 2008; Wilson et al., 2006)。目前，还没有评估赞成进食障碍网站中青春期女性数量的数据。然而，最近一项对确诊为进食障碍的青春期女孩的研究显示，通过访问赞成进食障碍网站，他们学会了维持他们不健康

[1] Angelina Jolie（安吉丽娜·朱莉），著名好莱坞影星、社会活动家，译者注。
Mary-Kate Olsen（玛丽·凯特·奥尔森），美国著名影视明星，译者注。
Mischa Barton（米莎·巴顿），出生于伦敦，美国著名女演员，译者注。

体重状态的新技术 (Wilson et al., 2006)。显然，这样的情形可能导致饮食障碍的恶性循环。

7.4 男性的瘦型肌肉发达与肌肉畸形

尽管青春期男性观看媒体中猛男的图像与对肌肉发达的追求之间的相关是微弱的，但可能这些图像对青少年患肌肉畸形的风险有很大影响。肌肉畸形（muscle dysmorphia）是一种心理障碍，其特征是关注和追求肌肉外形。新近关于肌肉畸形的研究表明，螺旋下降模型（downward spiral model）可能会影响青春期男性对肌肉发达的追求，同样也会影响青春期女性对纤瘦的追求。感知到媒体会影响他们锻炼肌肉愿望的青春期男孩要比没有这种感知的男孩更可能使用补品，并且他们也更可能有肌肉畸形的症状。此外，阅读健康或健身杂志、男性时尚杂志同样与使用增加肌肉力量的产品之间存在关联 (Cafri, van den Berg, & Thompson, 2006; Field et al., 2005)。研究发现，25 个男孩中有 1 个会使用减肥药，10% 的青春期男孩报告在他们生活中会使用 1 个或更多的肌肉增强药物 (Cafri et al., 2006; Chao et al., 2008)。探索与肌肉畸形有关的风险因素和媒体在其发展中的具体作用，将具有重要的意义。

7.5 发展的视角

尽管关注媒体消费会影响青少年发展过程中的腰围，但很少有证据表明，媒体的作用会取代身体的积极行为。电视前吃东西也不能保证青少年在同一时间内会消费富含热量的食品。然而，食物摄入量的确在观看电视后有所增加。这可能是因为广告中的食品线索刺激了观众看完电视后的暴饮暴食的欲望。最近的研究表明，对食物的渴望事实上可能由接触到食物线索所引起的 (Sobik, Hutchison, & Craighead, 2005)。毋庸置疑，与食物有关的广告（或杂志广告等），其生动的图像提供了强大的进食线索。看来，广告导致的渴望会刺激饮食，反过来，对于那些较难控制冲动者会导致暴饮暴食 (Nederkoorn, Braet, Van Eijs, Tanghe, & Jansen, 2006)。未来的研究需要确定在实验室中所观察到的食物摄入量的增加能否扩展到家庭中。如果确实如此，由于频繁观看食品广告，那么儿童无限制地接触到营养差的食品将是肥胖症最大的风险。此外，在整个发展过程中，未来的研究需要确定在发展中观看完食品广告后吃的欲望会持续多久。这些信息将有助于制订干预措施，以帮助青少年在接触广告后能抵御暴饮暴食的欲望。英国在禁止以青少年为受众的广告方面也做出了审慎的决定。但是，正如先前的调查结果所示，针对家长的广告仍在播出，因此会继续影响儿童的饮食习惯。

无论媒体对肥胖存在何种程度的影响，有一件事是可以肯定的：肥胖的儿童和青少年被严重的污名化。此外，家长、老师、同伴和媒体会促进这种对体重偏见的形成。例如，漫画中所描绘的身体超重角色的行为方式与肥胖污名相一致。这些表征是否在所有儿童的媒体中都普遍存在？这个问题仍然没有答案，因为没有研究评估在以青少年为目标群体的电视节目、视频游戏或者杂志中对体重状况的表征描述。也没有从发展的角度进行评估。比如，超重的青春期角色要比超重的儿童角色的污名更大吗？然而，媒体使用确实会影响青少年所拥护的肥胖污名态度的程度。

每一种用来解释青少年身体不满意度的理论（纤瘦或肌肉理想的内化，社会比较，以及可能的自我价值）都在发展中发挥着作用，而不是相互排斥的。社会规范的内化甚至在儿童3岁之前就发生了。社会比较过程在小学阶段就开始了。当孩子在上小学一年级的时候，身体外观已经成为自尊的组成部分。自尊在学龄前儿童阶段处于高峰期，在童年期时逐渐下降。在青春期，自尊继续下降（特别是女孩）并且变得更加差异化，而身体意象对青少年的自尊也变得更加重要 (Robins & Trzesniewski, 2005)。综上所述，这些数据表明媒体在任何年龄都会对身体意象产生影响，但青春期似乎是最易受到影响的时期。

8 酒精、烟草与毒品滥用中媒体的作用

有些糖果的名字会诱发消费者对毒品的想象，如：克洛尼克糖（Kronic Kandy）、紫雾（Purple Haze）和波波糖（Pot Suckers）。他们公然宣称这些大麻风味的糖果“和真正的大麻一个味！”，“大麻与雪茄爱好者的最爱”。尽管他们通过了美国食品及药物管理局（Food and Drug Administration，简称 FDA）的认证，乔治亚州的立法者们，如 Doug Stoner（D–Smyrna）参议员，仍然非常担心这样的食品会诱发年轻人沾染上毒品。2008 年的夏天，乔治亚州就下令禁止向未成年人出售大麻风味的糖果（WSBTV.com, 2008）。但极具有讽刺意味的是，乔治亚州却允许向儿童和青少年出售糖果香烟——保守地计算，该州烟草行业每年要卖出价值一亿到两亿的香烟制品 (UGA.edu, 2008)。撇开自相矛盾的政策不看，这种大麻味糖果与香烟味糖果是否会刺激青少年吸毒或抽烟的问题，将在下文中得到实证性的答案。而且，本章还会评估媒体对香烟、酒精和毒品（cigarettes, alcohol, and illicit drugs，简称 CAD）的渲染对青少年的态度和行为所造成的危害性。但是，首先，我们要弄明白 CAD 使用的流行过程。

8.1 青少年成长过程中的 CAD

最新的统计数据显示出，61% 的烟民在 18 岁之前就开始吸烟；在近期初尝酒精的人当中有 89% 未达到 21 岁的法定饮酒年龄；58% 的吸毒者还不具有选举资格。青春期的孩子们中，每天有近 3800 人第一次吸食大麻，近 11000 人第一次喝酒，1300 人第一次吸烟（Substance Abuse and Mental Health Services Administration, 2006）。

尽管近来的研究对青少年试用烟、酒精、大麻和烈性毒品（hard drugs）[1]的范围有所放宽（见图 8.1；美国国家药物滥用研究所，National Institute on Drug Abuse [NIDA], 2007），但是，开始尝试吸烟、喝酒和吸毒的青少年人数远远多于进入青春期的人数。比如说，4 年级学生中就有 10% 的儿童吹嘘自己抽过烟、10% 的孩子号称自己不只是"抿一小口白酒"这么简单（Donovan, 2007; Maggi, 2008）。同时，由于青春期是一个尝试新鲜事物的年龄阶段，物质使用的现象也会随着个体的发展而持续增长。及至高中毕业之际，72% 的学生报告说至少喝过一次酒，46% 的人说自己抽过烟，42% 的人宣称试过大麻，还有 26% 的人声明偶尔使用过如安非他明、吸入剂[2]和可卡因之类的烈性毒品。而且，近 18% 的 8 年级生、42% 的 10 年级生和 55% 的 12 年级学生表明他们过去至少醉过一次酒。总体上来讲，这些数据表明大多数青少年对毒品（和酒精）不排斥。

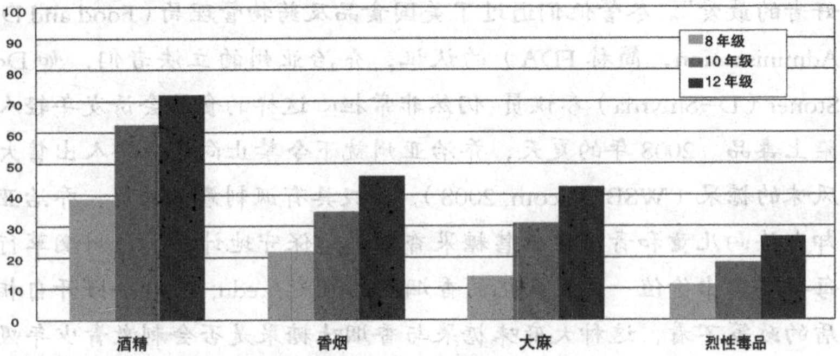

图 8.1 终生成瘾者初次滥用物质的年级分布

数据来源：改编于 NIDA (2007) 的数据。

尽管大多数年轻人至少接触过一次香烟、酒精或毒品，但是几乎没有人报告说在最近的 30 天里碰过这些东西。然而，目前香烟、酒精和毒品的年轻消费者的数目却清晰地告诉我们，毒品战争还远远没有结束。12 年级的学生中，当前有近 1/5 的烟民，1/10 的瘾君子，2/5 多的酒徒。青少年饮酒和醉酒多发生在狂欢式的豪饮中（如：一杯接一杯地干上五六杯或更多）。事实上，10% 的 8 年级生、22%

[1] 烈性毒品（hard drugs），美国口语，指会在生理和心理上致瘾的麻醉品，如：海洛因、可卡因等，译者注。

[2] 吸入剂（inhalants），指可以吸入的化学品，它们可以提高兴奋度、带给使用者短暂的快感，但过量使用会引起头痛、恶心、昏厥、心跳加剧、迷向、幻觉，甚至是窒息；长期使用会造成肺、肾、肝脏及大脑的永久性损害。吸入剂不是麻醉品，可合法获得，在贫困阶层（特别是流落街头的青少年）中被广泛滥用，译者注。

的 10 年级生和 26% 的 12 年级生都报告他们近期参加过狂欢豪饮（见图 8.2）。与物质使用的实验调查数据类似，青少年报告目前使用的更有可能是大麻而不是其他毒品（NIDA，2007）。

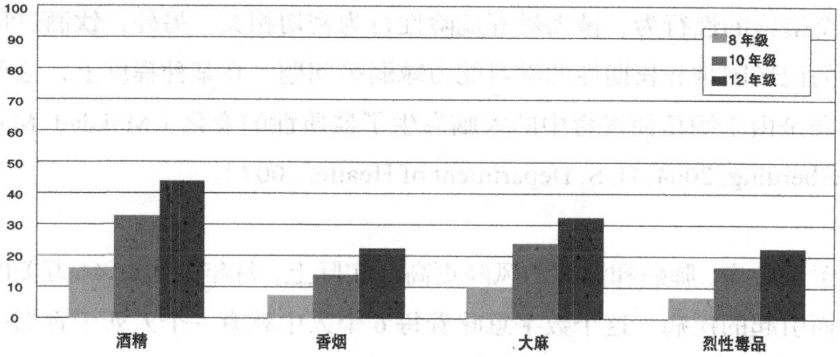

图 8.2　近期物质滥用者的年级分布

数据来源：改编于 NIDA (2007) 的数据。

解读以上数据时，我们需要注意以下几个方面：首先，这些研究结果都源于参与人员的自我报告而不是实际观察到的行为表现。就这一点来讲，报告的酒精与药物使用现象并未反映出真实情况——或高估或低估了 CAD 的使用。其次，尽管上述调查评估了约 5 万个青少年，但是受调查对象都是登记在册的在校学生，并未包括辍学的高中生。然而，这些由辍学未成年人组成的亚群体是物质使用的高危群体。他们使用酒精和违禁药物的机率是在校生的 1.2 至 6 倍（Swain, Beauvais, Chavez, Oetting, 1997）。因为有 10% 的高中生辍学，所以 NIDA（2007）收集的调查数据可能大大低估了青少年使用烟酒毒的真实情况。粗略估算，美国有 2100 万 10 至 14 岁的少年儿童，约 2100 万 15 至 19 岁的青少年（U. S. Census Bureau, 2008），即便最保守的估计也揭示出了烟酒毒滥用将大规模地泛滥。数百万计的青少年卷入到这些致幻物质中，其后果非常可怕。

8.2 青少年滥用烟酒毒的后果

8.2.1 健康风险

酒精

喝酒的后果小到宿醉、大到酒精中毒并导致死亡。不论男女老少，每年都有近 8 万 5 千人死于喝酒。青少年酒喝得越多，患上肝硬化、胰腺炎和出血性中风等长期疾病的风险越高。酒精中毒还会影响决策过程、损害协调功能，所以醉酒的人容易发生意外事故。每年有5000例21岁以下的年轻人因为喝酒而死亡，其中20%的青少年死于醉驾；被淹死的青少年中近一半是由于喝醉而溺水。同时，醉酒与无安全措施的性行为、被强暴等危险性行为密切相关。另外，饮酒过量还导致短期内的记忆困难和长期性的学习能力减弱等问题。在某种程度上，这种学习能力的减弱是由于酒精使发育中的大脑发生了器质性的变化（Mokdad, Marks, Stroup, & Gerberding, 2004; U. S. Department of Health, 2007）。

香烟

烟民死于冠心病、肺病和癌症的风险更高。实际上，每年大约有44万美国人死于因吸烟而引起的疾病，这个数字意味着每6个人中就有一个人死于香烟——这个比例远大于其他意外死亡原因的总和，如：酗酒、吸毒、谋杀、自杀、交通事故和艾滋病等。据估计，每天有1070个未成年人染上烟瘾，其中有535人将会过早死亡。与酒精和药物使用的负面后果不同的是，吸烟的严重后果大多数需要好几年才能显现出来（Glantz, 2003）。

毒品

每年有1万7千人死于毒品。有意或无意地过量使用毒品、违禁危险行为（如吸毒后开车）都是例证(Mokdad et al., 2004)。早期吸毒和青春期更高水平的攻击性、糟糕的学业成绩、变态行为或是犯罪行为相关，而且还会导致成年期的持续吸毒行为。随之而来的还有身体和精神健康的高风险，并且大多数疾病还会随着毒品种类的不同而发生变异。下面列举的是吸毒造成的部分可怕后果：吸食大麻会造成记忆受损、呼吸道并发症、癌症；吸入剂会造成肝脏、肾脏、骨髓与大脑的损害；可卡因会导致惊厥、中风、心律不齐和妄想。与一般的年轻人相比，青春期就开始吸毒的人更有可能罹患焦虑症和抑郁症之类的精神疾病。然而，我们需要记住的是，为了解决心理问题，一些精神疾病的患者也有可能寻求毒品的安慰。

8.2.2 毒品使用的先导假设

致力于青少年物质使用情况的研究表明，烟酒是大麻的前奏，烟酒大麻又是致幻剂、海洛因和可卡因等毒品的先行者。有研究认为，烟、酒、大麻是“先导毒品”，因而抽烟、酗酒、吸毒是一个序列发展的过程。一些以先吸烟喝酒、后吸大麻的青少年为研究对象的研究结果为这种先导假设（gateway hypothesis）提供了证据。研究者还发现，大麻与毒品的联系强于烟酒与毒品的联系。从生物学上来讲，烟、酒、大麻以及毒品首先作用于神经递质多巴胺，这为先导假设提供了心理机制上的支持。但这并不是说早期使用烟酒毒会导致之后烈性毒品的滥用，而是说对烟、酒、大麻和毒品上瘾的人可能拥有相同的特征，如：人格特质、情绪性、某些精神机能障碍的普遍性等。这些共同特征使得他们更容易沾染上各种毒品。更糟糕的是，这些吸食大麻的青少年会和其他瘾君子混在一起，他们之间的密切关系、对毒品文化的认同会大大增加这些孩子成为烈性毒品受害者的几率(Golub & Johnson, 2002; Hall & Lynskey, 2005)。

8.2.3 成瘾

毫无疑问，无论是青少年还是成年人，无论是合法的吸烟、喝酒还是违法的吸毒行为都会带来可怕的后果。除了上文提到的身体与心理疾病之外，烟酒毒的使用还会导致其它随之而来的、以成瘾为主要特征的健康问题和社会问题。例如学业成绩差、辍学往往是青春期酗酒的衍生物。需要注意的是，成瘾由相互关联的两个部分构成：物质滥用和依赖性。其中，物质滥用（substance abuse）指的是使用烟酒毒带来的行为问题和社会关系问题后果，如：失去朋友、寻求毒品等；依赖性指的是伴随而来的诸如耐药性和戒断反应等长期性的生理效应。青少年对成瘾的弱抵抗力已经得到了动物模型实验的证明。十几岁的孩子对大麻上瘾的几率是成年人的 3 倍；与 21 岁之后才开始喝酒的人相比，一个 15 岁之前就开始喝酒的人成为酒徒的风险是前者的 4 倍。成瘾的发展势头是如此明显，在青春期早期就开始使用烟酒毒的青少年最有可能成为终生成瘾者（NIDA, 2007）。

8.3 CAD 使用的知觉

尽管使用 CAD 有这么多的潜在不良后果，大多青少年仍然觉察不到其中的危险。8 至 12 年级的学生中，很少有人知道每天喝酒、周末豪饮以及经常抽大麻的恶果（见图 8.3）。相对而言，他们对抽烟的危害了解的要多一些。有意思的是，虽然大麻比香烟的有毒成分（如：氰化氢）要多得多，12 年级的学生却认为大麻比香烟对健康的危害要小得多。青少年对 CAD 危害性的看法具有年级差异，这可能部分地揭示了为什么高中高年级学生对当前物质使用情况的自我报告中最多的是喝酒，然后是大麻，最后才是抽烟。因此，我们可以得出两个结论：（1）青少年物质使用的情况很普遍，（2）在青春期，物质使用的行为是不恰当、不合法的，但大多数青少年对这个说法不以为然。

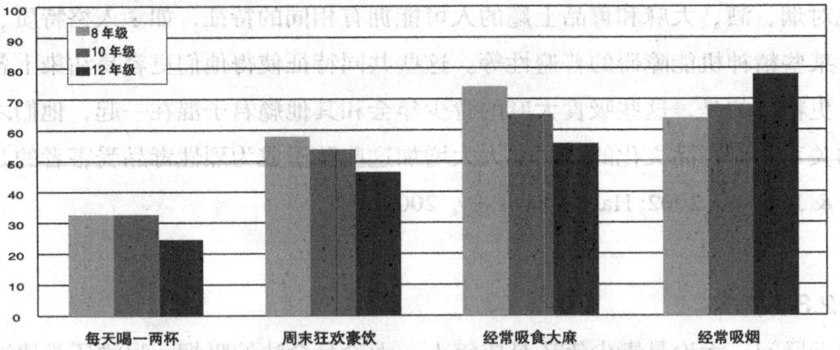

图 8.3　对物质滥用行为高风险性认知的年级分布

数据来源：改编于 NIDA(2007) 的数据。

8.4 媒体中物质使用的流行

8.4.1 广告

烟酒类的产品促销活动每年要花掉好几亿美元。这类广告的目的是要发掘尽可能多的潜在消费者，促进尽可能多的消费行为——即便这些消费者还未达到法定年龄，他们也不管不顾。除了一些专门瞄准大麻消费者的杂志如《欢乐时光》（High Times）[1]之外，几乎没有几个——如果有的话也没有多少——在全国范围内发行的杂志上刊登毒品的促销广告。目前还没有有关这类铜板杂志的年轻读者群的统计数据，但是，对发布在青年读物上的烟酒类广告的统计数据却举不胜数。杂志上的烟草促销类广告刻意打造这样一种印象：抽烟是那些独立自主、天性活泼、魅力四射的年轻人的一种积极正面、合乎规范的活动。在最近一项对烟草广告费用的评估中，Krugman 及其同事（2006）发现，从 1993 至 2002 的 10 年时间里，青少年经常消费的三大香烟品牌——万宝路（Marlboro）、骆驼（Camel）和新港（Newport）——在青少年经常订阅的杂志上一共花费了近 8 亿美元的广告

[1]《欢乐时光》（High Times），美国杂志，主要介绍各类大麻的种植与器具，译者注。

费。评估报告中涉及到的杂志，其定向读者群体要么是成人，要么是青少年。青少年读物则意味着至少 200 万的青少年读者群，或者说超过 15% 的读者处在 12 至 17 岁之间。符合这一标准的杂志所聚焦的主题五花八门，包括时尚（如：《世界时装之苑》（ELLE）、《时尚》（Vogue））[1]、运动和钓鱼（如：娱乐与体育节目电视网（ESPN）、《体育画报》（Sports Illustrated））[2]，汽车（如：《汽车趋势》（Motor Trend）、《名车志》（Car & Driver））[3]、娱乐（如：《人物》（People）、《美国电视指南》（TV Guide））[4]。来自于 Krugman 与同事们的研究数据（2006）表明，从 1993 至 2002 年，青少年能接触到的香烟广告的数量大大下降了。在 1993 年，62% 的香烟广告被安插在青少年读物中，每年约有 93% 的年轻人能看到曝光 3+ 级别的广告——这个数字可以被看做是一场高效的商业宣传活动。到了 2002 年，就只有 9% 的年轻人可以看见这样的广告了。

随着那些忠诚的消费者数以千计地消失，烟草公司要获利就必须要发展新的消费者。但是，美国 46 个州的首席检察官对全美几大烟草公司提起了第四次诉讼，然后于 1998 年达成了《总和解协议》(Master Settlement Agreement)，因此，现在烟草公司不管是直接的还是隐晦的向年轻人投放广告都成了不合法的行为。而且，烟草公司再也不能在青少年出版物上做广告了，也不能使用向骆驼老乔（Joe Camel）[5]这样的卡通形象来做宣传促销了。不遵从《总和解协议》的代价是数百万

[1] 《世界时装之苑》（ELLE），1945 年创刊于法国的女性杂志，专注于时尚、美容、生活品味，全球 36 个国家发行，拥有超过 2000 万忠实读者，译者注。

《时尚》（Vogue），美国综合性时尚生活杂志，1892 年创刊，涉及时装、化妆、美容、健康、娱乐和艺术等各个方面，是世界上最重要的杂志品牌之一，译者注。

[2] 娱乐与体育节目电视网（ESPN，Entertainment and Sports Programming Network），一个 24 小时专门播放体育节目的美国有线电视联播网。1979 年 9 月 7 日开播，在美国 9000 万家庭和全球 147 个国家可以收看，译者注。

《体育画报》(Sports Illustrated)，1954 年创刊，为时代华纳所拥有的美国体育周刊，译者注。

[3] 《汽车趋势》（Motor Trend），隶属全美最大的杂志集团 Primedia 媒体，在美国发行量高达 128 万份，译者注。

《名车志》（Car & Driver），1955 年创始于美国的汽车类杂志，在全球拥有 8 个同名版本，每月的总销量超过 300 万份，读者逾 2000 万人，译者注。

[4] 《人物》（People），1974 年创刊，专注于美国的名人和流行文化，是时代华纳媒体集团旗下杂志。每个星期《人物》都会以图文并茂的方式报导名人和普通人的故事，译者注。

《美国电视指南》(TV Guide)，创刊于 1953年，其内容设置十分广泛，包括对家庭节目、电影、音乐、体育、天气、政治、文学、艺术、科技、社会问题等节目的预告与评论及专家推荐，现在拥有美国 5000 万家庭订户和海外 300 万订户，译者注。

[5] 骆驼老乔（Joe Camel），为庆祝骆驼品牌创立 75 周年，雷诺烟草公司于 1988 年推出了的卡通人物，译者注。

美元的罚款，在这一点上来讲，该协议的威力和巨额罚款的威胁使小孩子和青少年几乎不能在青少年读物上看见香烟广告了。然而，仍然有44%的青少年每年会从《时代周刊》、《箴言》、《红皮书》、《大众机械》（Time, Maxim, Redbook, Popular Mechanics）[1]等成年人的刊物上读到3次以上的香烟广告，总计每年可能接触到同类广告9次左右（Krugman et al., 2006）。

每年，投放在杂志上的酒类广告大约花费3亿3千万美元。这些广告的典型画面是一群年轻人欢聚一堂、享受生活，酒几乎成了聚会的主打；其中倡导“理性饮酒”的内容只占到3%的比例。2000至2003年间，各种啤酒、白酒和烈性酒行业的商业协会限制了酒类广告在成年人刊物上的投放，也因此带来了在青少年读物上做广告的禁令。但是，对青少年读物的标准是协会自定的——即拥有30%以上12至20岁的读者群才是青少年读物。而那些拥有15%至30%青少年读者的刊物却被列为成人读物，因此允许它们刊登酒类和烟类广告(Center on Alcohol Marketing and Youth [CAMY], 2007a; NIDA, 2007)。其结果就是，烟草公司对“青少年读物”的判断标准比酒类产品行业要严格的多。2001到2002年间，约10%的酒类广告出现在青少年刊物上，到2006年这个比例降到4%以下。实际上，与2001年相比，未成年人在2006年少读了50%的酒类广告。这个结果似乎说明酒类制造业遵从了他们自定的标准。然而，酒类产品的广告战略并不像他表现出的那样利他主义。因为大约80%的未成年人都能够在烟草行业不能投放广告的杂志上看见酒类广告，如：那些拥有15%至30%年轻读者群的杂志。事实上，在2006年一年里未成年人就可以在杂志上看见90个酒类产品的广告（CAMY, 2007a）。

从1971年起，在广播和电视上做香烟广告就违法了。尽管没有适用于酒类广告的相关政府限令，但是酒类商业协会自发地做了限制——只能在拥有70%以上达到法定饮酒年龄的听众和观众的广播或电视节目中投放广告。每年，大约九千万美元被投放到了酒类产品的广告上或是某些节目的赞助上。最近，一项有关全美28家大电台市场的评估报告发现，在全行业内，28000（8%）个酒类广告是发布在拥有

[1] 《箴言》（Maxim），美国销量最大的男性生活杂志，给读者提供性、男女关系和日常生活方方面面的建议以及关于电影、游戏和音乐的评论，译者注。

《时代周刊》（Time），美国影响最大的新闻周刊，有世界“史库”之称。1923年3月创办，辟有多种栏目，如经济、教育、法律、批评、体育、宗教、医药、艺术、人物、书评和读者来信等，由时代华纳公司出版，覆盖面遍布全世界，译者注。

《红皮书》（Redbook）一本针对已婚女性读者群的美国杂志，内容包括情感，食品、家庭陈设、时装、美容、保健，以及生活用品与礼品等。该杂志的特色是经常举一些新时代女性解决困难的例子来激励女性，译者注。

《大众机械》（Popular Mechanics），美国主要的机械科普杂志，介绍机械设备新产品和新工艺、科学与技术进展，包括汽车以及家庭、店铺和户外用机械产品，译者注。

30%以上年轻听众的节目中，36%的电台广告在拥有大量年轻听众的节目中播出。因此，未成年人听到这些广告的几率远大于21岁以上的成年人（CAMY, 2007b）。

2006年，电视中的酒类广告花费将近1亿美元（自2001年以来，增长了27%）。即便他们的目标受众是达到或超过了法定年龄的消费者，也排除不了他们试图吸引未成年人目光的嫌疑。毕竟，那些踢着足球的马和可爱的小狗是非常容易吸引未成年人目光的。从2003年到2006年，在拥有30%以上青少年观众的电视节目中插播此类广告的百分率从12%降到了6%。然而，2006年，在晚上八点到九点的黄金时间播出的15个电视节目中，如《迷失》（Lost）、《一掷千金》（Deal or No Deal）、《犯罪现场调查》（CSI）[1]等广受年轻人喜爱的节目，有14个节目插播了酒类广告。尽管此类广告尚未出现在迪斯尼频道（the Disney Channel）和尼克国际儿童频道（Nickelodeon），但是在其他节目中却大行其道。其结果就是，每年无数未成年人会看到大约285个酒类产品的商业宣传广告（CAMY, 2007b）。

8.4.2 电影、电视中的剧情

除了上文中讲到的诸多广告技术之外，CAD还会采用在影视剧中植入广告的营销方式。一些烟酒品牌会与影视剧节目签订合约，付钱让其产品出现在荧幕上。在电影《超人Ⅱ》(Superman Ⅱ)[2]中，来自于氪利普顿星球上的超级英雄的出场镜头植入了万宝路的广告：超人突然从涂着大大的字母Marlboro的卡车中蹦了出来。现在的烟酒广告不再像以前一样有意瞄准面向青少年观众的影视节目，而是展现故事主角愉快享用着香烟美酒的画面来误导年轻人。在《美国派》(American

[1] 《迷失》（Lost），美国ABC电视台巨资拍摄的电视连续剧，讲述了从澳大利亚悉尼飞往美国洛杉矶的海洋航空公司815航班在南太平洋一个神秘热带小岛上坠毁后生还者的生活和经历的事。是当时美国黄金时段收视率最高的电视剧之一，译者注。

《一掷千金》（Deal or No Deal），又译为《成交不成交》，一个在世界各国都颇受关注的有奖竞猜游戏秀节目，其荷兰原创版于2000年11月25日首播，美国版由美国NBC电视台于2005年12月19日首播，译者注。

《犯罪现场调查》（Crime Scene Investigation，简称CSI），也《CSI犯罪现场》或《灭罪鉴证科》，是一部受欢迎的美国刑事系列电视剧，由亚特兰提斯同盟（Alliance Atlantis）与哥伦比亚广播公司（CBS）联合制播，从2000年10月6日开始播映。故事讲述了一组刑事鉴识科学家的故事，译者注。

[2] 《超人Ⅱ》(Superman Ⅱ)，超人，又译作《钢铁之人》，美国漫画中的经典代表人物，创作于1932年，后被改编成动画、电影、电视剧、广播剧、舞台剧。《超人Ⅱ》是电影《超人》的续集，译者注。

Pie) [1] 中，处处可见高中生在疯狂派对上频频举杯痛饮啤酒的画面。实际上，这些画面不过是相关产品的变相广告而已，将这些产品巧妙植入剧情的服务都是有偿的。

Sargent 及其同事（2007）对 1998 年到 2002 年间 534 部卖座电影做了一个评估，找到了 3830 处抽烟的画面。这当中 60% 出现在 R 级电影中，36% 在 PG-13 级影片中，4% 在 PG 级中，G 级影片中不到 1%。然而，未成年人很少看 R 级电影，他们大多看 PG-13 级别的电影，所以他们还是会遇见电影中抽烟喝酒的镜头。单看电影中的这些镜头，这些物质的盛行就会分外显眼。从 1937 年到 2000 年大半个世纪中，迪斯尼出品了 24 部 G 级别的动画长片，却只有 3 部没有主角吸烟喝酒的画面。如果一个孩子观看了所有的 24 部动画的话，他们将看见 275 个喝酒的镜头和 106 个抽烟的画面（Ryan & Hoerrner, 2004）。近来有研究发现，在迪斯尼所有的节目中，50% 的 G 和 PG 级别的电影中都有抽烟或喝酒或两者兼而有之的情景（Polansky & Glantz, 2004; Thompson & Yokota, 2004）。PG-13 级别的电影中，80% 以上的影片都有此类镜头（Roberts, Henriksen, & Christenson, 1999）。详见表 8.1 美国电影协会（the Motion Picture Association of America, MPAA）的影视作品分级制度表。

出现在喜剧类和戏剧类电影中的年轻主人公大量使用这些物质还不值一提，近来，Stern（2005）发现 PG-13 级别的电影有 35% 的年轻主角、R 级别中 61% 的少年主角都喝酒。不计电影分级的话，那些年少主角中 17% 的抽烟，R 级别中 30% 的嗑药。考虑到少年儿童更容易把影视当中的同龄人物视为行为榜样，影视作品中青少年吸烟、饮酒和吸毒频频出现是一件相当麻烦的事情。

[1]《美国派》（American Pie），环球影业推出的美国青春喜剧片，1999 年 9 月 2 日上映。讲述了 4 个高中男生为了摆脱处男之身的故事，译者注。

表 8.1　美国电影协会影视作品分级

G 级（大众级）：	适合所有年龄段的人观看，没有不良内容。
PG 级（家长提供指导）：	有些内容可能不适合儿童观看。
PG–13 级(家长高度警觉):	一些内容对 13 岁以下儿童很不适宜，可能有暴力、裸体、性爱镜头和脏话。
R 级（限制级）：	17 岁以下必须由父母或者监护人陪伴才能观看，该级别的影片包含成人内容，里面有裸体、性爱、暴力、脏话等场面。
NC–17 级（17 岁及 17 岁以下禁止观看）：	成人影片，未成年人坚决被禁止观看。影片中有血腥暴力、色情性爱、变态行为和吸毒等内容。

在童年期，孩子们就从电视上看见越来越多的抽烟喝酒的行为，1998 年对广受 2 至 11 岁孩子欢迎的电视节目所作的一个评估发现，这些在黄金时段播出的节目中，喝酒场景占了 17% 的比例，相比之下，抽烟的场景只占到了 2%（Byrd-Bredbenner, Finckenor, & Grasso, 2003）。另一项研究发现，12 至 17 岁孩子们喜欢的黄金时段节目中，有 53% 的节目中至少呈现了一次喝酒的画面，11% 的节目中含有吸烟镜头，1% 的节目中有吸毒的场景。这当中，抽烟喝酒的次数随节目等级的不同而不同。属于 TV14 级别的节目中有 84% 的喝酒场景和 24% 的抽烟镜头。TVPG 级别中，则依次为 77% 和 20%，TVG 中是 38% 和 6%。需要注意的是，有关喝酒和抽烟的负面描绘及严重后果并不常出现，其出现频率分别为 14% 和 26%。这当中，没有出现 18 岁以下未成年人使用毒品的场景（Christenson, Henriksen, & Roberts, 2000）。在主流电视节目中也没有出现吸毒的镜头。但 Roberts 与同事们（1999）发现，PG-13 级别的电影中出现了近 20% 的吸毒情节。一项最近的研究表明，在电视上播出的电影预告片中，有 14% 的片子出现抽烟的画面。据估计，每一年在看电影预告片的时候，12 至 17 岁的青少年中，有 95% 的人至少观看了一个抽烟的镜头，89% 的至少观看了 3 个这样的镜头（Healton et al., 2006）。电视节目分级系统见表 8.2。

表 8.2 电视作品分级制度

TVY（所有儿童）：	适合所有儿童观看，主要针对 2–6 岁的幼儿观众。
TVY7（7 岁及以上儿童）：	节目中可能含有一些虚幻暴力或喜剧暴力，可能吓到 7 岁以下的孩子。
TVG（普通观众）：	涉及极少量暴力、性和成人语言内容。
TVPG（家长提供指导）：	可能有不适合儿童观看的内容，包含轻微暴力、有性暗示色彩的对话、色情场面和少量的下流语言。
TV14(家长高度警觉):	不适合 14 岁以下少年观看。包含严重的暴力、性和下流的语言。
TVMA（只限成人观看）：	不适合 17 岁以下未成年人观。含有生动细致的暴力画面、露骨的性爱场面或是极为猥亵的语言。

8.4.3 音乐

从 Eric Clapton 的《可卡因》（Cocaine）到 50 美分乐队（50 Cent）的《在 Da 俱乐部》（In Da Club），很容易就辨认出那些提到毒品使用的歌曲。从 1960 年到 1998 年，差不多有 800 首歌曲极其抒情地讨论过吸毒的问题（Market, 2001）。Primack 与同事们（Primack, Dalton, Carroll, Argawal, & Fine, 2008）证实 2005 年新出的通俗歌曲中有 42% 谈到了烟酒毒的使用。不同类型的音乐提及这些主题的频率不一样。说唱音乐是领头羊，大约 90% 的说唱歌曲唱到过吸烟有关的内容。相比较之下，乡村音乐（41%）、节奏蓝调和 hip-hop（27%）、摇滚歌曲（23%）、流行音乐（14%）的情况稍好些。总体上看，音乐中最多提到的的是酒精（24%），其次是大麻（14%）、毒品（12%），最后是烟草（3%）。酒、大麻和毒品在说唱音乐中出现的最频繁，所占比例依次是 53%、53%、37%。68% 的歌曲更多反映的是毒品使用的积极结果而不是消极后果，而且多反映在聚会、性等主题中。这些带有烟酒毒线索的音乐短片也倾向于刻画物质滥用真实的情景，如：吸毒工具等。有项研究评估了 359 首 MV，当中的 43% 出现了使用这些物质的镜头。说唱乐对酗酒和吸毒的描绘比摇滚、R&B 和流行歌曲要多得多（Gruber, Thau, Hill, Fisher, & Grube, 2005）。具体统计数据见表 8.3。为了保护青少年和儿童免受那些赤裸裸描写毒品、暴力和性的歌曲的影响，美国唱片工业协会（the Recording Industry Association of American, 简称 RIAA）自觉给这些音乐贴上了警告标示：“父母建议：内容露骨”（见图 8.4）。

表 8.3　含有明示或暗示的物质使用内容的音乐电视比例

	物质	
音乐类型	酒精	毒品
说唱乐	56%	31%
摇滚乐	27%	9%
R & B	26%	4%
流行音乐	27%	0%

来源：Gruber, Thau, Hill, Fisher, and Grube (2005)。

图 8.4　音乐建议标志图

8.4.4 视频游戏

无论是合法还是非法，物质使用信息都会标注在电子游戏的包装上。比如，《侠盗猎车手 IV》（Grand Theft Auto IV）[1] 上的标注就显示了“毒品和酒精”的信息。游戏玩家可以选择喝酒、醉驾（显示模糊视野）和吸大麻的角色，尽管这些只是在虚拟世界中的故事情节，而且不会出现在 E 级别的游戏中（Thomson & Haninger, 2001），但是根据美国娱乐软件分级委员会（the Entertainment Software Rating Board, 简称 ESRB），2001 年 2% 的 T 级别、2004 年 4% 的 M 级别的视频游戏都有物质使用的情节。不过 ESRB 的诊断不准确，时常会漏掉相关内容。最近的两项研究显示，15% 的 T 级别和 58% 的 M 级别的视频游戏中都出现了烟酒毒的相关内容（Haninger & Thomson, 2004; Thompson, Tepichin, & Haninger, 2006）。

[1]《侠盗猎车手 IV》（Grand Theft Auto IV），简称 GTA IV 或 GTA 4，知名动作冒险游戏，是以黑帮生活为背景的侠盗猎车手，至今销量已超过 2 千 2 百万份，译者注。

为什么 ESRB 的内容描述和实际情况出入这么大呢？答案是显而易见的：ESRB 根据视频游戏的录像片段和内容描述情况等级来划分。这两大块材料是谁提供的？——游戏制作者。因此，提交给 ESRB 的许多材料是删减了烟酒毒使用的版本。ESRB 等级描述见表 8.4。

表 8.4　ESRB 等级描述

幼儿（EC）：	内容适合 3 岁或者以上的儿童。没有不合适的内容。
所有人（E）：	内容适合 6 岁或者以上的玩家。可能包含少量的暴力、喜剧类恶作剧，或者有轻度的粗俗语言。
所有人 10+（E10+）：	内容适合 10 岁或者以上的玩家。通常会包含卡通类、幻想类或是轻度暴力，轻度的不良语言，或者最少限度的争议主题。
青少年（T）：	包含适合 13 岁或者以上的玩家的内容。此级别游戏会包含暴力、轻度或重度粗口、性挑逗主题等元素。
成熟（M）：	适合 17 岁或者以上玩家。此类别游戏有强烈的暴力、性、粗口的内容。
成人（AO）：	只适合 18 岁以上的成人玩家。此类游戏通常有强烈的暴力倾向、明显的性和裸体场景。非未成年人游戏。

8.4.5 网站

啤酒和烈性白酒的网站都采用了现代化的高科技互动模式，访问者可以下载调酒配方、屏保、壁纸、即时通讯的小型应用软件和定制的音乐。和这些产品相关的视频广告、博客、聊天室、flash 游戏（如：百威啤酒的“完美倒酒挑战”，Perfect Pour Challenge）等也多不胜数。除此之外，许多网站还提供色情影像。然而，2003 年出现在 67% 的啤酒网站和 37% 的白酒网站中的街机游戏（如：空气曲棍球（Air Hockey）、数字足球（Digital Football）、挑战高尔夫（Putting Challenge）[1]；CAMY, 2004），在大多数酒精类产品的官方网站上都销声匿迹了，随之消失的还有为其代言的卡通片和诸如此类的卡通人物形象。看起来，禁止向未成年人做酒类广告的行业内禁令似乎在互联网上也生效了，不过这只是假象。这类网站要求访问者输入出生年月日，以此来拦截那些未达到法定饮酒年龄的用户，但这些输

[1] 空气曲棍球（Air Hockey），数字足球（Digital Football），挑战高尔夫（Putting Challenge），均为休闲游戏，译者注。

入信息的真假却没有被核实。来自于 CAMY（2004）的数据表明，有 70 万的未成年人访问了这些酒类产品的网站。

三大烟草公司 (R.J. Reynolds, Phillip Morris, British American Tobacco)[1] 的官方网站相对来讲要好一些。这几个网站涵盖了产品线、财务信息、吸烟的健康风险和戒烟等内容。除此之外，一些相当大的香烟品牌（如：骆驼、万宝路)，还会核实网络用户的真实年龄（不是简单地输入一个出生年月日）和上网资格。在这些网站上，没有那些吸引儿童和青少年的游戏、视频和娱乐明星。而且，那些反烟草的网址（如：Forestonline.org）却没有任何年龄限制，随手就可以点开。

想体验一下摇头丸的滋味却又担心它的副作用吗？想了解哪种毒品和可卡因一起混用滋味更嗨吗？想知 道多少氯胺酮（K 粉）会让你飘飘欲仙吗？这些问题的答案就在你的指尖之下,你只需点击鼠标即可。互联网提供海量的毒品网站、博客和论坛。虽然也提供毒品危害的警告信息，可众多毒品网站（如：Erowid.com 和 Ravesafe.org），鼓吹“安全、可靠”的毒品使用信息。他们主要通过“问与答”（Q & A）及“经验之谈”两大版块成为毒品使用者的“用户指南”。这些网站也俨然成为了毒品的非法交易所。Erowid.com 这一个网站每天就有 5 万 5 千个不同的用户（Erowid.com, 2008）。然而，目前有多少未成年人访问过这些网站，我们还没有获得相关的数据资料。

8.5 大众媒体中物质使用的后果

8.5.1 童年早期的研究

学龄前儿童语言技能有限，他们既不识字，也容易被提问方式影响（DeHart,

[1] 美国雷诺烟草公司（R.J. Reynolds Tobacco Company），成立于 1875 年，世界第三大私营卷烟生产企业。目前雷诺烟草公司卷烟产销量在 190 万箱左右，公司员工为 8000 人，拥有美国最畅销十大卷烟品牌中的四种：云丝顿（Winston）、骆驼（Camel）、沙龙（Salem）和特威尔（Doral），译者注。

菲利蒲·莫里斯公司（Phillip Morris Products. Inc），世界最大的卷烟生产公司、世界最大的包装食品公司、世界第二大的啤酒生产企业、美国最大的食品生产公司。成立于 1954 年，产品包括卡夫食品、万宝路香烟，美乐啤酒、麦斯威尔咖啡等。目前在全球聘用约十三万七千名员工，译者注。

英美烟草公司（British American Tobacco），简称 BAT，世界上第二大的烟草上市企业，成立于 1902 年，总部位于伦敦，集团旗下拥有 200 多个品牌，译者注。

Sroufe, & Cooper, 2004），所以难以评估他们对物质使用问题的态度、期望和观点。最近，Dalton 和同事们（2005）采用了一种极有创意的角色扮演的方式，评估出了 2 至 6 岁的孩子对抽烟喝酒的态度与电影相关情景展现之间的联系。孩子们被告知自己已经是成年人，现在要为朋友们准备一个派对。之后，他们会去一个烧烤商店购物。这个店中有 133 种微型商品，其中包括 9 种不同的啤酒和白酒，以及 6 条香烟。购物结束之后，这些孩子的角色代表（如：一个玩具娃娃）会和朋友（由实验者控制的玩具）一起享用"所购"商品。最后，总体上看，62% 的儿童买了酒，28% 的儿童买了烟。买烟的孩子当中有 68% 的人在购物的时候就准确辨认出了那是香烟。买酒的孩子中也有 58% 的人当时就能准确辨认出来。在这个角色扮演游戏中，尽管观看相关影片不能预测购买香烟的行为，但是和只看 G 级电影儿童相比，看过 PG-13 和 R 级电影的幼儿选择买酒的几率是前者的 5 倍。但是，与其说电影传输给人们这样一种理念——喝酒是成人社交生活的一个正常部分，不如说喝酒是那些允许自己学龄前的孩子看 PG-13 和 R 级电影的父母生活常态的一部分。比如说，有孩子用"爸爸的果汁"来指代酒精。在 Dalton 与同事的研究中，这些父母养育方式的因素并没有被考虑进去。

你一定记得，《总和解协议》以充分的理由禁止烟草公司在市场营销活动中使用动画人物。想在年轻人中创建品牌意识，使用此类动画形象是一个极其有效的方法。Mizerski（1995）发现 25% 的 3 岁幼儿、41% 的 4 岁孩子、63% 的 5 岁儿童和 72% 的 6 岁儿童都能准确地辨认出骆驼老乔——骆驼牌香烟的标志人物。可以与之匹敌的人物形象还有麦当劳大叔。然而，对小孩子来讲，与这样的高识别度相联系的却是对抽烟的负面态度，所有的孩子们都认为抽烟是"对你有害"的行为（Henke, 1995; Mizerski, 1995）。孩子还太小，现在还没有人研究过大众媒体对幼儿抽烟喝酒行为的影响或是孩子们对使用这些物质的想法。

8.5.2 童年中期的研究

许多研究者都认为，打算在青春期和成年期抽烟喝酒的想法受到两个因素的影响——品牌意识和童年期对抽烟喝酒的积极看法和态度。其中，大众媒介如广告、电视和电影等对这两者贡献巨大。

烟草有关的态度和行为

与幼儿的相关研究发现相似，童年期的孩子们也显示出了对香烟品牌的高识别度。Henke（1995）统计得出，86% 的七八岁孩子能识别骆驼老乔，46% 的能认出万宝路的红色倒 V 形标志。在小学阶段，香烟品牌的识别度并不是和赞成抽烟的态度相联系的。我们并不知道比这个年龄段大些的孩子对香烟品牌的识别度是怎样的。但是不管怎样，童年早期接触香烟广告并不导致对抽烟持赞成态度。

但是，当有机会模仿吸烟行为时，香烟品牌是如何影响孩子们对香烟的态度和抽烟意图的？这里所说的"模仿吸烟行为"中的烟指的是卷烟型糖果。这种酷似真家伙的糖果像香烟一样被包成一盒一盒的，每盒 10 支，每一支的顶端都是红色烟头样子的，如果你吹一下它，还会有烟雾样的粉状物质从尾端喷出。有一些糖果甚至还有类似于品牌香烟的名字，比如："幸运之光"（Lucky lights）就模拟了"好彩" (Lucky strike) 牌香烟的名字。4 至 8 岁的孩子是这些卷烟糖果的主要消费者。最近的研究表明，在儿童期消费卷烟糖果的数量越多，成年后吸烟的可能性越高。实际上，食用这些糖果几乎使之后抽烟的可能性翻了一番（Klein, Thomas, & Sutter, 2007）。然而，这个研究是一个回溯研究，是根据参与者对过去记忆的回顾而得出来的结论。我们知道，当事人的回忆不可靠，很容易受到当前情绪的影响。比如说，由于非吸烟者现在对吸烟持负面看法，那么，他们对自己在儿童时吃卷烟型糖果的回忆就可能少很多。而且，现在还没有关于大麻味糖果对未成年人影响的研究。

正如 Phillip Morris 的文件报告，"影视塑造出对香烟和吸烟行为强烈的、积极的视觉印象"（Morris, 1989）。最近的研究表明，这些默认吸烟行为的影像，的确对儿童的初次吸烟行为产生了影响。去除掉影响初次抽烟行为的多种因素（如：父母及同伴吸烟的情况、自尊感、在校表现），9 岁时观看电影中的抽烟镜头会增加 3 年后吸烟的风险。而且，影视中的抽烟行为可以解释 12 岁时 35% 的初次抽烟行为（Titus-Ernstoff, Dalton, Adachi-Mejia, Longacre, & Beach, 2008）。这些结果与早期的研究是一致的——早期研究表明，出现在杂志、电影和广告中的抽烟行为对青少年初次抽烟行为的影响最大（Aloise-Young, Slater, & Cruickshank, 2006; Wills et al., 2007）。更多研究发现，9 至 12 岁的孩子当中，那些被父母禁止看 R 级电影的孩子与没有此类禁令的孩子相比，前者抽烟的可能性降低了 40%（Dalton et al., 2006）。

酒精有关的态度和行为

进入幼儿园之后，孩子们对那些在广告上频频出现的酒精类饮料的识别度便相当准确了，而且会越来越精确。有研究发现，80% 的幼儿园小朋友能辨认出红色的百威标志，比识别“劲量兔（Energizer bunny; 61%）[1]”和《魔法灵猫》(the Cat in the Hat; 61%）[2]”的比例要高得多。到 2 年级时，所有的孩子都能认出百威（100%）和低卡百威（Bud Lite, 96%）的标志 (Henke,1995)。一项对 9 至 11 岁的孩子所作的调查表明，孩子们对百威青蛙（Bud-Weis-Er）熟悉度远远超过了家乐氏公司（Kellogg）[3] 的托尼虎、斯摩基熊、金刚战士等（Tony the Tiger, Smokey the Bear, the Mighty Morphin' Power Rangers; Lieber,1996)[4]。尽管有如此高的品牌知名度，但是小学阶段的大多数孩子对喝酒持不赞成态度。实际上，大多数 7 至 12 岁的孩子并不认为喝啤酒是一件很酷的事情（93%），或者喝啤酒会“给生活带来很多乐趣”（90%）。类似的，91% 的孩子说他们不喜欢酒类商业广告。参与调查的孩子中，有一半的孩子尝过酒的滋味。也可能是孩子们所表达的赞成态度仅仅反映了孩子们认为成年调查者希望他们这么讲。但是，这些数据起码能说明一点，在学校实施的禁酒宣传教育已经传达到了孩子们的意识中了（Austin & Nach-Ferguson, 1995）。

尽管相关的研究很少，广告里的儿童饮酒画面，与儿童打算喝酒及已经发生的喝酒行为之间是有正向联系的（Austin & Nach-Ferguson, 1995）。例如，熟悉啤酒品牌标志的 5、6 年级学生在成年之后对喝酒行为和饮酒的打算都持有更积极的信念（Grube & Wallack, 1994)）。最近，Sargent 与同事们（2006）发现，把相同年龄的孩子做一个比较，观看过电影中喝酒镜头的孩子自己早早尝试喝酒的可能性要更高。这一现象在 11、12 岁的孩子身上体现的特别明显，而人们往往认为相对于那些有反常行为倾向的未成年人来讲，这个年龄阶段的孩子一般是不太可能去喝酒的。Dalton 与同事们（2006）也发现，被禁止看 R 级电影的 9 至 12 岁孩

[1] 劲量兔（Energizer bunny），劲量电池 (Energizer) 的广告代言形象大使，这只戴着墨镜、蹬着沙滩鞋、永不疲倦的粉红色毛绒兔子，是世界上持续时间最长、最具知名度的广告代言人，还成为了一种文化符号，专指持续不停的任何事情，是耐力、毅力及决心的象征，译者注。

[2] 《魔法灵猫》(the Cat in the Hat)，也被译为《戴帽子的猫》，环球影业发行的喜剧类电影，这只戴着红白条纹高帽子、手拿拐杖、古灵精怪的“魔法灵猫”深受美国年轻观众的喜欢，译者注。

[3] 家乐氏（Kellogg），也译为凯洛格公司，全世界知名谷物食品和零食制造及销售商，成立于 1906 年， 总部设在美国密歇根州，公司的品牌众多，产品在全球 18 个国家制造，并在 180 多个国家销售，译者注。

[4] 托尼虎（Tony the Tiger）、斯摩基熊（Smokey the Bear）、金刚战士（the Mighty Morphin' Power Rangers) 家乐氏旗下产品的吉祥物，译者注。

子比看限制级电影的孩子喝酒（或是打算在不久的将来尝试喝酒）的可能性降低了40%（Dalton et al., 2006）。值得注意的是，这些发现与上文中吸烟相关的结论是一致的。

8.5.3 青春期的研究

烟草有关的态度和行为

广告和媒体影像对吸烟的渲染使青少年形成了一种积极正面的态度，并且增强了他们抽烟的意图。这一点在许多实验研究和相关研究中都得到了证实。以下列实验研究为例：Pechmann 和 Shih（1999）制作了电影《四个毕业生》（Reality Bites）[1]两个不同版本——有抽烟镜头和没有抽烟镜头。试验中，不抽烟的 9 年级毕业生被分成两组，一组观看有抽烟场景的版本，另一组观看没有抽烟场景的版本。结果表明，前者比后者表示出了更高吸烟的意愿，对吸烟者也传达出一种积极的态度。在一个对 50 多篇同一主题的文献所作的综述中发现，大众媒体对抽烟行为的曝光率将人们对抽烟行为的积极态度与抽烟的意愿都增加了 50%（Wellman, Sugarman, DiFranza, & Winickoff, 2006）。最近，Shadel 和同事们 (Shadel, Tharp-Taylor, & Fryer, 2008) 的研究证明，相对于已经建立起了较为成熟的自我同一性的青少年来讲，香烟广告最能激起刚刚进入青春期的青少年们抽烟的意图。因此，面对大众媒体对抽烟行为的积极宣传时，那些正在努力创建自我同一性的孩子们是脆弱不堪，深受其害的。

广告、杂志、电影等展现的吸烟形象使青少年实际抽烟的行为翻了一倍，并且使他们成为铁杆烟民（抽烟数目超过 100 根）的比率增加了 42%(Wellman et al., 2006)。有一项研究估算出 34% 的吸烟尝试行为可以归咎到媒体的宣传上 (Pierce, Choi, Gilpin, Farkas, & Berry, 1998)。即使移除其它一些广为人知的影响抽烟行为、态度和意图的因素——例如：种族、社会经济地位、父母教养、同伴群体以及人格因素（如：感觉寻求）等——这一影响效应仍然是存在的 (Wellman et al.)。

虽然如此，媒体呈现抽烟行为对年轻人产生的影响因人而异。比如说，Sargent 和同事们（2007）发现，在稳定的抽烟者中，电影中呈现的抽烟行为对低感觉寻求者的影响是高感觉寻求者的 12 倍。高感觉寻求者已经抽烟的行为比例高于低感觉寻求者，因此低感觉寻求者更容易受到影视的影响。除此之外，Pechmann 和

[1]《四个毕业生》（Reality Bites），著名导演 Ben Stiller1994 年执导的一部生活文艺电影，电影讲述了四个刚刚离开大学的毕业生工作和恋爱的故事，译者注。

Knight（2002）也发现,同伴和广告共同作用于年轻人抽烟的意图。受到香烟广告熏染下的青少年对同伴抽烟的行为很大程度上持一种积极的态度，如：抽烟很酷等。Aloise-Young 与同事们在 2006 年的研究也再次证明了被动的同伴压力（如：抽烟的同伴数量）对吸烟行为的影响。但是，许多研究并没能够区分出这种影响在青春期早期、中期和晚期的区别，因此，媒体对吸烟行为的影响是否会因青春期不同阶段而有所不同还有待于验证。

相对于对烟民的影响而言，大众媒体中曝光的吸烟行为更大程度上影响的是青少年初次抽烟行为。去探究这当中的原因是一件很有趣的事。答案可能很简单——上瘾的症状就是驱使“尝一尝”的青少年成为重度烟民 (Wellman et al., 2006)。站在烟草行业的立场来看，从香烟广告到荧屏上的抽烟行为，任何能促使青少年抽第一口烟的东西都至关重要。毕竟，万事开头难，只要抽了第一口，最难的任务就已完成，余下的部分就容易多了——香烟本身拥有的可以使人上瘾的属性会自己推销自己的。

酒精有关的态度和行为

总体上讲，就像音乐、动物角色、幽默一样，酒类广告的品质吸引着成年人，也吸引着青少年。更进一步说，当青少年喜欢某一个广告，他们说对该酒类饮料的购买欲望会更强烈，而且更希望该产品能使他们享受一段美好的时光 (Chen, Grube, Bersamin, Waiters, & Keefe, 2005)。青少年尤其会被广告吸引，因为喝酒行为和年轻人重视的东西（如：即刻满足、刺激、高层次社会地位等）联系在一起 (Pechmann, Levine, Loughlin, & Leslie, 2005)。

有研究证明，随着媒体消费的增加，饮酒的报道也多起来了。Van den Bulck 与同事们 (Van den Bulck, Beullens, & Mulder, 2006) 发现，青少年每天看一个小时的电视，在家喝酒精类饮料的行为比率就增长 17%；每周看数小时的音乐电视，外出时喝酒的比率更是以 239% 的比率增长。类似的发现还有 Wingood 和同事们（2003）的研究：听说唱乐会使年轻女孩子喝酒的几率增加 1.5 倍。不幸的是，这些研究的效度很有限——他们没能评估出荧屏上的饮酒行为的数量和青少年观看的酒类广告的数量。与较少接触媒体的年轻人相比，那些接触更多媒体的年轻人实际上观看到的更多饮酒行为是不是有显著意义？这一问题尚不清楚。

更多研究评估了媒体上的实际饮酒行为，发现上面提到的相关的确存在。比如说，15 至 20 岁的未成年饮酒者中，看更多酒类广告与更高的酒精消费数量是联系在一起的。平均每个月看 23 个广告的未成年饮酒者的酒类消费会增加 1%(Snyder,

Milici, Slater, Sun, & Strizhakova, 2006)。一项对 7 年级学生所作的研究显示，观看含有酒类促销广告的电视节目会增加对啤酒（增加 44%）、葡萄酒和烈性酒（增加 34%）饮酒的风险。这个研究也发现观看 3 个有关酒的电视节目会增加来年 26% 的酒精消费 (Stacy, Zogg, Unger, & Dent, 2004)。相似的发现还有杂志广告与电影。7 年级学生浏览杂志上的酒类广告与 9 年级时的喝酒行为之间有高相关 (Ellickson, Collins, Hambarsoomians, & McCaffrey, 2005)，电影中饮酒行为的更高曝光水平，与他们在 7、8 年级初开始饮酒的可能性增大之间有联系。对于那些不被认为是高风险饮酒者，这些影响尤其严重。

毒品相关的态度和行为

目前，只有少数研究评估了观看媒体上的毒品使用对年轻人的态度与行为的影响。对于态度问题，Mayton 及其同事 (1990) 发现，观看电影、音乐和音乐电视（MV）中对毒品的描述会让青少年此类行为发生的比例增加 10%。Wingood 和同事们（2003）对非裔美国青春期女性吸毒行为的研究表明，观看大量说唱类音乐电视与吸毒行为的增加是相关的。即使把父母监护、信仰承诺等额外因素的影响都考虑进去，这些研究结果的趋势仍然是成立的。然而，由于荧屏上的实际吸毒行为是不可量化估计的，那么上述相关是否由音乐电视的内容所引起就不得而知了。其他一些有关音乐表演（如：说唱乐、乡村乐和流行音乐）与吸毒行为关系的研究得到的结果也比较复杂和混乱。比如说，Dent 等人（1992）发现音乐偏好对毒品使用的预测性很差。然而有两项研究得出了劲爆锐舞音乐与吸毒（如：摇头丸）之间的相关 (Forsyth & Barnard, 1998; Forsyth, Barnard, & McKeganey, 1997)。但这些研究的缺陷就是没有评估歌曲的题材内容。所以说，尽管喜欢某些种类的音乐可能是预测吸毒行为的潜在指标，但绝不能说音乐是导致吸毒的原因。

青春期吸毒行为的最大威胁十有八九来自于网络。最近有关青春期晚期和成人初期的研究显示，网络百科上对毒品的内容描述能够使吸毒行为正常化，并且增加了非吸毒者对吸毒行为的接受度 (Brewer, 2003)。对于那些已吸毒的青少年来说，网络已经成为他们搜索毒品信息的手头常用工具了。他们利用网络习得最新的吸毒方式；有青少年报告说，网络引擎提供一些他们从未听说过的新毒品信息。尽管有一项研究发现，75% 的吸毒者利用网络减少吸毒行为的危险性，但是缺乏精确的实证证据 (Boyer, Shannon, & Hibberd, 2005)。很显然，我们需要更多的研究来评估网络对上瘾或未上瘾者吸毒行为的影响及其这种影响的发展程度。

8.6 发展的视角

就像之前的综述表明的那样，儿童与青少年在大众媒介上能接触到大量的烟酒毒使用的情景；随着年龄的增长，他们会接触到更多。和媒体渲染的烟酒毒的频次一样重要的是接触的种类和内容。CAD 的使用一般是以一种非常积极的面貌出现在观众面前。影视中的使用者往往魅力十足，拥有较高社会地位，这显然增加了观众对这些产品的消费。大多数烟酒毒的使用是作为背景而出现——如在交谈或是饮食的时候——而不会大张旗鼓地高调登场。而且，媒体通常将烟酒毒的使用渲染成一种常规的、愉悦的、受到荧屏主角们欢迎而不是拒绝的活动 (Ryan & Hoerrner, 2004)。

像大多数行为一样，物质的初次使用和持续使用受到许多环境因素的影响，如同伴、兄弟姐妹和父母关系。除却上述因素，媒体渲染是否会增加童年期与青春期烟酒毒使用的风险？毫无疑问，答案是肯定的。无论这些物质合法与否，大众媒介的渲染都会增加童年中期到青少年初次吸烟喝酒的行为。吸毒的风险也是一样。实际上，被认为是染上吸烟喝酒恶习的低风险者比高风险者更容易受到媒体渲染的影响。更麻烦的是，有研究提出说，青少年由最初的尝试者发展成为稳定的物质使用者直至形成物质依赖，大众媒介的影响不容忽视。

但一些发展性变化也是很明显。童年早期和中期的孩子对吸烟喝酒行为的态度受到媒体宣传（一般都是消极印象）的影响比较小，但是，青少年接触的吸烟喝酒的媒体印像似乎都是积极正面的。那么，我们如何解决这一与年龄相关的矛盾？一个解决之道就是性质的转变与发展——由童年期向青春期转变的时期，大众媒体对烟酒的态度渲染朝向正面积极的方向转变。正在经历着社会、心理和生理上转变的青少年受到媒介影响的风险更大 (Shadel et al., 2008)。第二个可能的方法简单很多——年龄小的儿童比大一些的孩子与青少年更容易做出社会赞许反应，因此他们自动抹去了幼年时期媒体的影响。假定青春期前的儿童和青春期少年经常体验到一种对抗权威的逆反心理，在儿童期向青春期转变的阶段，社会赞许性就不会起到那么重要的作用了。

和先前的综述所揭示的一样，还有一些空白需要文献去填充丰富。在学龄前观看媒体上的物质使用的情况是否会影响之后对烟酒毒的尝试？这一点还没有什么发现。对于在童年时期消费糖果香烟或是大麻风味糖果对烟酒毒使用的影响也尚无前瞻性的研究。也没有关于在童年早期和中期观看媒体中的吸毒行为对青少年期影响的相关研究。我们还可以做一些不同类别的媒体（如：广播、杂志、电视）对物质使用影响的区别研究。最后，我们也可以探索一下基于大众媒体的烟酒毒对青年发展阶段的风险与影响的大小。

9 媒体与青少年的性别化和性别社会化

在20世纪70年代晚期，12岁的Brooke Shields因在电影《漂亮宝贝》(Pretty Baby)[1]中扮演一个雏妓而上了新闻头条。15岁时，她为牛仔品牌Calvin Klein演绎的知名广告语成功挑逗了无数观众的想象力："想知道我和我的Calvin仔裤之间有什么吗？——空空如也"。30年过去了，类似的喧嚣声也出现在了有15年历史的迪斯尼频道中；连音乐界的超级巨星Miley Cyrus床单掩体、后背裸露的香艳照片也出现在《名利场》(Vanity Fair)[2]杂志上。不仅未成年少女成了媒体的性描绘对象，男孩子们也不能幸免。影视剧《美国派》(American Pie)讲述了四个高中男生为了摆脱处男之身所做的各种努力；一些如《十七岁》之类的青少年读物将青春期的男孩子们描画成对性着迷的群体。当然，这些只是众多例子中的一小部分——大众媒体着意呈现青少年们情色化的形象，甚至在某些案例中，主角们还只是豆蔻之年的孩子。

9.1 性别化和性别社会化

有关青少年的情色描绘对两个既相互区别又相互联系的概念——性别化(sexualization)和性别社会化(sexual socialization)——产生的潜在影响引起了公众的担忧。性别化会发生在以下任意一种情境中：(1)自我价值由个体的性显像(sexual appearance)或是性行为决定；(2)人们认为身体吸引力等同于性感，并

[1] 《漂亮宝贝》(Pretty Baby)，又译为《雏妓》，1978年美国Louis Malle经典名作之一，Brooke Shields的成名作，荣获戛纳电影节技术大奖，金棕榈提名。本片描述一名摄影家终日徘徊妓院拍摄妓女的照片，并且疯狂地迷恋上一名年仅11岁雏妓的故事，译者注。

[2] 《名利场》(Vanity Fair)，美国康得纳斯出版公司出版的著名生活杂志，主要宣扬当代文化，内容包括政治、名人、图书、幽默、新闻、艺术和摄影，颇受美国民众欢迎，译者注。

以此为标准来衡量个体；（3）人被当作性工具而不是有感情的实体；也就是说，人被性物化了；（4）性别被不恰当地强加到他人身上。第四种情景的发展状态尤其重要——青春期早期的孩子是性别强加的对象，他们普遍只能被动接受而不能做出性别的选择。最后，性别化的过程是一个连续的统一体，一端是性别的评估（如：眼神挑逗），另一端是性探索（如：性虐待）。自主的性探索和在适当年龄获取性体验被认为是健康的性，然而，性别化却将年轻人的身心健康置于危险境地。比如说，性别化的青春期女孩子遭遇抑郁、饮食失调、低自尊、性病的风险更高 (CDC.gov, 2008)。

性别化侧重于将青少年看作性实体的不恰当性，与此相对的性别社会化则是一个意义更宽泛的概念。它指的是儿童和青少年习得有关性别的知识、态度和价值的过程。性别社会化的内涵包括：生理性别和繁衍，各种性行为的定义（如：自慰，口交，性器交），对待在不同年龄、在一段关系的不同阶段中（如：相识、相爱或步入婚姻）各种适宜性行为的态度（Ward, 2003）。性别社会化的媒介包括父母、兄弟姐妹、同伴、宗教机构、医疗保健专业人员和学校（青少年非常清楚的知道向谁可以了解到相关的性知识）。

当青少年被问到在上述媒介中愿意选择谁作为性知识的信息源时，9 至 12 年级学生的首选是父母，然后是同伴和学校 (Somers & Surmann, 2004)。然而，当被问到从哪些信息源可以得到最有质量的信息时，他们却把大众媒体和同辈群体排在了首位，将父母排到了末尾。对青春早期的孩子们所做的研究也有同样的发现 (Alexander & Jurgenson, 1983)。在这些信息源中，来源于媒体和同龄人的信息与来源于父母的信息是迥然不同的。父母倾向于将性描述成应被延迟的、应避免的危险行为。与此形成鲜明对比的是，同伴和媒体却宣扬性是积极的、有趣的、合乎天性的、随便的 (Epstein & Ward, 2008)。与此同时，很多媒体也传递安全性体验的重要性 (Brown & Strasburger, 2007)。

新的研究数据表明，由同辈、媒体提供的有关性行为的信息比父母提供的信息对青少年的影响要大得多。2005 年，疾控中心（Centers for Disease Control，简称 CDC）所做的一项调查显示，34% 的 9 年级学生、43% 的 10 年级学生、51% 的 11 年级学生和 63% 的 12 年级学生称至少发生过一次性行为。到他们高中毕业的时候，超过 50% 的学生报告说他们经历过口交，14% 的人宣称有过 4 个或更多个性伙伴（CDC, 2006）。2006 年，每 1000 个 15 至 17 岁的女孩子中就有 22 个怀孕，所有十几岁的女孩子中，26% 的人被诊断出患上了性病（sexually transmitted disease，简称 STD）。很显然，大量青少年将父母有关于婚前性行为的警告、媒体关于安全性行为的告诫抛之脑后——美国青少年怀孕、分娩、性病和流产的比率远远高于大多数发达国家（例如：加拿大、英国、法国、爱尔兰、荷兰、瑞典和日本；CDC, 2008）。

基于媒体的青少年性别化与媒体中性内容的呈现究竟在有多大程度上影响了青少年的性别社会化？如果你直接询问青少年，得到的答案是媒体对他们目前的性活动几乎不起作用。他们进行直接和非直接性行为的 3 大主要原因是亲密、愉悦和社会地位。举例来说，对 9 年级学生所做的评估发现，愉悦（35%）、改善关系（30%）、受欢迎度和名气（25%）是发生口交的主要原因，相比之下，选择因媒体影响而发生口交的人数不到 2%(Cornell & Halpern-Felsheret, 2006; Ott, Millstein, Ofnter, & Halpern-Felsher, 2006)。另一项研究表明，只有 6% 的青少年认为电视中的性内容对自己的性行为影响非常大。有意思的是，32% 的人认为电视中的性内容会极大地影响到其他同龄人的性活动而不是自己 (Kaiser Family Foundation, 1998)。因此，青少年认为性媒体对他们自己的性行为影响甚少并不意味着性媒体就没有发挥作用。要想深入讨论这个问题，首先就要报告媒体中有关性内容的频率和种类。随后我将会评估青少年接触色情内容对其性态度、性期望和性行为的影响。

9.2 性媒体

媒体充满了性内容：《花花公子》、《花花女郎》（Playboy, Playgirl）[1] 之类的杂志中充斥着不同裸露尺度的性感男女，其它杂志如《机密俱乐部》（Club Confidential）[2] 则细致入微地刻画了性行为；电视上，那些按次付费或是订阅频道中或含蓄或露骨的色情作品随处可见；歌词中也有或微妙或明确的性描写；网络上，铺天盖地的色情图片和色情网站随你点击。下面将对儿童和青少年接触到的色情内容的数量和种类进行说明。

[1]《花花公子》（Playboy），著名美国成人娱乐杂志，1953 年在美国由 Hugh Hefner 创办。花花公子和它的兔女郎商标已经成为美国文化的象征之一，译者注。
《花花女郎》（Playgirl），纽约“蓝色地平线”出版社创办，杂志以教授女性寻欢作乐为宗旨，同时拍摄一些当红的模特和色情片明星供女性们消遣，译者注。

[2]《机密俱乐部》（Club Confidential），美国成人杂志，译者注。

9.2.1 儿童和青少年所看的性内容

广告

帅哥美女热情相拥，眼睛微闭，双唇微启，仅隔数英寸；他衣着严实，而她罗衣尽解，酥胸半裸。这是为勃起功能障碍做的杂志广告吗？完全不沾边！这是猜（Guess）服饰的广告！利用性意象和性暗示的广告宣传有 120 年的历史可循——在 20 世纪初，伍德伯里洁面皂（Woodbury's facial soap）广告就亮出了一对充满罗曼蒂克情调的夫妇，随后销售量猛增。广告中，展现性吸引力的形式多种多样，包括身体展现（如：身体的裸露、优美的体型）、性行为（如：挑逗的、暧昧的行为）、性指示物（如：场所、音乐、灯光）和性嵌入或性象征（如：插入锁孔的钥匙；Reichert, 2003）。

据最近研究，在黄金时段的电视促销广告中，性内容的出现频率比较低，每 80 个中约有 1 个含性信息的广告（1.2%）；且性内容被限制在暴露衣物和性暗示的范围之内，几乎没有涉及露骨性行为的广告 (Hestroni, 2007a)。而在 10 年前，此类电视广告出现的频率达到了 21%（Reichert, 2003）。这一变化得力于美国联邦通讯委员会（FCC）的罚款 (Hestroni, 2007b)。广告促销中的性客体化现象多发生在女模特身上。Fullerton 和 Kendrick（2001）发现，黄金时段的电视广告中 12% 的女性和 2% 的男性衣着都比较惹火。

由于没有政府罚款的后顾之忧，印刷品上的广告就比电视广告色情得多。模特的身体裸露尺度更大、两性性行为也更多。当男女模特共同出现在广告中时，就会出现过半的性暗示线索(Reichert, Lambiase, Morgan, Carstarphen, & Zavoina, 1999)。而当模特单独出现时，女性比男性更容易成为性客体化现象的焦点。Reichert 与同事们（1999）发现，杂志广告中衣着暴露的女性数量是男性的 2 倍多。最新一项研究对 58 份流行杂志上近 2000 个广告做了统计，结果表明有 52% 的广告把女性当作了性客体化的对象。进一步的分析发现，这类广告的数量因杂志种类的不同而不同，多出现在青少年杂志上（超过 60%）。总体上看，男性杂志如《箴言》（Maxim）、娱乐与体育节目电视网（ESPN）上的此类广告最多，其次是少女类杂志如《都市女孩》（Cosmo Girl）、《年轻人》（Teen People），妇女杂志如《悦己》（Self）、《时尚》（Vogue），娱乐杂志如《国民问询》（National Enquirer）、《娱乐周刊》

（Entertainment Weekly）和新闻与商业杂志如《时代》、《新闻周刊》（Newsweek）[1]（Stankiewicz & Rosselli, 2008），见表 9.1。

杂志

平均算下来，像《年轻人》（Teen People）、《时尚少女》（Teen Style）等广受欢迎的杂志刊登的性内容相对比较少。Pardun 和同事们（2005）发现青春期早期和中期的孩子们仅能在 8% 的青少年读物上接触到性内容。含有性内容的广告因杂志种类的不同而不同，其性内容的数量和类型也各不相同。在时尚杂志和妇女杂志上处处可见与性有关的头版头条，如“达到高潮‘可’与‘不可’”和“你的身体：点燃他的激情”。事实上，21% 的头条是性和浪漫韵事，这构成了少女类和妇女类杂志经久不衰的主打话题 (Davalos, Davalos, & Layton, 2007)。

这些杂志上的照片、文章、封面人物都向读者传递了这样一个简单的信息：热辣、性感是吸引异性的首要条件。然而，读者也会读到相互矛盾的信息。这是因为在性的问题上，社会对男女采用了双重标准——对女性来讲，性是可以控制的、有约束的、被惩罚的；而对于男性来讲，性则是受到鼓励的、被宽容对待的。另外，杂志也传递了这样一个观点：男性对性的追求贪得无厌，而女性则是谨慎的、负责的（Ward, 2003）。值得注意的是，在成人杂志上，对性内容的讨论是不限制级别的，青少年读物也频频讨论此类话题。据统计，《十七岁》中有 52% 的文章是围绕着性行为和性健康话题的 (Carpenter, 1998)。

[1]《都市女孩》（Cosmo Girl）美国著名杂志，该杂志对流行趋势高度敏感，引领国际化的青春潮流，为都市年轻女性提供实用的时尚生活参考，译者注。
《年轻人》（Teen People），美国《人物》杂志的青少年版，译者注。
《悦己》（Self），一本代表自我愉悦的后时尚时代精神的女性生活读本，与 Vogue 杂志同属国际著名杂志出版商康泰纳仕集团。该杂志以服务都市白领女性为主，倡导一种悦己的生活方式，内容涵盖健康、职场、情感、生活、服饰、美容等女性生活的各个方面，译者注。
《国民问询》（National Enquirer），美国传媒公司的旗舰报刊，主要介绍名人的私人生活，译者注。
《娱乐周刊》（Entertainment Weekly），世界著名杂志，脱胎自《人物》。1990 年创刊，刊载美国娱乐方面的消息报道、产品介绍、采访记、评论等，侧重于对娱乐行业的报道，译者注。
《新闻周刊》（Newsweek），1933 年创刊。在美国，它是仅次于《时代》的周刊，是一份全方位的新闻类杂志，其涵盖范围包括了从突发新闻到深度分析的各种内容，译者注。

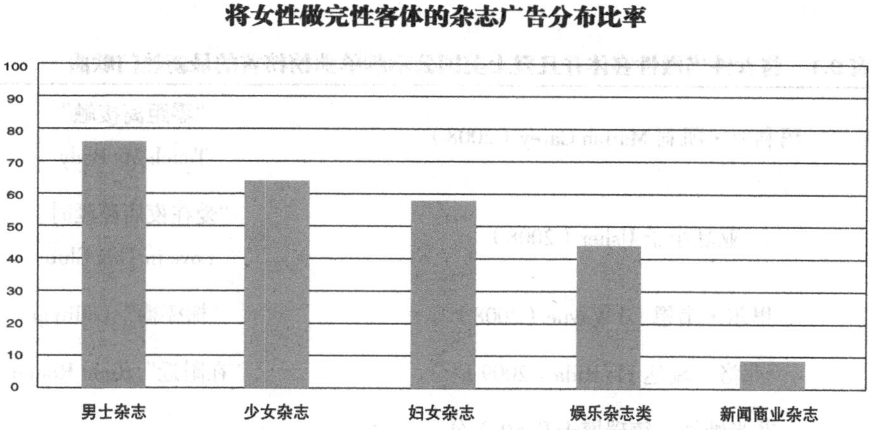

图 9.1 杂志广告中的性客体

不言而喻，许多未成年人也阅读成人杂志。比如说，我的一位朋友去拜访祖父母的时候会使用主卧里的卫生间，那里就有一些色情杂志。我的这位朋友的经历十分寻常，因为在 15 岁的年龄档，几乎所有的男孩子（92%）和绝大多数的女孩子（84%）都在成人杂志上看见过裸体和性内容。还有研究发现，青少年初次阅读色情杂志多发生在青春期早期——比允许购买此类杂志的法定年龄提前了 5 年 (Bryant & Brown, 1989)。

音乐与音乐电视

与传统媒体不同的是，音乐和音乐电视中含有大量的性内容。Pardun 和同事们（2005）最近发现，青少年听到的歌曲中有 40% 的歌词指向了直接或非直接的性。而电影、电视、杂志上的比例就小得多，依次为 12%、11% 和 8%。如果歌曲还制作了相应的音乐电视，那么这些性内容会更加流行。对几十年来音乐电视的画面所做的分析表明，44% 至 81% 的音乐电视中出现了暴露衣着、性意愿、性行为指向和性暗示 (Zurbriggen et al., 2007)，且性的客体化（暴露的衣着、挑逗的舞姿等）对象多为女性。Seidman（1992）统计得出，37% 的音乐电视中女性衣着挑逗，而男性只占到了 4% 的比例。表 9.1 列举出了将女性当做性客体的最新热门歌曲。

表 9.1　将女性当做性客体并且登上美国公示牌单曲榜榜首的最新热门歌曲

玛利亚·凯莉 Mariah Carey（2008）	“零距离接触” Touch My Body
亚瑟小子 Usher（2008）	“爱在夜店蔓延时” Love in This Club
里尔·韦恩 Lil Wayne（2008）	“棒棒糖” Lollipop
弗洛·瑞达 Flo Rida（2009）	“在附近” Right Round
艾米纳姆，德瑞博士和 50 美分 Emimen, Dr. Dre, 50 Cent（2009）	“再来一杯” Crack a Bottle

电视

平均算下来，黄金时段的观众会接触到 4 例性谈话（如：笑话、影射、双关）和大约 1 例性接触画面（如：抚摸、接吻、含蓄的性行为）。换句话说，每观看 50 小时的电视节目中，观众就会见到一个隐含性行为的情节。实际上，这种情形的巅峰时期是在 20 世纪 70 年代末期，现在，由于 FCC（美国联邦通讯委员会）的处罚，其出现频率已经大大下降了 (Hestroni, 2007b)。然而，考虑到这些节目在青少年中的受欢迎度，青少年实际接触到的性内容反而增加了。Pardun 和同事们（2005）发现，青少年所看的电视节目中，有 11% 的实质内容是和性有关的。Kunkel 和同事们（2005）的调查结果显示，在最受年轻人热捧的前 20 个电视节目中，有 70% 的节目至少含有一例性内容；平均每小时就有 7 个这样的场景。这当中有两例涉及到某种形式的性行为，如：抚摸和接吻。就此而言，黄金时段和现场直播类的节目并没有对性内容作出限制。Fisher 及同事们（2004）对儿童卡通片进行了抽样统计，在抽样的 121 个节目中，26% 的片断中有性内容，21% 的含有轻度的性接触，如：调情、接吻和抚摸；但是没发现露骨的性行为情节。另外，和过去的动画片如《白雪公主》（Snow White）、《灰姑娘》（Cinderella）相比，当下的动画片如《小美人鱼》（Little Mermaid）、《风中奇缘》（Pocahontas）的女主角的衣物用料更少，并且露出了乳沟。

电影

尽管青少年是电影的主要消费群，但是他们在电影中看了多少性内容，我们所知不多。最近，对 50 部位居 1996 年票房之首的电影所做的一项评估表明，57%

的R级电影至少有一幕是关于性情节的；1/3的PG级与1/3的PG-13级电影中有对性的描绘；相对而言，G级电影比较纯净(Bufkin & Eschholz, 2000)。另有研究发现，R级电影中女性裸体的比率是男性的4倍(Zurbriggen et al., 2007)。尽管R级电影的观众限于17岁及以上的成人，但是未成年人要看到这些电影并不难。据美国联邦贸易委员会（Federal Trade Commission Report，FTC; 2004）的最新报告，即使没有父母的同意，未成年人（13岁-25%、14岁-29%、15岁-35%、16岁-62%）也能够买到R级的电影票。无需父母或监护人的陪同就能买到R级DVD的青少年就更多了，他们所占比例分别为79%（13岁）、82%（14岁）、79%（15岁）和92%（16岁）。真可谓有志者事竟成。

视频游戏

和儿童玩的视频游戏不一样，针对青少年和成人而开发的游戏（T或M级别）中，被高度色情化的女性角色占相当高的比例。《侠盗猎车手》（Grand Theft Auto）系列中，女性角色，尤其是少数族裔的女性角色被描绘成了妓女(Dill, Gentile, Richter, & Dill, 2005)。这些被性别化的女性角色衣着暴露，袒胸露乳。例如，近50%的女性游戏角色穿的是吊带、背心或是泳装(Beasley & Standley, 2002)。另一个独立研究发现，近20%的超性感女主角露出了腰腹部，另有7%至8%的女性角色完全露出了胸部或是臀部（仅限于M级游戏）。尽管E级游戏情况稍好一些，但是仍然有37%的女性角色衣着暴露或是部分裸露。和女性角色相比，男性游戏角色衣着暴露的比例要减半；而且，男性角色裸露的目的往往是为了展示他们发达的肌肉(Children Now, 2001)。同样，27%的T级别和36%的M级别游戏中，玩家会看到如部分裸体、性对话、性行为等性主题内容（Haninger & Thompson, 2004; Thompson, Tepichin, & Haninger, 2006）。

网络

各种迹象表明，音乐剧《Q大街》（Avenue Q）[1]中所说的完全正确：网络为色情而生。网络上有专门提供成人影星资料和成人电影的网站，有专门提供色情链接的搜索引擎，有免费下载色情内容的文件共享程序，还有上传自制色情作品（包括手机拍摄的色情图片）的博客和移动博客。另外，还有一些网站充斥着色情艺术、小说、图片和以真人或是卡通为主角的色情视频。如果你喜欢，就可以用各种昵称——可以是动物、蔬菜或是矿物质——注册一个帐号，然后进入一个类

[1]《Q大街》（Avenue Q），著名音乐剧，于2003年在外百老汇（Vineyard）戏院首演，译者注。

似《模拟人生》(SIMS)[1]的网上在线吧，“挑选”一个日子，进入一个私密聊天室，参与到性感视频聊天中。这些网站都是合法的，用户限定在18岁以上。尽管大多数色情网站都需要验证年龄，但是免费网站却不需要任何验证，仅仅需要访问者“确认”他们自己超过了18岁。

在网上浏览色情内容的年轻人，有故意而为的，也有偶然进入的。一项最新研究发现，42%的青少年网络用户在过去的一年中浏览过在线的露骨性内容。这其中，66%的人报告说是偶然浏览了色情信息。他们通常是在点击了搜索引擎提供的链接网址或是点击了弹出的广告之后，偶然进入色情网站的。从发展态势上看，有意浏览色情网站的现象随着年龄的增长而增多，但这也存在性别上的差异。报告自己在网上成功搜索到过露骨性内容的男孩子的年龄与比例分别为10至11岁(1%)、12至13岁(11%)、14至15岁(26%)、16至17岁(38%)。女孩子则少很多，只有2%到5%的女孩子有意登陆过X级别的网站，8%的16至17岁的女生报告说搜索过在线色情内容 (Wolak, Mitchell, & Finkelhor, 2007)。但是，这些数据可能低估了实际情况，因为有其他一些研究一致报告说，大约有70%的青春期晚期的青少年在网上浏览过色情内容 (Peter & Valkenburg, 2007; Zurbriggen et al., 2007)。

9.2.2 媒体上青少年的性别化

儿童

在大众媒体上，成人的性别化相当常见，但有关儿童和青少年的性别化却不多。在过去的40年中，流行杂志上只有38个(占所有广告的1.5%)广告采用了与性有关的方式来描绘儿童，并且是将女孩子性征化了(约占此类广告的8.5%；O'Donohue, Gold, & McKay, 1997)。银幕上几乎没有儿童的性别化形象。但剧情片中的儿童性虐待是个例外——这类性行为绝对不会让人愉快，而且后果很严重。

青少年

Kunkel与同事们(2005)发现，在黄金时段，只有3%的电视镜头暗含了与青少年有关的性行为。但是早几年，32%的节目涉及到了青少年谈论性或是卷入性行为的内容 (Kunkel et al., 2003)。在一次12至22岁的电视主角的抽样调查中，Aubrey(2004)发现，91%的情节至少含有一个与性有关的内容，平均每小时有

[1] 《模拟人生》(SIMS)，是美国艺电(Electronic Arts, EA)发行的一套模拟普通人生活的个人电脑游戏。该系列是电子游戏史上最畅销的游戏，已在全球卖出了1亿多套，译者注。

8 处提到性。因此，电视上青少年性别化的内容出现与否，因节目与年代的不同而不同。

需要注意的是，电视上播出的大多数性行为都没有提及这些性行为的后果——无论消极或是积极的。Aubrey 发现，伴随着青少年的性行为，其身体的（如：怀孕、性病；占 5.5%）和心灵的（如：耻辱感、内疚感；占 24%）负面后果不那么普遍，但性的积极结果（如：自尊的提高、自豪感）更少（4%）。这些数据与其它一些研究结果是一致的，这些研究发现仅有 5% 的节目讨论了"性的风险与责任" (Kunkel et al., 2003)。Aubrey（2004）的研究还证明，对性的双重标准也发生在青少年身上，比如说，相对男孩而言，初次性行为之后的负面效应多发生在女孩子身上。

与电视媒体相比，纸质媒体上出现的青少年性别化现象更多、更普遍。为了吸引男孩子,《十七岁》（Seventeen）杂志告诉女孩子们要顺从、妩媚、有吸引力，甚至一些有关自我提升的小贴士也会提及如何吸引异性。在最近的封面上,读者可以看到"性感装扮"、"魅惑双唇"的口号。相反，该杂志上的男孩子们要么过分浪漫要么痴迷于性。另外，这些青少年杂志更多聚焦于性的愉悦而不是性的健康 (Hust, Brown,& L' Engle, 2008)。有研究审查了《十七岁》杂志上的性内容，发现只有 3% 的文章介绍了性病问题、2% 的文章讲述了早孕问题。从 1982 年到 2001 年，该杂志有关性的建议中有 25% 的是关于童贞的，特别讨论了哪些性行为（阴茎部分插入、指交、口交）会失去童贞 (Garner, Sterk, & Adams, 1998; Medley-Rath, 2007)；对于《性与健康》栏目中对两性话题的暴露尺度之大就更不用提了。大同小异的内容在《十七岁》的网站 (www.seventeen.com) 上随处可见。这个网站上有一整个版块讨论"保健 + 性 + 健康"的话题，不同年龄的女孩子提出了各种与性有关的问题（年龄附在问题后面），如"例假期间发生性行为正常吗？安全吗？Kathleen，15 岁"。

17 岁的 Britney Spears 带着她的单曲《宝贝，再爱我一次》（Hit Me Baby One More Time）打开了她的音乐市场，其 MV 打造了布兰妮的洛丽塔风格：梳着马尾、穿着制服和短裙，露出肚脐，在 MV 中蹦蹦跳跳。尽管我们不知道在未成年少女性别化过程中，这些视频录像材料究竟起了多大的作用，但这些视频材料至少体现了"装嫩潮流"（pedophilic fashion）——十八九岁的少女与年轻妇女把自己打扮成小女孩的模样 (Kilbourne, 1999; Zurbriggen et al., 2007)。例如，2005 年，在维多利亚的秘密（Victoria's Secret）内衣时装秀上，其中一个环节就是让性感模特穿着泰迪熊图案的衣物、手拿毛绒玩具，在满是可爱玩具的 T 台上走秀。

传统媒体呈现了年轻人性别化的影像，与此不同并且更可悲的是，网络为儿童和年轻人提供了直接体验的机会。一项最新研究表明，10 至 17 岁的网络用户中有 13% 的人报告说曾遭遇过性征求（sexual solicitation），如被问及个人的性信息。而且，这些未成年人中有 4% 的人遇到过强烈的性征求，如要求线下见面。大多数的性征求来自年轻人未曾见过面的网友（86%），这些网友中有 61% 自称是青少年（实际年龄未知；Wolak et al., 2007）。值得注意的是，频繁更新个人信息或是使用聊天室、即时通讯与社交网络会增加遭遇性征求事件的比率。Mitchel 与同事们（2008）发现，在那些使用博客或喜欢网上交流的青少年中，85% 的人遇到过某些形式的性征求事件，有近 1/4 的遇到过过激的性征求。34% 的青少年报告说无论由谁开始，他们谈论的主题离不开性。

9.3 在青春期接触性媒体的影响

对在青春期接触性媒体的影响研究主要侧重于以下三个和性行为有关的结果：态度、期望和行为。性态度指的是青少年对性是娱乐的、无风险的和非内在的这一描述的认同程度。社会现实中对于性的想法（比如：认为性是正常和普遍的）组成了关于性的期望和归因。

最后，性行为指的是青少年涉及到的性活动的种类，它们被按顺序列出。基于众所周知的道德考虑，并没有相关实验来研究那些接触了露骨性内容的青少年在性方面的活动。基于同样的原因，也没有进行任何涉及到在青春期早期或中期观看媒体中的性内容后造成的影响的研究——任何类型的研究设计都没有。

9.3.1 性态度

在过去的数十年里，尽管对媒体中性内容的频率和种类进行了持续研究，但是几乎没有研究对媒体中的性对青少年性态度的影响进行评估。但是，已有的研究表明，媒体中的性的确影响了青少年的性态度。比如，与其他青少年相比，观看了 R 级电影的青少年对使用避孕套表现出更强烈的抵触情绪（Wingood et al., 2001）。另一项研究发现，在整个青春期，观看有性导向的电视秀会导致青少年更

加放任的性行为 (Ward, 2003)。另一项研究发现，频繁接触到电视中性内容的青少年会对自己仍然没有性经验感到不满 (Courtright & Baran, 1980)，并视不寻常的性活动为正常，比如，群体性行为（Greenberg & Smith, 2002)）。最近，Peter 和 Valkenburg（2007）发现对性媒体的消费数量与将女性视为性对象的观念有关。更为严重的是，上文所述的关联是分级的，与观看相对隐晦的性内容如 MTV 视频的观众相比，观看露骨性描写（如：色情片）的观众视女性为性对象的态度更为强烈。总的来讲，这类研究表明，接触到的性媒体数量和露骨程度都对性态度产生了不同的影响。

9.3.2 性预期和归因

对同伴性准则和行为的感知，是青少年决定其性行为的关键因素。当他们认为"所有人都在这么做"的时候，让他们放弃性行为是很困难的。事实上，相信朋友们都有性行为，通常是青少年开始一段性关系的原因 (Rosenthal, Senserrick, & Feldman, 2001)。但是媒体对于性行为的描述使青少年的性行为看起来比实际上更为广泛么？也许是的，研究证明了这一点：观看了更多脱口秀或是花费更多时间来看电视（各种各样的秀）的青少年对同龄人的性活动水平有更高的估计（Davis & Mares, 1998; Eggermont, 2005）。但是，这些研究都未能评估他们观看的性媒体的总数量，因此，推测上述发现也有可能是非性的内容（如：反社会的态度）导致的。有趣的是，一项最近的研究发现，接触媒体中的性内容与对同伴性行为规范的认知间接关联，有一些其它与性相关的因素在其中有中介作用（比如：对同龄人接触性媒体的认知、对同龄人受到性媒体影响的认知 (Chia, 2006)）。

9.3.3 性行为

有学者试着去研究看电视的数量与青少年的性行为之间的关系，但是却没有找到有说服力的证据来证明两者之间的明确联系。假定所看电视节目包括性和非性的内容，那么这样的结果就没什么惊讶的了。相反，在青春期看很多有性内容的电视与开始性行为、以及非直接性行为（如：抚摸乳房和外生殖器）的类型和数量呈正相关。Collins 和同事们（2004）发现，在排除了众多其它社会因素的影响之后，和较少接触性内容的青少年相比，观看了大量性内容的青少年在来年发生性行为的可能性翻了一番。这些青少年也更多地发生非直接性接触行为（如：

触摸生殖器)。被人为促成的青少年性别化现象导致了 12 岁的孩子就发生了性行为并持续到 14 至 15 岁。无论青少年在媒体上接触到的性内容是身体接触的画面还是有关性暗示的对话，这一结果对他们都适用。因此，无论是画面还是声音，接触性内容都有可能影响青少年的性行为。还有研究表明，除了电视之外，杂志、音乐、电影和网络上的性交内容都会对青少年的性行为产生潜在的影响。最近对 7 年级和 8 年级学生所作的研究发现，通过音乐、杂志或是电影接触到更多的性内容预测了学生们更多的性行为 (Pardun, L'Engle, & Brown, 2005)。

性媒体对青少年的影响似乎有种族的差异。Somers 和 Tynan（2006）发现，性媒体与白人青少年的性行为相关、与非裔青少年的性行为不相关。Brown 与同事们（2006）也有类似的研究结果，他们发现，和接触少量媒体性内容的白人孩子相比，在青春期早期接触大量媒体性内容的白人孩子在青春期中期发生性行为的可能性增加了 1 倍。尽管非裔青少年接触的媒体性内容更多，但能有效预测他们性行为的是父母与同伴的影响而不是在媒体中接触到的性内容。有趣的是，两个研究都显示，在平均水平上非裔青少年比白人青少年在性上更前卫更开放。这可能是因为对于已经性别化的青少年，媒体的性内容对其性行为产生的影响比较有限。

另有研究发现，性媒体对性经验有限的青春期早期的孩子有更大的影响。Kim 和同事们（2006）的研究支持了这一观点。他们发现青春期早期的孩子们比大一点的孩子看更多与性有关的电视。这样的孩子在来年更早地开始尝试初次性行为 (Collins et al., 2004)。但是 Tolman 与同事们（Tolman, Kim, Schooler, & Sorsoli, 2007）在 9 年级和 10 年级学生中没有发现看此类电视和自我报告的性行为之间的关联。但我们之前提到过，青春期中期的孩子比青春期早期的孩子在性上更开放。这可能是因为，对青春期中期的孩子来说，性行为已经足够稳固，这限制了媒体在其性别化过程中作用的发挥。然而，目前还没有研究来支持或是反驳这一观点。

尽管网络中充满了大量的性内容，但评估它对青少年性行为影响的研究寥寥无几，我们未找到相关的研究。实际上，唯一一个以青少年为对象的研究是对 20 多岁成年人的回溯性网上研究。这个研究发现，与那些没有接触过网络性内容的参与者相比，在 12 至 17 岁时接触过色情网络的成年人发生首次性行为的年龄更小 (Kraus & Russell, 2008)。至于浏览网络色情内容是发生在初次性行为之前还是之后，我们也不得而知。

还有研究表明，除了性媒体的消费数量，性媒体的属性（如：露骨的、降级的、隐晦的）也是决定青少年未来性行为的重要因素。比如说，Martino 和同事们（2008）发现，在一个 12 至 17 岁的样本中，经常听一些有轻度性色彩但不是直接与性有关的歌词与一系列性行为有关，包括非直接性行为和性交行为。由于没有与其它媒体作比较，歌词与所有媒体的影响是否异质就很难说。

9.4 发展的视角

目前，大多数媒体中的露骨性内容并不是专门以青少年为受众的。但这并不是说，儿童和青少年就接触不到这些内容。例如，在各种不同的媒体中，有性暗示的衣物和女性性客体化现象极其普遍，即使动画片也是如此。而且，性内容广泛存在于流行音乐及 MV、青少年杂志（包括其内插广告）以及杂志的在线网站中。尤其需要注意杂志上的性内容，它们提供给青少年的是一种性别化的视角。这些杂志将所有未成年人的性行为正常化了，那些太小的读者，尤其是太年轻的女孩子，根本就不能理解性关系造成的肉体和心理的后果。

除了同伴群体，媒体有关性的描绘对青少年的性活动决策过程、性态度、性期望、性行为似乎有重要影响。事实上，媒体常常被当做是鼓舞人心的、能产生共鸣的"超级同伴"，它鼓励青少年的性活动。L' E ngle 和同事们（2006）证实，认为媒体支持青少年性关系的青少年报告了更多的性活动。然而，该领域的大多数研究集中在一种媒体上——电视。目前，还没有有关广告、杂志、音乐、视频游戏和网络对青少年性态度、性行为的相关研究，实际上，只有 1% 的研究陈述了青少年性行为与性媒体的关系 (Escobar-Chaves et al., 2005)。

大量研究清楚表明了青少年对性媒体的接触与初次性行为和性成熟是相关的。需要记住的是，浪漫的恋爱和性关系是新奇的也是重要的青春期体验。从事情本身来说，许多青少年从媒体上获得信息来帮助他们走过性这个新的领域。实际上，对性好奇的青少年比其他年轻人接触更多的性媒体 (Kim etal., 2006)。综合来看，这些研究为媒体与性行为之间相辅相成的关系提供了一些实证证据——媒体影响了性活动的开始和发展；反过来，性行为又导致年轻人寻求更多的性媒体（见图 9.2）。

迄今为止，还没有研究来评估媒体如何影响未成年人性的表现方式、性态度、性期望和性行为。媒体对青少年性活动、对成年人性行为的描绘是否会导致青年人更开放的性态度？是否会增加现实生活中未成年人性活动的频率？是否会加速他们的性进程？只有未来更多的研究方能解答这些疑惑。

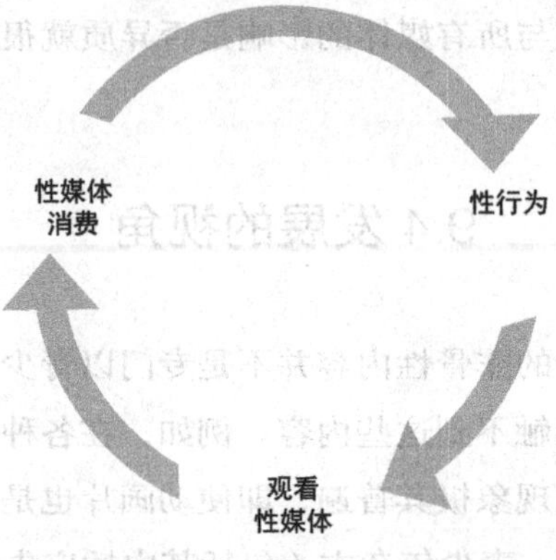

图 9.2　性行为与性媒体的循环模式

10 暴力媒体（上）——漫画书、音乐和视频游戏

几十年来，人们一直为媒体暴力对青少年的影响争论不休。一些人认为，媒体暴力对儿童和青少年的健康有害，它对青少年的威胁程度堪比吸烟 (Anderson & Bushman, 2001)。事实上，一些杂志早在上世纪 40 年代就已发文警示人们，暴力漫画和暴力电视中对强奸、谋杀和攻击场景的描绘会成为犯罪行为的“训练场”，同时是导致青少年犯罪的温床 (Kirsh, 2006)。有些人觉得这样的说法言过其实，媒体暴力实际上可能有利于青少年的发展。例如，Jones（2002）声称暴力视频游戏可以帮助儿童和青少年建立强大、有力，并且能够控制自己的生活的自我感觉。Bettelheim（1967）等人还提出，接触诸如《格林童话故事》(Grimm Brothers’ Fairy Tales) 中所描绘的暴力意象对孩子有宣泄作用，可以使孩子们“排空”他们好斗的冲动。虽然事实有可能会像后者声称的那么有趣，但是并没有数据支持他们的观点 (Kirsh, 2006)。相比之下，存在大量的证据表明，无论是直接还是间接的接触暴力媒体，这种接触都对青少年的攻击行为有影响。尽管数以百计的研究探讨了电视媒体暴力对儿童和青少年的影响 (Paik & Comstock, 1994)，但其它媒体暴力的影响却没有引起大家的关注。本章主要涉及以下三个研究领域——漫画书、音乐和视频游戏中暴力的影响。另外，暴力卡通片和实况直播节目对青少年的影响将在下一章评述。然而，在此之前我们有必要回顾一些文献，了解有关攻击性的背景知识。

10.1 攻击性的简短介绍

人类的攻击性是指有意对他人造成情感、身体、心理或社会伤害的任何行为。如果行为带有目的性，那么下面的每一种情况都被认为是攻击行为，如：推撞、

骂人、大声吼叫、散布谣言、戏弄、刺伤和开枪。正如这些例子所展示的，不同的攻击行为在强度和严重程度上有所不同。因此，暴力作为一个术语，是专门用于那些导致严重的身体或心理伤害行为的。在学习媒体暴力时，真正令人头疼的是细节问题，因为攻击行为的强度在不同情境下都会不同，所以接触媒体暴力所带来的后果也不尽相同。特别值得注意的是，媒体暴力既可以影响攻击行为，也可以影响与攻击相关的构念。

攻击行为一般有三种类型：身体的、关系的和言语的。身体攻击会对身体造成器质伤害；关系攻击则损害社会关系或团体稳定；而言语攻击则通过取绰号和取笑他人造成心理伤害 (Crick, Grotpeter, & Bigbee, 2002)。口头和身体形式的攻击都涉及人与人之间的争吵，具有直接性。相比之下，关系攻击可以是直接的也可以是间接的。在间接攻击中，不会发生面对面的对抗，而是通过另一个人或借助媒体（例如：在网上散播谣言），以一种迂回的方式来对他人实施伤害。

与攻击相关的构念是指增加或减少攻击行为可能性的个人因素。当前研究特别关注四个与攻击相关的构念：攻击性情绪、攻击性特质、与攻击相关的生理因素和攻击性思维。攻击性情绪是由发动攻击行为时的感觉（例如：愤怒）和攻击行为之后所体验到的感受（如：羞愧和内疚）所组成。攻击性特质是指人格特征，比如冲动控制和感觉寻求，这些特征都增加了个体做出攻击行为的可能性。与攻击性相关的生理变化，如心率的增加和血压的上升以及激素的释放，构成了与攻击性相关的生理因素。最后，攻击性思维是一种认知过程，这个过程伴随着与攻击行为有关的事件，比如，用暴力行为来解决问题是否恰当的信念、对无端攻击的潜在反应。

在研究媒体暴力对儿童和青少年的影响时，攻击行为和与攻击相关的构念都是需要考虑的重要因素。研究攻击行为的原因是很明确的，因为攻击可能会对他人造成伤害。但与攻击相关的构念不会直接致使另一个人受伤。那么，为什么要研究它们呢？这是因为攻击行为和暴力是一种内部过程的最终结果，在这个过程中，攻击性的思维、情感、特质和生理机能相互作用并影响着一个人做出是否实施攻击性行为的决定 (Anderson & Bushman, 2001)。因此，媒体暴力改变与攻击相关的构念的程度（例如：增加攻击性思维、感觉和相关的荷尔蒙水平），就成为导致攻击行为实施的内部过程中的一个关键部分。

10.2 暴力漫画书

漫画书通过艺术呈现的图画和气球型对话框（speech balloons）来叙述故事。归纳起来，漫画书包括犯罪、恐怖、幽默、科幻和色情等15个以上的种类。由于漫画书的类型和目标受众不同，读者可能会接触到关系的、语言的或身体的攻击以及关于暴力的描述。目标受众是10岁以下儿童的漫画书，比如《淘气小乒乓》(Rugrats) 和《阿尔奇》(Archie)[1]，可能描绘一些轻度的攻击行为，很少或根本没有暴力。相比之下，针对年长观众的漫画书则常常包含极端的暴力行为，例如《再生侠》(Spawn)[2] 和《邪恶的厄尼》(Evil Ernie)[3]。这种类型的漫画书（如果它是一部电影的话将会被定为R级）对流血和刺伤有大量的描述，包括截肢、斩首、取出内脏和血腥伤口（软组织和骨头）。曾经，漫画书的典型受众是10至14岁的男孩。然而，自上世纪90年代以来，近25%的漫画书的销量来自成年人 (Antonucci, 1998)。

不同于其它媒体，漫画书中的故事情节以画面的形式呈现，只是部分连续。例如，在一格画面中，出现一把冰冷的枪和一颗炽热的子弹，子弹离枪口有一英寸的距离，而在下一格画面中，就能看见一个血腥的大洞出现在受害者头上。尽管没有描绘子弹的效用，但读者很容易就在头脑中想象子弹从肉体中穿过的情形。因此，阅读一本漫画书的时候，孩子和青少年需要发挥他们的想象力并将故事中没有生动描绘的部分可视化 (McCloud, 1993)。此外，在阅读一本漫画书时，年轻人可以自由选择吸收哪些信息。因此，儿童和青少年可以花很多时间来阅读对话和浏览图片，这样就为青少年提供了对暴力材料详细编码的机会。

几十年前，关心社会的政客认为，漫画书引人入胜的特征和其中所描绘的暴

---

[1] 《淘气小乒乓》(Rugrats)，美国儿童漫画书，讲述了主人公淘气小乒乓与自己的家人在森林里冒险的故事，译者注。

《阿尔奇》(Archie)，阿尔奇漫画是在漫画产业中运行时间最长的历史品牌，由ARCHIE出版社出的版漫画杂志，创刊于1941年，译者注。

[2] 《再生侠》(Spawn)，是由美国漫画家Todd McFarlane创作出来的一个漫画人物，是指人类死亡堕入地狱后由于具备某些特质而被地狱魔王挑选出来的一类人，译者注。

[3] 《邪恶的厄尼》（Evil Ernie），是Chaos! Comics和Devil's Due于1991年出版的漫画书，讲述的是一个永生的精神病杀手的故事，译者注。

力图像对儿童构成了重大威胁。举例来说，在上个世纪 40 年代，近 50 个城市试图联合禁止销售漫画书。大约 10 年以后，以这个为主题的第一个“科学”研究才产生。Fredrick Wertham（1954）将他的研究取名为《天真的诱惑》(The Seduction of the Innocent)，其结论表明，阅读漫画书可以导致以下的负面结果：无知、种族偏见、不正常的性观念和对不良生活方式的认可与渴望（如：参与犯罪行为和暴力行为）。然而，Wertham 采用的数据收集方法有很大的缺陷（例如：轶事一样的资料收集），因而受到很多的质疑 (Kirsh, 2006)。

除 Wertham 之外，另外少数的实证研究调查了漫画书中的暴力对青少年的影响，但它们之间的结果相互矛盾。例如，在一个以中学年龄阶段的青少年为样本的研究中，Tan 和 Scruggs（1980）发现阅读暴力漫画书与身体或口头的攻击行为之间并没有显著相关。同样，Blakely（1958）发现，在青春期早期，接触漫画书中的暴力内容与问题行为间并无联系。此外，在评估与攻击相关的构念时发现，漫画的阅读与孩子 12 岁时的攻击性情感并没有联系 (Brand, 1969)。相比之下，Belson（1978）发现，在青春期经常阅读暴力漫画书的男孩会比其他青少年更多的参与攻击与暴力行为。与这些结果一致，Hoult（1949）发现相比于遵纪守法的青少年，那些违法的青少年会更多地阅读以暴力和犯罪为主题的漫画书。值得一提的是，目前并没有研究关注童年中期或更小的儿童是否受暴力漫画书的影响。总而言之，很少有证据支持阅读暴力漫画书影响攻击行为或与攻击相关的构念这个论点。在这个主题上的研究甚少，而且都没有从发展的角度出发，要想得出更明确易懂的结论，我们还需要更多的证据。

10.3 音乐暴力

10.3.1 暴力歌词

暴力歌词的内容可以从各种音乐流派中找到，包括说唱、重金属摇滚乐和乡村音乐。有时，这类歌词描述或赞美包括自杀在内的自我暴力。在其它时候，暴力歌词的内容以伤害别人为焦点。例如，在狄克西女子合唱团 (the Dixie Chicks)[1]

[1] 狄克西女子合唱团(the Dixie Chicks)，由三位青春少女组成的美国乡村音乐组合，该组合于 1989 年在德克萨斯州的达拉斯组建，译者注。

演唱的乡村音乐《再见伯爵》(Goodbye Earl) 中有毒害、谋杀和杀害有虐待行为丈夫的内容。有关谋杀的一个更形象的版本可以从 Dismember[1] 唱的一首名叫《为我流血》(Bleed for Me) 的死亡金属 (death metal) 歌曲中找到，这首歌生动地描述了如何将一个人的身体切割，而受害者的生命因流血而逐渐死去。然而，自上世纪 80 年代中期以来，暴力的、歧视女性的、惧怕同性恋的和反社会的说唱（尤其是帮匪说唱 (gangsta rap)[2] ），受到了相当多的公众批评，因为这些说唱的歌词大部分都是负面的 (Kurbin，2005)。

帮匪说唱始于洛杉矶中南部的街道和加利福尼亚地区，它与上世纪 80 年代早期的说唱类型相背离，更具有社会意识和政治性。像 NWA[3] 、Dr. Dre[4] 、Snoop Dogg[5] 和 Tupac Shakurp 这些艺术家很快就发现吸引人注意的说唱歌词都是关于帮派暴力方面的内容，以及从罪犯视角观察到的城市生活。在近 20 年内，暴力歌词对青少年的影响已经引起了极大的关注，这也不足为奇。例如，将近 50% 学龄儿童的母亲都认为暴力说唱音乐是导致学校暴力问题的重要因素 (Kandakai, Price, Telljohann, & Wilson, 1999)。帮派说唱和暴力音乐歌词的批评者认为音乐中的暴力是对攻击者的赞颂以及对武力使用的宽恕，这种批判似乎是中肯的。举例来说，最近一个关于说唱歌词的分析发现，实施攻击和暴力行为经常是为了对不敬或屈辱作出反应。此外，说唱歌词表示杀死那些悖逆、背叛爱人或是拒绝性暗示的妇女是一件正确的事情 (Adams & Fuller, 2006)。由 Eminem[6] 创作的《斯坦》(Stan) 里面可以听到被绑的妇女在汽车后备箱里的尖叫声可以很好的说明这点。由此看来，这样的歌词的确是歌颂暴力和攻击行为的。但它们是否真的对青少年发展过

[1] Dismember，一个瑞典的重金属组合，于 1988 年成立，乐队为死亡金属的音乐中最具代表性的乐队之一，译者注。

[2] 帮匪说唱 (gangsta rap) 是八十年代后期硬核说唱进化发展而来的产物。帮匪说唱十分锋利与激进，内容多是围绕城市犯罪作为主题，译者注。

[3] NWA 全称 Niggaz Wit Attitudes，是一支来自美国加州的嘻哈音乐团体，译者注。

[4] Dr. Dre，原名安德烈·罗梅勒·杨(Andre Romelle Young)，生于 1965 年 2 月 18 日，说唱歌星。被公认为美国西海岸痞子说唱的创始人和领军者，译者注。

[5] Snoop Doggy Dogg 是 90 年代帮匪说唱的化身，他将现实和虚幻的界限变得模糊，92 年与 Dr. Dre 创立品牌 —— Death Row，Snoop Doggy Dogg 以他西岸帮派式的帮匪说唱，掀起了一股新兴的 G-Funk 风潮，译者注。

[6] 埃米纳姆 (Eminem)，美国的说唱歌手，其风格类型为 Hardcore Rap（硬核说唱）。他最大的突破就是证明白人也能介入到黑人一统天下的说唱（RAP）界中，而且获得巨大的成功，译者注。

程中的攻击行为（针对自己或他人）或是与攻击相关的构念产生影响呢？请继续往下阅读。

10.3.2 词碎大道?

20多年前的一项研究结果表明，青少年对歌词的记忆较差（没有对儿童的研究）。例如，Desmond（1987）发现60%到70%的青少年无法回忆起他们最喜欢歌曲的歌词。不同于只能在专辑或是磁带上才能找到歌词的年代，如今的青少年可以在网上查阅歌词。然而，歌词的易得性是否有助于青少年对其记忆还不确定。尽管他们能正确地记忆歌词，青少年还是会经常加上自己的主观体验 (Prinsky & Rosenbaum, 1987)。事实上，无法正确解释歌词是如此正常，以至于许多的网站（例如：lyricinterpretations.com）投入精力对音乐歌词进行解释。但是在研究暴力音乐对青少年的影响时，能否记得歌词真的那么重要吗？不一定，青少年会受到他们当前所听音乐歌词的影响，即使在几个小时或几天后他们已经不记得歌词。这种影响的前提是歌词能被青少年所理解。换句话说，理解是产生这种影响的关键。

目前，几乎没有研究着手于歌词理解在青少年发展过程中的作用。仅有的几个研究表明对歌词的理解能力一般会随着年龄的增加而提高。然而，青少年完全理解抽象歌词的能力要到青春期早期才会形成（年龄较小的青少年倾向于以文字的形式来解释抽象歌词）。例如，Greenfield及其同事（1987）发现，20%的4年级学生、60%的8年级学生和95%的12年级学生能正确地理解《生于美国》(Born in the USA)[1]这首歌的歌词中涉及的困境。此外，在歌曲中贯穿的有关绝望和幻灭的抽象主题对大多数青少年没有影响（只有40%的12年级学生能正确地解释）。对暴力音乐而言，当对歌词缺乏足够理解时，感知暴力主题下的深义会变得更加困难，既而其产生的负面影响也会减少。然而，并不是青少年听到的所有歌曲都会呈现抽象的概念。从上面所讨论的《为我流血》(Bleed for Me) 的歌词可以看出，很多暴力歌曲的内容很直接，如：开枪、杀戮或致残。事实上，说唱和重金属音乐歌词的共同主题都是暴力和对权威的蔑视，而这些内容很容易被大多数青少年所理解。最后，青少年更有可能注意和理解他们所喜欢歌曲的歌词 (Roberts & Christenson, 2001)。在青少年发展过程中，对一首歌的喜爱程度对其自身的攻击行为会产生巨大影响吗？这个问题很重要，但目前还没有数据可以解答。

[1]《生于美国》(Born in the USA) 是 Bruce Springstee 的专辑，充满反战情绪，含沙射影地批评了美国社会的现状，译者注。

10.3.3 暴力音乐和攻击行为

童年早期和童年中期的研究

迄今为止，关于暴力音乐对青少年影响的研究中，没有一项是关于童年早期或童年中期的。尽管儿童在青春期的前几年就开始听音乐，但令人感到吃惊的是没有学者探讨音乐对小学生的影响。相比之下，缺乏对童年早期的研究也就不足为奇了。因为 4 岁的孩子不太可能主动去听一些死亡金属或者帮匪说唱的音乐。但是，即使是最小的孩子，也有可能因他们的兄弟姐妹或父母而接触到暴力音乐。例如，我正在上幼儿园的侄子杰西（Jesse），就是通过他的哥哥雅各布（Jacob）和乔舒亚（Joshua）而听重金属摇滚乐（如：Slipknot's "Psychosocial" [1]）和说唱音乐（如：Beastie Boys[2] "Girls"）。杰西不仅能学习埃米纳姆的《就失去它》（Just Lose it）的歌词，而且他在唱歌的时候还会模仿埃米纳姆的动作。在 YouTube[3] 网站上，有很多帖子说学龄前儿童在唱成人主题的歌曲，如：《我的双峰》（My Humps）[4] 和《打屁屁》（Smack that）[5]。因此，对于儿童来说，家庭成员是他们接触暴力音乐的首要来源。然而，在童年期听暴力音乐是否会影响儿童与攻击相关的构念以及攻击行为，甚至将来对音乐的偏好等，这些都是未知的。

青春期的研究

一部分有关青春期的研究已经评估了暴力音乐对攻击行为的影响（但没有评估与攻击相关的构念）。这些研究结果表明：对重金属摇滚乐和说唱暴力音乐的偏好与青少年的言语攻击、在学校的问题行为以及加入帮派等都相联系 (Atkin,

---

[1] Psychosocial 是美国金属乐团 slipknot（活结）收录在发行于 2008 年 08 月 20 日的第五张专辑《All Hope Is Gone》中的第四首歌曲，歌曲延续了 slipknot 以怒吼的方式控诉对社会的不满的风格，译者注。

[2] Beastie Boys 乐队是在后朋克时代美国流行音乐界具有重要地位和巨大影响力的一支乐队，他们不仅是第一个真正大牌的白人说唱团体，更重要的是他们促进了朋克和说唱两种音乐流派的混合，译者注。

[3] YouTube 是世界上最大的视频分享网站，可供网民上载观看及分享短片，至今它已成为同类型网站的翘楚，并造就多位网上名人和激发网上创作，已经成为了世界上访问量最大的视频播客类网站，译者注。

[4] 《我的双峰》（My Humps）是美国黑眼豆豆 (Black Eyed Peas) 合唱团在 2005 年发行的专辑《Monkey Business》中的歌曲，歌词颇为露骨，译者注。

[5] 《打屁屁》（Smack that）由美国歌手 Akon 和埃米纳姆（Akon Eminem）演唱，歌词颇为露骨，译者注。

Smith, Roberto, Fediuk, & Wagner, 2002; Miranda & Claes, 2004; Took & Weiss, 1994)。但是，由于上述的研究都使用了相关研究设计，因此方向性和第三变量有可能会混淆对青少年攻击性的评估。关于方向性的研究中，有学者认为不是暴力音乐引起敌对行为，而是具有攻击性的青少年更喜欢听暴力音乐。事实上，确有研究支持这一观点 (Gardstrom, 1999)。第三变量（如：人格特性）也可以用来解释暴力音乐和攻击行为之间的关系。例如，叛逆青少年更喜欢听以反抗和反传统为主题的音乐，而这些主题的音乐的歌词通常具有攻击性 (Carpentier, Knoblauch, & Zillmann, 2003)。由此可以看出，喜欢听暴力音乐是攻击性人格特征的一种结果而非引起攻击的原因。即使这样，暴力音乐还是会对青少年产生影响。螺旋下降模型 (the downward spiral model) 对此现象进行了解释。根据此模型，具有攻击性的青少年喜欢看暴力媒体，这种行为反过来又会加剧和强化他们的攻击行为、与攻击相关的构念以及他们对暴力音乐的喜爱。最后，暴力媒体和攻击性两者彼此强化，形成了一个负性反馈回路 (negative feedback loop)(Slater, Henry, Swaim, & Anderson, 2003)。

10.3.4 暴力音乐视频

如前所述，歌词往往是难以理解的，特别是当歌词具有某种抽象性质或象征意义时，就更加难以理解。比如，Pearl Jam[1] 的歌曲《杰里米》(Jeremy) 的歌词，描述了一个上课说话的小男孩，但是他在“说话”时连一个词也没说，这让人难以理解。我如何知道这种听起来似乎无害的歌词是否真的具有攻击性呢？直到我看了这首歌的视频，我才明白歌词的含义。在视频里，一个小男孩将一把枪放进自己的嘴里，并以扣动扳机的方式来和同学“说话”。正如这个例子所描述的，伴着歌词的音乐视频能为人们提供清晰而强烈的视觉影像，通过这些人们容易理解歌曲的含义。但是，只看歌词或者只看视频，会使人们很难理解歌曲。另外，若歌词提供的信息已经很清晰，音乐视频中的图像就为暴力性质的歌词火上浇油，这种图像和音乐的结合会比单独呈现音乐或是图像产生更大的危害。

可惜的是，对音乐视频中暴力成分的关注，并没有使学者们对青少年人群做大量的研究。在已有的研究中，只有两项研究涉及到青少年，但没有一项研究涉及儿童群体。而且，已有的研究只关注与攻击相关构念的认知成分，也就是攻击

[1] Pearl Jam是1990组建的美国乐队，其华丽高雅的Grunge音乐风格在当时自成一派，译者注。

态度和攻击看法。Greeson 和 Williams（1986）的研究发现：10 年级的学生在看完暴力说唱音乐的视频后，减少了对暴力的不喜欢程度。但是，在 7 年级学生中并没有出现这样显著的变化。同样地，Johnson、Jackson 和 Gatto（1995）在研究中也发现：与观看非暴力视频的青少年相比，观看暴力说唱视频的青少年更容易接受使用暴力解决问题的做法。这两项研究均表明：暴力音乐视频可能会影响与攻击相关的构念中的认知成分。但是在青少年的发展过程中，音乐视频在何种程度上影响其它与攻击相关的构念或是攻击行为还有待观察。

10.3.5 暴力音乐与自杀

最近的数据统计显示，自杀是导致 15 岁及其以上青少年死亡的第三大原因 (Center for Disease Control and Prevention, 2006)。因此，确定增加青少年企图自杀的因素是非常重要的 (Brown & Hendlee, 1989)。数十年来，歌词内容被认为是这些因素中的一个，几乎所有类型的音乐（如：说唱音乐、乡村音乐和歌剧）都含有自杀的歌曲。但是，在这些音乐中，重金属音乐一直被认为是导致青少年自杀的一种潜在因素。例如，爱丽丝囚徒乐队 (Alice In Chains)[1] 的歌曲《尘土》(Dirt)，其歌词描述了将枪放进嘴里并以扣动扳机来结束生命，这首歌赞扬了使用自杀作为报复的行为。

另外，重金属音乐常常涉及精神错乱、死亡和绝望等主题，这似乎又把青少年置于自杀的风险中。但是，喜欢听重金属音乐的青少年也有其它许多导致自杀的风险因素，如：抑郁、行为不良和家庭冲突。如果把这些因素都考虑在内，重金属音乐和自杀之间的关系就不成立了。因此，学者没有直接的证据证明重金属音乐（与此有关的其它类型的音乐）是导致青少年自杀的原因（如：Scheel & Westefeld, 1999)。然而，有证据表明：如果经常听自杀主题的音乐，头脑里就会产生自杀意念。自杀意念包含非具体的自杀想法和具体的自杀想法，这种想法倾向于死亡并伴有具体的实施计划。因此，对死亡和自杀的强烈关注构成了自杀意念。尽管自杀意念不能使人立即实施自杀行为，但美国儿童与青少年精神病学会 (American Academy of Child and Adolescent Psychiatry) 认为，应该对偏爱自杀和死亡音乐的青少年进行心理健康评估 (Alessi, Huang, James, Ying, & Chowhan, 1992)。

[1] 爱丽丝囚徒（Alice in Chains，另译束缚艾利斯），是一支由吉他手 Jerry Cantrell 和歌手 Layne Staley 于 1987 年在美国华盛顿州西雅图成立的摇滚乐队。乐队风格混合了油渍摇滚、重金属和一些木吉他的元素。乐队以其具有辨识度的演唱方式而为人熟知，译者注。

10.4 暴力视频游戏

1962 年，第一款暴力视频游戏问世。正如它的名字——《太空之战》（Spacewar）[1]，这是一款大型的电脑游戏。两架飞船针尖对麦芒似的进行竞争，至死方休。以今天的水平来看，这款游戏的画面很粗糙（里面的飞船就像一个小针或一个三角楔形），但《太空之战》在当时却迅速流行。不过，直到 1976 年，随着《死亡飞车》（Death Race）[2] 这款商业版本游戏的发行，公众才开始关注暴力视频游戏。这款视频游戏主要操纵画面中微小的黑色和白色人物，击中他们时，他们会发出尖叫声，随后变成十字架。里面蕴含的暴力使人们对《死亡飞车》产生了较大的争议，以至于这款电子游戏很快从货架上消失。但是，20 世纪 70 年代以来，对暴力视频游戏的狂热从来没有真正偃旗息鼓。

校园枪击事件的许多肇事者都曾报告说他们热衷于玩暴力视频游戏，由此对暴力视频游戏的争议波及全球。在美国，参议院委员会就暴力媒体游戏对儿童和青少年的潜在影响举行了听证会。在德国，将人类生活虚拟化是非法的，因此，人们把视频游戏中的人物描述为人形机器人，当他们受伤或者死亡时，他们会做出和真人相似的反应。在澳大利亚，像《侠盗猎魔》(Manhunt)[3]、《侠盗猎车手 3》(Grand Theft Auto III) 等暴力视频游戏已被禁售。但是，暴力视频游戏仍以令人难以置信的速度流行了 20 年，直到今天也一直是最流行的视频游戏。例如，暴力视频游戏《光晕 3》(Halo 3)[4] 在其发行的第一天就获得了 1.7 亿美元的销售额。同样令人印象深刻的是，在同一天里有超过 1 亿人玩《光晕 3》的在线游戏。

10.4.1 暴力视频游戏与日俱增的真实性

在过去的 30 年里，视频游戏的技术已有显著改善。以往的人物形象主要是用

[1] 《太空之战》(Spacewar) 是世界上第一款电子游戏，是在上世纪六十年代初由美国大学生设计出的一款供娱乐的双人射击游戏，译者注。

[2] 《死亡飞车》(Death Race) 是一款俯视角的 flash 竞速游戏，游戏中可以用各种喷火器、枪支、手榴弹武装自己的车子，同时也必须躲过其他罪犯对你有组织的枪击，译者注。

[3] 《侠盗猎魔》(Manhunt) 是 2005 年发行的一款暴力游戏，场面血腥且逼真，译者注。

[4] 《光晕》(Halo 3) 于 2007 年发行，是一个由 Bungie 创造的科幻游戏系列，游戏讲述了游戏主角为了拯救人类未来的生存而与 Covenant（星盟）战斗，被广泛认为是目前 Xbox360 上最好的游戏，译者注。

一些抽象的线条来描绘，但现在的图像远非那么简单。现代图像主要渲染人物形象，不仅要看似真实而且还要栩栩如生，比如说当子弹击中身体、箭头射中身体和刀砍中身体时，身体的伤口就要看起来像真的被砍中一样。实际上，在20世纪70年代，许多当时被认为是“暴力”的视频游戏，如《导弹指挥官》(Missile Command)[1]和《小行星》(Asteroids)[2]，就今天看来，它们只具有最低限度的暴力，甚至是非暴力的。暴力视频游戏和非暴力视频游戏相比，它们在暴力认知水平上的差异会随着时间的推移而越来越大 (Gentile & Anderson, 2003)。因此，当调查暴力视频游戏对儿童和青少年的影响时，游戏过程中所涉及的技术也是一个非常重要的因素。

根据图像的真实程度，Gentile和Anderson（2003）把视频游戏分为三个时代：雅达利时代（Atari）、任天堂时代（Nintendo）和索尼时代（Sony）[3]。在雅达利时代，暴力视频游戏很少涉及到人物暴力。相反，像《守卫者》(Defender)和《蜈蚣》(Centipede)[4]这样的游戏只是用简单的几何图形去摧毁其它的几何图形。随着视频游戏技术的改善，使用人物形象的暴力视频游戏越来越多。而事实上，有许多暴力视频游戏从任天堂时代首次推出后就一直延续至今，如：《街头霸王》(Street Fighter)[5]和《真人快打》(Mortal Kombat)[6]。同样也是在任天堂时代，在游戏中对暴力行为如拳打和射击进行真实描述，会导致逼真的行为结果，如：血崩

[1] 《导弹指挥官》(Missile Command)是一款小型游戏，游戏主角导弹指挥官要充分利用这些有限的导弹来杀掉所有的坏人，从而保护整个村庄的安全，译者注。

[2] 《小行星》(Asteroids)，70年代热门街机游戏，让玩家操纵字母A在太空中射击目标得分的游戏，没有任何情节，译者注。

[3] 雅达利时代（Atari），指1977年到1985年，期间推出多款雅达利游戏，译者注。
任天堂时代（Nintendo），指1985年到1995年，任天堂公司是日本最著名的游戏制作公司，其制作的电子游戏及主机、掌机系列在全球范围内深受欢迎，译者注。
索尼时代（Sony），指1995年至今，索尼公司是以日本东京为企业总部横跨电子、金融、娱乐领域的世界巨擘，译者注。

[4] 《守卫者》（Defender）是一款变种塔防游戏，游戏不用玩家造房子，也不用玩家造兵，只要是控制城堡顶上的弓箭攻击和抵御来侵犯敌人即可。译者注。
《蜈蚣》（Centipede），玩家在游戏中扮演热爱和平的精灵，使用多种武器和工具，保护您的精灵花园不受害虫的损害，尤其是要对付可怕的蜈蚣。二者都是雅达利时代的经典游戏，译者注。

[5] 《街头霸王》(Street Fighter)是日本CAPCOM公司于1987年推出的经典游戏，堪称格斗游戏的始祖，是一种二人对战游戏，译者注。

[6] 《真人快打》(Mortal Kombat)系列是一款著名的格斗游戏，其作品最重要的卖点就是其血腥的效果和以真实人物作为格斗角色出场，其格斗风格也是独树一帜，译者注。

和肢解。例如,《真人快打 2》(Mortal Kombat II) 中的一种特殊杀人手法就是将对手的胸膛撕开一半，血喷到空中，随后“致命”(fatality) 这个词就出现在屏幕上。在索尼时代，涉及暴力和血腥图像的逼真性水平还在不断增加。另外，游戏软件的进步允许游戏中的虚拟人物在虚拟环境中移动，并能以一种更生动的方式去回应其所在的物理世界。对暴力视频游戏来说，头部中枪和胸膛中枪的意义是不一样的，所导致的结果也不一样。随着时间的推移，在现代视频游戏中，由技术改进所带来的对暴力行为及其后果的描述，其真实性越来越让人叹为观止。

10.4.2 暴力视频游戏和青少年：时代、年龄和研究设计

正如大家所熟知的,相关研究和实验研究会得出不同的结论,而因果关系通常是由实验研究得出的。而且，每一种实验设计都有自己的优缺点。比如，在实验室中呈现出来的攻击行为（如：给别人涂了辣椒酱的食物或者发出白噪声影响他人）与现实生活中的攻击行为（如：打人）是有很大区别的,因此许多科学家认为这类实验的外部效度较低 (Ritter & Eslea, 2005)。与此相反，Anderson 和 Bushman（1997）认为在实验室和现实生活中,人们对攻击概念的理解是相似的（他们都是以攻击解决问题），因此，实验本身具有较高的外部效度。换句话说，在实验室中玩过暴力视频游戏之后，我们可以观察到被试的攻击行为增加。这种现象也会发生在家里和日常生活中。但是，在现实生活中很难观察到攻击行为，因为实验控制条件下的实验环境（允许攻击行为发生）与父母控制的家庭和学校环境（禁止攻击行为发生）中攻击行为的环境条件有很大区别。考虑到这些差异，在接下来呈现的研究中，除了探讨视频游戏时代和被试年龄这些因素外，还将对研究设计进行评价。

雅达利时代

相关研究

雅达利时代首次提出攻击行为与视频游戏相关联。Dominick（1984），Kestenbaum 和 Weinstein（1985）都对视频游戏做了研究，他们发现，视频游戏与青少年早期的违法犯罪行为有关。可惜的是，在这个时期，没有研究去评估暴力视频游戏和攻击行为之间的关系。但有人认为，玩视频游戏的总量和攻击行为有关。对这类实验数据，学者有两种解释：第一，在不考虑游戏内容的情况下，视频游戏激活了与攻击相关的构念而对攻击行为产生影响。然而，我们可以摒弃

这种观点，因为大多数攻击理论认为青少年是接触了与攻击有关的内容才产生攻击行为的。一般的视频游戏能影响攻击行为，这种说法就好像在说吃东西会引发心脏病一样。尽管前一种说法有一定的真实性，但是它并没有具体的实用性；第二，有学者认为，玩视频游戏的总量可以预测攻击性。相比于刚接触游戏的青少年，那些花费大量时间玩游戏的青少年会呈现出更多的攻击行为和敌意。举个例子，行为不良的青少年可能为了长时间地与朋友一起玩游戏（如：街机）而避免与家人在一起。值得注意的是，在雅达利时期，只有很少的家庭有视频游戏机。

实验研究

与雅达利时代的相关研究相比，这个时期的实验研究主要是评估暴力视频游戏对青少年的影响。但是，这些实验的结果并不足以令人信服。在对童年中期的孩子和青少年的研究中，没有任何证据证明暴力视频游戏能影响攻击行为或与攻击相关的构念 (Kirsh, 2006)。只有一个研究评估了童年早期在自由玩耍时（例如：在非正式的情境中，儿童接触了暴力视频游戏）暴力视频游戏对同伴攻击的影响 (Silvern & Williamson, 1987)。然而，在主要的批判者中有人反对这种对“自由玩耍”的评估，因为观察到的攻击性很可能是打闹游戏 (rough-and-tumble play) 中的一个实例。打闹游戏是一种包括奔跑、追赶、蹦跳以及摔跤等动作的非攻击性且具有高难度的活动。在打闹游戏中，孩子们欢笑、合作、轮流参与角色互换的扮演游戏。而且，在玩耍打闹结束后，孩子还会继续和其他人一起玩 (Pelligrini, 2002)。可惜的是，Silvern 和 Williamson(1987) 并没有在他们的研究中将打闹游戏从攻击行为中区分出来。因此，学龄前儿童在玩“暴力”视频游戏时会变得兴奋（生理唤醒），之后他们也会把这种兴奋性带入其它游戏中，而这种兴奋其实是非攻击性的。这种说法可能是正确的。

任天堂时代

与雅达利时代非常相似，在任天堂时代进行的相关研究发现大众视频游戏和攻击性之间有着显著相关。不幸的是，与之前的研究结果一样，这些新的研究结果也遭到质疑，因为许多视频游戏的暴力程度并没有得到评估 (Flingetal., 1992; lin&lepper, 1987)。令人惊奇的是，在任天堂时代只进行过两个实验研究，且都是评估暴力视频游戏对童年中期孩子的影响（如：Irwin & Gross, 1995)。结果都发现，相对于无暴力的视频游戏，孩子们在接触过暴力视频游戏后更倾向于进行身体上的攻击。然而，在研究中观察到的许多攻击行为仅仅发生在打闹游戏中。甚至 Irwin 和 Gross（1995）所观察到的言语攻击也是在孩子参与扮演游戏时发生的，因此，这种攻击行为只是虚构故事情境中的一部分而非真实的人际攻击。

索尼时代

童年早期的研究

近期还没有研究评估暴力视频游戏对 2 至 5 岁孩子的影响。但即使是年龄很小的刚刚能玩视频游戏的孩子，有时也会玩暴力游戏。例如，里尔 · 珀尔逊 (Lil Poison)，一个 8 岁的游戏玩家，他目前保持了世界上最年轻专业视频游戏玩家的记录。里尔 · 珀尔逊从蹒跚学步开始玩 Xbox 360[1]，在 4 岁时作为他爸爸“光之队”(Halo team) 的成员参加第一次视频游戏比赛。5 岁时，里尔 · 珀尔逊被评为世界前 64 位视频游戏玩家之一，目前他每天玩 6 个小时的视频游戏 (Lilpoison.com, 2008)。尽管里尔 · 珀尔逊的个案很特殊，童年早期玩暴力视频游戏的程度以及对以后造成的影响都是未知的。而且，许多年龄很小的孩子是通过 E 级游戏（例如：《超级马里奥兄弟》(Super Mario Brothers)）而非 M 级游戏体验暴力视频游戏，就像里尔 · 珀尔逊。

童年中期的研究

直到索尼时代，仍没有相关研究对暴力视频游戏与攻击行为或是与攻击相关的构念之间的关系进行评估。现在有了一些关于这两个方面的研究。在与攻击相关的构念的三个研究中，有两个得出了显著的结论，这两个研究都对攻击性认知作出了评估。例如，Funk 及其同事 (2004) 在以 4、5 年级的学生为样本的研究中，发现玩暴力视频游戏和对暴力的积极态度之间存在正相关。类似地，Anderson 及其同事 (2007) 发现在 3 年级到 5 年级的学生中玩暴力视频游戏与更高水平的敌意归因偏差有关。敌意归因偏差 (hostile attributional bias) 是指在涉及伤害的模糊情境中，倾向于将过度的敌对意图赋予另一个体。关于攻击行为，Anderson 和同事们（2007）也证实了玩暴力视频游戏与身体以及言语攻击之间存在正相关。

在索尼时代很少进行小学儿童的实验研究。事实上大多数对儿童和青少年进行的实验研究发生在雅达利时代，这个时代的视频游戏包含最少的真实性和暴力因素。尽管如此，同时代的研究表明在童年中期玩暴力视频游戏会增加其攻击行为。例如，Anderson 及其同事（2007）在对 9 至 12 岁孩子进行的一项竞争性反应时任务中发现，在玩过 T 级暴力视频游戏之后（如：《街头霸王》）被试会给对手

[1] Xbox，是由世界最大的电脑软件公司微软所开发，并早在 2001 年就开始销售的该公司第一代家用游戏主机，译者注。

施加更强的“噪音干扰”。值得注意的是，这种噪音干扰不会真正的传递给对手。但是，Ritter 和 Eslea（2005）对竞争性游戏中的噪音干扰是真实的攻击行为这一论点表示质疑。例如，参与者施加“噪音干扰”并不是为了造成伤害，他们可能是为了赢得比赛才这样做，他们相信这种强噪音干扰可能会削弱竞争对手的能力。而且许多参与者可能把这种“噪音干扰”仅仅看作是游戏的一部分（像足球中的拦截或者是曲棍球中的防御等等），而不是一种攻击行为。

对于与攻击相关的构念，一些研究揭示了玩暴力视频游戏对攻击性认知的影响。例如，Kirsh（1988），Anderson 及其同事（2007）都发现玩暴力视频游戏的孩子比玩非暴力视频游戏的孩子在理解事情时更偏好于敌意归因偏差。尽管不是所有的研究都揭示了暴力视频游戏会导致攻击性认知 (Funk, Buchman, Jerks, & Bechtoldt, 2003)，但是相比于没有找到关联的研究，有更多的研究表明的确存在这种效应。

青春期的研究

在过去的 10 年里，有大量的相关研究是针对青少年进行的。然而，这些研究的结果不尽相同。事实上，没有发现玩暴力视频游戏和攻击行为之间存在显著相关的研究（例如：Funk et al, 2002）与发现显著相关的研究（例如：Anderson, et al, 2007; Gentile, Lynch, Linder, & Walsh, 2004）一样多。有趣的是，以 8 年级男生为样本的相关研究得出了与之前研究一致的结论，即攻击性和玩暴力视频游戏之间显著相关。青少年在发展过程中的易受干扰性可能会对此产生作用。与年龄较大的青少年和更小的孩子们相比，8 年级男生可能更容易受到暴力视频游戏的影响。然而，确认这一结论还需要更多的研究予以支持。对于与攻击相关的构念，一些研究揭示了玩暴力视频游戏和攻击性意识 (例如：Krahe & Moller, 2004) 以及攻击性感受之间存在正相关 (Gentile et al., 2004)。

尽管这些研究极其有限，但最近涉及到青少年的实验研究结果也为之前的观点提供了重要支持，即暴力视频游戏潜在地影响着攻击行为和与攻击相关的构念。关于与攻击相关的构念，Unsworth 及其同事 (Unsworth, Devilly, & Ward, 2007) 以 12 岁至 18 岁的青少年为样本，评估了他们玩暴力游戏前后的愤怒水平（即一种攻击情感）。典型易怒（例如：高特质易怒）的青少年在玩暴力视频游戏之前处于愤怒状态，他们在玩过《雷神之锤 2》(Quake II)[1] 之后体验到的状态愤怒水平降低。研究者认为这是宣泄效应（catharsis effect）的直接证据。然而，在 111 个被试中，只有 8 个被试表现出了上述愤怒水平降低的情形。相比之下，那些高特质易怒的青少年在游戏之前处于低愤怒水平下，他们在玩过暴力游戏视频之后表现出了状态愤怒的提高。但是典型的无攻击性的青少年，不论他们的状态愤怒水平如何，都不会受到游戏的影响。事实上，111 个被试中有 77 个被试玩视频游戏前后的愤怒水平都没有变化。正如结果那样令人好奇与关注，这个研究在方法上有一个非常严重的问题：没有设计非暴力视频游戏作为对照组。如此看来，我们无法知道研究结果中状态愤怒的变化能否归因于玩暴力视频游戏（例如：受挫）或是游戏中有关暴力的描绘。

有些攻击行为是由暴力视频游戏引起的，虽然对这些攻击行为的研究较少，但在其中的一项评估中，Konijn 及其同事 (2007) 评估了视频游戏暴力、游戏沉迷度以及相关比赛中对有攻击行为的攻击者的认同等因素对青少年的影响。攻击者的认同是指年轻人希望与他们操控或崇拜的暴力角色相一致的程度，以及对自己与暴力角色相似程度的评估。在这项对 12 至 17 岁男生的研究中，被试在参加一项竞争性反应时任务之前玩暴力或非暴力的视频游戏，这项任务中的赢家将被赋予一种权力，即可以向对手的耳机里施加一个响亮的噪音干扰（这种噪音表面上会造成听力的损伤）。但被试不知道，这个竞争性游戏中并不存在竞争对手。这个研究有一些结论值得注意：首先，玩暴力视频游戏的玩家比玩非暴力视频游戏的玩家施加了更多的噪音干扰；其次，相对于不认同攻击者的青少年来说，具有攻击者认同的青少年更多地对他们的对手施加震耳欲聋的白噪音；最后，游戏沉迷度提高了青少年对攻击者认同的可能性。综上所述，这些结果表明沉迷于暴力视频游戏相比于单纯地玩暴力视频游戏对青少年具有更大的危害性，因为这种沉迷状态培养了他们对攻击者的认同。然而，考虑到这只是一个竞争性任务，青少年可能认为噪音干扰只是游戏的一部分而非真实的攻击行为。

10.4.3 在线暴力游戏

在一个被称作大型多人在线角色扮演游戏（Massively multiplayer online role-

[1]《雷神之锤》(Quake II)是一款 ID Software 制作的第一人称射击游戏，于 1996 年 5 月 31 日发布，玩家扮演一名士兵被政府派往传送门去阻止名为 "Quake" 的敌人，至今共推出 4 代，并拥有在线客户端，译者注。

playing game，简称 MMORPG）的网络环境中，来自于世界各地的数以百万计的儿童和青少年一起玩在线游戏。许多这样的网站为孩子们提供了非暴力娱乐活动，例如《企鹅俱乐部》(Club Penguin)。然而，也有很多的其他网站中有像《江湖》(Runescape)、《无尽的任务》(Everquest)[1]、《使命召唤》(Call of Duty)[2] 和《光晕》(Halo) 这样的在线游戏，为年轻人提供了大量的实施虚拟暴力的机会。正如我 10 岁的儿子说服我让他玩《魔兽世界》(World of Warcraft) 时所说的："在线游戏给世界带来和平……即使它们是暴力的。"无论网络游戏的声望如何，目前还没有研究是关于在线暴力视频游戏如何对儿童和青少年产生影响的。为什么不首先研究 MMORPG 呢？能不能将游戏机和个人计算机上玩暴力视频游戏的研究结果直接应用于其中呢？答案可以说是仁者见仁，智者见智。尽管在线暴力游戏的影响应该与在游戏机和个人计算机上玩暴力视频游戏的影响非常相似，但 MMORPG 增加了更值得研究的维度。首先，MMORPG 为群体暴力提供了条件，这是离线情况下很难达到的。在线的时候，年轻人能在虚拟的地方见面，进行合作或是竞争游戏。还有一些游戏，例如《反恐精英》(Counter Strike)[3]，鼓励年轻人形成团队，这样可以提升个体和团队的虚拟杀伤力。到目前为止，有关合作式与竞争式暴力行为以及群体玩家与个体玩家对青少年的影响还有待研究。而且，MMORPG 具有内在的社会性，玩家在玩游戏的过程中既可以通过文本聊天也可以语音聊天。相比之下，至今进行的许多有关媒体暴力研究中，年轻人均是独自玩暴力视频游戏。最后，玩在线视频游戏时，玩家之间的社会性互动允许年轻人可以作为一个团体发挥作用甚至是进行网络欺负。

网络欺负

网络欺负 (Cyber-bullying) 既包括针对其他个体重复的直接的敌对攻击行为，也包括言语攻击（如：骂人和戏弄）和关系攻击行为（如：散布谣言）。每年大概 10% 的青少年遭遇过网络欺负。考虑到 97% 的青少年使用互联网，每年网络欺负发生的数量都是数以百万计。从发展过程来看，网络欺负在青春期中期达到顶峰，

[1]《无尽的任务》（Everquest）是一款由美国索尼在线娱乐 SOE 发行的奇幻背景超大网络在线游戏，译者注。

[2]《使命召唤》(Call of Duty) 是由 Activision 公司（现为 Activision Blizzard）于 2003 年最初制作发行的 FPS 游戏系列，从发行以来一直受世界各游戏玩家喜爱，是 FPS 中的经典游戏之一，译者注。

[3]《反恐精英》(Counter Strike) 是由 Valve 开发的射击游戏系列，该游戏基于团队起主要作用，一队扮演恐怖分子的角色，另一队扮演反恐精英的角色，译者注。

此后略有下降 (Kowalski, &Limber, 2007; Williams & Guerra, 2007)。然而，这些被报告为网络欺负的例子中大多数其实只是在互联网上偶尔出现，并不经常发生。通常，年轻人仅仅只是删除恼人的评论或者是通过更改设置来屏蔽该用户继续发帖。尽管如此，即使是短暂欺负也会对受害者造成心理上的伤害 (Stobbe, 2007)。玩在线暴力视频游戏是否会提高网络欺负的发生率仍然未知。但是，玩在线暴力视频游戏可能会激活与攻击相关的构念，这些与攻击相关的构念可能会提高年轻人在玩游戏的过程中以及随后发生网络欺负的可能性。当然，确认这些结论还需要更多的研究。此外，为了确保所报告的网络欺负行为是具有攻击性质的，而不只是游戏的预期部分（例如：相当于在线的打闹游戏），需要对游戏玩家间基于游戏的口头和书面交流进行内容分析。

10.5 发展的视角

既然许多年轻人在童年早期就开始玩暴力视频游戏，为什么在这个年龄阶段的实验研究却如此之少呢？答案很简单：伦理道德问题。事实上，在进行研究之前，社会科学研究者最先需要处理的问题是研究过程是否会对被试造成身体或心理上的伤害。《美国心理学会出版手册》(5th ed.; American Psychological Association, 2001) 规定对任何年龄的被试造成伤害都是不道德的。尽管玩暴力视频游戏不太可能造成即时的身体伤害，但暴力、血腥和伤口的描述会潜在地造成心理上的伤害。这些担忧使许多人相信在童年早期，一定要避免孩子过多地接触暴力媒体。然而，如果对暴力视频游戏的玩家进行调查，并将调查结果与他们所报告的攻击行为或是与攻击相关的构念相联系来进行研究则是道德的。尽管如此，30 年来，暴力视频游戏对年龄较小孩子的影响一直悬而未解。

对童年中期或者年龄稍大的儿童进行研究的道德界线逐渐变得模糊。一些研究者例如 Funk 及其同事（2003）认为在实验研究中让童年中期的孩子去玩 M 级视频游戏是不道德的。法律规定，M 级视频游戏只能出售给 17 岁及其以上的孩子。像《终极刺客》(Hit Man)[1]、《毁灭战士 3》(Doom 3) 这样的视频游戏被评为限制级别是因为这些游戏包括一种或多种以下因素：成人的性主题、高强度的暴力或是粗俗的语言。然而，研究表明 7 岁以上的孩子即使没经过父母的同意也很

[1] 《终极刺客》(Hit Man) 是一个以潜行匿踪，枪战刺杀为主要特色的系列游戏，译者注。

容易在商店里购买 M 级视频游戏。除此之外，接近 80% 的 13 岁青少年报告近期玩过 M 级游戏 (Walsh, Gentile, Gieske, Walsh, & Chasco, 2003)。因此，未来的研究可能会思考并探讨极端暴力的视频游戏对年龄稍大的孩子和青少年会产生怎样的影响，即使这些视频游戏的等级超过了符合孩子现有年龄的等级。

一些媒体暴力批判者认为，玩暴力视频游戏不仅大大提升了青少年的攻击行为，更糟糕的是暴力视频游戏在教他们如何玩的同时还向年轻人灌输一种杀人的欲望 (Grossman & DeGaetano, 1999)。这种耸人听闻的说法最有可能在校园枪击案发生之后出现。即便没有这种顾虑，以青春期早期或青春期中期为样本对暴力视频游戏进行的研究也相对较少，而这两个阶段是与校园枪击联系最频繁的时期 (Kirsh, 2003)。提到杀人，只有很少的实验数据表明媒体暴力是校园暴力或凶杀的一个重要原因。

尽管对视频游戏中暴力的研究超过了 30 年，但还有许多重要的问题未被解决。表 10.1 列举的问题清单大多数与儿童和青少年有关。尽管对成人的研究解决了一部分，但需要注意的是，儿童并不是成人。暴力视频游戏对成人产生的影响可能对儿童或者是青少年都没有什么意义，或者说这种影响的大小会随着个体的发展而变化。如果对儿童和青少年的研究结果可以通过成人数据进行可靠的预测，那么暴力视频游戏对青少年及其发展的影响研究就没有必要了。然而，发展心理学的历史证明情况并非这样。

表 10.1　关于青少年与视频游戏尚未解决的问题

在个体的发展过程中，暴力视频游戏是如何影响各种与攻击相关的构念？
在个体的发展过程中，玩游戏的频率如何对玩暴力视频游戏的后果产生影响？
玩暴力视频游戏会产生怎样的长期效应？玩暴力视频游戏的起始年龄是否会影响这种长期效应？
发展状态是否会对玩暴力视频游戏的短期效应和长期效应产生不同的影响？
不考虑暴力内容的影响，对暴力视频游戏的感知是如何影响攻击性反应的？

11 暴力媒体（下）——传统屏幕媒体

如同许多成长于20世纪70年代的孩子们一样，我收看过许许多多的电视节目，后来发现，它们中的大多数都具有暴力性。我了解超级英雄（superhero）是因为看过他们打击罪犯、痛击大坏蛋。我看见木桩一根接一根的插进吸血鬼的心脏，我看见不计其数的银子弹射向狼人。我的固定媒体暴力“食粮”也包括收看职业摔跤比赛，它有着华丽的语言，引人入胜的特点以及永无休止的暴力争辩。无论是喜剧或是戏剧，真人秀或是动画片，惊悚片或是科幻片，配音版或是字幕版，只要屏幕上上演着暴力，我就会是观众。随着年纪的增长，我终于可以摆脱父母的陪伴，独自享受观影的乐趣，这时的媒体暴力似乎变得更加肆无忌惮，血流成河，死亡不断。不得不说这是好时光，好时光呀！但是，我对电视、电影暴力的那颗热爱之心并不能被所有20世纪70年代的人们所认同，举个例子来说，美国的外科医生通常会警示大众，接触暴力型电视节目可能使年轻人变得具有侵犯性（U. S. Surgeon General’s Scientific Advisory Committee, 1972）。传统型屏幕媒体（例如：实景真人秀、动画和电影）中的暴力行为对当今青少年的影响程度到底有多大呢？这正是本章要回答的问题。

11.1 传统屏幕媒体中的暴力

暴力所涉及的领域包括了卡通片以及实景真人秀等电视节目。事实上，据估计，青少年在小学毕业后将会收看超过8000场的谋杀场景以及10万次的屏幕暴力活动（Huston et al.，1992）。在过去的10年里，黄金时段出现电视暴力的频率急剧增长，晚8点的增长率为45%，9点段为92%，10点段为167%。一个普通的夜晚，每多看一小时的电视，收看到的暴力行为次数就会增长1倍（8点到9点段为2.34，9点到10点段为6.34，10点到11点段为9.43；美国电视家长协会(Parents Television Council, 2007))。

除了晚间时段这个因素以外，电视中出现暴力行为的数量还随着节目类型（例如：戏剧、摔跤比赛、喜剧、真人秀）的变化而变化。到目前为止，在暴力行为的数量和强度方面，职业摔跤比赛是竞赛界的“巨石强森”（people's elbow）[1]。近期的一项研究发现，所有通过电视播出的摔跤比赛都包含了暴力内容，每小时平均有将近14个暴力画面。在这些暴力场景中，23%是十分极端的（定义为21个以及21个以上连续的暴力动作），平均每个节目都包括46个单独的暴力行为。与黄金时段的经典电视节目相比，摔跤比赛中每小时出现的暴力行为是一般电视节目的2倍，而极端的暴力行为是一般电视节目的3倍。在最具暴力节目排行榜中少儿节目位列第二，其中80%包含了暴力，平均每小时有12个暴力镜头。但是，这些暴力行为中仅有3%被认为是极端的（Tamborini et al, 2005）。

在广告时间或是新闻中儿童和成年人同样会接触到暴力行为，例如，Lasor（2003）研究发现，超过1/3的以儿童为受众的广告包含了攻击行为的成分。同样地，Tamburro及其同事(2004)的研究表明在青少年所观看的主要体育赛事期间播出的广告中有50%包含了攻击或是不安全行为。新闻报道中，对死亡、毁坏行为和性侵犯等的报道更是司空见惯。一项研究显示，超过50%的电视播报新闻包含着暴力、冲突和苦难(Johnson, 1996)。近些年，战争、种族屠杀以及恐怖主义活动的报道层出不穷，并伴随着这些暴力行为及其余波的生动画面。有意思的是，在美国，广播电视节目并未参与评级，这样一来，父母们就无法提前知晓他们是否应该转到那些暴力内容或负面内容较少的频道。

暴力行为同样被证明是卡通片和动画电影必不可少的元素。一项研究发现，相对于黄金时段的电视时间，儿童和成年人更倾向于收看周六早上动画片中播出的暴力行为（Gerbner, Gross, Morgan, & Signorielli, 1994）。同样地，与真人动作戏或是喜剧节目相比，卡通片包含了更多的暴力内容（Potter & Warren, 1998）。虽然大众级影片（G级）被设定为不包含任何侵犯行为，但都会时不时地出现暴力镜

[1] 人民肘击（people's elbow），德维恩·约翰逊(Dwayne Johnson)的必杀技，约翰逊曾是世界摔跤联盟的冠军和明星。作者在这里引用来形容职业摔跤比赛的暴力行为数量之多，强度之大，译者注。

头。例如，在一项对过去62年时间内发布的74部大众级影片的评估中发现，这些电影中都至少包含一个暴力行为。平均下来，每部电影有9.5分钟的暴力画面（Yokota & Thompson, 2000）。另一项研究表明，相对于实景真人秀和大众级电影来说被评为大众级的动画电影包含更多的暴力画面（Thomposon & Yokota, 2004）。

11.2 暴力感知的影响因素

显然，正像"情人眼里出西施"，暴力内容出现在屏幕上的方式以及它发生的背景，都会影响青少年观众们对这些暴力活动的感知。这些因素包括卫生处理（sanitization）、后果（consequences）、喜剧性（comedy）、合理化（justification）与合法性（legitimation）、真实性感知（perceived reality）、画面 (graphicness）以及渲染（glamorization)。接下来的内容将会对每个因素进行讨论。

11.2.1 卫生处理以及后果

不同于现实的是，卫生清理通常在受害者没有死或是经历痛苦折磨时出现，也就是暴力后果的开始。例如，在极其暴力的卡通片《蝙蝠侠》(Batman)[1] 的动画系列（The Animated Series）中出现了众多打斗场面，但是主角并没有受到严重伤害。尽管事实是子弹漫天飞、炸弹随处响，但恶棍们却几乎都能活下来，并威胁着世界的未来，而蝙蝠侠则去勇敢地面对恶棍们。暴力行为是否被定义为严重，要取决于受害人和罪犯的下场。如果受害者是受了轻伤或是罪犯并未表现出懊悔与悲哀之情时，暴力则被视为轻度。尽管电视卡通片对暴力行为的后果进行了处理，但是这在动画电影及黄金时段的电视节目中并不常见 (Gunter, 1985)。例如，Yokota 和 Thompson（2000）发现，在大众级电影中，死亡（或是推论死亡）、伤害和痛苦很常见（各占47%、62%和24%的比例）。同样，黄金时段的电视剧经常会突显那些暴力行为受害者的痛苦与折磨。研究发现，64%的暴力行为以受伤为结果，而56%的是对疼痛的描述（Tamborini et al., 2005）。

[1]《蝙蝠侠》(Batman)，DC漫画公司在1939年5月在美国《侦探漫画》第27期中诞生的一个虚拟人物，是个伸张正义打击犯罪的超级英雄。之后出现了多部以此为名或与其相关的动画和电影作品，另有一系列蝙蝠侠相关的小游戏，译者注。

11.2.2 喜剧性

喜剧成分，尤其是滑稽表演的幽默，可以遮掩和降低暴力程度。滑稽表演是喜剧表演的一种类型，其幽默感来自于表演者的肢体动作。与攻击行为有关的滑稽表演包括用拇指戳眼睛，用锤子击打头部或是被砧座弹到地上。喜剧之所以被认为减轻了暴力程度是因为：（1）喜剧元素暗示观众降低他们所看到内容的严重性，这样一来，就导致了将严重暴力行为粉饰为琐碎小事的认知转变；（2）喜剧的图式（包括预期的效果、类型的规则、笑话的节奏、人物以及典型的结尾）往往将暴力排除在外，正因如此，喜剧中的暴力就被伪装起来了；（3）当暴力与喜剧一起出现时，其成分会激活（即启动）同时与幽默和攻击相关的构念（如：思维、感觉以及认知脚本）。相对于只激活与攻击相关的构念，这种双重启动使得对暴力的感知水平有所降低。

11.2.3 合理化及合法化

当暴力作为解决冲突必不可少的成分时，它就被认为是合理的。每当暴力行为受到奖励或是未受到谴责时，它就被认为是合法的，即具有道德上的合理性。在电视中，70% 的“英雄们”使用暴力行为而未受到惩罚；而且在 32% 的时间里，他们的暴力行为受到了奖励，甚至于超过 80% 的时间里，恶棍的暴力行为也未受到责罚。同样，以儿童为对象的电视节目中攻击行为会出现积极的结果。例如，《飞天小女警》（Powerpuff Girls）受到了汤斯维尔（Townsville）居民们的一致赞扬，因为她们痛击那些接二连三来危害城市的坏人们。一项研究发现，27% 的儿童节目中的暴力行为已经合理化，而在卡通片中暴力行为具有最高程度的合法性（Wilson et al., 2002）。另一项研究证明，那些被合理化或是合法化的暴力行为最终变得不值一提了（Potter & Warren, 1998）。

11.2.4 真实性感知

真实性感知由两个相关的部分组成：对现实的感知和对相似性的感知。现实性感知是指媒体对事件、背景、性质的现实描绘程度，媒体更多地使用现实主义会让观众有更高的现实感知。儿童节目包含较少的现实感知，比方说《恐龙战队》

（The Mighty Morphin’ Power Rangers）[1] 和《少年骇客》（Ben 10）[2] 所描绘的人物在现实中并不存在（如：《超级英雄》（superheroes）、《变异生物》（mutant creatures）），他们所从事的活动在现实世界中也不会发生（例如：袭击巨大的外星生物、将一个人的身体转换到另一个生物上去）。相对地，相似性感知是指屏幕上出现的事件与人物同观众之间的相似程度。打个比方说，与《夺宝奇兵》中挥着皮鞭的 60 多岁的考古学家印第安纳·琼斯（Indiana Jones）[3] 相比较。15 岁的男孩对电影《超人高校》（Sky High）[4] 中少年超人们的相似性感知程度要更深些。与高现实知觉感的暴力画面相比，现实感低的媒体暴力同时降低了现实感和相似感的水平。而且，相比于高现实感描绘的暴力行为而言，低现实感描绘的暴力行为被认为暴力程度更低（Atkin & Block, 1983）。

11.2.5 画面

通常，电视节目（或电影）等级划分的方法是考察其对暴力内容的描绘程度，比方说，相对于 TV-14 级别的电视节目包含了“激烈的暴力行为”，TVG 级别的电视节目则包含少量、甚至没有暴力行为。构成“激烈暴力”的决定性因素是对暴力的描述刻画，即画面。对血腥画面描述的越生动，该场景的暴力性水平就越高。此外，当场景中的暴力行为使得观众感觉不适或是减少了他们的愉悦性时，相对于没有这些特征的场景来说，此类场景被认为暴力程度更高。根据研究发现，对血腥画面描述较少或场景中的侵犯性物品较少时，暴力行为较易被忽略掉。这样一来，在限制描绘血腥场面的卡通片和动画电影中，其暴力行为通常会被观众们忽略掉也就不足为奇了 (Potter & Warren, 1998)。

[1] 《恐龙战队》（The Mighty Morphin' Power Rangers）美国一档关于具有超能力少年的实景儿童系列电视，译者注。

[2] 《少年骇客》（Ben 10）2005 年美国播出的电视剧，讲述的是 10 岁男孩 Ben 保卫世界的故事，译者注。

[3] 印第安纳·琼斯（Indiana Jones），电影《夺宝奇兵》中的主角，这一系列电影也被成为《印第安纳·琼斯》系列。电影也因神秘的宝物、惊心动魄的历险和浓郁的异国风情而受到观众喜欢，译者注。

[4] 《超人高校》（Sky High）是迪斯尼 2005 年夏季所推出的电影，本片将超能力英雄的苦恼与困难借着一位少年超能者的体验呈现出来，译者注。

11.2.6 渲染

当暴力以动人的方式呈现出来时，暴力变得魅力十足，看起来非常“酷”。想想《黑客帝国》（The Matrix）[1]中的 Neo——黑色风衣，黑色的墨镜，酷酷的发型，朗朗上口的台词以及不受地心引力作用的、流畅的武术动作。通常，暴力行为的渲染是由外表出众、魅力非凡、富有感染力的人来完成。这些特点尤其吸引那些年轻的观众（Wilson et al., 2002）。儿童电视节目中的暴力行为的渲染更是随处可见。这是一个棘手的问题，因为儿童更容易模仿或学习那些吸引他们的偶像的行为 (Krish, 2006)。

11.2.7 媒体中暴力行为感知的影响因素研究

上述的因素不仅仅影响儿童和成年人对屏幕暴力行为的感知，还影响他们的攻击行为。研究表明，暴力行为受到惩罚或是受害者所受的痛苦折磨描述会降低年轻人侵犯行为发生的可能性。例如，有些电视对暴力行为的消极后果进行真实的描绘，收看过此类电视节目的年轻人比其他年轻人，更不能接受所谓的正义暴力行为 (Krcmar & Valkenburg, 1999)。相反，观看卫生处理过的、细致化的、真实的暴力行为则鼓励了侵犯行为 (Wilsonet et. al., 2002)。Hartnagel 及其同事的一项研究（1975）发现，认为电视暴力合理的年轻人比没有这种观点的年轻人会发生更多的暴力行为。就儿童及青春期早期的青少年来说，观看过虚幻暴力（fantasy violence）电视的青少年最能接受正义的暴力行为。在这项研究中，暴力行为是在“攻击行为能带来更好结果”的背景下出现的。如超级英雄用正义的暴力行为打击罪犯。研究表明，儿童节中目的暴力行为有 87% 都发生在特定的背景之下 (Wilson et al, 2002)。

11.3 屏幕暴力对青少年的影响

相比于包括视频游戏等其他类型的媒体暴力对青年的影响，研究者更多地关注电视及电影暴力对青年带来的影响。以下选定的研究旨在说明收看暴力电视所带来的四种主要影响：（1）去抑制性攻击；（2）与攻击有关的构念变化；（3）暴力脱敏化；（4）暴力恐惧。

[1]《黑客帝国》（The Matrix），美国著名科幻电影，译者注。

11.3.1 去抑制性攻击

当个人暴力行为的内部约束机制被解除时，去抑制性攻击就出现了，此时，年轻人脑海中的“兵工厂”内就会上演各种攻击行为或是从媒体中学到的暴力活动。当青年人见到的是一种可行的攻击行为（如：持刀搏斗），但他从事的是另一种不曾出现在屏幕上的侵犯行为（如：骂人）时，去抑制性攻击最显著。在媒体暴力研究中的去抑制性攻击是一个极其重要的观念，因为某一类侵犯行为在现实中并不可能发生，故儿童和成年人是不能模仿或学习的 (Hapkiewicz, 1979)。卡通片、动画电影以及科幻节目充斥的是不现实的攻击活动。无论尝试多少次，儿童想用“黑暗面”的力量去对付他人，是怎么也不会成功的（达斯·维达（Darth Vade）[1] 方式）。然而，儿童也并不需要表现出屏幕中的暴力行为来证明他们受到了媒体暴力的影响，因为即使儿童的攻击行为与上演的暴力行为并无相似之处，他们之前习得的攻击行为也受到屏幕暴力行为的影响。去抑制性攻击并不同于模仿，青少年模仿他们观看到的暴力行为，但是其目的可能并不旨在伤害他人，但伤害他人的动机却是侵犯行为必不可少的条件。例如，班杜拉及其同事（1961）证明，学龄期的儿童在观看成年人对一个玩偶“Bobo”进行抛掷、踢打以及吼叫等侵犯行为后，他们会在自由游戏时间模仿这些行为。但是，儿童们可能只是在打闹游戏的情境中模仿这些行为，而不带着伤害他人的意图。

相关研究或调查研究

通过纵向研究和横断调查，大量的研究开始评估暴力媒体对不同发展阶段青少年的影响。以学龄前儿童为样本的研究发现，日常游戏中儿童所表现出的攻击行为（如：击打、推搡和抢夺玩具）与其黄金时间观看暴力的电视节目之间有正相关 (Singer & Singer, 1981)。最近，Ostrov 及其同事（2006）发现，对于大量接触暴力电视节目（据父母亲报告）的 4 岁男孩来说，他们表现出更多可观察到的肢体、关系和言语上的攻击。对于女孩子而言，前面提到的这种相关仅限于言语攻击行为。

对童年中期的研究则有些复杂，因为暴力媒体对儿童与青少年的影响因性别和年龄的不同而不尽相同。例如一项研究发现，对于 10 岁的儿童而言，观看暴

[1] 达斯·维达（Darth Vade），《星球大战》中的一个反派角色，是带有悲剧与矛盾色彩的人物，《星球大战》是美国导演兼制作人 George Lucas 所制作拍摄的科幻电影，于 1977 年上映，译者注。

力画面的电视节目与攻击行为之间有正相关，但这一结论对并不适用于 8 岁儿童 (Viemero & Paajane, 1992)。另一项研究则发现在排除了大量无关因素的影响(如：教养方式、社会经济地位、个体智商和最初的攻击水平)，8 岁时观看暴力电视节目可以显著预测其 19 岁时的攻击行为。当然，这些数据仅适用于男孩（Eron, Huesmann, Lefkowitz, & Walder, 1972)。比较之下，Huesmann 及其同事 (Huesmann, Lagerspetz, & Eron, 1984) 发现对于 1 年级和 3 年级的女生而非男生而言，接触暴力电视节目的数量可以显著预测其两年后的攻击行为水平。在最初的测试过去 15 年后，Huesmann 又一次联系实验的最初被试，再一次测量了他们成年后的攻击水平。结果显示：对于男孩而言，童年期接触暴力电视节目量可以预测出其成年后肢体攻击水平；对于女孩而言，童年期接触暴力电视节目的量可以显著预测成年后肢体的或间接的攻击行为 (Huesmann, Moise-Titus, Podolski, & Eron, 2003)。

在整个青春期大量接触暴力电视节目与攻击行为数量的增加有密切的联系。对 7 年级和 10 年级儿童的一项研究发现，观看大量暴力电视节目与自我报告的攻击行为之间有显著正相关 (Mcleod, Atkin, & Chaffe, 1972)。另一项对 6 年级和 7 年级儿童的研究证实，儿童观看电视节目的量可以预测其当前的攻击水平，同样也可以预测其两年后的大量攻击行为（ Slater et al., 2003)。无独有偶，最近一项对青春期晚期人群的调查发现，相比于没有观看过暴力电视节目的青少年而言，那些平均每周看 6 次摔跤节目的青少年参加打斗的比率比前者高出 44%，用武器威胁别人的比率比前者高出 19%，使用武器伤害他人的比率比前者高出 84%(DuRant, Neiberg, Champion, Rhodes, & Wolfson, 2008)。

反转假说

媒体影响儿童和青少年的攻击行为，除此之外，攻击性较强的青少年也有可能自己选择观看暴力媒体节目。因为攻击行为可以预测暴力媒体的使用情况，反之则不然，这种现象被称为反转假说（ reverse hypothesis ）(Huesmann et al., 1984)。因此青少年并不只是暴力媒体的被动接受者，他们还选择地观看这些暴力媒体节目。而且，暴力媒体的消费和攻击行为之间相互作用的关系为螺旋下降模型（ downward spiral model ）提供了证据。例如对 1800 名 6 年级和 7 年级的学生进行测量后，Slater 及其同事（ 2003 ）发现，当前的攻击水平可以预测个体两年内的暴力媒体使用情况，而且暴力媒体的使用同样可以预测目前和未来的攻击行为水平。这些发现和 Vidal 与其同事的研究（ 2003 ）结果是一致的，他们发现，青少年观看的暴力行为越多，就越倾向于沉浸其中。然而，其它的研究发现，童年期的攻击行为并不能显著地预测成年后观看暴力媒体节目的频率(Huesmann et al., 2003)。这些发现表明螺旋下降模型或许仅适用于从童年期到青春期。然而，螺旋下降式模型到底在发展的哪个阶段表现的最为强烈，尚且不明。

实验研究

在童年期早期和中期，实验室实验和现场实验都一致证明观看暴力电视节目对个体的攻击行为有消极影响。例如，在学龄前儿童中，一个月的内每个星期给孩子观看 3 次《蝙蝠侠》(Batman) 和《超人》(Superman) 的动画片，每次 20 分钟，之后对他们进行测验。结果显示，儿童表现出了对暴力去抑制性，其行为表现的更加不顺从和对延迟缺乏耐心。而且，在观看了暴力动画片之后，实验一开始儿童就表现得更加具有攻击性，更热衷于攻击行为 (Friedrich & Stein, 1973)。同样地，在实验室情景中 Bjorkvist (1985) 发现大量接触暴力电影的学龄前期儿童比没有接触暴力电影的儿童表现出更高的攻击水平，更热衷于攻击性游戏。

在一项对小学儿童间接攻击行为的研究中，接触暴力电视剪辑增加了儿童按按钮以阻止其他儿童在竞争性比赛中获胜的可能性(Liebert & Baron, 1971)。以 7 至 9 岁的男孩作样本，Josephson (1987) 发现接触到暴力电影的少年比没有接触的少年，在学校的曲棍球比赛中更容易表现出暴力去抑制性。在实验中定义的攻击行为包括打击、肘击、摔绊、用膝盖撞击，拽头发和偶尔骂人行为。现在，Boyatzis 及其同事 (1995) 证实，与那些没有观看过《恐龙战队》(Mighty Morphin Power Rangers) 的孩子相比，看过这一动画片的孩子在学校的休息时间表现出的攻击行为是前者的 7 倍。不过，由于 Boyatzis 及其同事没能从攻击性游戏中区别出攻击行为 (即相互打斗), 所以此项实验并不能明确告诉我们孩子们表现出来的是否为真正的攻击性行为。

至少，Boyatzis 的数据表明，学龄期儿童仍继续模仿他们从电视上所看到的攻击行为。这一发现在青少年的身上同样被证实。例如，研究发现十几岁的孩子在观看了专业摔跤的电视节目后，会在学校学习期间模仿摔跤手的台词 (如：让我下地狱吧) 和动作 (如：身体的冲撞、锁喉和勒住脖子 ; Bernthal, 2003)。在童年期的早期和中期，当模仿行为在日常的相互打闹情景中出现时，除了偶尔的摩擦和碰撞，很少出现典型的攻击行为。然而，当进入到青春期，日常的相互打闹更多地是被用来建立或维持目前的权力层级，而不是被用来建立积极的同伴关系 (Pelligrini, 2002)。因此，被锁喉、抱摔的青少年未必会从正面的角度来看待这些模仿行为。在此情景下，模仿行为是很明确的攻击行为而不是亲切的游戏行为。

并不是所有的研究都证实观看电视节目会导致攻击去抑制性。例如，对童年期早期和中期孩子的一些研究显示，儿童并没有增加他们对同伴言语和肢体上的攻击行为（Kirsh, 2006）。然而这些所谓的“失败”的研究一般测量的是在实验室中的直接攻击行为。考虑到青少年之间的相互攻击行为是为现实社会所不容的，当他们表现出攻击行为时往往会受到惩罚。在实验室的场景中，青少年往往会意识到自己的行为，从而导致的是攻击性抑制而不是去抑制性。相比之下，在现场实验中，青少年更多地表现出自己本来的面目，他们很少有意识地注意自己的行为，甚至根本就没有注意到自己的一举一动正被人关注。

对青少年去抑制性攻击的研究并不多。然而，已有的一项研究与采用更小年龄被试的另一研究结果是一致的。例如，最近一项研究发现，无论观看的是直接的攻击行为还是间接的攻击行为，11 至 14 岁的青少年都会增加间接攻击行为的使用（Conyne et al, 2004）。来自大西洋两岸的相似研究表明相对于没有观看暴力电影的违法少年，那些观看了暴力电影之后的个体，对他们的同伴表现出了更多攻击性（Leyen et al, 1975;Parke et al., 1977）。我们需要确定的是，对违反规则的青少年进行的研究是否同样适用于守法的青少年。

社区中电视的普及

在今天，哪一个北美城市没有电视是难以想象的。然而，20 世纪 70 年代早期，在加拿大的部分偏僻的地区，这种情况确实存在。当然，电视很快就进入了千家万户，当电视普及后，它对青少年攻击性行为的影响也正日益被人们关注和研究。做为自然实验的一部分，威廉姆斯（Williams, 1986）对比了来自三个城镇的青少年身体和言语攻击行为的数量（均为化名）：不能接收任何电视节目的 Notel；可以接收一个电视频道的 Unitel，；可以接受四个电视频道的 Multitle。Williams 发现在电视机进入 Notel 后，这个镇上青少年所表现出的肢体和语言上的攻击行为所增加的数量远远超过在 Unitel 和 Multitle 青少年的攻击水平。虽然有人将这个发现解读为接触暴力媒体与暴力行为的增加之间存在因果关系。但是，他们也认为这项研究本身存在的许多严重缺陷使结论变得无效。对这项研究更为不利的是，Williams 评估的对象是普通电视节目而不是暴力节目。与归因于屏幕暴力的说法截然相反的是，可观察到的攻击行为的增加可归咎于那些看电视的一般模式（如：家长疏于监管）以及未经证实的社会变迁（如：失业和离婚率）等有关因素，这似乎是合理的。

11.3.2 与攻击相关的构念变化

如果回顾以往章节，你会发现与攻击相关的构念是儿童攻击行为增加的可能因素。众所周知，与攻击相关的构念对青少年有跨发展性的影响，这其中包括：敌意（hostility）、使用攻击行为的态度（attitudes toward the use of aggression）、对攻击行为的幻想（fantasizing about aggression）和对攻击者的认同（identification with the aggressor）。

敌意

敌意涉及到对待他人的消极信念和态度以及与之相关联的消极情绪（如：生气和愤怒）。充满敌意的青少年比同龄人更容易表现出攻击性行为（Moeller, 2001）。暴力电视节目可以调解年轻观看者的敌意水平。例如，Grana 和同事们（2004）发现，观看枪战类的电视节目会导致 8 至 12 岁男孩和女孩敌意的增加。相似的研究表明，观看暴力冰球冲撞会增强高二学生的敌意水平。当然这些被观察到的因素被限制在从一开始就被认为具有典型敌意的青少年身上（Celozzi et al, 1981）。相比之下，性格乐观的青少年的敌意水平并没有受到屏幕中暴力形象的影响。这些研究表明，暴力电视节目对青少年的影响会因个体独特的敌意水平而有所不同。

对待使用攻击行为的态度

充满攻击性的青少年不仅喜欢表现出敌意的态度，而且对那些在生活中成功使用暴力解决问题的朋友大加赞扬(Kirsh, 2006)。观看暴力电视节目真的能形成喜爱欺负的态度吗？这种观点似乎有其合理之处。若干个研究已经在观看暴力电视节目与对待使用攻击行为的积极态度之间建立了联系。例如，对 4 年级和 6 年级男女生所做的一项研究发现，观看暴力电视节目越多，青少年使用攻击行为的意愿越强，即便是在刻意避免使用暴力的情况下也是如此。而且，青少年观看为数众多的暴力电视节目之后会认为暴力是解决许多社会生活问题更有效的方法。（Dominick & Greenberg, 1972）。当被试是 9 岁、12 岁、15 岁这些年龄较大的青少年时，也得到了相同的结果（Greenberg, 1974）。而且，在一个有攻击性挑衅行为的假设情景中，当 4 至 16 岁的参与者被要求提出解决方案时，观看过暴力电视节目的参与者比观看过非暴力电视节目的参与者表现出了更强的攻击性（Leifer & Roberts, 1971）。贯穿整个童年中期和青春期，大量接触暴力类型的卡通片和电影会产生对使用攻击行为的积极态度（Nathanson & Cantor, 2000;Wotring & Greenberg, 1973）。有时，发展阶段的差异显著，随着年龄的增长，青少年会对使用暴力行为持更加积极的态度。不幸的是，这一发现并没有得到一致的认可。研究的主题聚焦于儿童对肢体攻击行为的态度上，而在青少年的整个发展过程中，暴力电视节目怎样影响儿童青少年对使用关系攻击和言语攻击的态度，目前对此知之甚少。

对攻击行为的幻想

你是否曾经想过痛扁那些招人讨厌、大声喧哗、公共场所大声打电话的家伙吗？当你开车被人随意占道时，你脑海中是否有过将这个抢道的人撞到路边树上的念头？如果有，就说明你曾有过攻击幻想。无数的研究都已经证实，在整个童年中期，富有攻击性的少年比那些没有攻击性的少年有更多的攻击幻想（Huesmann et al., 1984;Viemero & Paajanen, 1992）。思考攻击性行为、从事幻想性的游戏表明青少年在练习他们的攻击脚本（即，对争吵的开始、中间以及结尾有清晰、明确说明的内部剧本），因而也增加了他们在日后表现出攻击性行为的可能性（Anderson & Bushman, 2001）。不幸的是，并没有充足的证据去支持这一观点。例如，Huesmann及其同事（1984）并没有发现在童年中期接触暴力电视节目与攻击行为的幻想之间存在显著的相关。相比之下，Viemero 和 Paajanen（1992）发现，接触暴力电视节目越多的男孩表现出越多的攻击性幻想。然而，研究者并没有评估儿童当前的攻击水平，因而存在这样一种可能——实验结果是由儿童之前攻击水平的差异造成的，而不是暴力电视的影响。

对攻击者的认同

对攻击者的认同是指年轻人愿意（有意识或无意识）模仿攻击性个体。有趣的是，我们所认同的对象在现实生活中不一定需要真实存在。正如很多年轻人认同埃米纳姆 (Eminem) 一样，他们也有可能认同詹姆斯 · 邦德 (James Bond)[1]。因为儿童和青少年会模仿他们心中榜样的行为，例如：蜘蛛侠 (Spiderman) 或者战神公主西娜 (XENA:Warrior Princess)[2]，他们对榜样的攻击行为的认同是一个潜在的问题。事实上，研究表明，在接触大量的暴力媒体后，相比于不认同攻击行为的个体。那些认同攻击者的青少年会表现出更强的攻击性。而且，Huesmann 及其

[1] 詹姆斯·邦德（James Bond），是一套小说和系列电影的主角名称。在故事里，他是英国情报机构军情六处的特工，代号 007，译者注。

[2] 《西娜：王子武士》Xena: Warrior Princess)，战神公主西娜在美国是个受欢迎的电视剧集之一，描述的是中古世纪一位骁勇善战的女英雄 Xena 的故事，译者注。

同事（2003）发现，在控制了接触暴力电视节目的总量后，童年中期的孩子对暴力电视节目中暴力形象的认同可以预测 15 年后他们在身体和言语上的攻击水平。Huesmann 进一步发现，在童年期大量接触暴力电视节目并且强烈认同暴力形象的男孩，到了成年期早期将表现出更多的攻击行为。因此，接触暴力电视节目和对攻击者的认同对个体攻击行为的影响是独立的，二者只要出现其一就会导致攻击行为水平的提高。

11.3.3 脱敏

大量观看屏幕暴力画面会使青少年对现实生活中暴力事件表现出麻木和冷漠，数十年来，人们为此忧心忡忡。大量调查的结果确定了两个与媒体有关的过程：对暴力媒体的习惯和对现实生活中暴力的脱敏。

媒体暴力习惯化

当习惯化产生时，个体在反复观看过程中对暴力媒体的反应能力降低了（也就是反应不那么强烈了）。比如，当儿童第一次观看一场刀光剑影的战争时可能会产生兴奋的感觉及生理的唤醒，然而，重复观看类似的战争，所产生的生理反应会逐渐减弱（甚至全然消失）。尽管围绕媒体暴力开展的研究很少，Cline 及其同事（1973）仍然在 7 至 14 岁的青少年中发现了习惯化的证据。具体来说，经常看电视的青少年对暴力电影比其他青少年产生更少的生理唤醒（如：皮肤电阻增高或血容量降低）。值得注意的是，在家里观看的电视节目和实验室中观看的电影是不同的。因此，这一发现表明习惯化在暴力媒体中是普遍存在的，而非仅仅只针对特殊的场景或节目。

媒体暴力脱敏

脱敏（desensitization）指的是当现实世界中真实的暴力发生时，青少年所受的影响减弱并日益麻木与冷漠的情境。目前已确定了 4 种由媒体诱导的脱敏类型：行为脱敏、认知脱敏、情绪脱敏和生理脱敏。行为脱敏是指当个体目睹攻击行为时，其亲社会行为减少，例如，三四年级的学生目睹幼儿之间发生争执（通过观看现场录影转播），Drabman 和 Thomas（1974）测量了这些学生多久之后才去干预（也就是去找一个成年人来帮忙）。结果表明，相比于观看了非暴力电影的青少年，观看了暴力电影的青少年过了更长时间才去寻求帮助。有趣的是，这些发现在稍大一些的孩子（4 年级和 5 年级）中得到了重复验证 (Molitor & Hirsch, 1994)，但是稍小的孩子（1 年级和 2 年级）没有出现这种结果 (Horton & Santogrossi, 1978; Thomas & Drabman, 1975)。这种现象可能是由于年幼的儿童相对缺乏经验，他们还没有接触足够多的暴力电视，因而还没有形成脱敏行为。

认知脱敏是指青少年以一种更加积极的方式看待真实世界中的暴力（如：支持暴力倾向的态度）。而情绪脱敏是指儿童对真实世界中暴力行为的情感反应减少。近来，Funk 及其同事（2004）研究了观看暴力电视、电影与认知脱敏和情绪脱敏的关系。结果表明：在 4、5 年级的儿童中，有观看暴力电影经历的儿童比其他儿童报告了对暴力更积极的态度。然而，儿童观看暴力电视与认知脱敏是不相关的。此外，Funk 及其同事发现情感脱敏不受儿童观看暴力电视和电影习惯的影响。对于这些混淆的结果，目前尚无其它的研究予以解释。生理脱敏是指个体对真实世界中的暴力所产生的生理反应减少。在为数不多的研究中，Thomas 及其同事（1977）发现，相比于观看了非暴力电影片段的幼儿，观看了暴力电影片段的幼儿对正在上演的争吵场景有更低水平的生理唤醒（如：皮肤电传导）。

习惯化 VS 脱敏

尽管习惯化和脱敏十分类似，但两者之间的区别也是极其重要的。习惯化表明青少年易受到暴力媒体负面影响的侵害，而脱敏意味着其负面影响已经产生了。除此之外，随着青少年对暴力媒体的习惯化，可能会出现这样一种情景：就像吸毒者追求下一次快感一样，青少年为了再次体验到与初次接触暴力时一样的唤醒水平，会需要更高强度的暴力画面刺激。反过来，接触这种高强度的媒体暴力增加了青少年的脱敏和攻击行为。

11.3.4 暴力恐惧

毫无疑问，电视新闻中对暴力画面的描述会逐渐向儿童和青少年灌输恐惧感。例如，Buijzen 及其同事（2007）指出，对于荷兰近期发生的一起有关暗杀的新闻报道，8 至 12 岁的儿童对其熟悉度与恐惧感和紧张水平的增加是相关的。另外一项研究发现将近 50% 的儿童表示电视新闻中的某种东西使其感到害怕 (Smith & Wilson, 2002)。观看电视新闻越多的儿童，其感受到的恐惧强度越大 (Wilsonet al., 2005)。电视新闻所诱导的恐惧效果，在电视节目的剧本中同样被发现。研究表明，在观看《绿巨人》(The Incredible Hulk)[1] 和电影《绿野仙踪》(The Wizard of Oz)(Cantor & Sparks, 1984)[2] 数天、数周甚至数月之后，这些电影还能引起了青少年的恐惧。事实上，在童年期由媒体诱发的恐惧是如此强大，以至于其影响会持续到成年期 (Harrison & Cantor,1999)。直到现在,每当想到《绿野仙踪》中的蓝色飞猴，我仍然感到一阵不安。

暴力媒体可以通过 3 种不同的机制诱导恐惧：直接经验、观察学习和负面信息传递。首先，当某一刺激物激活了大脑的恐惧中心时，直接经验诱导的恐惧就产生了。这种刺激可以是现实的，也可以是想象的；可以通过电视远程转播，也可以是发生在你面前的事情，或者是两者的任意结合。因此，无论你是在旅行中亲眼看到一头狮子撕扯小羚羊,抑或是在《探索频道》(Discovery Channel) 上目睹同样的事件，这样的画面都会诱导个体的恐惧心理。第二，当青少年由于看到其他人（如：目击者、亲属或受害者）对于某一事件的情感反应而变得恐惧时，观察学习诱导的恐惧就发生了。例如，当受害者在一场恐怖袭击中遇害时其亲属发狂的场景，会使青少年产生一种情感反应（即共情），进而诱导出恐惧和紧张的心理。第三，当听到他人转述关于某种令人害怕的情境或事件时，负面信息传递就发生了。同受害者一样，青少年也建立了一个对该事件或情境的认知图式，包括恐惧的成分。例如，在听到一则有关某个人因食用被污染的蔬菜而死亡的新闻报道后，小孩子可能会对餐盘里的菠菜感到害怕。顺带提一下，父母亲为了阻止孩子做某件事（比如：跑得太远）而做的警告也可能诱导恐惧情绪，尤其是这种警告描述了可怕或痛苦的结果时 (Valkenburg, 2004)。例如，告诉孩子不要与陌生的猫过于亲密，因为它是一个叫布奇（Bucci）的怪物，这会导致孩子对所有的猫产生恐惧，即便是很熟悉的猫，也会感到害怕。

并非所有的暴力媒体影像都相似：有些是真实发生的（如：新闻），有些是实事求是的（如《犯罪现场调查》(CSI)）[3]，有些是虚幻的（如：《星际迷航》(Star Trek)）。从发展的角度看,所看画面的真实度对恐惧的产生有着不同的影响。年幼儿童比年长的儿童和青少年对虚幻的暴力感到更害怕。相比之下，年长的青少年

[1] 《绿巨人》（The Incredible Hulk），也译作《无敌浩克》，于 2008 年上映的科幻电影，讲述了一个遭受变异的科学家的故事，译者注。

[2] 《绿野仙踪》（The Wizard of Oz）美国奇幻冒险经典影片，于 1939 年上映，讲述的是一个小女孩战胜女巫并认识到家的温暖的故事，译者注。

[3] 《犯罪现场调查》（Crime Scene Investigation，简称 CSI），于 2000 年上映，是一部受欢迎的美国刑事系列电视剧，讲述一群刑侦专业人士破案的故事，译者注。

对现实暴力的恐惧程度是最大的 (Cantor & Sparks, 1984)。在某种程度上，这种结果是因为年长的儿童明白现实和虚幻的区别。个体在 6 至 10 岁时开始意识到屏幕上看到的画面并不是真实的场景而且也不可能转化为现实。对于青少年来说，一旦分清楚了现实和虚幻的区别，虚幻的暴力就变得不那么可怕了。

当儿童和青少年害怕现实中的暴力时，他们害怕的类型常常是不同的：年长的青少年易受抽象暴力概念（如：恐怖主义、核战争等）的影响，而年幼的儿童易受真实画面（如：受伤、炸弹爆炸；Cantor et al., 1993）的影响。这些发现与皮亚杰的观点（青少年直到 11 岁时才能理解抽象概念）是一致的。然而，随着年龄的逐渐增长，移情和认知能力的进一步发展使儿童和青少年可以更好地去理解发生暴力的原因、结果以及对暴力的情感经历。例如，对于童年中期和更大一点的儿童来说，观察学习的影响和负面信息的传递会使他们更广泛的去关注暴力。这种发展使得稍大一点的青少年意识到虚幻的暴力与他们的健康和幸福关系不大，而现实暴力则会随时随地的发生。

11.4 发展的视角

儿童和青少年在电视和电影中观看到了无数的暴力行为，通常这些暴力画面被认为是与年龄特点相适宜的。屏幕上的暴力行为被美化、净化、合理化、喜剧化、形象化和现实化处理后，其暴力程度各有不同。但是，这些因素多重组合后对儿童和青少年有怎样的影响，则很少有研究去系统地调查。有可能是这些变量的某个组合（如：非喜剧化，现实化或者形象化）比其它组合（如：卫生处理、合理化和渲染）使青少年有更大的攻击性。此外，这些变量的不同组合可能会以不同的方式对青少年产生影响，而这取决于青少年的自身发展状况。

还需要另外一些研究去评估屏幕人物年龄在这些变量上起到的作用。儿童和青少年角色表现的暴力行为可能比成人演绎出来的同一行为对青少年的影响更大。为了支持这个论点，Wilson 及其同事（2002）发现儿童更可能去模仿同龄人的攻击行为。因为儿童最喜欢的屏幕形象多在 18 岁以下，使得他们更容易对屏幕上青少年的暴力行为产生认同 (Kirsh, 2006)。与成人角色相比，青少年角色的暴力行为更有可能被美化、较少受到惩罚，且更可能被塑造成有魅力的好人形象

(Wilson et al., 2002)。这些发现清晰地指明由青少年角色演绎的暴力行为比成人角色产生的影响更大，然而，还需要其它一些研究来验证这个观点。

从发展的角度看，很多相关研究的结果都表明观看屏幕暴力与对人或物的攻击行为之间有一种实证关系。此外，一些研究结果表明，观看的传统屏幕暴力在很多年后仍然影响着青少年。然而，这些研究结果的稳定性随年龄而变化，在青春期是最为稳定的。青春期似乎再次成为一个很特定的时期，在这个年龄段的青少年特别容易受到媒体的影响。然而，尚需更多研究去区分究竟是青春期的哪个年龄段（如：早期、中期或晚期）最容易受到影响。

奇怪的是，很少有相关的研究去调查实景真人秀电视节目和电影中的暴力对学龄前儿童的影响，而大量对该年龄段的研究都集中在卡通暴力上。同样地，需要另外一些研究去查明卡通暴力和真人暴力对儿童的影响是否存在差异。然而，将父母教养作为一个变量，则这个变量可以很容易地解释童年早期卡通暴力和去抑制性攻击之间的关系，如：家庭是否温暖或者父母的教养风格。可惜的是，这些变量在前面提到的研究中没有得到确切的验证。对童年中期的研究结果比较混乱，一些结果表明对女孩而非男孩受到的影响较大，而其它结果却恰好与此相反。这些差异可能是因为屏幕暴力的现实性、卫生处理或者渲染等不同而导致的矛盾——这是一个值得研究的问题。实验研究的结果表明，童年早期和中期观看屏幕暴力不仅会导致短期的模仿行为，而且还会造成即时的去抑制性攻击行为。然而，鲜有人了解屏幕暴力对青少年的短期影响，当前的大量文献也没有对上述研究的持续性效果提供数据支持。一种可能的情况是屏幕暴力的影响在特定的年龄比其它年龄的影响时间更长。

与去抑制性攻击的发展研究相比，少有研究去调查屏幕暴力对与攻击相关的构念的影响。例如，从童年早期到青春期后期，少有人研究涉及与攻击有关的情绪；而童年早期的研究中，很少有关于攻击认知的。此外，对于脱敏的研究起初也仅限于童年中期，而没有关于青春期的研究。有趣的是，脱敏效果最初是在小学高年级阶段得到证实，这表明发育可能会减缓这种影响。但是考虑到缺乏相应的研究，这一观点还有待验证。

最后，未来的研究还需要更多地对电视上观看到的暴力和电影院里观看到的暴力带来的影响进行清晰地区分。原因如下：首先，先前的研究表明大电视屏幕（如：56 英寸）对成年人的生理唤醒水平高于小屏幕的电视（如：13 英寸；Heo, 2004）。因此，有这样一种可能，即屏幕尺寸大小同样会影响青少年的生理唤醒水平。第二,已有研究证明,共同观看者的声音和反应会增加大学生观看影片后的攻击行为，这种声音和反应的影响在电影院里比在家中更常见 (Dunand et al., 1984)。第三，电视广告可能潜在地混淆与电视节目相关的暴力带来的影响。例如，一项研究发现暴力电视节目中插播的商业广告宣传会使 3 年级的儿童更难了解到攻击行为会受到惩罚 (Collins, 1973)。总而言之，这些结论都表明，即使电视机的屏幕有 60 英寸,在电影院中观看到的暴力影像可能比在家中观看同样的内容产生的影响更大。然而，在青少年的发展过程中，屏幕尺寸和共同观看者的存在是否真的会调节媒体暴力的影响，这一研究仍是一片很大的空白。

12 媒体影响：程度、风险和媒体素养

正如前面几章所揭示的，婴幼儿、儿童和青少年明显地受到他们所使用的媒体的影响。然而，这些影响中有些是有利的，而其它的则对青少年有潜在的危害。但是，父母、老师和政治家需要在多大程度上关注媒体的积极影响和消极影响？换句话说，无处不在的媒体对青少年生活的影响究竟有多大？为了回答这个问题，社会科学家们使用了变异 (variance) 这一统计概念。变异是指由自变量引起因变量的变化所占的百分比。在媒体影响的研究中，被试的态度、思维、感觉、唤醒以及行为通常是因变量，而不同形式的媒体（如：暴力、色情、学业、亲社会等内容的媒体）则作为自变量。因此，媒体影响的研究试图探讨媒体所引起的人们行为、思维、感觉等方面变化的百分比。

如果你将研究中的因变量想像成一个派，那么自变量就是制作派所需的原料。当然了，当你做派的时候，有一些原料比其它原料更加重要。也就是说，在所需的所有原料中，它们占到了更大的百分比。这与变异是一样的，一些自变量比其它的自变量对因变量的贡献更大。例如，当说到青少年的不良行为时，同伴可以解释 25% 的变异，家庭关系质量可解释 3% 的变异。一般情况下，当自变量的变异大小约为 1% 时，我们就说自变量的影响较小；约为 10% 时，属于中等程度的影响；约为 25% 时，就属于较大影响。但是，在研究中，即便自变量所引起的效果量达到了我们认为“大”的临界值，仍有多达 75% 的变异来源是未知的。在社会科学研究中，我们通常不能完全解释引起一种效应的原因。尽管这样的事实让人沮丧却也在意料之中，因为人类行为的复杂程度是难以想象的。另外，在发展研究中，就算一个变量被认为是引起某一效应的主要原因，但这个单一的变量并不能够完全解释该效应的原因。然而，一个自变量，不论它对变异做出了多大程度的贡献，都使科学对现象的解释迈进了一步（Kirsh, 2006）。

12.1 元分析

实证研究很少被其他研究者以完全相同的方式进行重复验证。相反，新的研究倾向于对原有研究的样本、设计、自变量和因变量进行改进，但保持其本质不变。但是，这么多的研究在样本的数量、年龄以及研究方法等方面都存在差异，所以要想对任何一种媒体影响带来的变异进行评估都不是一件易事。庆幸的是，即便不同的研究间存在大量的方法学差异，然而，对于变异的系统评估仍然可以通过元分析的统计方法获得。元分析整合来自独立研究项目的大量结果同时也考虑了不同研究的差异。分散的研究被整合于同一研究中，那么每个研究的缺点（如：样本量小或者概括化程度较低）也不那么明显了。当来自不同研究的结果相互矛盾时，元分析尤其有用。从本质上来说，元分析这一方法汇总了许多的较小样本从而得到一个大样本，因此增强了追踪真实差异的能力——如果这些差异存在的话（如：统计检验力）。这样做，元分析就可以帮助我们澄清那些以往难以确定的效应（Comstock & Scharrer, 2003）。

除了可以识别研究中是否存在某种效应，元分析还能够衡量效应量（effect size）的大小。相关系数（r+）指的是自变量与因变量之间关系的平均强度，这一指标常常被用来衡量效应量的大小。当相关系数约等于 0.1 时，自变量的效应量常被认为是很小的；当这一值达到 0.3，则表明自变量的效应量达到了中等程度；当达到约 0.5 时，效应量算是很大了。总之，元分析能估计一种因素引起另一种因素变异的总量。

评估一项元分析研究，需要考虑很多问题。例如，一项元分析研究如果包含太多有明显方法学问题的研究，将会导致统计结果不显著。相反，从这些方法较差的研究中也很难发现效应的存在。想想下面这个例子：Anderson（2004）的元分析研究探讨了暴力视频游戏对攻击性思维、情绪以及行为的影响，研究发现只有当那些“最佳”研究被纳入分析过程时（即那些没有什么方法学问题的研究），效应量才最大。尽管元分析中涉及到的统计很客观，但将哪些文章纳入分析以及如何将研究分为不同的方面（比如：情绪或唤醒水平），还需要研究者做出主观判断。比如在评估电视对亲社会行为的影响研究中，Hearold（1986）将从图书馆借书定为亲社会行为。但是，鉴于亲社会行为被定义为帮助他人、与他人分享以及合作这样的直接行为，Hearold 的定义存在问题 (Mares & Woodard, 2001)。

除此之外，许多社会科学类期刊不愿发表结果不显著的文章。同样地，更有可能被纳入到元分析当中的是那些结果显著的研究而非结果不显著的研究。这种现象通常被称为“发表偏差”(publication bias)。即便研究者可能去追踪那些没有发表的研究，但要想知道是否所有与之相关的研究都能被鉴别出来仍非易事。但是，想要评估发表偏差对元分析的影响还是有可能的。有这样一种方法被称作失安全系数（fail-safe N），系数可通过计算将一个统计结果为不显著的研究变为一个统计显著的研究还需要多少非显著的研究而得到。对于失安全系数高的元分析，想要转变结果就需要很多结果为非显著的研究。这种情况下，发表偏差的影响被认为是最低的。相反，当失安全系数低时，只需要少量的研究就能够影响结果，因此大大地增加了发表误差对结果影响的可能性 (Ferguson, 2007)。

12.1.1 媒体影响研究的元分析结果

就程度而言，大量的元分析的结果表明，在研究中所使用的因变量不同的情况下，媒体的影响能够解释 1% 到 14% 的变异。如图 12.1 所示，在个体的发展过程中，媒体对亲社会、攻击以及吸烟行为的影响最大，相反，对体重和身体活动的影响则较小 (Desmond & Carveth, 2007;Groesz, Levine, & Murnen, 2001; Klassen, Liang, Tjosvold, Klassen, & Hartling, 2008; Mares & Woodard, 2007; Marshall, Biddle, Gorely, Cameron, & Murdy, 2004; Oppliger, 2007; Wellman, Sugarman, Difranza, & Winickoff, 2006)。然而，尚无元分析研究显示，与影响发展的其它重要因素比起来（如：父母、同伴、兄弟姐妹），媒体的影响究竟有多大。这可能是由于相对于其它环境因素，媒体对一些特定的发展结果而言有着更大的影响。因此，媒体在其它环境下的相对风险和益处需要进一步研究。

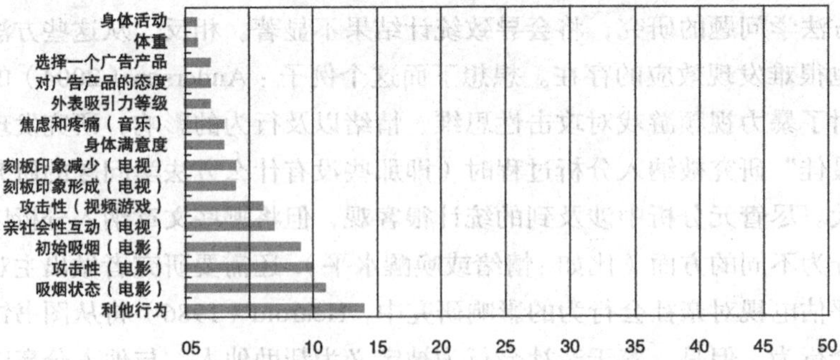

图 12.1　媒体解释各项变异的百分比

注：括号表示元分析被限制于一种类型的媒体

解释这些数据时需要谨慎。第一，至今没有媒体对吸毒、饮酒或性行为影响的元分析研究。然而，研究表明，在这些领域，媒体通常能够解释 5% 至 10% 的变异（如 : Sargent et al., 2006）。第二，对于媒体影响研究的一些特定领域（比如 : 媒体暴力）来说，失安全系数相对较小，这表明文献中可能存在发表偏差 (Ferguson, 2007)。第三，在媒体对青少年的影响中，文化可能起着调节作用。例如，在中国台湾地区，计算机辅助教学的效应量（0.55）远远高于美国地区（0.13）(Liao, 2007)。总的来说，这些研究结果表明，媒体并非以一种全或无的方式影响着青少年，还有其它环境因素的影响。要弄清楚在不同的文化中，不同形式的媒体（如 : 电视、视频游戏等）影响有何不同以及不同的媒体内容（如 : 性、攻击行为以及毒品）影响有何差异，还需要进行更多的研究来探讨。

第四，针对不同类型媒体的大多数元分析研究发现，没有一致性的证据证明不同类型的媒体有发展差异。例如，暴力媒体的元分析不能支持这一论点——在整个发展过程中，暴力媒体对攻击性的影响随着年龄的变化而变化 (Anderson & Bushman, 2001)。表面上看，鉴于本书重点关注的是评估媒体对儿童和青少年影响的差异，但是在这一问题上却没有发现差异，这真令人惊讶！然而，大多数的元分析研究并未使用适当的年龄阶段来充分评估媒体对青少年的影响。与此相对的是，当前的研究倾向于将青少年笼统地划分为婴儿、幼儿、童年早期、童年中期以及青春期这几个年龄阶段（见表 12.1）。但是，为什么将属于同一年龄群体的部分儿童的数据盲目地组合在一起是不合适的呢？答案很简单，但也通常被忽视 : 即在同一年龄群体中发展的差异很大。例如，6 岁儿童和 10 岁童年都处于童年中期，但是，连你的兄弟姐妹都会告诉你，6 岁的孩子和 10 岁的孩子在生理、认知、社会性以及情绪方面是多么的不一样。比如，我儿子在 6 岁的时候尚未形成理解幽默语言所必须的关键成分，即元语言意识（meta-linguistic awareness）——通常被定义为对语言形式的理解，如 : 句法、语法的思考 (DeHart, Sroufe, & Cooper, 2004)。比如，他告诉我这样一个笑话 :“咚 - 咚”（有人在么？），“香蕉”（香蕉谁？），“香蕉橘子！”当我儿子躺在地上笑作一团时，他 10 岁大的姐姐——当然，她的元语言意识已经发展得很好了——说 :“啊，这没什么意思。”当然她是对的。在大多数情况下，构建一个年龄跨度超过 2 至 3 岁的儿童组或者青少年组同样没有任何意义。在很小的时间跨度内，青少年在生理、认知、社会性以及情绪方面也会有太多的变化，如果将这些差异混为一谈，那么研究所得的结果就会与发展阶段相混淆。

表 12.1 发展研究典型年龄阶段的划分

发展阶段	年龄区间
婴儿期	出生到 1 岁
学步期	1–3 岁
童年早期	3–5 岁
童年中期	6–12 岁
青春期	11–19 岁

一般来说，在元分析研究中使用大年龄分组是很有必要的。结果显示，不论是将儿童、青少年按年龄分组还是将不同的年龄组进行合并，研究间的一致性都很小。例如，一项研究可能评估 6 至 10 岁的儿童，另一研究的样本可能是 8 至 10 岁的儿童。受年龄交叉的局限，唯一合并这两项研究的方式就是创建一个年龄跨度更大的组，即 6 至 10 岁的儿童。因此，6 岁和 10 岁的儿童间即便存在巨大的发展差异，统计检验也会忽略这些差异。很遗憾的是，因为对哪些年龄组的儿童和青少年是可以合并进行研究并没有规则可循，所以这种年龄分组重合的现象普遍存在。因而研究者不得不采用建立在较广的发展线上跨度更大的年龄组作为研究对象。

最后要指出的是，媒体影响研究的批评者们经常持这样的观点，即在任何一种发展结果中媒体所引起的变异相对来说是较小的。就像上面提到的，即使大的效应也还遗留 75% 的变异没有解释。尽管如此，在现实世界，即使小的效应也能对社会产生大的影响。例如，尽管在心脏病预防中，阿司匹林只能解释约 1% 的变异，但是，每天服用阿司匹林被认为是已知的用于减少患心脏病风险的标准保健措施。同样地，即便铅只能解释儿童智商变异的 2%，但是颜料和汽油中已经禁止使用这种物质了。即便事实上使用避孕套只能解释 4% 的变异，但在通过性传播的 HIV 的预防中，避孕套仍被认为是重要的因素。上述案例在健康研究中是很普遍的，这些例子清楚地说明了“小”效应对于公共健康以及公共政策的重要性。因此，在考虑媒体对青少年的影响时，媒体所产生的效应占到了 1% 到 14%，这一数字不仅具有统计意义，而且具有社会意义 (Anderson & Bushman, 2001; Anderson, Gentile, & Buckley, 2007)。

12.2 媒体的三重身份——风险因素、保护因素与有益因素

媒体分别作为风险因素、保护因素以及有益因素这三种不同的方式潜在地影响着青少年。当风险因素增加消极结果可能性的同时，保护因素却对减少这种可能性做出了贡献；保护因素促进积极结果的产生，而非避免消极结果。例如，在治疗心脏病的过程中，肥胖被认为是一个重要的风险因素，因为与正常体重的人相比，肥胖的人更容易产生患心脏病。通过吃药来降低胆固醇是保护因素，因为它能阻止动脉壁上血小板的自然堆积。心脏搭桥手术是有益因素，因为它提升心脏功能（但是却不能阻止未来的心血管堵塞）。有时，一种因素不仅是有益的，而且具有保护性。运动和健康饮食是有益因素，因为他们有助于提高心脏健康水平（如：心脏血容量和动力），同时，又可以作为保护性因素——降低患心脏病的风险（例如：动脉阻塞；M. M. Kirsh, Personal lommumication, June 2008）。

我们要记住，没有哪一个单一的因素能够引发消极结果。同样地，没有哪一个保护因素能保证消极结果一定不会产生。一个单一的有益因素也不会总是产生预期的积极结果。让我们来看看下面的案例：观看电视上与性有关的画面不会让一个有着严格道德原则的青少年突然变得淫乱放荡；收看《芝麻街》或者玩电脑游戏《进步从一年级开始》（Jump Start First Grade）[1]也不能保证学业成功。即使是我们能够想到的最暴力、最血腥的电视节目也不会使儿童的行为变得暴力。相反，这恰恰是风险因素、有益因素和保护因素的长期累积才会导致消极的和积极的发展结果。例如，Anderson 及其同事（2007）发现每多考虑一个风险因素，预测攻击行为的能力就显著提高。而且，包括接触暴力媒体在内，只需三种风险因素便能提高预测准确性。

根据 Garbarin（1999）的研究，大多数年轻人可以应对一到两种风险因素并对消极结果具有防御能力，但是当三种或者更多的风险因素出现的时候，就很可能出现消极结果。然而，大多数保护因素可以减轻多种危险因素产生的消极影响，可测得的结果是风险与保护因素共同作用而产生的。因此，媒体（包含多种风险因

[1]《进步从一年级开始》（Jump Start First Grade）是 Jump Start 英语幼儿益智早教电脑游戏一个系列。它属于游戏光盘，通过玩游戏，可以开发智力，刺激幼儿大脑发育，译者注。

素和较少保护因素）最有可能对青少年产生消极影响。再次，一些风险因素（或者保护因素）可能会比其它因素影响更大。因此，除了考虑风险和保护因素的数量之外，每种因素的相对影响都应该考虑。这就是变异所在之处，因为任一风险或保护因素导致的变异量能够被用来评估这一因素的影响。例如，图 12.1 清楚地说明了长时间观看暴力媒体对攻击性行为产生的影响要远大于对肥胖的影响。

12.3 通过培养媒体素养减少媒体的消极影响

我们生活在一个媒体充斥的世界中，不幸的是，儿童和青少年所能接触到的许多媒体内容都很有可能给他们带来危害。然而，正如上文所提到的，保护因素可以减少媒体对青少年的潜在危害。其中一个保护因素就是介入（mediation），介入是指一系列试图阻止媒体对儿童和青少年影响的干预策略。在过去 30 年中，人们探讨了三种不同类型的介入方式——联合介入（co-consuming mediation）、主动介入（active mediation）和限制性介入（restrictive mediation）。联合介入包括父母、教师以及陪同儿童使用媒体的其他人。这是一种被动的介入类型，不论在媒体使用前、使用中、使用后都没有针对媒体内容的评论。

限制性介入通常发生在家中，指一种限制青少年收看媒体的量或媒体内容的环境。例如，父母可能会阻止尚未进入青春期的孩子玩 M 级视频游戏或看 R 级的电影。主动介入指的是与儿童以及青少年谈论媒体内容的过程。例如，在对广告内容的主动介入过程中，父母或教师向青少年解释商业广告的说服性意图以及这一意图是如何达到的（例如：以夸张的形式），并对广告做批评性评价和判断。

与联合介入和限制性介入不同，主动介入试图通过提高儿童和青少年的认知防御水平，从而改变他们对媒体的情感反应。认知防御是指能够帮助青少年了解所观看媒体的真实本质的各种因素（如：现实性、意图性）以及这些本质是如何通过媒体表现出来的。例如，媒体中的暴力通常并不呈现暴力的真实后果（如：疼痛、痛苦）。Buijzen 及其同事 (2007) 认为尽管儿童在 8 岁的时候就已经具有认知防御的能力了，但直到 12 岁他们才开始使用这一能力。然而，成人的干预可以使儿童的认知防御得以激活，从而更早得以使用。但是，即使青春期早期的青少年已经可以使用他们的认知防御了，但并不是所有的人都主动使用，而那些主动使用防御能力的青少年获益良多。举例来说，对商业广告持批判性态度的青少年比那些不具备这种媒体抵抗力的青少年饮酒的可能性更低 (Epstein & Botvin, 2008)。如前所述，情感反应指的是对媒体使用的喜好和态度。这样看来，主动介入试图减少个体对媒体的积极情绪并增加对媒体的消极态度。

媒体素养（media literacy）指的是分析和评估媒体的能力。主动介入的儿童在学校、宗教场所等正式场合的媒体使用是媒体素养的重要组成部分。在许多媒体素养项目中，媒体产品的真实性颇受关注，其中媒体特效、拍摄角度、剧情等因素经常被讨论。媒体素养的一个基本原则是：如果你向青少年展示媒体是如何制作出来的，那么他们就会较少受到媒体的影响。所以，媒体素养干预涉及两个独立的效应：（1）转变青少年对媒体的认知理解；（2）减小媒体对青少年的消极影响。大量研究清楚地显示：儿童对媒体的认知理解从幼儿园开始就可以通过学校开展的媒体素养运动得到成功地转变。例如,媒体素养项目可以有效地使青少年认识到他们最喜爱的媒体内容的真实性以及该媒体的制作方法 (Nathanson, 2002)。所以，媒体素养能够明显改变个体对媒体使用的经验。但是媒体的影响是否也得到了转变呢？这个问题的答案随着介入类型的不同以及儿童年龄的不同而有所不同。

12.3.1 联合介入

我们很难承认联合介入是一种降低媒体影响的有效方法，因为在这种介入过程中，并没有任何批判性的（或积极的）评论成分。成人只是简单地播放、观看、阅读或者收听儿童正在使用的媒体。不管怎样，这样做的时候，成人就是默默地赞同了媒体的内容。几乎没有什么近期的研究探讨联合介入对媒体的影响，然而却有研究表明这种介入方法不能减少媒体使用的影响。例如，Nathanson（1999）发现与父母共同观看暴力电视的儿童攻击行为水平更高。明显地，父母在相信媒体信息对青少年有益或者至少无害的情况下更愿意参与联合介入。相反，当媒体信息对青少年有害时，他们则更愿意采用限制性介入或主动介入 (Nikken & Jansz, 2006)。

12.3.2 限制性介入

有时，限制性介入被用于减小媒体对青少年的负面影响。例如，Schooler 及其同事 (2006) 发现父母在电视节目的观看上设定更多限制的青少年比其他青少年性经历更少。然而，Schooler 等人的发现却是一个特例。在介入方法的其它实验和相关研究中，不论是在家庭环境中，还是在学校环境中，高水平的限制性介入总是不能有效地降低商业广告或媒体暴力对青少年的影响。限制性介入在降低媒体对青少年影响上的零作用多多少少使人感到惊讶，因为不管个体处在何种发展阶段，儿童和青少年都不会受到他们未接触到的媒体画面与信息的影响。为了起到限制作用，父母可以购买遥控器，将电视频道锁定在“适合儿童观看的”频道上；可以激活电视中的V芯片以阻止暴力节目播放；可以使用保姆型程序(Nanny-type program）阻止青少年接触网络色情；或者直接关闭和限制这些媒体的使用。当我步入青春期，我的父母将钥匙插入电缆盒以阻断电影频道的内容（和晚上播放的隐晦的色情内容）。然而，“上有政策，下有对策”。通常的情况是，在家受到高度限制的青少年会在他们父母不知道的情况下观看被禁止的内容 (Nathanson, 2002)。例如，后来我发现了那个钥匙，父母不在家的时候我用它收看了更多电视节目。然而，中等强度的限制调节可以成功地减少媒体的负面影响。例如，与那些经历高水平和低水平限制性介入的青少年相比，接受中等水平介入的青少年攻击行为更少 (Nathanson, 1999)。

避免做高水平限制性介入的另一个原因是，它常常在父母和子女间造成冲突。研究显示，如果儿童受到许多媒体限制，他们很可能对父母抱有消极态度；不止一个孩子说：“这不公平。”与此同时，限制性介入可能诱发“禁果效应”（forbidden fruit effect），根据禁果效应理论：禁令和告诫（如：音乐的警告标语）会增加媒体对青少年的吸引力。例如，相对于那些标有适合青少年的电视节目来说，青春期前期的男生更青睐于观看标有不适合他们年龄的电视节目 (Sneegas & Plank, 1998)。然而，发展水平和性别因素似乎对“禁果效应”有一定的调节作用。与女生和低龄儿童相比，警告标语和禁令更多地增加了男生和 8 岁以上儿童观看法律禁止的媒体内容的欲望 (Bushman & Cantor, 2003)。而对女生与低龄儿童而言，禁令和警告发挥了“恶果效应”（tainted fruit effect），成功地使他们避免接触被禁止的媒体内容。

值得一提的是，与禁果和恶果效应有关的性别差异可能反映出男生和女生不同的社会化方式。男生倾向于在社会化过程中扮演工具性角色，而女生则倾向于接受表达性角色。所以，为了努力获得独立，男生们对父母的要求表现得更不顺从，他们做他们想做的事情而非被父母教导应该做的事情。而对女生而言，她们的表达性角色培养她们不去看那些被禁止的媒体内容，因为“好女孩儿”是乖巧且听长辈们话的。

12.3.3 主动介入

与联合介入和限制性介入的效果相比，主动介入在减少媒体的负面影响方面更为成功(Buijzen & Valkenburg, 2005; Robinson, Saphir, Kraemer, Varady, & Haydel, 2001)。实际上，对某些类型的媒体而言，主动介入可以同时影响整个童年中期个体的认知防御和情感反应。例如，主动介入广告可以（1）提高儿童对广告意图的理解；（2）增加儿童对商业广告的怀疑；（3）使儿童对广告产品持更消极的态度。通过主动介入，儿童让父母给他们买东西要求减少了 (Bijmolt et al., 1998; Buijzen et al., 2007; Prasad et al., 1978)。与这些研究一致，Nathanson（2002）发现，诸如“这个节目有误，很多女生除了涂指甲油和化妆以外，还会做其它的事情”和“这个节目有误，许多女生喜欢露营，但她们并不整天抱怨”之类的介入性评价可以减少人们对刻板电视角色的积极评价。主动介入对于那些父母对看电视不怎么控制的低龄儿童（从幼儿园到 2 年级）和小学生尤为有效。还有研究显示，相对于与父母讨论电视内容的青少年，没有这种讨论的青少年所报告的性行为更多 (Schooler et al., 2006)。

与广告和性别刻板印象的主动介入不同，在媒体暴力的主动介入中改变认知防御并不能有效地减少攻击性行为。因此，告诉青少年“他们并没有真打”和“那不是真血”似乎并不能影响随后的攻击行为。有时，关注媒体暴力的实际内容反而会增加而不是减少攻击性行为 (Doolittle, 1980)。可是，“多可怕啊—打架是错误的”和“拿刀捅别人是恐怖的”之类的关注情绪反应的介入技术确实可以减少随后的攻击性行为 (Cantor & Wilson, 2003)。另外，关注情绪反应的介入技术的效果存在发展差异，它对童年中期儿童行为的影响比童年早期儿童更大。年龄较大的儿童能够意识到社会不允许攻击性行为，并具有更好的控制冲动能力。这或许可以解释为什么在介入之后，年龄较大的儿童比幼儿园儿童的攻击行为减少地更为明显 (Kirsh, 2006)。

有趣的是，研究显示暴力媒体介入对不同年龄个体在以下两个方面的影响上刚好是相反的：对暴力态度的发展趋势和暴力行为的发展趋势。不管介入者是父母还是其他成年人，主动介入都可以使大多数青少年认可攻击性行为是不正常的和不能被接受的。然而，介入性评价似乎对年幼儿童比青少年的影响更大。这可能是由于年长儿童认为介入性评价（例如：“谋杀是错误的”）较为说教，从而对反暴力态度产生了反作用；或者年长儿童仅仅是为了避免被说教而对反暴力的介入性评价听而不闻 (Nathanson & Yang, 2003)。为了避免反作用，关注受害者的感受而不是暴力行为本身的错误性，可能会对年龄较大的儿童更有效。例如，Nathanson 和 Cantor（2000）发现，7 至 11 岁儿童在观看暴力卡通片之前受到某种关注受害者的感受引导，相对于没有这样要求的孩子，他们对节目的幽默性和喜爱程度的评价更低。此外，接受了这种情感反应介入技术的男孩（不是女孩）认识到使用暴力是不能被接受的。

虽然主动介入通常很有成效，但是有时也会带来我们所不希望的影响。如上所述，Doolittle（1980）发现，在观看暴力节目过程中，对儿童进行认知性介入会增加他们的攻击性行为。同样地，有关酒精的介入性调节作用的研究表明，当父母与他们年幼的孩子谈论喝酒时，孩子的品牌意识却提高了 (Austin & Nach-Ferguson, 1995)。最头痛的是对身体意象和进食障碍的介入，研究发现评论电视内容（如：讨论女演员苗条的身材）与青少年的高身体意象障碍相关。当父母与孩子们讨论演员的体型时，不论是持肯定还是否定的态度，最终青少年都会拿自己的体型与他们在电视上看到的演员体型作比较。这些青少年会因此体验到负面情绪，从而更容易产生强烈的减肥冲动以及出现神经性厌食症症状 (Nathanson & Batta, 2003)。因此，仅仅只是认识到媒体给这个世界呈现了不切实际的规范并不意味着媒体使用的影响会减弱。

12.3.4 反媒体

在限制媒体使用给儿童和青少年带来的负面影响的努力中，研究者和有关的公共健康杂志已经在使用反媒体了。这种干预传达的媒体信息与青少年日常接触的媒体信息完全相反。例如，“向毒品说不”运动（Just Say No to Drugs）通过电视广告和平面媒体来对抗电视和电影中频繁出现的酒精和毒品的美好形象。到目前为止，有关反媒体干预的研究涉及了偏见、性别刻板印象、性行为以及 CAD 使用等方面。

性别刻板印象

大量关于性别刻板印象的反媒体研究在 1990 年以前就开始了，包括给未成年人观看处于非传统角色下的视频、广告和书籍——比如男护士和女医生。随着时间的发展，形形色色的研究中，只有很少量研究发现了反刻板印象的媒体可以成功减少性别刻板印象的证据 (Durkin, 1985)。其中一个最令人鼓舞的介入研究是20世纪70年代末的“自由计划”（the Freestyle project）。该计划给9至12岁的青少年观看由13个部分组成的电视节目，节目中有很多反刻板印象的角色，例如：成人扮演的反传统的性别角色。结果显示：在学校观看并且看完之后有讨论的情况下，这些节目减少性别刻板印象的效果最好；仅仅观看节目但不讨论或者在家观看，那么节目对改变性别刻板印象没有明显的效果。考虑到上文所说的媒体的风险、保护和有益因素，这样的结果就不难理解了。青少年接触到的保护因素和有益因素越多，他们就越有可能从反媒体中获益。

种族刻板印象

与性别刻板印象的研究很相似，事实证明，开发有效地针对种族刻板印象的反媒体是一项艰难的任务。Bigler（1999）指出典型的反刻板印象技术，例如：提供种族多样性的课程，用非刻板的形象去替换教材中的刻板形象、让青少年了解反种族主义运动，在减少儿童和青少年的刻板信念和种族歧视方面收效甚微。然而，至少在童年中期有一些成功的案例。其中最为成功的是一项在学校开展的干预项目“个性和共性：减少偏见的系列视频节目”（Different and the Same: A Prejudice Reduction Video Series），节目采用扮演不同种族的木偶来进行示范（如：解决问题，应对同伴压力），促进思维（如：挑战刻板印象）和形成无种族偏见的态度。每一个视频都包含了一个与种族有关的主题（如：起绰号、文化认同、反对偏见），并且提供一个指导手册来帮助教师有效地使用这些节目。一项针对不同种族（非裔美国人、亚洲人、白人和西班牙人）的3年级学生的评估表明，与控制组相比，观看了这个节目并参与课堂讨论的青少年，其种族刻板态度和信念明显减少。除此之外，实验组的青少年更可能帮助一个不同种族的儿童，更有可能建立起跨种族的友谊，而且更有可能报告知道如何有效地处理种族冲突 (Graves, 1999)。

性行为

为了防止青少年怀孕和传染上性病，大量媒体节目宣传节欲和负责任的性行为。网站、只读光盘、电视节目等为青少年了解“安全性行为”以及如何理性、从容地对性说“不”提供了途径。走在最前列的是“国家预防青少年意外怀孕运动”（the National Campaign to Prevent Teen and Unwanted Pregnancy），他们在过去的20多年里制作了预防青少年怀孕的媒体（电视、网站和杂志）节目。最近，他们与

NBC（美国全国广播公司）合作，制作了一档《照顾婴儿》[1]（The Baby Borrowers）的真人秀节目，在节目中，5 对 18 至 20 岁的情侣在摄像机前负责照顾婴儿、学步儿童、青少年和上年纪的亲属。这个节目呈现了有了孩子（不管是真是假）之后的真实情况，其传达的首要信息是告诉青少年“不要怀孕”。网上的相关指南可以帮助家长和孩子讨论节目的内容；青少年也可以参与在线讨论。

经证实，全世界避孕套和避孕药的广告降低了青少年怀孕和 HIV 病毒传染的比例（Brown & Strasburger, 2007）。尽管关于美国青少年的大规模研究比较少，但有一项研究表明有关性健康的媒体广告可以改变青少年的性态度和性行为。例如，一项评估音乐电视（MTV）和凯撒家庭基金传媒的联合运动（Kaiser Family Foundation media campaign）（包括网站、公益广告、宣传册、只读光盘、视频和电视特别节目）的调查（此调查是有效的）发现：66% 的 16 至 24 岁的青少年在看了这些材料之后有可能延迟发生性行为；对于那些性行为频繁的青少年，2/3 以上的人表示反媒体运动使他们更有可能使用避孕套、接受性病检查，并且更可能与他们的父母讨论安全性行为 (Kaiser Family Foundation, 2003)。另一个研究发现，在使用互动视频（interactive video）进行 6 个月的干预之后，青春期女孩自我报告的使用避孕套失败和感染性病的比例降低了 (Downs et al., 2004)。与此类似，在参与禁性欲运动“我不可以，现在不行”(Not Me Not Now Campaign) 之后，初中生发生性行为和怀孕的比例下降了 (Doniger et al., 2001)。也有研究表明大量的媒体宣传可以有效地使父母更多地与孩子讨论性行为 (DuRant et al., 2006)。

香烟、酒精和毒品滥用

在我十几岁的时候，参与过一个由“无毒品美利坚”（Drug-Free America）的合作伙伴制作的有趣的公益性禁毒广告。广告中，一个人拿着一个鸡蛋说：“这是你的大脑。”接着，他拿起一个滚烫的煎锅说：“这是毒品。”然后，他磕了一下鸡蛋壳，把蛋白和蛋黄放进煎锅里，锅里发出嘶嘶的声音并泛起白泡。最后，这个人看着摄像机说：“有什么问题吗？”记得我当时的回答是：“有。我们还有鸡蛋吗？因为看了广告，我饿了”。尽管禁毒广告花费了数百万美元，但是几乎没有研究支持公益性禁毒广告可以减少青少年吸毒这一论点。例如，“全国青少年禁毒传媒运动”(the National Youth Anti-Drug Media Campaign) 在广告牌、无线广播、网络、课本封面、篮板、电影院、电视（包括学校的《第一频道》）以及报纸和杂

[1]《照顾婴儿》（The Baby Borrowers）是由英国电视节目改编的一个真人秀节目，每周会有一对青少年照顾一个婴儿、之后照顾对象变成小孩、少年等等，译者注。

志等都投放了禁毒广告。可是，最近一项的评估却没有发现这项大规模的禁毒运动可以减少青少年毒品使用的证据。事实上，我们发现禁止吸大麻的宣传有一种“回旋镖效应”，即初次吸食大麻与频繁地接触禁毒广告有关 (Orwin et al., 2006)。还有研究表明，禁毒广告更有可能使在线聊天室里的青少年对吸食大麻产生积极而非消极的态度 (David et al., 2006)。

禁毒运动没有什么效果，同样，在媒体上开展的抵制未成年人饮酒的运动也不算成功。例如，Flynn 及其同事（2006）发现禁酒的广告对青少年早期喝酒并没有产生影响。可是，旨在减少青少年喝酒和酒驾的运动却有显著的效果。实际上，文献综述显示，这类宣传活动使酒驾降低了 13%(Elder et al., 2004)。不过，目前还没有研究证明禁酒的广告可以对青少年的酒精消费量产生影响 (Spoth et al., 2008)。

虽然媒体不能减少青少年喝酒和吸毒，但是禁烟运动却可以同时影响青少年吸烟的意图和初始吸烟的年龄。例如，在过去的两年里，整个弗罗里达州（Florida）都在播放禁烟广告（为青少年设计的），现在（最近的 30 天）初中生使用香烟量下降了 54%，高中生使用香烟量下降了 24%。有一个“地狱颁奖典礼”（awards show in Hell）的广告，把最高死亡人数奖颁给了烟草公司总经理 (Ruiz, 2000)。并不是所有的禁烟广告都是有效的，尤其是那些关注吸烟引发疾病的广告效果最差。有时，这种广告也会有“回旋镖效应”，看过广告的青少年会更想抽烟而不是不想抽烟。相反，最有效的禁烟广告倾向于关注吸烟的社会影响，例如被同伴嘲笑或者因为点烟而使约会遭拒绝 (Zhao & Pechmann, 2007)。

当然，禁烟运动并不是在真空中进行的，同广告本身一样重要的是青少年自身的实际情况。青少年的一个重要人格特征——调节定向（regulatory focus），不仅可以区分个体差异，而且可以影响禁烟运动的效果。调节定向是指青少年关注提升自我、追求成功，或避免失败、逃避危险的倾向程度。在社会环境中，促进定向的青少年希望获得他人的认可，而预防定向的青少年会尽量避免社会否定。至于禁烟广告，与青少年特定的调节定向模式匹配的广告对他们的影响最大。因此，宣传说不吸烟的青少年比吸烟的青少年更受欢迎的广告主要影响促进定向的青少年；相反地，说吸烟导致社会否定的禁烟广告主要影响的是预防定向的青少年。有趣的是，与青少年的调节定向模式不匹配的禁烟广告是无效的，对青少年的吸烟行为没有明显的影响 (Zhao & Pechmann, 2007)。这个研究的结果清楚地表明，为了有效地影响尽可能多的青少年，有必要制作多种类型的禁烟广告。

12.4 发展的视角

总的来说，媒体对儿童和青少年行为、态度、情感的变化相对来说只产生较小的影响。这一结果既不意外，也无需苦恼，因为媒体只是青少年接触到的众多风险、保护和有益因素中的一个而已。在大多数情况下，媒体既不是以上因素中最强的一个，也不是最弱的一个。媒体对青少年有益吗？媒体叫人担忧吗？毫无疑问这两个问题的答案都是"Yes"。单是媒体本身并不足以产生积极或者消极的影响。但是，当联合其它变量时，媒体却可以显著地影响儿童和青少年的行为、态度和情感。今后的研究需要区分发展过程中媒体的相对风险、保护和有益影响。

某些特定阶段的青少年可能比其他年龄段更容易受到媒体（或者说某些特定类型的媒体，如：性和暴力）的危害。特别是在青春期早期，生理、心理和社会性的变化使他们更容易受到许多风险因素的影响，因而需要特别的关注。青春期早期本来就容易受到多种风险因素的共同影响，这时再加上媒体——"压死骆驼的最后一根稻草"——就可能会产生更多的负面影响。那么在这个阶段，积极因素是否能发挥更强有力的作用呢？这很难说，因为很少有研究把青春期早期、中期和晚期的青少年作比较。然而，Liao（2007）的研究发现差异可能是存在的，青春期早期和中期的青少年比低龄儿童和青春期晚期的青少年从计算机辅助教学的数学课程中获益更多，这证实了发展阶段差异性的存在。

目前主动介入和限制性介入的研究主要集中在5至12岁的儿童。尽管对学龄前儿童和青少年的研究比较少，但有几个实证研究表明，当儿童进入青春期后媒体介入的有效性降低。例如：暴力媒体介入的研究表明主动介入和限制性介入对青少年不起作用 (Kirsh, 2006)。如果不让孩子们观看电视节目（限制性介入），他们可以去朋友家看，或是在家偷偷地看；主动介入的话，青少年把它当做说教，可能会有逆反行为，效果也不好 (Nathanson & Yang, 2003)。此外，今后的研究需要在介入性技术的研究中更多关注社会赞许性效应在随年龄变化的调节效应。例如，主动介入使年龄小的孩子比年龄较大儿童的攻击性态度改变更大，这可能不是因为态度真的发生很大变化，而只是因为他们想要讨好实验者。相反，随着年龄增长，青春期和青少年的逆反心理可以阻碍他们做出社会赞许性的反应。因此，对于年龄小的儿童，社会赞许效应可能使介入看起来比实际更有效。

此外，虽然有一些研究将介入性技术与自尊感、身体意象和性行为结合起来，但青少年介入性研究主要还是关注媒体暴力和商业广告。总的来说，开展一个有效的介入活动是非常困难的，因为效果会因介入的类型、介入的内容和参与者的年龄不同而不同。就像生活中的很多事情一样，适度介入是限制性介入成功的关键。青少年最终还是会接触到那些不希望他们看到的媒体内容，因此，除了适度介入外，父母还应该采取主动介入技术来帮助青少年为这些不可避免要接触的媒体内容做好准备。有趣的是，当涉及孩子对广告的情感反应时，主动介入最为有效。例如，当孩子们喜欢广告产品时，不管他们的认知防御机制是否被激活，他们都最有可能要求父母去购买 (Buijzen, 2007)。类似地，关注情感反应的暴力媒体介入对青少年态度和行为的影响程度要比关注认知反应大得多。除此之外，研究需要关注情感的介入是否可以减少媒体中种族刻板印象、性别刻板印象以及性和CAD 相关内容的负面影响。最后，介入的长期效力还需要在发展中去检验。可能反复接受介入性干预比短时间的接触更能对青少年产生长期的影响。然而，再三出现的介入性干预也可能产生反作用，尤其是对年龄较大的孩子。所以，今后的介入研究应该考察从学龄前儿童到青春期晚期更广泛的发展阶段。

虽然青少年的反媒体运动已经成功减少了吸烟和性行为，但是在减少种族刻板印象、改变性别刻板印象以及减少酒精和毒品滥用方面却收效甚微。这可能是由于吸烟和性行为在社会中是否合适本来就不容易界定，所以反媒体容易影响人们的这些行为。换句话说，当青少年不确定同伴们会对他们的行为和态度作何反应时，媒体就成了一个帮助他们做出判断的有用工具。相反，因为同伴对强化刻板形象有很重要的作用，当同伴清楚地界定了什么样的行为和态度是可接受的，反媒体的影响力可能就降低了。而且，因为喝酒如此普遍和平常，某些毒品（如：大麻）被认为是合乎社会习俗的，这些行为界定清晰明确，因而反媒体的影响也就下降了。当然，这种论点需要进一步证实。

参考文献

Acuff, D. S.(1997). *What kids buy and why: The psychology of marketing to kids*. New York: Free Press.

Adams, T. M., & Fuller, D. B. (2006). The words have changed but the ideology remains the same: Misogynistic lyrics in rap music. *Journal of Black Studies*, *36*(6), 938–957.

Alessi, N., Huang, M., James, P., Ying, J.,&Chowhan, N. (1992). The influence of music and rock videos. In *Facts for families: The American Academy of Child and Adolescent Psychiatry* (No. 40). Retrieved May 28, 2009, from http://www.aacap.org/cs/root/facts_for_families/the_influence_of_music_and_music_videos

Alexander, A. (1990). Effects of television on family interaction. In J. Bryant (Ed.), *Television and the American Family* (pp. 211–226). Hillsdale, NJ: Erlbaum.

Alexander, S. J., & Jorgensen, S. R. (1983). Sex education for early adolescents: A study of parents and students. *Journal of Early Adolescence*, *3*(4), 315–325.

Aloise-Young, P. A., Slater, M. D., & Cruickshank, C. C. (2006). Mediators and moderators of magazine advertisement effects on adolescent cigarette smoking. *Journal of Health Communication*, *11*(3), 281–300.

American Psychological Association. (2001). *Publication manual of the American Psychology Association* (5th ed.). Washington, DC: Author.

Anderman, E. M., & Johnston, J. (1998). Television news in the classroom: What are adolescents learning? *Journal of Adolescent Research*, *13*(1), 73–100.

Anderson, C. A. (2000). *Violent video games increase aggression and violence*. U. S. Senate Committee on Commerce, Science, and Transportation hearing on "The Impact of Interactive Violence on Children." Retrieved March 1, 2004, from http://psych-server.iastate.edu/faculty/caa/abstracts/2000- 2004/00Senate.html

Anderson, C. A. (2004). An update on the effects of violent video games. *Journal of Adolescence*, *27*, 113–122.

Anderson, C. A., & Bushman, B. J. (1997). External validity of "trivial" experiments:

The case of laboratory aggression. *Review of General Psychology*, *1*, 19–41.

Anderson, C. A., & Bushman, B. J. (2001). Effects of violent video games on aggressive behavior, aggressive cognition, aggressive affect, physiological arousal, and prosocial behavior: A metaanalytic review of the scientific literature. *Psychological Science*, *12*, 353–359.

Anderson, C. A., & Bushman, B. J. (2002). Human aggression. *Annual Review ofPsychology*, *53*, 27–51.

Anderson, C. A., Gentile, D. A., & Buckley, K. E. (2007). *Violent video game effects on children and adolescents: Theory, research, and public policy*. New York: OxfordUniversity Press.

Anderson, D. R., Huston, A. C., Schmitt, K. L., Linebarger, D. L., & Wright, J. C. (2001). Early childhood television viewing and adolescent behavior: The recontact study. *Monographs of the Society for Research in Child Development*, *66*(1), vii–147.

Anderson, D. R., & Levin, S. R. (1976). Young children's attention to *Sesame Street*. *Child Development*, 47, 806–811.

Anderson, D. R., & Pempek, T. A. (2005). Television and very young children. *The American Behavioral Scientist*, *48*(5), 505–522.

Angrist, J., & Lavy, V. (2002). New evidence on classroom computers and pupil learning. *Economic Journal*, *12*, 735–765.

Ansari, D., & Dhital, B. (2006). Age-related changes in the activation of the intraparietal sulcus during nonsymbolic magnitude processing: An eventrelated functional magnetic resonance imaging study. *Journal of Cognitive Neuroscience*, *18*(11), 1820–1828.

Antonucci, M. (1998). Holy sales slump! Comic-book industry hit with a slowdown.

Knight-Ridder Tribune Business News [Online]. Available from DIALOG File 20: World Reporter.

Aronson, E., Wilson, T. D., & Akert, R. M. (2004). *Social psychology* (4th ed.). Upper Saddle River, NJ: Prentice Hall.

Atkin, C. K. (1975). *Survey of children's and mothers' responses to television commercials. The effects of television advertising on children* (Report No. 8, ERIC Document Reproduction Service No. ED123675). East Lansing: Michigan State University.

Atkin, C. K., & Block, M. (1983). Effectiveness of celebrity endorsers. *Journal of Advertising Research*, *23*, 57–61.

Atkin, C. K., Smith, S. W., Roberto, A. J., Fediuk, T., & Wagner, T. (2002). Correlates of verbally aggressive communication in adolescents. *Journal of Applied Communication Research*, *30*, 251–266.

Aubrey, J. S. (2004). Sex and punishment: An examination of sexual consequences and the sexual double standard in teen programming. *Sex Roles*, *50*, 505–514.

Aubrey, J. S., & Harrison, K. (2004). The gender-role content of children's favorite television programs and its links to their gender-related perception. *Media Psychology*, *6*, 111–146.

Ausbrooks, E., Thomas, S. P., & Williams, R. (1995). Relationships among self-efficacy, optimism, trait anger, and anger expression. *Health Values*, *19*(4), 46–53.

Austin, E. W., & Nach-Ferguson, B. (1995). Sources and influences of young school-aged children's general and brand-specific knowledge about alcohol. *Health Communication*, *7*(1), 1–20.

Baghurst, T., Carlston, D., Wood, J., & Wyatt, F. B. (2007). Preadolescent male perceptions of action figure physiques. *Society for Adolescent Medicine*, *41*, 613–615.

Baker, K., & Raney, A. A. (2007). Equally super? Gender-role stereotyping of superheroes in children's animated programs. *Mass Communication & Society*, *10*, 25–41.

Ball, S. J., & Bogatz, G. A. (1973). *Reading with Television: An evaluation of* The Electric Company. Princeton, NJ: Educational Testing Services.

Ballard, K. D. (2003, June). *Media habits and academic performance: Elementary and middle school students' perceptions*. Poster session presented at the National Media Education Conference, Baltimore.

Ballentine, L. W., & Ogle, J. P. (2005). The making and unmaking of body problems in *Seventeen* magazine, 1992–2003. *Family and Consumer Sciences Research Journal*, *33*, 281–307.

Bandura, A. (1965). Influence of models' reinforcement contingencies on the acquisition of imitative responses. *Journal of Personality and Social Psychology*, *1*, 589–595.

Bandura, A. (1973). *Aggression: A social learning analysis*. Englewood Cliffs, NJ:

Prentice Hall.

Bandura, A. (1986). *Social foundations of thought and action: A social cognitive theory*. Englewood Cliffs, NJ: Prentice Hall.

Bandura, A., Ross, D., & Ross, S. A. (1961). Transmission of aggression through imitation of aggressive models. *Journal of Abnormal & Social Psychology, 63*(3), 575–582.

Barner, M. R. (1999). Sex-role stereotyping in FCC-mandated children's educational television. *Journal of Broadcasting & Electronic Media, 43*, 551–564.

Bar-Or, O., Foreyt, J., Bouchard, C., Brownell, K. D., Dietz, W. H., Ravussin, E., et al. (1998). Physical activity, genetic and nutritional considerations in childhood weight management. *Medical and Science in Sports and Exercise, 30*, 2–10.

Barr, R., & Hayne, H. (1999). Developmental changes in imitation from television during infancy. *Child Development, 70*, 1067–1081.

Batada, A., & Wootan, M. G. (2007). Nickelodeon markets nutrition-poor foods to children. *American Journal of Preventive Medicine, 33*, 48–50.

Bauserman, K. L., Cassady, J. C., Smith, L. L., & Stroud, J. C. (2005). Kindergarten literacy achievement: The effects of PLATO integrated learning system. *Reading Research and Instruction, 44*(4), 49–60.

BBC.com. (2008). Ban on junk food ads introduced. Retrieved February 12, 2008, from http://news.bbc.co.uk/2/hi/health/7166510.stm

Beasley, B., & Standley, T. C. (2002). Shirts vs. skins: Clothing as an indicator of gender role stereotyping in video games. *Mass Communication & Society, 5*, 279–293.

Bell, B. T., Lawton, R., & Dittmar, H. (2007). The impact of thin models in music videos on adolescent girls' body dissatisfaction. *Body Image, 4*, 137–145.

Bellieni, C. V., Cordello, D. M., Raffaelli, M., Ricci, B., Morgese, G., & Buonocore, G. (2006). Analgesic effect of watching TV during venipuncture. *Archives of Disease in Childhood, 91*(12), 1015–1017.

Belson, W. A. (1978). *Television violence and the adolescent boy*. Farnborough, UK: Saxon House.

Bernthal. M. J. (2003). The effects of professional wrestling viewership on children. *The Sport Journal*. Retrieved June 5, 2004, from http://thesportjournal.org

Bessenoff, G. R., & Del Priore, R. E. (2007). Women, weight, and age: Social comparison to magazine images across the lifespan. *Sex Roles, 56*, 215–222.

Bettelheim, B. (1967). *The uses of enchantment: The meaning and importance of fairy tales*. New York: Random House.

Bigler, R. S. (1999). The use of multicultural curricula and materials to counter racism in children. *Journal of Social Issues, 55*, 687–705.

Bijmolt, T. H. A., Claassen,W., & Brus, B. (1998). Children's understanding of TV advertising: Effects of age, gender, and parental influence. *Journal of Consumer Policy, 21*, 171–194.

Bjorkqvist, K. (1985). *Violent films, anxiety, and aggression*. Helsinki: Finnish Society of Sciences and Letters.

Blakely, W. P. (1958). A study of seventh grade children's reading of comic books as related to certain other variables. *The Journal of Genetic Psychology, 93*, 291–301.

Bo, L. K., & Callaghan, P. (2000). Soothing pain-elicited distress in Chinese neonates. *Pediatrics, 105*(4), E49.

Board on Children, Youth & Families. (2006). *Studying media effects on children and youth: Improving methods and measures, workshop summary*. Washington, DC: National Academies Press.

Bogatz, B. A., & Ball, S. (Eds.). (1971). *The second year of* Sesame Street*: A continuing evaluation*. Princeton, NJ: Educational Testing Service.

Borzekowski, D. L. G., & Robinson, T. N. (2001). The 30-second effect: An experiment revealing the impact of television commercials on food preferences of preschoolers. *Journal of the American Dietetic Association, 101*, 42–46.

Borzekowski, D. L. G., Thomas, D., Robinson, N., & Killen, J. D. (2000). Does the camera add 10 pounds? Media use, perceived importance of appearance, and weight concerns among teenage girls. *Journal of Adolescent Health, 26*, 36–41.

Boyatzis, C. J., Matillo, G. M., & Nesbitt, K. M. (1995). Effects of "*The Mighty Morphin Power Rangers*" on children's aggression with peers. *Child Study Journal, 25*, 45–55.

Boyer, E. W., Shannon, M., & Hibberd, P. L. (2005). The internet and psychoactive substance use among innovative drug users. *Pediatrics, 115*, 302–305.

Brand, J. (1969). The effect of highly aggressive content in comic books on seventh grade children. *Graduate Research in Education and Related Disciplines, 5*, 46–

61.

Braun, C. M. J., & Giroux, J. (1989). Arcade video games: Proxemic, cognitive, and content analyses. *Journal of Leisure Research, 21*, 92–105.

Brewer, N. T. (2003). The relation of internet searching to club drug knowledge and attitudes. *Psychology & Health, 18*(3), 387–401.

Bridges, E., & Briesch, R. A. (2006). The 'nag factor' and children's product categories. *International Journal of Advertising: Special Issue: Food Advertising & Promotion, 25*(2), 157–187.

Brooks, G., Miles, J. N. V., Torgerson, C. J., & Torgerson, D. J. (2006). Is an intervention using computer software effective in literacy learning? A randomized controlled trial. *Educational Studies, 32*(2), 133–143.

Brown, E. F., & Hendee, W. R. (1989). Adolescents and their music: Insights into the health of adolescents. *Journal of the American Medical Association, 262*, 1659–1663.

Brown, J. D., L'Engle, K. L., Pardun, C. J., Guo, G., Kenneavy, K., & Jackson, C. (2006). Sexy media matter: Exposure to sexual content in music, movies, television, and magazines predicts Black and White adolescents' sexual behavior. *Pediatrics, 117*, 1018–1027.

Brown, J. D., & Strasburger, V. C. (2007). From Calvin Klein to Paris Hilton and Myspace: Adolescents, sex, and the media. *Adolescent Medicine, 18*, 484–507.

Brownlee, S. (1999). Inside the teen brain. *US News Online*. Retrieved February 20, 2007, from http://www.usnews.com/usnews/issue/990809/nycu/teen brain.htm

Bryant, J., & Brown, D. (Eds.). (1989). Uses of pornography. In D. Zillmann & B. Jennings (Eds.), *Pornography: Research advances and policy considerations* (pp. 25–55). Hillsdale, NJ: Lawrence Erlbaum.

Bryant, J., & Miron, D. (2004). Theory and research in mass communication. *Journal of Communication: Special Issue: State of the Art in Communication Theory and Research, 54*(4), 662–704.

Bryant, J., & Rockwell, S. C. (1994). Effects of massive exposure to sexually oriented prime-time television programming on adolescents' moral judgment. In D. Zillmann, J. Bryant, & A. C. Huston (Eds.), *Media, children, and the family: Social scientific, psychodynamic, and clinical perspectives* (pp. 183–196). Hillsdale, NJ: Erlbaum.

Bufkin, J., & Eschholz, S. (2000). Images of sex and rape: A content analysis of popular film. *Violence Against Women, 6*, 1317–1344.

Buijzen, M. (2007). Reducing children's susceptibility to commercials: Mechanisms of factual and evaluative advertising interventions. *Media Psychology, 9*(2), 411–430.

Buijzen, M., & Valkenburg, P. M. (2000). The impact of television advertising on children's Christmas wishes. *Journal of Broadcasting & Electronic Media, 44*, 456–469.

Buijzen, M., & Valkenburg, P. M. (2002). Appeals in television advertising: A content analysis of commercials aimed at children and teenagers. *Communications, 27*, 349–364.

Buijzen, M., & Valkenburg, P. M. (2003). The unintended effects of television advertising: A parent-child survey. *Communication Research, 30*(5), 483–503.

Buijzen, M., & Valkenburg, P. M. (2005). Parental mediation of undesired advertising effects. *Journal of Broadcasting & Electronic Media, 49*(2), 153–165.

Buijzen, M., van der Molen, W., & Sondij, P. (2007). Parental mediation of children's emotional responses to a violent news event. *Communication Research, 34*, 212–230.

Bushman, B. J. (2002). Does venting anger feed or extinguish the flame? Catharsis, rumination, distraction, anger and aggressive responding. *Journal of Personality & Social Psychology, 28*, 724–731.

Bushman, B. J., & Cantor, J. (2003). Media ratings for violence and sex. *American Psychologist, 58*, 130–141.

Byrd-Bredbenner, C., Finckenor, M., & Grasso, D. (2003). Health related content in prime-time television programming. *Journal of Health Communication, 8*(4), 329–341.

Cafri, G., van den Berg, P., & Thompson, J. K. (2006). Pursuit of muscularity in adolescent boys: Relations among biopsychosocial variables and clinical outcomes. *Journal of Clinical Child and Adolescent Psychology, 35*, 283–291.

Calvert, S. L., & Kotler, J. A. (2003). Lessons from children's television: The impact of the Children's Television Act on children's learning. *Applied Developmental Psychology, 24*, 275–335.

Calvert, S. L., Kotler, J. A., Zehnder, S. M., & Shockey, E. M. (2003). Gender stereotyping in children's reports about educational and informational television programs. *Media Psychology*, *5*, 139–162.

Campbell, L. A., & Bryant, R. A. (2007). How time flies: A study of novice skydivers. *Behaviour Research and Therapy*, *45*(6), 1389–1392.

Cantor, J., Mares, M. L., & Oliver, M. B. (1993). Parents' and children's emotional reactions to TV coverage of the Gulf War. In B. S. Greenberg & W. Gantz (Eds.), *Desert Storm and the mass media* (pp. 325–340). Cresskill, NJ: Hampton Press.

Cantor, J., & Wilson, B. J. (2003). Media and violence: Intervention strategies for reducing aggression. *Media Psychology*, *5*, 363–403.

Carpenter, L. M. (1998). From girls into women: Scripts for sexuality and romance in Seventeen magazine, 1974–1994. *The Journal of Sex Research*, *35*, 158–168.

Carpentier, F. D., Knobloch, S., & Zillmann, D. (2003). Rock, rap, and rebellion: Comparisons of traits predicting selective exposure to defiant music. *Personality and Individual Differences*, *35*, 1643–1655.

Carruth, B. R., Goldberg, D. L., & Skinner, J. D. (1991). Do parents and peers mediate the influence of television advertising on food-related purchases? *Journal of Adolescent Research*, *6*(2), 253–271.

Celozzi, M. J., Kazelskis, R., & Gutsch, K. U. (1981). The relationship between viewing televised violence in ice hockey and subsequent levels of personal aggression. *Journal of Sport Behavior*, *4*(4), 157–162.

Center on Alcohol Marketing and Youth. (2004). Clicking with kids: Alcohol marketing and youth on the internet. Retrieved January 7, 2008, from http://www.camy.org/research/internet0304/

Center on Alcohol Marketing and Youth. (2007a). Youth exposure to alcohol advertising on television and in national magazines, 2001 to 2006. Retrieved July 31, 2008, from http://camy.org/research/tvmag1207/

Center on Alcohol Marketing and Youth. (2007b). Alcohol advertising and youth. Retrieved July 15, 2008, from http://camy.org/factsheets/index.php?FactsheetID=1

Centers for Disease Control and Prevention. (2006). *Youth risk behavior surveillance*. Retrieved September 12, 2002, from http://www.cdc.gov

Centers for Disease Control and Prevention. (2008a). *Reproductive health*. Retrieved September 12, 2002, from http://www.cdc.gov/reproductivehealth/Data_Stats/index.htm

Centers for Disease Control and Prevention. (2008b). Sexual risk behaviors. *Healthy Youth!* Retrieved May 28, 2009, from http://www.cdc.gov/HealthyYouth/sexualbehaviors/

Çepni, S., Tas,, E., & Köse, S. (2006). The effects of computer-assisted material on students' cognitive levels, misconceptions and attitudes towards science. *Computers & Education, 46*, 192–205.

Chambers, J. H., & Ascione, F. R. (1987). The effects of prosocial and aggressive videogames on children's donating and helping. *Journal of Genetic Psychology 148*, 499–505.

Chan, P. A., & Rabinowitz, T. (2006). A cross-sectional analysis of video games and attention deficit hyperactivity disorder symptoms in adolescents.*Annals of General Psychiatry, 5*(16). Retrieved May 28, 2009, from http://www.annals-general-psychiatry.com/content/5/1/16

Chang, I. (2007, April). Tweens now occupy a top spot in mind of product marketers. *P.R. Week*, 9.

Chang, K., Sung, Y., & Lin, S. (2006). Computer-assisted learning for mathematical problem solving. *Computers & Education, 46*, 140–151.

Chao, Y. M., Pisetsky, E. M., Dierket, L. C., Dohm, F., Rosselli, F., May, A. M., et al. (2008). Ethnic differences in weight control practices among U.S. adolescents from 1995 to 2005. *International Journal of Eating Disorders, 41*, 124–133.

Chaplin, L. N., & John, D. R. (2007). Growing up in a material world: Age differences in materialism in children and adolescents. *Journal of Consumer Research, 34*(4), 480–493.

Chavez, D. (1985). Perpetuation of gender inequality: A content analysis of comic strips. *Sex Roles, 13*, 93–102.

Chen, M., Grube, J. W., Bersamin, M., Waiters, E., & Keefe, D. B. (2005). Alcohol advertising: What makes it attractive to youth? *Journal of Health Communication, 10*(6), 553–565.

Chia, S. C. (2006). How peers mediate media influence on adolescents' sexual attitudes and sexual behavior. *Journal of Communication, 56*, 585–606.

Children Now. (1999). *Boys to men: Sports media messages about masculinity.* Retrieved February 21, 2008, from http://www.childrennow.org//publications/media/boystomen_1999_sportsb.cfm

Children Now. (2001). *Fair play? Violence, gender and race in video games.* Retrieved January 27, 2008 from http://www.childrennow.org/publications/media/fairplay_2001b.cfm

Children Now. (2004). *Fall colors 2003–2004: Prime time diversity report.* Retrieved November 5, 2007, from http://publications.childrennow.org/publications/media/fallcolors_2000b.cfm

Children's Television Act of 1990. (1990). Publ. L. No. 101-437, 104 Stat. 996-1000.

Christakis, D. A., Zimmerman, F. J., DiGiuseppe, D. L., & McCarty, C. (2004).Early television exposure and subsequent attentional problems. *Pediatrics,113*, 708–713.

Christenson, P., & Roberts, D. (1998). *It's not only rock and roll: Popular music in the lives of adolescents.* Cresskill: Hampton Press, Inc.

Christenson, P. G., Henriksen, L., & Roberts, D. F. (2000). *Substance use in popular prime-time television.* Washington, D.C.: Office of National Drug Control Policy.

Christmann, E., Badgett, J., & Lucking, R. (1997). Progressive comparison of the effects of computer assisted instruction on the academic achievement of secondary students. *Journal of Research on Computing in Education, 29*,325–336.

Cignacco, E., Hamers, J. P. H., Stoffel, L., van Lingen, R. A., Gessler, P.,McDougall, J., et al. (2007). The efficacy of non-pharmacological interventions in the management of procedural pain in preterm and term neonates. A systematic literature review. *European Journal of Pain, 11*(2), 139–152.

Clark, L., & Tiggermann, M. (2006). Appearance culture in nine- to 12-year-old girls: Media and peer influences on body dissatisfaction. *Social Development,15*, 628–643.

Clay, D., Vignoles, V. L., & Dittmar, H. (2005). Body image and self-esteem among adolescent girls: Testing the influence of sociocultural factors. *Journal of Research on Adolescence, 15*, 451–477.

Cline, V. B., Croft, R. G., & Courrier, S. (1973). Desensitization of children to television violence. *Journal of Personality and Social Psychology, 27*,360–365.

Cohen, L. L., Blount, R. L., & Panopoulos, G. (1997). Nurse coaching and cartoon distraction: An effective and practical intervention to reduce child, parent,and nurse distress during immunization. *Journal of Pediatric Psychology, 22*,355–370.

Collins, M. E. (1991). Body figure perceptions and preferences among preadolescent children. *International Journal of Eating Disorders, 10*(2), 199–208.

Collins, R. L., Ellickson, P. L., McCaffrey, D., & Hambarsoomians, K. (2005).Saturated in beer: Awareness of beer advertising in late childhood and adolescence. *Journal of Adolescent Health*, *37*, 29–36.

Collins, R. L., Elliott, M. N., Berry, S. H., Kanouse, D. E., Kunkel, D., Hunter, S. B.,et al. (2004). Watching sex on television predicts adolescent initiation of sexual behavior. *Pediatrics*, *114*, 280–289.

Collins, W. A. (1973). Effect of temporal separation between motivation, aggression,and consequences: A developmental study. *Developmental Psychology*,*8*, 215–221.

Collins, W. A., & Getz, S. K. (1976). Children's social responses following modeled reactions to provocation: Prosocial effects of a television drama. *Journal of Personality*, *44*(3), 488–500.

Collins, W. A., Wellman, H., Keniston, A., & Westby, S. (1978). Age-related aspects of comprehension and inference from a televised dramatic narrative. *Child Development*, *49*, 389–399.

Commercialfreechildhood.org. (2007). *Facts*. Retrieved December 27, 2007, from http://commercialfreechildhood.org

Comstock, G., & Scharrer, E. (2003). Meta-analyzing the controversy over television violence and aggression. In D. Gentile (Ed.), *Media violence and children*(pp. 205–226). Westport, CT: Praeger.

Coon, K. A., Goldberg, J., Rogers, B. L., & Tucker, K. L. (2001). Relationships between use of television during meals and children's food consumption patterns. *Pediatrics*, *107*, 167–176.

Coon, K. A., & Tucker, K. L. (2002). Television and children's consumption patterns. *Minerva Pediatrica*, *54*, 423–436.

Cooper, J., & Mackie, D. (1986). Video games and aggression in children. *Journal of Applied Social Psychology*, *16*, 726–744.

Copyrights Group. (2008). *The world of Beatrix Potter*. Retrieved February 3, 2008 from http://www.copyrights.co.uk/portfolio/classic_nostalgia/beatrixpotter.aspx

Cornell, J. L., & Halpern-Felsher, B. L. (2006). Adolescents tell us why teens have oral sex. *Journal of Adolescent Health*, *38*, 299–301.

Courtright, J., & Baran, S. (1980). The acquisition of sexual information by young people. *Journalism Quarterly*, *57*(1), 107–114.

Coyne, S. M., Archer, J., & Eslea, M. (2004). Cruel intentions on television and in real life: Can viewing indirect aggression increase viewers' subsequent indirection aggression? *Journal of Experimental Child Psychology*, *88*, 234–253.

Crick, N. R., Grotpeter, J. K., & Bigbee, M. A. (2002). Relationally and physically aggressive children's intent attributions and feelings of distress for relational and instrumental peer provocations. *Child Development*, *73*, 1134–1142.

Črnčec, R., Wilson, S. J., & Prior, M. (2006). The cognitive and academic benefits of music to children: Facts and fiction. *Educational Psychology*, *26*(4), 579–594.

Dalton, M. A., Adachi-Mejia, A. M., Longacre, M. R., Titus-Ernstoff, L. T.,Gibson, J. J., Martin, S. K., et al. (2006). Parental rules and monitoring of children's movie viewing associated with children's risk for smoking and drinking. *Pediatrics*, *118*, 1932–1942.

Dalton, M. A., Bernhardt, A. M., Gibson, J. J., Sargent, J. D., Beach, M. L., Adachi-Mejia, A. M., et al. (2005). Use of cigarettes and alcohol by preschoolers while role-playing as adults. *Archives of Pediatrics and Adolescent Medicine*,*159*, 854–859.

Davalos, D. B., Davalos, R. A., & Layton, H. S. (2007). Content analysis of magazine headlines: Changes over three decades? *Feminism & Psychology*, *17*,250–258.

David, C., Cappella, J. N., & Fishbein, M. (2006). The social diffusion of influence among adolescents: Group interaction in a chat room environment about antidrug advertisements. *Communication Theory*, *16*, 118–140.

Davis, S. (2003). Sex stereotypes in commercials targeted toward children:A content analysis. *Sociological Spectrum*, *23*, 407–424.

Davis, S., & Mares, M. (1998). Effects of talk show viewing on adolescents'. *Journal of Communication*, *48*(3), 69–86.

Davison, K. K., & Birch, L. L. (2004). Lean and weight stable: Behavioral predictors and psychological correlates. *Obesity Research*, *12*, 1085–1093.

De Bens, E., & Vandenbruane, P. (1992). *TV advertising and children: Part 4. Effects of TV advertising on children*. Ghent, Belgium: University of Ghent, Centre for Media Opinion and Advertising Research.

Deci, E. L., & Ryan, R. M. (1985). The general causality orientations scale: Self-determination in personality. *Journal of Research in Personality*, *19*(2),109–134.

DeHart, G. B., Sroufe, L. A., & Cooper, R. G. (2004). *Child development: Its nature and course* (5th ed.). New York: McGraw-Hill.

Dent, C. W., Galaif, J., Sussman, S., Stacy, A. W., Burton, D., & Flay, B. R. (1992). Music preference as a diagnostic indicator of adolescent drug use. *American Journal of Public Health*, *82*, 124.

Derenne, J. L., & Beresin, E. V. (2006). Body image, media, and eating disorders. *Academic Psychiatry*, *30*, 257–261.

Desmond, R. J. (1987). Adolescents and music lyrics: Implications of a cognitive perspective. *Communication Quarterly*, *35*, 276–284.

Desmond, R. J., & Carveth, R. (2007). The effects of advertising on children and adolescents: A meta-analysis. In R. Preiss, B. Gayle, N. Burrell, M. Allen, &J. Bryant (Eds.), *Mass media effects research: Advances through meta-analysis*(pp. 169–179). Mahwah, NJ: Lawrence Erlbaum.

Desrochers, D. M., & Holt, D. J. (2007). Children's exposure to television advertising: Implications for childhood obesity. *American Marketing Association*,*26*(2), 182–201.

Diekman, A. B., & Murnen, S. K. (2004). Learning to be little women and little men: The inequitable gender equality of nonsexist children's litereature. *Sex Roles*, *50*, 373–385.

Diener, E. (1984). Subjective well-being. *Psychological Bulletin*, *95*(3), 542–575.

Dill, K. E., Gentile, D. A., Richter, W. A., & Dill, J. C. (2005). Violence, sex, race and age in popular video games: A content analysis. In E. Cole &J. Henderson Daniel (Eds.), *Featuring females: Feminist analyses of the media*. Washington, DC: American Psychological Association.

Din, F. S., & Calao, J. (2001). The effects of playing educational video games on kindergarten achievement. *Child Study Journal*, *31*(2), 95–102.

Dittmar, H., & Halliwell, E. (2006). Does Barbie make girls want to be thin? The effect of experimental exposure to images of dolls on the body image of 5- to 8-year-old girls. *Developmental Psychology*, *42*, 283–292.

Dodge, K. A. (1986). A social information processing model of social competence in children. In M. Perlmutter (Ed.), *Minnesota symposium on child psychology*(Vol. 18). Hillside, NJ: Erlbaum.

Dohnt, H. K., & Tiggemann, M. (2006). Body image concerns in young girls: The role of peers and media prior to adolescence. *Journal of Youth and Adolescence*,*35*, 141–151.

Dolson, L. (2003). *How the diet industry has misled us*. Retrieved September 26,2008, from http://www.skyhighway.com/~turtleway/Articles/expectations.html

Dominick, J. R. (1984). Video games, television violence and aggression in teenagers. *Journal of Communication, 34*, 136–147.

Dominick, J. R., & Greenberg, B. S. (1972). Attitudes toward violence: The interaction of television, family attitudes and social class. In G. A. Comstock &E. A. Rubinstein (Eds.), *Television and social behavior: Vol. 3. Television and adolescent aggressiveness*. Washington, DC: Government Printing Office.

Doniger, A. S., Adams, E., Utter, C. A, & Riley, J. S. (2001). Input evaluation of the "not me, not now" abstinence-oriented, adolescent pregnancy prevention communications program, Monroe County, New York. *Journal of Health Communication, 6*, 45– 60.

Donovan, J. E. (2007). Really underage drinkers: The epidemiology of children's alcohol use in the United States. *Prevention Science, 8*, 192–205.

Doolittle, J. C. (1980). Immunizing children against possible antisocial effects of viewing television violence. *Perceptual and Motor Skills, 51*, 498.

Downs, J. S., Murray, P. J., de Bruin, W. B., Penrose, J., Palmgren, C., & Fischhoff, B.(2004). Interactive video behavior interventions to reduce adolescent females' STD risk: A randomized controlled trial. *Social Science & Medicine,59*, 1659–1572.

Drabman, R. S., & Thomas, M. H. (1974). Does media violence increase children's tolerance for real-life aggression? *Developmental Psychology, 10*(3), 418–421.

Dubow, J. S. (1995). Advertising recognition and recall by age-including teens. *Journal of Advertising Research, 35*(5), 55–60.

Dunand, M., Berkowitz, L., & Leyens, J. (1984). Audience effects when viewing aggressive movies. *British Journal of Social Psychology, 23*(1), 69–76.

DuRant, R. H., Neiberg, R., Champion, H., Rhodes, S. D., & Wolfson, M. (2008). Viewing professional wrestling on television and engaging in violent and other health risk behaviors. *Southern Medical Journal, 101*, 129–137.

DuRant, R. H., Wolfson, M., LaFrance, B., Balkrishnan, R., & Altman, D. (2006).An evaluation of a mass media campaign to encourage parents of adolescents to talk to their children about sex. *Journal of Adolescent Health, 38*, 1–9.

Durkin, K. (1985). Television and sex-role acquisition: 3: Counter-stereotyping.*British*

Journal of Social Psychology, *24*, 211–222.

Eagly, A. H., & Diekman, A. B. (2003). The malleability of sex differences in response to changing social roles. In L. G. Aspinwall, & U. M. Staudinger(Eds.), *A psychology of human strengths* (pp. 103–115). Washington, DC: American Psychological Association.

Edmonds, L. (1986, Fall). The treatment of race in pictures books for young children. *Book Research Quarterly*, 31–41.

Eggermont, S. (2005). Young adolescents' perceptions of peer sexual behaviours: The role of television viewing. *Child: Care, Health & Development*, *31*,459–468.

Eggermont, S., & Van den Bulck, J. (2006). Nodding off or switching off? The use of popular media as a sleep aid in secondary-school children. *Journal of Paediatrics and Child Health*, *42*(7–8), 428–433.

Eisenberg, N., Fabes, R. A., & Spinrad, T. L. (2006). Prosocial development. In N. Eisenberg (Ed.), *Handbook of child psychology: Vol. 3. Social, emotional, and personality development* (pp. 646–718). New York: John Wiley.

Elder, R. W., Shults, R. A., Sleet, D. A., Nichols, J. L., Thompson, R. S., & Rajab, W.(2004). Effectiveness of mass media campaigns for reducing drinking and driving and alcohol-involved crashes: A systematic review. *American Journal of Preventive Medicine*, *27*, 57–65.

Ellickson, P. L., Collins, R. L., Hambarsoomians, K., & McCaffrey, D. F. (2005).Does alcohol advertising promote adolescent drinking? Results from a longitudinal assessment. *Addiction*, *100*, 235–246.

Elliot, A., & Hall, N. (1997). The impact of self-regulatory teaching strategies on "at-risk" preschoolers' mathematical learning in a computer mediated environment. *Journal of Computing in Childhood Education*, *8*, 187–198.

Ennemoser, M., & Schneider, W. (2007). Relations of television viewing and reading: Findings from a 4 year longitudinal study. *Journal of Educational Psychology*, *99*(2), 349–368.

Epstein, J. A., & Botvin, G. J. (2008). Media resistance skills and drug skill refusal techniques: What is their relationship with alcohol use among inner-city adolescents? *Addictive Behaviors*, *33*, 528–537.

Epstein, M., & Ward, L. M. (2008). "Always Use Protection": Communication boys receive about sex from parents, peers, and the media. *Journal of Youth & Adolescence*, *37*, 113–126.

Eron, L. D., Huesmann, L. R., Lefkowitz, M. M., & Walder, L. O. (1972). Does television violence cause aggression? *American Psychologist*, *27*, 253–263.

Erowid.com. (2008). *Erowid: Documenting the complex relationship between humans and psychoactives*. Retrieved May 28, 2009, from http://www.erowid.com

Escobar-Chaves, S. L., Tortolero, S. R., Markham, C. M., Low, B. J., Eitel, P., & Thickstun, P. (2005). Impact of the media on adolescent sexual attitudes and behaviors. *Pediatrics*, *116*, 303–323.

Evans, L., & Davies, K. (2000). No sissy boys here: A content analysis of the representation of masculinity in elementary school reading textbooks. *Sex Roles*, *42*, 255–270.

Eyal, K., & Cohen, J. (2006). When good friends say goodbye: A parasocial breakup study. *Journal of Broadcasting & Electronic Media*, *50*(3), 502–523.

Farquhar, J. C., & Wasylkiw, L. (2007). Media Images of men: Trends and consequences of body conceptualization. *Psychology of Men & Masculinity*, *8*,145–160.

Federal Communications Commission. (1996). *Policies and rules concerning children's television programming: Revision of programming policies for television broadcast stations*. Washington, DC: Author.

Federal Trade Commission. (2004). *Marketing violent entertainment to children: A fourth follow-up review of industry practices in the motion picture, music recording & electronic game industries*. Washington, DC: Author.

Federal Trade Commission. (2008). *Marketing food to children and adolescents: A review of industry expenditures, activities, and self-regulation*. Washington, D.C.

Ferguson, C. J. (2007). The good, the bad and the ugly: A meta-analytic review of positive and negative effects of violent video games. *Psychiatric Quarterly*, *78*(4), 309–316.

Feshbach, S. (1956). The catharsis hypothesis and some consequences of interaction with aggressive and neutral play objects. *Journal of Personality*, *24*, 449–462.

Field, A. E., Austin, S. B., Camarge, C. A., Taylor, C. B., Striegel-Moore, R. H., Loud, K. J., et al. (2005). Exposure to the mass media, body shape concerns, and use of supplements to improve weight and shape among male and female adolescents. *Pediatrics*, *116*, 214–220.

Field, A. E., Austin, S. B., Gillman, M. W., Rosner, B., Rockett, H. R., & Colditz, G.

A. (2004). Snack food intake does not predict weight change among children and adolescents. *International Journal of Obesity, 28,* 1210–1216.

Field, A. E., Camargo, C. A., Taylor, C. B., Berkey, C. S., Roberts, S. B., & Colditz, G. A. (2001). Peer, parent, and media influences on the development of weight concerns and frequent dieting among preadolescent and adolescent girls and boys. *Pediatrics, 107,* 54–60.

Fisch, S. M. (2002). Vast wastelands or vast opportunity? Effects of educational television on children's academic knowledge, skills, and attitudes. In J. Bryant, & D. Zillmann (Eds.), *Media effects: Advances in theory and research* (pp. 397–426). Mahwah, NJ: Lawrence Erlbaum.

Fischer, P. M., Schwart, M. P., Richards, J. W., Goldstein, A. O., & Rojas, J. T. (1991). Brand logo recognition by children aged 3 to 6 years: Mickey Mouse and Old Joe the Camel. *Journal of the American Medical Association, 266,* 3145–3153.

Fisher, D. A., Hill, D. L., Grube, J. W., & Gruber, E. L. (2004). Sex on American television: An analysis across program genres and network types. *Journal of Broadcasting & Electronic Media, 48,* 529–553.

Fletcher-Flinn, C. M., & Gravatt, B. (1995). The efficacy of computer assisted instruction (CAI): A meta-analysis. *Journal of Educational and Computing Research, 12,* 219–242.

Fling, S., Smith, L., Rodriguez, T., Thornton, D., Atkins, E., & Nixon, K. (1992). Video games, aggression, and self-esteem: A survey. *Social Behavior and Personality, 20,* 39–46.

Flynn, B. S., Worden, J. K., Bunn, J. Y., Dorwaldt, A. L.., Dana, G. S., & Callas, P. W. (2006). Mass media and community interventions to reduce alcohol use by early adolescents. *Journal of Studies on Alcohol, 67,* 66–74.

Foehr, U. (2006). *The teen media juggling act: The implications of media multitasking among American youth.* Menlo Park, CA: Kaiser Family Foundation.

Forsyth, A., & Barnard, M. (1998). Relationships between popular music and drug use among Scottish schoolchildren. *International Journal of Drug Policy, 9,* 125–132.

Forsyth, A., Barnard, M., & McKeganey, N. P. (1997). Musical preference as an indicator of adolescent drug use. *Addiction, 92*(10), 1317–1325.

Fouts, G., & Burggraf, K. (1999). Television situation comedies: Female body images and verbal reinforcements. *Sex Roles, 40,* 473–481.

Fouts, G., & Vaughan, K. (2002). Locus of control, television viewing, and eating disorder symptomatology in young females. *Journal of Adolescence*, *25*, 307–311.

Francis, L. A., & Birch, L. L. (2006). Does eating during television viewing affect preschool children's intake? *Journal of the American Dietetic Association*, *106*(4), 598–600.

Friedrich, K. L., & Stein, A. H. (1973). Aggressive and prosocial television programs and the natural behavior of preschool children. *Monographs of the Society for Research in Child Development*, *38*, 1–110.

Frueh, T., & McGhee, P. E. (1975). Traditional sex role development and amount of time spent watching television. *Developmental Psychology*, *11*, 109.

Fuchs, L. S., Fuchs, D., Hamlet, C. L., Powell, S. R., Capizzi, A. M., & Seethaler, P. M. (2006). The effects of computer-assisted instruction on number combination skill in at-risk first graders. *Journal of Learning Disabilities*, *39*(5), 467–475.

Fullerton, J. A., & Kendrick, A. (2001). Portrayals of men and women in U. S. Spanish-language television commercials. *Journalism & Mass Communication Quarterly*, *77*, 128–139.

Funk, J. B., Bechtoldt-Baldacci, H., Pasold, T., & Baumgardner, J. (2004). Violence exposure in real-life, video games, television, movies, and the internet: Is there desensitization? *Journal of Adolescence*, *27*, 23–39.

Funk, J. B., & Buchman, D. D. (1996). Playing violent video and computer games and adolescent self-concept. *Journal of Communication*, *46*(2), 19–32.

Funk, J. B., Buchman, D. D., Jenks., J., & Bechtoldt, H. (2003). Playing violent video games, desensitization, and moral evaluations in children. *Applied Developmental Psychology*, *24*, 413–426.

Funk, J. B., Chan, M., Brouwer, J., & Curtiss, K. (2006). A biopsychosocial analysis of the video game playing experience of children and adults in the United States. *Studies in Media Literacy and Information Education (SIMILE)*. Retrieved October 2, 2006, from http://www.utpjournals.com/simile/issue23/Issue23_TOC.html

Funk, J. B., Hagan, J., Schimming, J., Bullock., W.A., Buchman, D. D., & Myers, M. (2002). Aggression and psychopathology in adolescents with a preference for violent electronic for electronic games. *Aggressive Behavior*, *28*, 134–144.

Gantz, W., Schwartz, N., Angelini, J. R., & Rideout, V. (2007), *Food for thought: Television food advertising to children in the United States*. Washington, DC:

Henry J. Kaiser Family Foundation.

Garbarino, J. (1999). *Lost boys: Why our sons turn violent and how we can save them.* New York: Free Press.

Gardner, J. E. (1991). Can the Mario Bros. help? Nintendo games as an adjunct in psychotherapy with children. *Psychotherapy: Theory, Research, Practice, Training, 28*(4), 667–670.

Gardstrom, S. C. (1999). Music exposure and criminal behavior: Perceptions of juvenile behavior. *Journal of Music Therapy, 36*, 207–221.

Garner, A., Sterk, H. M., & Adams, S. (1998). Narrative analysis of sexual etiquette in teenage magazines. *Journal of Communication, 48*, 59–78.

Garrison, M., & Christakis, D. A. (2005). *A teacher in the living room? Educational media for babies, toddlers, and preschoolers*. Menlo Park, CA: Kaiser Family Foundation.

Gary, D. (1984). *A study of Black characters in Caldecott and Newbery award and honor books for children* (ERIC No. ED354527).

Geis, F. L., Brown, V., Walstedt, J. J., & Porter, N. (1984). TV commercials as achievement scripts for women. *Sex Roles, 10*(7–8), 513–525.

Gentile, D. A., & Anderson, C. A. (2003). Violent video games: The newest media violence hazard. In D. Gentile (Ed.), *Media violence and children* (pp. 131–152), Westport, CT: Praeger.

Gentile, D. A., Lynch, P. J., Linder, J. R., & Walsh, D. A. (2004). The effects of violent video game habits on adolescent hostility, aggressive behaviors, and school performance. *Journal of Adolescence, 27*, 5–22.

Gerbner, G. (1990). Stories that hurt: Tobacco, alcohol, and other drugs in the mass media. In H. Resnik (Ed.), *Youth and drugs: Society's mixed messages* (OSAP Prevention Monograph, 6, pp. 53–129). Rockville, MD: Office for Substance Abuse Prevention.

Gerbner, G., Gross, M., Morgan, L., & Signorielli, N. (1994). Growing up with television: The cultivation perspective. In J. Bryant & D. Zillmann (Eds.), *Media effects* (pp. 17–41). Hillsdale, NY: Erlbaum.

Giles, D. C., & Maltby, J. (2004). The role of media figures in adolescent development: Relations between autonomy, attachment, and interest in celebrities. *Personality and Individual Differences, 36*(4), 813–822.

Glantz, S. A. (2003). Smoking in movies: A major problem and a real solution. *Lancet*, *362*(9380), 258–259.

Glascock, J., & Preston-Schreck, C. (2004). Gender and racial stereotypes in daily newspaper comics: A time-honored tradition? *Sex Roles*, *51*, 423–431.

Gold, J. I., Kim, S. H., Kant, A. J., Joseph, M. H., & Rizzo, A. (2006). Effectiveness of virtual reality for pediatric pain distraction during IV placement. *CyberPsychology*, *9*(2), 207–212.

Goldberg, M. E., & Gorn, G. J. (1978). Some unintended consequences of TV advertising to children. *Journal of Consumer Research*, *5*(1), 22–29.

Golub, A., & Johnson, B. D. (2002). The misuse of the "gateway theory" in US policy on drug abuse control: A secondary analysis of the muddled deduction. *International Journal of Drug Policy*, *13*(1), 5–19.

Gooden, A. M., & Gooden, M. A. (2001). Gender representation in notable children's picture books: 1995–1999. *Sex Roles*, *45*, 89–101.

Gorn, G. J., & Goldberg, M. E. (1978). The impact of television advertising on children from low income families. *Journal of Consumer Research*, *4*, 86–88.

Gorn, G. J., & Goldberg, M. E. (1980). Children's responses to repetitive television commercials. *Journal of Consumer Research*, *6*, 421–424.

Gorn, G. J., & Goldberg, M. E. (1982). Behavioral evidence of the effects of televised food messages on children. *Journal of Consumer Research*, *9*, 200–205.

Gortmaker, S. L., Dietz, W. H., & Cheung, L. W. Y. (1990). Inactivity, diet, and the fattening of America. *Journal of the American Dietetic Association*, *90*, 1247–1252.

Graña, J. L., Cruzado, J.A., Andreu, J. M., Muñoz-Rivas, M. J., Peña, M. E., & Brain, P. F. (2004). Effects of viewing videos of bullfights on Spanish children. *Aggressive Behavior*, *30*, 16–28.

Graves, S. B. (1999). Television and prejudice reduction: When does television as a vicarious experience make a difference? *Journal of Social Issues*, *55*, 707–727.

Graybill, D., Strawniak, M., Hunter, T., & O'Leary, M. (1987). Effects of playing versus observing violent versus non-violent video games on children's aggression. *Psychology: A Quarterly Journal of Human Behavior*, *24*, 1–7.

Greenberg, B. S. (1974). British children and televised violence. *Public Opinion Quarterly*, *38*, 531–547.

Greenberg, B. S., & Brand, J. E. (1993). Television news and advertising in schools: The "channel one" controversy. *Journal of Communication*, *43*(1), 143–151.

Greenberg, B. S., Eastin, M., Hofschire, L., Lachlan, K., & Brownell, K. D. (2003).

Portrayals of overweight and obese individuals on commercial television. *American Journal of Public Health*, *93*, 1342–1348.

Greenberg, B. S., & Smith, S. W. (2002). Daytime talk shows: Up close and in your face. In J. D. Brown, J. R. Steele, & K. Walsh-Childers (Eds.), *Sexual teens, sexual media* (pp. 79–93). Hillsdale, NJ: Erlbaum.

Greenfield, P. M., Bruzzone, L., Koyamatsu, K., Satuloff, W., Nixon, K., Brodie, M., & Kingsdale, D. (1987). What is rock music doing to the minds of our youth? A first experimental look at the effects of rock music lyrics and music videos. *Journal of Early Adolescence*, *7*, 315–329.

Grier, S. A., Mensinger, J., Huang, S. H., Kumanyika, S. K., & Stettler, N. (2007).

Fast-food marketing and children's fast-food consumption: Exploring parents' influences in an ethnically diverse sample. *American Marketing Association*, *26*, 221–235.

Griffiths, M. (2003). The therapeutic use of videogames in childhood and adolescence. *Clinical Child Psychology and Psychiatry*, *8*, 547–554.

Groesz, L. M., Levine, M. P., & Murnen, S. K. (2001). The effect of experimental presentation of thin media images on body satisfaction: A meta-analytic review. *International Journal of Eating Disorders*, 1–16.

Gross, E. F. (2004). Adolescent internet use: What we expect, what teens report. *Journal of Applied Developmental Psychology. Special Issue: Developing Children, Developing Media: Research From Television to the Internet From the Children's Digital Media Center: A Special Issue Dedicated to the Memory of Rodney R. Cocking*, *25*(6), 633–649.

Grossman, D., & DeGaetano, G. (1999). *Stop teaching our kids to kill*. New York: Crown. Grube, J. W., & Wallack, L. (1994). Television beer advertising and drinking knowledge, beliefs, and intentions among schoolchildren. *American Journal of Public Health*, *84*(2), 254–259.

Gruber, E. L., Thau, H. M., Hill, D. L., Fisher, D. A., & Grube, J. W. (2005). Alcohol, tobacco and illicit substances in music videos. *Journal of Adolescent Health*, *37*(1), 81–83.

Gunter, B. (1985). *Dimensions of television violence*. Aldershot, UK: Gower.

Gunter, B., Oates, C., & Blades, M. (2005). *Advertising to children on TV: Content, impact, and regulation*. Mahwah, NJ: Lawrence Erlbaum.

Haines, J., & Neumark-Sztainer, D. (2006). Prevention of obesity and eating disorders: A consideration of shared risk factors. *Health Education Research*, *21*(6), 770–782.

Hale, S. (1990). A global developmental trend in cognitive processing speed. *Child Development*, *61*(3), 653–663.

Halford, J. C. G., Boyland, E. J., Hughes, G., Oliveira, L. P., & Dovey, T. M. (2007). Beyond-brand effect of television (TV) food advertisements/commercials on caloric intake and food choice of 5–7-year-old children. *Appetite*, *49*, 263–267.

Halford, J. C. G., Gillespie, J., Brown, V., Pontin, E. E., & Dovey, T. M. (2004). The effect of television (TV) food advertisements/commercials on food consumption in children. *Appetite*, *42*(2), 221–225.

Hall, T. E., Hughes, C. A., & Filbert, M. (2000). Computer assisted instruction in reading for students with learning disabilities: A research synthesis. *Education and Treatment of Children*, *23*(2), 173–193.

Hall, W. D., & Lynskey, M. (2005). Is cannabis a gateway drug? Testing hypotheses about the relationship between cannabis use and the use of other illicit drugs. *Drug and Alcohol Review*, *24*(1), 39–48.

Halloran, E. C., Doumas, D. M., John, R. S., & Margolin, G. (1999). The relationship between aggression in children and locus of control beliefs. *Journal of Genetic Psychology*, *160*, 5–21.

Hamilton, M. C., Anderson, D., Broaddus, M., & Young, K. (2006). Gender stereotyping and under-representation of female characters in 200 popular children's picture books: A twenty-first century update. *Sex Roles*, *55*, 757–765.

Hancox, R. J., Milne, B. J., & Poulton, R. (2005). Association of television viewing during childhood with poor educational achievement. *Archives of Pediatrics and Adolescent Medicine*, *159*, 614–618.

Haninger, K., & Thompson, K. M. (2004). Content and ratings of teen-rated video games. *Journal of the American Medical Association*, *291*(7), 856–865.

Hansen, J. E. (1933). The effect of education motion pictures upon the retention of informational learning. *Journal of Experimental Education*, *2*, 1–4.

Hapkiewicz, W. G. (1979). Children's reactions to cartoon violence. *Journal of Clinical Child Psychology*, *8*, 30–34.

Hargreaves, D., A., & Tiggemann, M. (2004). Idealized media images and adolescent body image: "Comparing" boys and girls. *Body Image*, *1*, 351–361.

Harman, J. P., Hansen, C. E., Cochran, M. E., & Lindsey, C. R. (2005). Liar, liar: Internet faking but not frequency if use affects social skills, self-esteem, social anxiety, and aggression. *CyberPsychology & Behavior*, *8*(1), 1–6.

Harper, K., Sperry, S., & Thompson, J. K. (2008). Viewership of pro-eating disorder websites: Association with body image and eating disturbances. *International Journal of Eating Disorders*, *41*, 92–95.

Harrison, K. (2000). Television viewing, fat stereotyping, body shape standards, and eating disorder symptomatology in grade school children. *Communication Research*, *27*, 617–640.

Harrison, K. (2001). Ourselves, our bodies: Thin-ideal media, self-discrepancies, and eating disorder symptomatology in adolescents. *Journal of Social and Clinical Psychology*, *20*, 289–323.

Harrison, K., & Bond, B. J. (2007). Gaming magazines and the drive for muscularity in preadolescent boys: A longitudinal examination. *Body Image*, *4*, 269–277.

Harrison, K., & Cantor, J. (1999). Tales from the screen: Enduring fright reactions to scary media. *Media Psychology*, *1*, 97–116.

Harrison, K., & Hefner, V. (2006). Media exposure, current and future body ideals, and disordered eating among preadolescent girls: A longitudinal panel study. *Journal of Youth and Adolescence*, *35*, 153–163.

Harskamp, E. G., & Suhre, C. J. M. (2006). Improving mathematical problem solving: A computerized approach. *Computers in Human Behavior*, *22*(5), 801–815.

Harter, S. (1987). Developmental and dynamic changes in the nature of selfconcept: Implications for child psychotherapy. In S. R. Shirk (Ed.), *Cognitive development and child psychotherapy*, pp. 119-160. New York, Plenum.

Hartmann, T. (1996). *Beyond ADD: Hunting for reasons in the past & present*. Grass Valley, CA: Underwood.

Hartnagel, T., Teevan, J. J., & McIntyre, J. (1975). Television violence and violent behavior. *Social Forces*, *54*, 341–351.

Hasselbring, T. S., Goin, L., & Bransford, J. D. (1988). Developing math automaticity in learning handicapped children: The role of computerized drill and practice. *Focus on Exceptional Children, 20*(6), 1–7.

Healton, C. G., Watson-Stryker, E. S., Allen, J. A., Vallone, D. M., Messeri, P. A., Graham, P. R., et al. (2006). Televised movie trailers: Undermining restrictions on advertising tobacco to youth. *Archives of Pediatrics and Adolescent Medicine, 160*, 885–888.

Hearold, S. (1986). A synthesis of 1043 effects of television on social behavior. In G. Comstock (Ed.), *Public communication and behavior* (Vol. 1, pp. 65–133). New York: Academic Press.

Henke, L. L. (1995). Young children's perceptions of cigarette brand advertising symbols: Awareness, affect, and target market identification. *Journal of Advertising, 24*(4), 13–28.

Heo, N. (2004). The effects of screen size and content type of viewers' attention, arousal, memory and content evaluations. *Dissertation Abstracts International, 64*, 9-A. (UMI No. AAI3106253).

Herbozo, S., Tantleff-Dunn, S., Gokee-Larose, J., & Thompson, J. K. (2004). Beauty and thinness messages in children's media: A content analysis. *Eating Disorders, 12*, 21–34.

Hestroni, A. (2007a). Sexual content on mainstream TV advertising: A crosscultural comparison. *Sex Roles, 57*, 201–210.

Hestroni, A. (2007b). Three decades of sexual content on prime-time network programming: A longitudinal meta-analytic review. *Journal of Communication, 57*, 318–348.

Hetland, L. (2000). Learning to make music enhances spatial reasoning. *Journal of Aesthetic Education, 34*, 179–238.

Hoffner, C., & Cantor, J. (1991). Factors influencing children's enjoyment of suspense. *Communication Monographs, 58*, 41–62.

Holdren, G. W. (2003). Avoiding conflict: Mothers as tacticians in the supermarket. *Child Development, 54*, 233–240.

Horgen, K. B., Choate, M., & Brownell, K. D. (2001). Television food advertising: Targeting children in a toxic environment. In D. G. Singer & J. L. Singer (Eds.), *Handbook of children and the media* (pp. 447–462). Thousand Oaks, Ca: Sage.

Horton, R. W., & Santogrossi, D.A. (1978). The effect of adult commentary on reducing the influence of televised violence. *Personality and Social Psychology Bulletin, 4*, 37–40.

Hoult, T. F. (1949). Comic books and juvenile delinquency. *Sociology and Social Research, 33*, 279–284.

Huesmann, L. R. (1986). Psychological processes promoting the relation between exposure to media violence and aggressive behavior by the view. *Journal of Social Issues, 42*, 125–139.

Huesmann, L. R., Lagerspetz, K., & Eron, L. D. (1984). Intervening variables in the TV violence-aggression relation: Evidence from two countries. *Developmental Psychology, 20*(5), 746–777.

Huesmann, L. R., Moise-Titus, J., Podolski, C. L., & Eron, L. D. (2003). Longitudinal relations between children's exposure to TV violence and their aggressive and violent behavior in young adulthood: 1977–1992. *Developmental Psychology Special Issue: Violent children, 39*, 201–221.

Huntemann, N., & Morgan, M. (2001). Mass media and identity formation. In D. G. Singer & J. L. Singer (Eds.), *Handbook of children and the media* (pp. 309–322). Thousand Oaks, CA: Sage.

Hunter, M. W., & Chick, K. A. (2005). Treatment of gender in basal readers. *Reading Research and Instruction, 44*, 65–76.

Hust, S. J. T., Brown, J. D., & L'Engle, K. L. (2008). Boys will be boys and girls better be prepared: An analysis of the rare sexual health messages in young adolescents' media. *Mass Communication & Society, 11*, 3–23.

Huston, A. C., Donnerstein, E., Fairchild, H., Feshbach, N. D., Katz, P. A., Murray, J. P., et al. (1992). *Big world, small screen: The role of television in American society*. Lincoln: University of Nebraska Press.

Huston, A. C., & Wright, J. C. (1998). Mass media and children's development. In I. E. Sigel and K. A. Renninger (Eds.), *Handbook of child psychology* (Vol. 4, pp. 999–1058). New York: John Wiley.

Irwin, A. R., & Gross, A. M. (1995). Cognitive tempo, violent video games, and aggressive behavior in young boys. *Journal of Family Violence, 10*, 337–350.

Iusedtobelieve.com. (2007). *School*. Retrieved September 29, 2007 at http:// www.iusedtobelieve.com

Jackson, L. A., von Eye, A., Biocca, F. A., Barbatsis, G., Zhao, Y., & Fitzgerald, H.

E. (2006). Does home Internet use influence the academic performance of low-income children? *Developmental Psychology, 42*(3), 429–435.

Jansz, J., & Martis, R. G. (2007). The Lara phenomenon: Powerful female characters in video games. *Sex Roles, 56*, 141–148.

Janz, K. F., Levy, S. M., Burns, T. L., Torner, J. C., Willing, M. C., & Warren, J. J. (2002). Fatness, physical activity, and television viewing in children during the adiposity rebound period: The Iowa Bone Development Study. *Preventive Medicine, 35*, 563–571.

Jeffrey, D., McLellarn, R., & Fox, D. (1982). The development of children's eating habits: The role of television commercials. *Health Education Quarterly, 9*, 174–189.

Jennings, N. A., & Wartella, E. A. (2007). *Advertising and consumer development.* Mahwah, NJ, US: Lawrence Erlbaum.

Jenvey, V. B. (2007). The relationship between television viewing and obesity in young children: A review of existing explanations. *Early Child Development and Care, 177*, 809–820.

John, D. R. (1999). Consumer socialization of children: A retrospective look at twenty-five years of research. *Journal of Consumer Research, 26*(3), 183–213.

Johnson, C. M., & Memmott, J. E. (2006). Examination of relationships between participation in school music programs of differing quality and standardized test results. *Journal of Research in Music Education, 54*(4), 293–307.

Johnson, J. D., Jackson, L. A., & Gatto, L. (1995). Violent attitudes and deferred academic aspirations: Deleterious effects of exposure to rap music. *Basic and Applied Social Psychology, 16*, 27–41.

Johnson, M. D., & Young, B. M. (2003). *Advertising history of televisual media.* Mahwah, NJ: Lawrence Erlbaum.

Johnson, R. N. (1996). Bad news revisited: The portrayal of violence, conflict, and suffering on television news. *Peace and Conflict: Journal of Peace Psychology, 2*, 201–216.

Johnston, D. D. (1995). Adolescents' motivations for viewing graphic horror. *Human Communication Research, 21*, 522–552.

Jones, G. (2002). *Killing monsters: Why children need fantasy, super heroes, and make-believe violence.* New York: Basic Books.

Jones, L. R., Fries, E., & Danish, S. J. (2007). Gender and ethnic differences in body image and opposite sex figure preferences of rural adolescents. *Body Image, 4*, 103–108.

Jordan, A. B. (2000). *Is the Three-Hour Rule Living Up to Its Potential?* The Annenberg Public Policy Center, University of Pennsylvania.

Jordan, A. B. (2007). Heavy television viewing and childhood obesity. *Journal of Children and Media, 1*, 1478–2798.

Josephson, W. L. (1987). Television violence and children's aggression: Testing the priming, social script, and disinhibition predictions. *Journal of Personality & Social Psychology, 53*, 882–890.

Jowett, G. S., Jarvie, I. C., & Fuller, K. H. (1996). *Children and the movies: Media influences and the Payne Fund controversy*. New York: Cambridge University Press.

Jung, J., & Peterson, M. (2007). Body dissatisfaction and patterns of media use among preadolescent children. *Family and Consumer Sciences Research Journal, 36*, 40–54.

Kaiser Family Foundation (1998). *Kaiser Family Foundation and YM Magazine national survey of teens: Teens talk about dating, intimacy, and their sexual experiences*. Menlo Park, CA: Author.

Kaiser Family Foundation (2003). *Reaching the MTV generation: Recent research on the Impact of the Kaiser Family Foundation/MTV public education campaign on sexual health*. Menlo Park, CA: Author.

Kandakai, T. L., Price, J. H., Telljohann, S. K., & Wilson, C. A. (1999). Mothers' perceptions of factors influencing violence in school. *Journal of School Health, 69*(5), 189–195.

Kassarjian, H. H. (1977). Content analysis in consumer research. *Journal of Consumer Research, 4*, 8–18.

Kestenbaum, G. I., & Weinstein, L. (1985). Personality, psychopathology, and developmental issues in male adolescent video game use. *Journal of the American Academy of Child Psychiatry, 24*, 325–337.

Kilbourne, J. (1999). *Deadly persuasion: Why women and girls must fight the addictive power of advertising*. New York: Free Press

Kim, J. L., Collins, R. L., Kanouse, D. E., Elliott, M. N., Berry, S. H., Hunter, S., et al.

(2006). Sexual readiness, household policies, and other predictors of adolescents' exposure to sexual content in mainstream entertainment television. *Media Psychology*, *8*, 449–471.

King, B., & Kallis, J. (2006). *The big book of girl stuff*. Utah: Gibbs Smith.

King, C., III, Siegel, M., Celebucki, C., & Connolly, G. N. (1998). Adolescent exposure to cigarette advertising in magazines. *Journal of the American Medical Association*, *279*, 516–520.

Kirsh, S. J. (1998). Seeing the world through Mortal Kombat-colored glasses: Violent video games and the development of a short-term hostile attribution bias. *Childhood: A Global Journal of Child Research*, *5*, 177–184.

Kirsh, S. J. (2003). The effects of violent video game play on adolescents: The overlooked influence of development. *Aggression and Violent Behavior: A Review Journal*, *8*(4), 377–389.

Kirsh, S. J. (2006). *Children, adolescents, and media violence: A critical look at the research*. Thousand Oaks, CA: Sage.

Klassen, J. A., Liang, Y., Tjosvold, L., Klassen, T. P., & Hartling, L. (2008). Music for pain and anxiety in children undergoing medical procedures: A systematic review of randomized controlled trials. *Ambulatory Pediatrics*, *8*, 117–128.

Klein, H., & Shiffman, K. S. (2005). Thin is "in" and stout is "out": What animated cartoons tell viewers about body weight. *Kensington Research Institute*, *10*, 107–116.

Klein, H., & Shiffman, K. S. (2006). Race-related content of animated cartoons. *The Howard Journal of Communication*, *17*, 163–182.

Klein, J. D., Thomas, R. K., & Sutter, E. J. (2007). History of childhood candy cigarette use is associated with tobacco smoking by adults. *Preventive Medicine: An International Journal Devoted to Practice and Theory*, *45*(1), 26–30.

Klein, M. E. (1998). A comparison of multicultural characters in the annotations of two recommended high school reading lists published thirty-one years apart. ERIC No. ED423989.

Konijn, E. A., Nije Bijvank, M., & Bushman, B. J. (2007). I wish I were a warrior: The role of wishful identification in the effects of violent video games on aggression in adolescent boys. *Developmental Psychology*, *43*(4), 1038–1044.

Kortenhaus, C. M., & Demarest, J. (1993). Gender role stereotyping in children's literature: An update. *Sex Roles*, *28*, 219–232.

Kowalski, R. M., & Limber, S. P. (2007). Electronic bullying among middle school students. *Journal of Adolescent Health*, *41*(6, Suppl.), S22–S30.

Krahé, B., & Möller, I. (2004). Playing violent electronic games, hostile attributional style, and aggression-related norms in German adolescents. *Journal of Adolescence*, *27*, 53–59.

Kraus, S. W., & Russell, B. (2008). Early sexual experiences: The role of internet access and sexually explicit material. *CyberPsychology & Behavior*, *11*, 162–168.

Krcmar, M., Grela, B., & Lin, K. (2007). Can toddlers learn vocabulary from television? an experimental approach. *Media Psychology*, *10*(1), 41–63.

Krcmar, M., & Valkenburg, P. (1999). A scale to assess children's interpretations of justified and unjustified television violence and its relationship to television viewing. *Communication Research*, *26*(5), 608–634.

Krugman, D. M., Morrison, M. A., & Sung, Y. (2006). Cigarette advertising in popular youth and adult magazines: A ten-year perspective. *Journal of Public Policy & Marketing*, *25*(2), 197–211.

Ku, H., Harter, C. A., Liu, P., Thompson, L., & Cheng, Y. (2007). The effects of individually personalized computer-based instructional program on solving mathematics problems. *Computers in Human Behavior*, *23*, 1995–1210.

Kunkel, D. (2001). Children and television advertising. In D. G. Singer and J. L. Singer (Eds.), *Handbook of children and the media* (pp. 375–394). Thousand Oaks, CA: Sage.

Kunkel, D., Eyal, K., Biely, E., Cope-Farrar, K., Donnerstein, E., & Fandrich, R. (2003). *Sex on TV 3: A biennial report to the Kaiser Family Foundation*. Menlo Park, CA: Kaiser Family Foundation.

Kunkel, D., Eyal, K., Finnerty, K., Biely, E. & Donnerstein, E (2005). *Sex on TV 4*. Menlo Park, CA: Kaiser Family Foundation.

Kurbin, C. E. (2005). Gangstas, thugs, and hustlas: Identity and the code of the street in rap Smith, S. L., & Boyson, A. R. (2002). Violence in music videos: Examining the prevalence and context of physical aggression. *Journal of Communication*, *52*(1), 61–83.

L'Engle, K. L., Brown, J. D., & Kenneavy, K. (2006). The mass media are an important context for adolescents' sexual behavior. *Journal of Adolescent Health*, *38*, 186–

192.

Labre, M. P. (2005). Burn fat, build muscle: A content analysis of men's health and men's fitness. *International Journal of Men's Health*, *4*(2), 187–200.

Labre, M. P., & Walsh-Childers, K. (2003). Friendly advice? Beauty messages in web sites of teen magazines. *Mass Communication & Society*, *6*, 379–396.

Landold, M. A., Marti, D., Widmer, J., & Meuli, M. (2002). Does cartoon movie distraction decrease burned children's pain behavior? *Journal of Burn Care & Rehabilitation*, *23*(1), 61–65.

Lapinski, M. K. (2006). StarvingforPerfect.com: A theoretically based content analysis of pro-eating disorder web sites. *Health Communication*, *20*, 243–253.

Larson, M. S. (2003). Gender, race, and aggression in television commercials that feature children. *Sex Roles*, *48*, 67–75.

Latner, J. D., Rosewall, J. K., & Simmonds, M. B. (2007). Childhood obesity stigma: Association with television, videogame, and magazine exposure. *Body Image*, *4*, 147–155.

Leaper, C., Breed, L., Hoffman, L., & Perlman, C. A. (2002). Variations in the gender-stereotyped content of children's television cartoons across genres. *Journal of Applied Social Psychology*, *32*, 1653–1662.

Leaper, C., & Friedman, C. K. (2007). The socialization of gender. In J. Grusec & P. Hastings (Eds.), *Handbook of socialization: Theory and research* (pp. 561–587). New York: Guilford.

Leifer, A. D., & Roberts, D. F. (1971). Children's response to television violence. In J. P. Murray, E. A. Rubinstein, and G. Comstock, (Eds.), *Television and social behavior: Vol. 2. Television and social learning*. Washington, DC: Government Printing Office.

Lenhart, A., Kahne, J., Middaugh, E., Macgill, A. R., Evans, C., & Vitak, J. (2008). Teens video games and civics. *Pew Internet and American Life Project*. Retrieved September 15, 2008 from http://www.pewinternet.org

Lenhart, A., Madden, M., & Hitlin, P. (2005). *Teens and technology: Youth are leading the transition to a fully wired and mobile nation*. Washington, DC: Pew Internet & American Life Project.

Levine, M. P., & Smolak, L. (Eds.). (1996). *Media as a context for the development of disordered eating*. Smolak, Linda; Levine, Michael P.; Striegel-Moore, Ruth . The developmental psychopathology of eating disorders: Implications for research, prevention, and treatment. (pp. 235–257). Hillsdale, NJ, England: Lawrence Erlbaum Associates.

Leyens, J. P., Camino, L., Parke, R. D., & Berkowitz, L. (1975). Effects of movie violence on aggression in a field setting as a function of group dominance and cohesion. *Journal of Personality and Social Psychology*, *32*, 346–360.

Liao, Y. C. (2007). Effects of computer-assisted instruction on students' achievement in taiwan: A meta-analysis. *Computers & Education*, *48*(2), 216–233.

Lieber, L. (1996). *Commercial and character slogan recall by children aged 9 to 11 years: Budweiser frogs versus Bugs Bunny*. Berkeley, CA: Center on Alcohol Advertising.

Liebert, R. M., & Baron, R. A. (1971). Short-term effects of televised aggression on children's aggressive behavior. In J. P. Murray, E. A. Rubinstein, and G. A. Comstock (Eds.), *Television and social behavior: Vol. 2. Television and social learning*. Washington, DC: Government Printing Office.

Liebert, D., Sprafkin, J., Liebert, R., & Rubinstein, E. (1977). Effects of television commercial disclaimers on the product expectations of children. *Journal of Communication*, *27*, 118–124.

Lilpoison.com. (2008). Retrieved January 3, 2008, from http://www.lilpoison.com

Lin, S., & Lepper, M. R. (1987). Correlates of children's usage of video games and computers. *Journal of Applied Social Psychology*, *17*, 72–93.

Lindstrom, M. (2003). *BRANDchild*. London: Kogan Page.

Linebarger, D. L., Kosanic, A. Z., Greenwood, C. R., & Doku, N. S. (2004). Effects of viewing the television program Between the Lions on the emergent literacy skills of young children. *Journal of Educational Psychology*, *96*, 297–308.

Liss, M. B., Reinhardt, L. C., & Fredriksen, S. (1983). TV heroes: The impact of rhetoric and deeds. *Journal of Applied Developmental Psychology*, *4*, 175–187.

Li-Vollmer, M. (2002). Race representation in child-targeted television commercials. *Mass Communications & Society*, *5*, 207–228.

Lonigan, C. J., Driscoll, K., Phillips, B. M., Cantor, B. G., Anthony, J. L., & Goldstein, H. (2003). A computer-assisted instruction phonological sensitivity program for preschool children at-risk for reading problems. *Journal of Early Intervention*, *25*(4), 248–262.

Lowes, J., & Tiggemann, M. (2003). Body dissatisfaction, dieting awareness and the impact of parental influence in young children. *British Journal of Health Psychology*, *8*, 135–147.

Luik, P. (2006). Characteristics of drills related to the development of skills. *Journal of Computer Assisted Learning*, *23*, 56–68.

Macaruso, P. (2006). The efficacy of computer-based supplementary phonics programs for advancing reading skills in at-risk elementary students. *Journal of Research in Reading*, *29*(2), 162–172.

MacLaren, J. E., & Cohen, L. L. (2005). A comparison of distraction strategies for venipuncture distress in children. *Journal of Pediatric Psychology*, *30*(5), 381–396.

Maggi, S. (2008). Changes in smoking behaviors from late childhood to adolescence: 4 years later. *Drug and Alcohol Dependence*, *94*, 251–253.

Mallinckrodt, V., & Mizerski, D. (2007). The effects of playing an advergame on young children's perceptions, preferences, and requests. *Journal of Advertising*, *36*(2), 87–100.

Maloney, R. S. (2005). Exploring virtual fetal pig dissection as a learning tool for female high school biology students. *Educational Research and Evaluation*, *11*(6), 591–603.

Maltby, J., Giles, D. C., Barber, L., & McCutcheon, L. E. (2005). Intense-personal celebrity worship and body image: Evidence of a link among female adolescents. *British Journal of Health Psychology*, *10*, 17–32.

Mares, M. L., & Woodard, E. H. (2001). Prosocial effects on children's social interactions. In D. G. Singer & J. L. Singer (Eds.), *Handbook of children and the media* (pp. 183–206). Thousand Oaks, CA: Sage.

Mares, M. L., & Woodard, E. H. (2007). Positive effects of television on children's social interaction: A meta-analysis. In R. W. Preiss, B. M. Gayle, N. Burrell, M. Allen, & J. Bryant (Eds.), *Mass media effects research: Advances through meta-analysis* (pp. 281–300). Mahwah, NJ: Lawrence Erlbaum.

Market, J. (2001). Sing a song of drug use-abuse: Four decades of drug lyrics in popular music-from the sixties through the nineties. *Sociological Inquiry*, *71*, 194–220.

Marshall, S. J., Biddle, S. J. H., Gorely, T., Cameron, N., & Murdey, I. (2004). Relationships between media use, body fatness and physical activity in children and youth: A meta-analysis. *International Journal of Obesity*, *28*, 1238–1246.

Martino, S. C., Collins, R. L., Elliott, M. N., Strachman, A., Kanouse, D. E., & Berry, S. H. (2006). Exposure to degrading versus nondegrading music lyrics and sexual behavior among youth. *Pediatrics, 118*, 430–441.

Matheson, D. M., Killen, J. D., Wang, Y., Varady, A., & Robinson, T. N. (2004). Children's food consumption during television viewing. *American Journal of Clinical Nutrition, 79*, 1088–1094.

Mayer, C. E. (2003). Nurturing brandy loyalty. *Washington Post*, p. F01. Mayton, D. M., Nagel, E. A., & Parker, R. (1990). The perceived effects of drug messages on use patterns in adolescents. *Journal of Drug Education, 20*(4), 305–318.

McCabe, M. P., & Ricciardelli, L. A. (2003). Sociocultural influences on body image and body changes among adolescent boys and girls. *The Journal of Social Psychology, 143*, 5–26.

McCabe, M. P., Ricciardelli, L. A., Standord, J., Holt, K., Keegan, S., & Miller, L. (2007). Where is all the pressure coming from? Messages from mothers and teachers about preschool children's appearance, diet and exercise. *European Eating Disorders Review, 15*, 221–230.

McCloud, S. (1993). *Understanding comics*. Northampton, MA: Kitchen Sink Press.

McDermott, P. (1997, March). *The illusion of racial diversity in contemporary basal readers: An analysis of the teacher manuals*. Paper presented at the Annual Meeting of the American Educational Research Association, Chicago.

McDougall, P. (2007). Halo 3 sales smash game industry records. *Information Week*. Retrieved November 2, 2007, from http://www.informationweek. com

McGough, J. J., & McCracken, J. T. (2000). Assessment of attention deficit hyperactivity disorder: A review of recent literature. *Current Opinions in Pediatrics, 12*(4), 319–324.

McIlwraith, R., Jacobvitz, R. S., Kubey, R., & Alexander, A. (1991). Television addiction: Theories and data behind the ubiquitous metaphor. *American Behavioral Scientist, 35*(2), 104–121.

McLeod, J. M., Atkin, C. K., & Chaffee, S. H. (1972). Adolescents, parents, and television use: Adolescent self-report measures from Maryland and Wisconsin samples. In G. A. Comstock & E. A. Rubinstein (Eds.), *Television and social behavior: A technical report to the Surgeon General's Scientific Advisory committee on television and social behavior: Vol. 3. Television and adolescent aggressiveness* (pp. 173–238). Washington, DC: Government Printing Office.

Medley-Rath, S. R. (2007). "Am I still a virgin?" What counts as sex in 20 years of *Seventeen. Sex Cult, 11*, 24–38.

Michel, E., Roebers, C. M., & Schneider, W. (2007). Educational films in the classroom: Increasing the benefit. *Learning and Instruction, 17*(2), 172–183.

Miller, C. J., Marks, D. J., Miller, S. R., Berwid, O. G., Kera, E. C., Santra, A., et al. (2007). Brief report: Television viewing and risk for attention problems in preschool children. *Journal of Pediatric Psychology, 32*(4), 448–452.

Miranda, D., & Claes, M. (2004). Rap music genres and deviant behaviors in French-Canadian adolescents. *Journal of Youth and Adolescence, 33*, 113–122.

Mitchell, K. J., Wolak, J., & Finkelhor, D. (2008). Are blogs putting youth at risk for online sexual solicitation or harassment? *Child Abuse & Neglect, 32*, 277–294.

Mizerski, R. (1995). The relationship between cartoon trade character recognition and attitude toward product category in young children. *Journal of Marketing, 59*(4), 58–70.

Moeller, T. G. (2001). Youth aggression and violence: A psychological approach. New Jersey: Erlbaum.

Mokdad, A. H., Marks, J. S., Stroup, D. F., & Gerberding, J. L. (2004). Actual causes of death in the United States. *Journal of the American Medical Association, 291*, 1238–1245.

Molitor, F., & Hirsch, K. (1994). Children's toleration of real-life aggression after exposure to media violence: A replication of the Drabman and Thomas studies. *Child Study Journal, 24*, 191–202.

Moore, E. S. (2006). *It's child play: Advergaming and the online marketing of food to children.* Mendo Park, CA: Kaiser Family Foundation.

Morgan, M. (1987). Television, sex-role attitudes, and sex-role behavior. *Journal of Early Adolescence, 7*(3), 269–282.

Morris, P. (1989). *Cigarette marketing: A new perspective.* London, England: Kelly Weedon Shute Advertising.

Moschis, G. P., & Moore, R. L. (1982). A longitudinal study of television advertising effects. *Journal of Consumer Research, 9*(3), 279–286.

Mosely, J. J. (1997). *Multicultural diversity of children's picture books: Robert Fulton elementary school library.* ERIC No. ED413926.

Murnen, S. K., Wright, C., & Kaluzny, G. (2002). If "boys will be boys," then girls will be victims? A meta-analytic review of the research that relates masculine ideology to sexual aggression. *Sex Roles, 46*, 359–375.

Naigles, L., & Kako, E. T. (1993). First contact in verb acquisition: Defining a role for syntax. *Child Development, 64*(6), 1665–1687.

Naigles, L., & Mayeux, L. (2001). Television as an incidental language teacher. In D. G. Singer & J. L. Singer (Eds.), *Handbook of children and the media* (pp.135–152). Thousand Oaks, CA: Sage Publications.

Nathanson, A. I. (1999). Identifying and explaining the relationship between parental mediation and children's aggression. *Communication Research, 26*, 124–143.

Nathanson, A. I. (2002). The unintended effects of parental mediation of television on adolescents. *Media Psychology, 4*, 207–230.

Nathanson, A. I., & Botta, R. A. (2003). Shaping the effects of television on adolescents' body image disturbance: The role of parental mediation. *Communication Reasearch, 30*, 304–331.

Nathanson, A. I., & Cantor, J. (2000). Reducing the aggression-promoting effects of violent cartoons by increasing the fictional involvement with the victim: A study of active mediation. *Journal of Broadcasting and Electronic Media, 44*, 125–142.

Nathanson, A. I., Wilson, B. J., McGee, J., & Sebastian, M. (2002). Counteracting the effects of female stereotypes on television via active mediation. *Journal of Communication, 52*(4), 922–937.

Nathanson, A. I., & Yang, M. (2003). The effects of mediation content and form on children's responses to violent television. *Human Communication Research, 29*, 111–124.

National Institute on Drug Abuse (NIDA). (2007). *Monitoring the future: National results on adolescent drug use, overview of key findings* (NIH Pub. No. 01-4923). Washington, DC: Author.

National Network for Child Care. (2007). *Good times at bedtime*. Retrieved March 1, 2008, from http://www.nncc.org/Series/good.time.bed.html

Nederkoorn, C., Braet, C., Van Eijs, Y., Tanghe, A., & Jansen, A. (2006). Why obese children cannot resist food: The role of impulsivity. *Eating Behaviors, 7*, 315–322.

Neighbors, L. A., & Sobal, J. (2007). Prevalence and magnitude of body weight and shape dissatisfaction among university students. *Eating Behaviors, 8*, 429–439.

Neumark-Sztainer, D. R., Wall, M. M., Haines, J. I., Story, M. T., Sherwood, N. E., &

van den Berg, P. A. (2007). Shared risk and protective factors for overweight and disordered eating in adolescents. *American Journal of Preventive Medicine, 33*, 359–369.

Nikken, P., & Jansz, J. (2006). Parental mediation of children's videogame playing: A comparison of the reports by parents and children. *Learning, Media & Technology, 31*(2), 181–202.

Nilsson, N. L. (2005). How does Hispanic portrayal in children's books measure up after 40 years? The answer is "it depends." *The Reading Teacher, 58*, 534–548.

Noguchi, L. K. (2006). The effect of music versus non-music on behavioral signs of distress and self-report of pain in pediatric injection patients. *Journal of Music Therapy, 42*(1), 16–38.

O'Bryant, S. L., & Corder-Bolz, C. R. (1978). The effects of television on children's stereotyping of women's work roles. *Journal of Vocational Behavior, 12*, 233–244.

O'Donohue, W., Gold, S. R., & McKay, J. S. (1997). Children as Sexual Objects: Historical and gender trends in magazines. *Sexual Abuse: A Journal of Research and Treatment, 9*, 291–301.

Ogden, C. L., Carroll, M. D., Curtin, L. R., McDowell, M. A., Tabak, C. J., & Flegal, K. M. (2006). Prevalence of overweight and obesity in the United States, 1999–2004. *Journal of the American Medical Association, 295*(13), 1549–1555.

Oppliger, P. A. (2007). *Effects of gender stereotyping on socialization*. Mahwah, NJ: Lawrence Erlbaum Associates Publishers.

Orwin, R., Cadell, D., Chu, A., et al. (2006). *Evaluation of the national youth antidrug media campaign: 2004 report of findings executive summary*. Delivered to National Institute on Drug Abuse, National Institutes of Health, Department of Health and Human Services By Westat & the Annenberg School for Communication, Contract No.:N01DA-8-5063.

Oskamp, S., Kaufman, K., & Wolterbeek, L. A. (1996). Gender role portrayals in preschool picture books. *Journal of Social Behavior and Personality, 11*, 27–39.

Ostrov, J. M., Gentile, D. A., & Crick, N. R. (2006). Media exposure, aggression and prosocial behavior during early childhood: A longitudinal study. *Social Development, 15*(4), 612–627.

Ott, M. A., Millstein, S. G., Ofnter, S., & Halpern-Felsher, B. L. (2006). Greater expectations: Adolescents' positive motivations for sex. *Perspectives on Sexual* and Reproductive Health, 38(2), 85–89.

Ozmen, H. (2007). The influence of computer-assisted instruction on students' conceptual understanding of chemical bonding and attitude toward chemistry: A case for Turkey. *Computer & Education*, 1–16.

Paavonen, E. J., Pennonen, M., Roine, M., Valkonen, S., & Lahikainen, A. R. (2006). TV exposure associated with sleep disturbances in 5- to 6-year-old children. *Journal of Sleep Research*, *15*(2), 154–161.

Paik, H., & Comstock, G. (1994). The effects of television violence on anti-social behavior: A meta-analysis. *Communication Research*, *21*, 516–546.

Palmer, E. L., & Carpenter, C. F. (2006). Food and beverage marketing to children and youth: Trends and issues. *Media Psychology*, *8*, 165–190.

Palmgreen, P., Wenner, L. A., & Rayburn, J. D. (1980). Relations between gratifications sought and obtained: A study of television news. *Communication Research*, *7*, 161–192.

Pardun, C. J., L'Engle, K. L., & Brown, J. D. (2005). Linking exposure to outcomes: Early adolescents' consumption of sexual content in six media. *Mass Communication & Society*, *8*, 75–91.

Parents Television Council (2007). *Dying to entertain: Violence on prime time broadcast TV*. Los Angeles, CA: Parents Television Council.

Parke, R. D., Berkowitz, L., Leyens, J. P., West, S. G., & Sebastian, R. J. (1977). Some effects of violent and nonviolent movies on the behavior of juvenile delinquents. In L. Berkowitz (Ed.), *Advances in experimental social psychology* (Vol. 10, pp. 135–172). New York: Academic Press.

Parsons, S., Leonard, A., & Mitchell, P. (2006). Virtual environments for social skills training: Comments from two adolescents with autistic spectrum disorder. *Computers & Education*, *47*, 186–206.

Parsons, T. (1955). Family structure and the socialization of the child. In T. Parsons & R. G. Bales (Eds.), *Family socialization and interaction processes*. New York: Free Press.

Paulsen, G. (2007). *Hatchet*. New York: Aladdin.

Pechmann, C., & Knight, S. J. (2002). An experimental investigation of the joint effects of advertising and peers on adolescents' beliefs and intentions about cigarette consumption. *Journal of Consumer Research*, *29*(1), 5–19.

Pechmann, C., Levine, L., Loughlin, S., & Leslie, F. (2005). Impulsive and selfconscious: Adolescents vulnerability to advertising. *Journal of Public Policy and Marketing, 24*, 202–221.

Pechmann, C., & Shih, C. F. (1999). Smoking scenes in movies and antismoking advertisements before movies: Effects on youth. *Journal of Marketing, 63*, 1–13.

Peel, T., Rockwell, A., Esty, E., & Gonzer, K. (1987). *Square One Television: The comprehension and problema solving study*. New Work: Children's Television Worshop.

Pelligrini, A. D. (2002). Rough and tumble play from childhood through adolescence: Development and possible function. *Handbook of childhood social development* (pp. 428–453). Oxford, UK: Blackwell Publishing.

Pescosolido, B. A., Grauerholz, E., & Milkie, M. A. (1997). Culture and conflict: The portrayal of black in U.S. children's picture books through the mid- and late twentieth century. *American Sociological Review, 62*, 443–464.

Peter, J., & Valkenburg, P. M. (2007). Adolescents' exposure to a sexualized media environment and their notions of women as sex objects. *Sex Roles, 56*, 381–395.

Peter, J., & Valkenburg, P. M. (2006). Adolescents' exposure to sexually explicit material on the internet. *Communication Research, 33*, 178–204.

Peterson, K. A., Paulson, S. E., & Williams, K. K. (2007). Relations of eating disorder symptomology with perceptions of pressures from mother, peers, and media in adolescent girls and boys. *Sex Roles, 57*, 629–639.

Pierce, J. P., Choi, W. S., Gilpin, E. A., Farkas, A. J., & Berry, C. C. (1998). Tobacco industry promotion of cigarettes and adolescent smoking. *Journal of the American Medical Association, 279*(7), 511–515.

Pike, J. J., & Jennings, N. A. (2005). The effects of commercials on children's perceptions of gender appropriate toy use. *Sex Roles, 52*, 83–91.

Pine, K. J., & Nash, A. (2002). Dear Santa: The effects of television advertising on young children. *International Journal of Behavioral Development, 26*(6), 529–539.

Polansky, J. R., & Glantz, S. A. (2004). *First-run smoking presentations in U.S. movies 1999–2003*. San Francisco: University of California San Francisco Center for Tobacco Control Research and Education. Retrieved May 15, 2008, from http://www.medscape.com

Potter, W. J., & Warren, R. (1998). Humor as a camouflage of televised violence. *Journal of Communication, 48*, 40–57.

Prasad, V. K., Rao, T. R., & Sheikh, A. A. (1978). Mother vs. commercial. *Journal of Communication, 28*, 91–96.

Primack, B. A., Dalton, M. A., Carroll, M. V., Argawal, A. A., & Fine, M. J. (2008). Content analysis of tobacco, alcohol, and other drugs in popular music. *Archives of Pediatrics and Adolescent Medicine, 162*(2), 169.175.

Primack, B. A., Land, S. R., & Fine, M. J. (2008). Adolescent smoking and volume of exposure to various forms of media. *Journal of Public Health, 122*, 379–389.

Prinsky, L. E., & Rosenbaum, J. L. (1987). "Leer-ics" or lyrics: Teenage impression of rock 'n roll. *Youth and Society, 18*, 384–397.

Puhl, R. M., & Latner, J. D. (2007). Stigma, obesity, and the health of the nation's children. *Psychological Bulletin, 133*, 557–580.

Rau, P. P., Peng, S., & Yang, C. (2006). Time distortion for expert and novice online game players. *CyberPsychology & Behavior, 9*(4), 396–403.

Rauscher, F. H., Shaw, G. L. & Ky, K. N. (1993). Music and spatial task performance. *Nature, 365*, 611.

Redd, W. H., Jacobsen, P. B., Die-Trill, M., Dermatis, H., McEvoy, M., & Holland, J. C. (1987). Cognitive/attentional distraction in the control of conditioned nausea in pediatric cancer patients receiving chemotherapy. *Journal of consulting and clinical psychology, 55*(3), 391–395.

Reep, D. C., & Dambrot, F. H. (1989). Effects of frequent television viewing on stereotypes: "Drip, drip" or "drench"? *Journalism Quarterly, 66*, 542–550, 556.

Reichert, T. (2003).The prevalence of sexual imagery in ads targeted to young adults. *Journal of Consumer Affairs, 37*, 403–412.

Reichert, T., Lambiase, J., Morgan, S., Carstarphen, M., & Zavoina, S. (1999). Cheesecake and beefcake: No matter how you slice it, sexual explicitness in advertising continues to increase. *Journalism and Mass Communication Quarterly, 76*, 7–20.

Reimer, K. M. (1992). Multiethnic literature: Holding past to dreams. *Language Arts, 69*,14–21.

Reitsma, P., & Wesseling, R. (1998). Effects of computer-assisted training of blending skills in kindergarlners. *Scientific Studies of Reading, 2*(4), 301–320.

Rideout, V. J. (2007). *Parents, children, and media: A Kaiser Family Foundation survey*. Mendo Park, CA: Kaiser Family Foundation.

Rideout, V. J., & Hamel, E. (2006). *The media family: Electronic media in the lives of infants, toddlers, preschoolers, and their parents*. Menlo Park, CA: Kaiser Family Foundation.

Ritter, D., & Eslea, M. (2005). Hot sauce, toy guns, and graffiti: A critical account of current laboratory aggression paradigms. *Aggressive Behavior, 31*(5), 407–419.

Rivadeneyra, R., & Ward, L. M. (2005). From Ally McBeal to Sábado Gigante: Contributions of television viewing to the gender role attitudes of Latino adolescents. *Journal of Adolescent Research, 20*, 453–475.

Roberts, D. F., & Christenson, P. G. (2001). Popular music in childhood and adolescence. In D. G. Singer, & J. L. Singer (Eds.), *Handbook of children and the media* (pp. 395–414). Thousand Oaks, CA: Sage Publications.

Roberts, D. F., Christenson, P.G., & Gentile, D. A. (2003). The effects of violent music on children and adolescents. In D. A. Gentile (Ed.), *Media violence and children: A complete guide for parents and professionals* (pp. 153–170). Westport, CT: Praeger.

Roberts, D. F., Foehr, U. G., & Rideout, V. G. (2005). *Generation M: Media in the lives of 8–18 year-olds*. Menlo Park, CA: Kaiser Family Foundation.

Roberts, D. F., Henriksen, L., & Christenson, P. G. (1999). *Substance use in popular movies and music*. Washington, D. C.: Office of National Drug Control Policy.

Robins, R. W., & Trzesniewski, K. H. (2005). Self-esteem development. *Current Directions in Psychological Science, 14*, 158–162.

Robinson, T. H., Saphir, M. N., Kraemer, H. C., Varady, A., & Haydel, K. F. (2001). Effects of reducing television viewing on children's requests for toys: A randomized controlled trial. *Developmental and Behavioral Pediatrics, 22*, 179–184.

Robinson, T. N., Borzekowski, D. L. G., Matheson, D. M., & Kraemer, H. C. (2007). Effects of fast food branding on young children's taste preferences. *Archives of Pediatrics & Adolescent Medicine, 161*(8), 792–797.

Rosenkoetter, L. I. (1999). The television situation comedy and children's prosocial behavior. *Journal of Applied Social Psychology, 29*(5), 979–993.

Rosenthal, D., Senserrick, T., & Feldman, S. (2001). A typology approach to describing parents as communicators about sexuality. *Archives of Sexual Behavior, 30*(5), 463–482.

Ross, R. P., Campbell, T. A., Wright, J. C., Huston, A. C., Rice, M. K., & Turk, P. (1984). When celebrities talk, children listen: An experimental analysis of children's responses to TV ads with celebrity endorsement. *Journal of Applied Developmental Psychology, 5*, 185–202.

Rossiter, J. R., & Robertson, T. S. (1974). Children's TV commercials: Testing the defenses. *Journal of Communication, 24*(4), 137–145.

Rowley, S. J., Kurtz-Costes, B., Mistry, R., & Feagans, L. (2007). Social status as a predictor of race and gender stereotypes in late childhood and early adolescence. *Social Development, 16*, 150–168.

Rubin, R. B., & McHugh, M. P. (1987). Development of parasocial interaction relationships. *Journal of Broadcasting and Electronic Media, 13*(3), 279–292.

Ruiz, M. (2000). Truth campaign drives smoking attitude change in Florida youth. Sarasota Florida: Florida Public Relations Department.

Ryan, E. L., & Hoerrner, K. L. (2004). Let your conscience be your guide: Smoking and drinking in Disney's animated classics. *Mass Communication & Society, 7*, 261–278.

Ryan, R. M., Rigby, C. S., & Przybylski, A. (2006). The motivational pull of video games: A self determination theory approach. *Motivation and Emotion, 30*, 347–365.

Sands, E. R., & Wardle, J. (2002). Internalization of ideal body shapes in 9–12-year-old girls. *Internation Journal of Eating Disorders, 33*, 193–204.

Sargent, J. D., Stoolmiller, M., Worth, K. A., Cin, S., Wills, T. A., & Gibbons, F. X. (2007). Exposure to smoking depictions in movies: Association with established smoking. *Archives of Pediatric and Adolescent Medicine, 161*, 849–856.

Sargent, J. D., Wills, T. A., Stoolmiller, M., Gibson, J., & Gibbons, F. X. (2006). Alcohol use in motion pictures and its relation with early-onset teen drinking. *Journal of Studies on Alcohol, 67*(1), 54–65.

Scheel, K. R., & Westefeld, J. S. (1999). Heavy metal music and adolescent suicidality: An empirical investigation. *Adolescence, 34*, 253–259.

Schellenberg, E. G. (2005). Music and cognitive abilities. *Current Directions in Psychological Science, 14*(6), 317–320.

Schlaggar, B. L., Brown, T. T., Lugar, H. M., Visscher, K. M., Miezin, F. M. & Petersen, S. E. (2002). Functional neuroanatomical differences between adults and school-age children in the processing of single words. *Science*, *296*, 1476–1479.

Schmidt, M. E., & Anderson, D. R. (2006). The impact of television on cognitive development and educational achievement. In Murray, J.P., Pecora, N., & Wartella, E. (Eds.). *Children and Television: 50 Years of Research*, (65–84). Mahweh, NJ: Erlbaum Publishers.

Schooler, D. (2008). Real women have curves: A longitudinal investigation of TV and the body image development of Latina adolescents. *Journal of Adolescent Research*, *23*, 132–153.

Schooler, D., Kim, J. L., & Sorsoli, L. (2006). Setting rules or sitting down: Parental mediation of television consumption and adolescent self-esteem, body image, and sexuality. *Sexuality Research & Social Policy: A Journal of the NSRC. Special Issue: Through a Lens of Embodiment: New Research from the Center for Research on Gender and Sexuality*, *3*(4), 49–62.

Schooler, D., Ward, L. M., Merriwether, A., & Caruthers, A. (2004). Who's that girl: Television's role in the body image development of young white and black women. *Psychology of Women Quarterly*, *28*, 38–47.

ScienceDaily.com. (2007). American Psychiatric Association considers "video game addiction." Retrieved June 26, 2008, from http://www.sciencedaily.com/releases/2007/06/070625133354.htm

Seidman, S. A. (1992). An investigation of sex-role stereotyping in music videos. *Journal of Broadcasting and Electronic Media*, *36*, 209–216.

Shadel, W.G., Tharp-Taylor, S., & Fryer, C. S. (2008). Exposure to cigarette advertising and adolescents' intentions to smoke: the moderating role of the developing self-concept. *Journal of Pediatric Psychology*, *33*(7), 751–760.

Shaw, J. (1995). Effects of fashion magazines on body dissatisfaction and eating psychopathology in adolescent and adult females. *European Eating Disorders Review*, *3*, 15–23.

Sheldon, J. P. (2004). Gender stereotypes in educational software for young children. *Sex Roles*, *51*, 433–444.

Shin, N. (2004). Exploring pathways from television viewing to academic achievement in school age children. *The Journal of Genetic Psychology*, *165*(4), 367–381.

Shrum, L. J., & Bischak, V. D. (2001). Mainstreaming, resonance and impersonal impact: Testing moderators of the cultivation effect for estimates of crime risk. *Human Communication Research*, *27*(2), 187–215.

Signorelli, N. (2001). Television's gender role images and contribution to stereotyping. In D. G. singer & J. L. Singer (Eds.), *Handbook of children and the media* (pp. 341–358). Thousand Oaks, CA: Sage.

Silverman, L. T., & Sprafkin, J. N. (1980). The effects of *Sesame Street*'s prosocial spots on cooperative play between young children. *Journal of Broadcasting*, *24*, 135–147.

Silvern, S. B., & Williamson, P. A. (1987). The effects of video game play on young children's aggression, fantasy, and prosocial behavior. *Journal of Applied Developmental Psychology*, *8*, 453–462.

Silverstein, B., Perdue, L., Peterson, B., & Kelly, E. (1986). The role of mass media in promoting a thin standard o bodily attractiveness for women. *Sex Roles*, *14*, 519–532.

Simon Wiesenthal Center. (2007). *Digital terrorism and hate*. Retrieved March 3, 2008 from http://www.wiesenthal.com/site/apps/s/content.asp?c=fwLYKnN8LzH&b=253162&ct=3876867

Singer, D. G., & Singer, J. L. (1990). *The house of make-believe: Children's play and the developing imagination*. Cambridge, MA: Harvard University Press.

Singer, J. L., & Singer, D. G. (1981). *Television, imagination, and aggression: A study of preschoolers*. Hillsdale, NJ: Erlbaum.

Slater, M. D., Henry, K. L., Swaim, R. C., & Anderson, L. L. (2003). Violent media content and aggressiveness in adolescents: A downward spiral model. *Communication Research. 30*(6), 713–736.

Smith, S. L. (2006). Perps, pimps, and provocative clothing: Examining negative content patterns in video games. In P. Vorderer & J. Bryant (Eds.), *Playing video games* (pp. 57–75). Mahwah, NJ: Lawrence Erlbaum.

Smith, S. L., & Wilson, B. J. (2002). Children's comprehension of and fear responses to television news. *Media Psychology*, *4*, 1–26.

Smith, S.W., Smith, S. L., Pieper, K. M., Yoo, J. H., Ferris, A. L., Downs, E., et al. (2006). Altruism on American television: Examining the amount of, and context surrounding, acts of helping and sharing. *Journal of Communication*, *56*, 707–727.

Smolak, L., & Stein, J. A. (2006). The relationship of drive for muscularity to sociocultural factors, self-esteem, physical attributes gender role, and social comparison in middle school boys. *Body Image*, *3*, 121–129.

Sneegas, J. E., & Plank, T. A. (1998). Gender differences in pre-adolescent reactance to age-categorized television advisory labels. *Journal of Broadcasting and Electronic Media*, *42*, 423–434.

Snyder, L. B., Milici, F. F., Slater, M., Sun, H., & Strizhakova, Y. (2006). Effects of alcohol advertising exposure on drinking among youth. *Archives of Pediatrics and Adolescent Medicine*, *160*, 18–24.

Sobik, L., Hutchison, K., & Craighead, L. (2005). Cue-elicited craving for food: A fresh approach to the study of binge eating. *Appetite*, *44*, 253–261.

Somers, C. L., & Surmann, A. T. (2004). Adolescents' preferences for source of sex education. *Child Study Journal*, *34*, 47–59.

Somers, C. L., & Surmann, A. T. (2006). Sources and timing of sex education: Relations with American adolescent sexual attitudes and behavior. *Educational Review*, *57*, 37–54.

Somers, C. L., & Tynan, J. J. (2006). Consumption of sexual dialogue and content on television and adolescent sexual outcomes: Multiethnic findings. (2006). *Adolescence*, *41*, 15–36.

Sparks, G. G. (2001). *Media effects research: A basic overview*. Belmont, CA: Wadsworth.

Spear, L. P. (2000). The adolescent brain and age-related behavioral manifestations. *Neuroscience and Biobehavioral Reviews*, *24*, 417–463.

Spoth, R., Greenberg, M., & Turrisi, R. (2008). Preventive interventions addressing underage drinking: State of evidence and steps toward public health impact. *Pediatrics*, *121*, S311–S336.

Stacy, A. W., Zogg, J. B., Unger, J. B., & Dent, C. W. (2004). Exposure to televised alcohol ads and subsequent adolescent alcohol use. *American Journal of Health Behavior*, *28*(6), 498–509.

Stanford, J. N., & McCabe, M. P. (2005). Sociocultural influences on adolescent boys' body image and body change strategies. *Body Image*, *2*, 105–113.

Stankiewicz, J. M., & Rosselli, F. (2008). Women as sex objects and victims in print advertisements. *Sex Roles*, *58*, 579–589.

Starker, S. (1989). *Evil influences: Crusades against the mass media*. New Brunswick,

NJ: Transaction.

Steinberg, L. (2001). Adolescent development. *Annual Review of Psychology*, *52*, 83–110.

Stern, S. R. (2005). Messages from teens on the big screen: Smoking, drinking, and drug use in teen-centered films. *Journal of Health Communication*, *10*, 331–346.

Stern, S. R., & Mastro, D. E. (2004). Gender portrayals across the life span: A content analytic look at broadcast commercials. *Mass Communication & Society*, *7*, 215–236.

Stevens, T., & Mulsow, M. (2006). There is no meaningful relationship between television exposure and symptoms of attention-deficit/hyperactivity disorder. *Pediatrics*, *117*(3), 665–672.

Stobbe, M. (2007). Internet bullying increases for kids. Associated Press. Retrieved November 28, 2007, from http://www.detnews.com

Strahan, E. J., Lafrence, A., Wilson, A. E., Ethier, N., Spencer, S. J., & Zanna, M. P. (2008). Victoria's dirty secret: How sociocultural norms influence adolescent girls and women. *Personality and Social Psychology Bulletin*, *34*, 288–301.

Streicher, H. W. (1974). The girls in cartoons. *Journal of Communication*, *24*, 125–129.

Substance Abuse and Mental Health Services Administration. (2006). Youth drug use continues downward slide older adult rates of use increase. Retreived June 6, 2008, from http://www.samhsa.gov/news/newsreleases/060907_nsduh.aspx

Swaim, R. C., Beauvais, F., Chavez, E. L., & Oetting, E. R. (1997). The effect of school dropout rates on estimates of adolescent substance use among three racial/ethnic groups. *Journal of Public Health*, *87*, 51–55.

SwansonMeals.com. (2008). *Back in the day*... Retrieved August 1, 2008, from http://www.swansonmeals.com

Tamborini, R., Skalski, P., Lachlan, K., Westerman, D., Davis, J., & Smith, S. L. (2005). The raw nature of professional wrestling: Is the violence a cause for concern? *Journal of Broadcasting & Electronic Media*, *49*, 202–220.

Tamburro, R. F., Gordon, P. L., D'Apolito, J. P., & Howard, S. C. (2004). Unsafe and violent behavior in commercials aired during televised major sporting events. *Journal of Pediatrics*, *114*(6), 694–698.

Tan, A. S., & Scruggs, K. J. (1980). Does exposure to comic books violence lead to aggression in children? *Journalism Quarterly*, *57*, 579–583.

Taveras, E. M., Rifas-Shiman, S. L., Field, A. E., Frazier, A. L., Colditz, G. A., & Gillman, M. W. (2004). The influence of wanting to look like media figures on adolescent physical activity. *Journal of Adolescent Health*, *35*, 41–50.

Tepper, C. A., & Cassidy, K. W. (1999). Gender differences in emotional language in children's pictures books. *Sex Roles*, *40*, 265–280.

Thomas, M. H., & Drabman, R. S. (1975). Toleration of real life aggression as a function of exposure to televised violence and age of subject. *Merrill-Palmer Quarterly*, *21*(3), 227–232.

Thomas, M. H., Horton, R. W., Lippencott, E. C., & Drabman, R. S. (1977). Desensitization to portrayals of real-life aggression as a function of exposure to television violence. *Journal of Personality and Social Psychology*, *35*, 450–458.

Thompson, F. T., & Austin, W. P. (2003). Television viewing and academic achievement revisited. *Education*, *124*(1), 194–202.

Thompson, K. M., & Haninger, K. (2001). Violence in E-rated video games. *Journal of the American Medical Association*, *286*, 591–598.

Thompson, K. M., Tepichin, K., & Haninger, K. (2006). Content and ratings of Mature rated video games. *Archives of Pediatric and Adolescent Medicine*, *160*, 402–410.

Thompson, K. M., & Yokota, F. (2004). Violence, sex, and profanity in films: Correlation of movie ratings with content. *General Medicine*, *6*(3). Retrieved January 15, 2005, from http://www.medscape.com

Thompson, T. L., & Zerbinos, E. (1995). Gender roles in animated cartoons: Has the picture changed in 20 years, *Sex Roles*, *32*, 651–673.

Thomsen, S. R., & Rekve, D. (2006). The relationship between viewing US-produced television programs and intentions to drink alcohol among a group of Norwegian adolescents. *Scandinavian Journal of Psychology*, *47*(1), 33–41.

Tiggemann, M. (2005). Television and adolescent body image: The role of program content and viewing motivation. *Journal of Social and Clinical Psychology*, *24*, 361–381.

Tiggemann, M., & Pickering, A. S. (1996). Role of television in adolescent women's body dissatisfaction and drive for thinness. *International Journal of Eating Disorders*, *20*, 199–203.

Titus-Ernstoff, L., Dalton, M. A., Adachi-Mejia, A. M., Longacre, M. R., & Beach, M. L. (2008). Longitudinal study of viewing smoking in movies and initiation of smoking by children. *Pediatrics: Special Issue: Movie Smoking Exposure and Youth Smoking in Germany*, *121*(1), 15–21.

Tolman, D. L., Kim, J. L., Schooler, D., & Sorsoli, C. L. (2007). Rethinking the associations between television viewing and adolescent sexuality development: Bringing gender into focus. *Journal of Adolescent Health*, *40*, 9–16.

Took, K. J., & Weiss, D. S. (1994). The relationship between heavy metal and rap music and adolescent turmoil: Real or artifact? *Adolescence*, *29*, 613–621.

Towbin, M. A., Haddock, S. A., Zimmerman, T. S., Lund, L.K., & Tanner, L. R. (2003). Images of gender, race, age, and sexual orientation in Disney feature-length animated films. *Journal of Feminist Family Therapy*, *15*, 19–44.

Tredennick, D. W. (1974). The purpose of this memorandum is to answer the question "What causes smokers to select their first brand of cigarettes?" *Legacy Tobacco Documents Library*. Retrieved May 29, 2009, from http://legacy. library.ucsf.edu/tid/agv29d00

Troseth, G. L., Saylor, M. M., & Archer, A. H. (2006). Young children's use of video as a source of socially relevant information. *Child Development*, *77*(3), 786–799.

Trulyhuge.com. (2008). Dr. Size interview. Retrieved April 16, 2008, from http://www.trulyhuge.com/news/tips63a.htm

Tversky, A., & Kahneman, D. (2005). Judgment under uncertainty: Heuristics and biases.

Tynes, B. M. (2007). Role takin gin online "classrooms": What adolescents are learning about race and ethnicity. *Developmental Psychology*, *43*, 1312–1320.

UGA.edu. (2008). *Some economic effects of tobacco in Georgia*. Retrieved August 1, 2008, from http://commodities.caes.uga.edu/fieldcrops/Tobacco/econ-effects.htm

Unsworth, G., Devilly, G. J., & Ward, T. (2007). The effect of playing violent video games on adolescents: Should parents be quaking in their boots? *Psychology, Crime & Law*, *13*(4), 383–394.

U.S. Census Bureau. (2008). *Population estimates*. Washington, DC: Author.

U.S. Department of Education. (2003). *Computer and Internet use by children and adolescents in 2001* (National Center for Education Statistics, NCES 2004–014). Washington, DC: Author.

U.S. Department of Health and Human Services. (2007). *The surgeon general's call to action to prevent and reduce underage drinking*. Washington, DC: Department of

Health and Human Services, Office of the Surgeon General. Retrieved February 12, 2008, from http://www.surgeongeneral.gov and http://www.hhs.gov/od

U.S. Surgeon General's Scientific Advisory Committee on Television and Social Behavior. (1972). *Television and growing up: The impact of televised violence* (DHEW Publication No. HSM 72-9086). Washington, DC: Author.

Valkenburg, P. M. (2004). *Children's responses to the screen: A media psychological approach*. Mahwah, NJ: Lawrence Erlbaum.

Valkenburg, P. M., & Buijzen, M. (2005). Identifying determinants of young children's brand awareness: Television, parents, and peers. *Journal of Applied Developmental Psychology*, *26*(4), 456–468.

Valkenburg, P. M., & Cantor, J. (2001). The development of a child into a consumer. *Journal of Applied Developmental Psychology*, *22*(1), 61–72.

Valkenburg, P. M. & Peter, J. (2007a). Preadolescents' and adolescents' online communication and their closeness to friends. *Developmental Psychology*, *43*(2), 267–277.

Valkenburg, P. M. & Peter, J. (2007b). Online communication and adolescent well-being: Testing the stimulation versus and the displacement hypothesis. *Journal of Computer-Mediated Communication*, *12*, 1169–1182.

Valkenburg, P. M., Peter, J., & Schouten, A. P. (2006). Friend networking sites and their relationship to adolescents' well-being and social self-esteem. *CyberPsychology & Behavior*, *9*(5), 584–590.

Valkenburg, P. M., Schouten, A. P. & Peter, J. (2005). Adolescents' identity experiments on the internet. *New Media & Society*, *7*(3), 383–402.

Valkenburg, P. M. & van der Voort, T. H. A. (1994). Influence of TV on daydreaming and creative imagination: A review of research. *Psychological Bulletin*, *116*(2), 316–339.

Valkenburg, P. M., & Vroone, M. (2004). Developmental changes in infants' and toddlers' attention to television entertainment. *Communication Research*, *31*(3), 288–311.

van den Berg, P., Neumark-Sztainer, D., Hannan, P. J., & Haines, J. (2007). Is dieting advice from magazines helpful or harmful? Five-year associations with weight-control behaviors and psychological outcomes in adolescents. *Pediatrics*, *119*, 30–37.

Van den Bulck, J. (2004). Media use and dreaming: The relationship among television viewing, computer game play, and nightmares or pleasant dreams. *Dreaming, 14*(1), 43–49.

Van den Bulck, J., Beullens, K., & Mulder, J. (2006). Television and music video exposure and adolescent "alcopop" use. *International Journal of Adolescent Medicine and Health, 18*(1), 107–114.

Van Mierlo, J., & Van den Bulck, J. (2004). Benchmarking the cultivation approach to video game effects: A comparison of the correlates of TV viewing and game play. *Journal of Adolescence, 27*, 97–111.

Vandewater, E. A., Lee, S. J. (2006, March). *Measuring children's media use in the digital age: Workshop on media research methods and measures*. Washington, D.C.

Vaughan, K. K., & Fouts, G. T. (2003). Changes in television and magazine exposure and eating disorder symptomatology. *Sex Roles, 49*, 313–320.

Vernadakis, N., Avegerinos, A., Tsitskari, E., & Zachopoulou, E. (2005). The use of computer assisted instruction in preschool education: Making teaching meaningful. *Early Childhood Education Journal, 33*(2), 99–104.

Vidal, M. A., Clemente, M. E., & Espinosa, P. (2003). Types of media violence and degree of acceptance in under-18s. *Aggressive Behavior, 29*, 381–392.

Viemero, V., & Paajanen, S. (1992). The role of fantasies and dreams in the TV viewing-aggression relationship. *Aggressive Behavior, 18*, 109–116.

Vilozni, D., Barak, A., Efrati, O., Augarten, A., Springer, C., Yahav, Y., et al. (2005). The role of computer games in measuring spirometry in healthy and "asthmatic" preschool children. *Chest Journal, 128*(3), 1146–1155.

Vygotsky, L. S. (1978). *Mind and society: The development of higher mental processes*. Cambridge, MA: Harvard University Press.

Wake, M., Hesketh, K., & Waters, E., (2003). Television, computer use and body mass index in Australian primary school children. *Child Health, 39*, 130–134.

Walsh, D., Gentile, D. A., Gieske, J., Walsh, M., & Chasco, E. (2003). Eighth annual mediawise video game report card. *National Institute on Media and the Family*. Retrieved May 7, 2004, from http://www.mediafamily.org

Ward, L. M. (2003). Understanding the role of entertainment media in the sexual socialization of American youth: A review of empirical research. *Developmental*

Review, 23, 347–388.

Ward, L. M., & Harrison, K. (2005). The impact of media use on girls' beliefs about gender roles, their bodies, and sexual relationship: A research synthesis. *New Directions in Child and Adolescent Development, 109*, 63–71.

Wellman, R. J., Sugarman, D. B., DiFranza, J. R., & Winickoff, J. P. (2006). The extent to which tobacco marketing and tobacco use in films contribute to children's use of tobacco: A meta-analysis. *Archives of Pediatrics and Adolescent Medicine, 160*, 1285–1296.

Wenglinsky, H. (1998). *Does it compute? The relationship between educational technology and student achievement in mathematics*. Princeton, NJ: Educational Testing Service. Retrieved Novoember 23, 2003, from //ftp.ets.org/pub/res/technolog.pdf.

Wertham, F. (1954). *Seduction of the Innocent*. New York: Holt, Rinehart, & Winston.

Williams, K. R., & Guerra, N. G. (2007). Prevalence and predictors of internet bullying. *Journal of Adolescent Health, 41*(6, Suppl.), S14–S21.

Williams, P. A., Haertel, E. H., Haertel, G. D., & Walberg, H. J. (1982). The impact of leisure-time television on school learning: A research synthesis. *American Educational Research Journal, 19*(1), 19–50.

Williams, T. B. (Ed.). (1986). *The impact of television: A natural experiment in three communities*. New York: Academic Press.

Wills, T. A., Sargent, J. D., Stoolmiller, M., Gibbons, F. X., Worth, K. A., & Dal Cin, S. (2007). Movie exposure to smoking cues and adolescent smoking onset: A test for mediation through peer affiliations. *Health Psychology, 26*, 769–776.

Wilson, B. J., Martins, N., & Marske, A. L. (2005). Children's and parents' fright reactions to kidnapping stories in the news. *Communication Monographs, 72*, 46–70.

Wilson, B. J., Smith, S. L., Potter, J. W., Kunkel, D., Linz, D., Colvin, C. M., et al. (2002). Violence in children's television programming: Assessing the risks. *Journal of Communication, 52*, 5–35.

Wilson, B. J., & Weiss, A. J. (1992). Developmental differences in children's reactions to a toy advertisements linked to a toy-based cartoon. *Journal of Broadcasting and Electronic Media, 36*, 371–394.

Wilson, J., Peebles, R., & Hardy, K. K. (2006). Surfing for thinness: A pilot study of pro-eating disorder web site usage in adolescents with eating disorders. *Pediatrics*, *118*, 1635–1643.

Wingood, G. M., DiClemente, R. J., Bernhardt, J. M., Harrington, K., Davies, S. L., Robillard, A., et al. (2003). A prospective study of exposure to rap music videos and African American female adolescents' health. *American Journal of Public Health*, *93*, 437–439.

Wingood, G. M., DiClemente, R. J., Harrington, K. F., Davies, S., Hook, E. W., III, & Oh, M. K. (2001). Exposure to X-rated movies and adolescents' sexual and contraceptive-related attitudes and behaviors. *Pediatrics*, *107*, 1116–1119.

Witt, S. D. (1996). Traditional or androgynous: An analysis to determine gender role orientation of basal readers. *Child Study Journal*, *26*(4), 303–318.

Wolak, J., Mitchell, K., & Finkelhor, D. (2007). Unwanted and wanted exposure to pornography in a national sample of youth Internet users. *Pediatrics*, *119*(2), 247–257.

Wood, C., Becker, J., & Thompson, J. K. (1996). Body image dissatisfaction in preadolescent children. *Journal of Applied Developmental Psychology*, *17*, 85–100.

Wood, R. T. A., Griffiths, M. D., & Parke, A. (2007). Experiences of time loss among videogame players: An empirical study. *CyberPsychology & Behavior*, *10*(1), 38–44.

World Health Organization. (2003). Integrated prevention of non-communicable diseases. (No. EB113/44 Add1): WHO.

WorldHeartFederation.org. (2007). Children, adolescents and obesity. Retrieved May 19, 2008 from http://www.world-heart-federation.org/press/factsfigures/children-adolescents-and-obesity/

Wotring, C. E., & Greenberg, B. S. (1973). Experiments in televised violence and verbal aggression: Two exploratory studies. *Journal of Communication*, *23*, 446–460.

Wright, J. C., Huston, A. C., Murphy, K. C., St. Peters, M., Piñon, M., & Scantlin, R., et al. (2001). The relations of early television viewing to school readiness and vocabulary of children from low-income families: The early window project. *Child Development*, *72*(5), 1347–1366.

WSBTV.com. (2008). *Georgia law bans retailers from selling "pot candy" to minors*. Retrieved July12, 2008 from http://www.wsbtv.com/news/16186311/detail.html

Yokota, F., & Thompson, K. M. (2000). Violence in G-rated films. *Journal of the American Medical Association, 283*, 2716–2720.

Yurgelun-Todd, D. (1998). Physical changes in adolescent brain may account for turbulent teen years, McLean Hospital study reveals (Press release). Retrieved December 1, 2002, from http://www.mclean.harvard.edu/PublicAffairs/TurbulentTeens.htm

Zhan, M. (2006). Assets, parental expectations and involvement, and children's educational performance. *Children and Youth Services Review, 28*, 961–975.

Zhao, G., & Pechmann, C. (2007). The impact of regulatory focus on adolescents' response to antismoking advertising campaigns. *Journal of Marketing Research, 44*(4), 671–687.

Zielinska, I. E., & Chambers, B. (1995). Using group viewing of television to teach preschool children social skills. *Journal of Educational Television, 21*(2), 85–99.

Zill, N., Davies, E., & Daly, M. (1994). Viewing of *Sesame Street* by preschool children and its relationship to school readiness: Report prepared for the Children's Television Workshop. Rockville, MD. Westat, Inc.

Zillmann, D. (1983). Transfer of excitation in emotional behaviour. In J. T. Cacioppo & R. E. Petty (Eds.), Social psychophysiology: A sourcebook (pp.215–240). New York: Guilford.

Zillmann, D. (1998). The psychology of the appeal of portrayals of violence. In J. Goldstein (Ed.), *Why we watch. The attractions of violent entertainment* (pp.179–211). New York: Oxford University Press.

Zimmerman, F. J., & Christakis, D. A. (2007). Television and DVD/Videos viewing in children younger than 2 years. *Archives of Pediatrics & Adolescent Medicine, 161*(5), 473–479.

Zukerman, M. M. (1994). *Behavioral expression and biosocial bases of sensationseeking*. New York: Cambridge University Press.

Zumbrun, J. (2007). *The baby is back on Ferrell's Funnyordie*. Retrieved June 26, 2008, from http://www.washingtonpost.com/wp-dyn/content/article/2007/06/26/AR2007062600530.html

Zurbriggen, E. L., Collins, R. L., Lamb, S., Roberts, T.-A., Tolman, D. L., Ward, L. M., et al. (2007). *Report of the APA task force on the sexualization of girls*. Washington, DC: American Psychological Association. Retrieved May 28, 2009, from http://www.apa.org/pi/wpo/sexualizationrep.pdf